新世纪应用型高等教育
旅游管理类课程规划教材

现代饭店管理概论

XIANDAI FANDIAN GUANLI GAILUN

新世纪应用型高等教育教材编审委员会 组编
主 编 孟庆杰 王 平
副主编 于水华 姜 宁
主 审 孔璎红

大连理工大学出版社

图书在版编目(CIP)数据

现代饭店管理概论 / 孟庆杰，王平主编. — 大连 ：大连理工大学出版社，2011.12(2016.8 重印)
新世纪应用型高等教育旅游管理类课程规划教材
ISBN 978-7-5611-6672-7

Ⅰ. ①现… Ⅱ. ①孟… ②王… Ⅲ. ①饭店－企业管理－高等职业教育－教材 Ⅳ. ①F719.2

中国版本图书馆 CIP 数据核字(2011)第 277019 号

大连理工大学出版社出版
地址:大连市软件园路 80 号 邮政编码:116023
发行:0411-84708842 邮购:0411-84708943 传真:0411-84701466
E-mail:dutp@dutp.cn URL:http://www.dutp.cn
丹东新东方彩色包装印刷有限公司印刷 大连理工大学出版社发行

幅面尺寸:185mm×260mm 印张:17.5 字数:402 千字
印数:4001～5000
2011 年 12 月第 1 版 2016 年 8 月第 3 次印刷

责任编辑:欧阳碧蕾 责任校对:孙 宁
封面设计:张 莹

ISBN 978-7-5611-6672-7 定 价:35.00 元

前言

改革开放以来，中国饭店业的发展经历了翻天覆地的变化。改革开放初期，全国涉外饭店仅有200多家，经过30多年的发展，中国饭店业已经成为一个具有相当规模的产业，据2010年年底国家旅游局发布的数据显示，全国星级饭店总数已达到13 991家，无论是从数量、规模还是从质量上都取得了巨大的成就，饭店集团化程度不断加强，本土知名品牌不断涌现，饭店业的整体经营实力和管理水平都获得了极大的提高。

现在，中国饭店业正在实现从世界饭店大国向世界饭店强国的历史性跨越。在这一进程中，中国饭店业面临着诸多考验和挑战，人力资源短缺就是一大制约因素：一是管理人员文化素质整体偏低，二是人才流失率过高。近年来，"人力"已经成为困扰饭店企业发展的一大难题，"用工荒"已经波及全行业。旅游高等院校必须与时俱进，积极探求适应行业发展需要的人才培养模式，提高办学水平和质量，培养高素质的现代饭店管理应用型人才。

现代意义上的饭店是以住宿服务为主，并提供商务、会议、休闲、度假等相应服务的住宿设施与机构，其管理过程中的行业性特征十分明显。作为应用型高等教育旅游管理类课程的"现代饭店管理概论"，是建立在工商管理基础课程之上的专业必修核心课程之一，其课程目标应该是：让学生能全面了解现代饭店业的基本概况和发展动态；掌握现代饭店管理的基本理论和方法，掌握饭店基本业务运营流程和管理程序；培养学生分析问题和解决问题的能力，以及良好的职业素养；为学习旅游管理其他专业课程及实践教学打下坚实的基础。

正是基于上述认识，我们编写了本教材。本教材共分十三章，开篇是饭店与饭店业概述，然后将内容分为上下两篇。上篇介绍现代饭店业，分别讲述了饭店业的发展历程、饭店的业态类型、饭店业等级制度、现代饭店集团、绿色饭店、饭店业的从业人员。下篇介绍饭店企业运营管理，分别讲述了饭店企业运营管理概述、饭店房务管理、饭店餐饮管理、饭店设备管理、饭店安全管理、饭店服务质量管理。

本教材具有以下特点：

1. 内容上的先进性。我国的饭店业正处在从理念到形式全方位的发展和变化之中。本教材参考和吸取了国内外近几年的最新研究成果，力求能够理论联系实际，反映饭店业的最新发展态势。

2. 结构上的科学性。本教材是从旅游管理本科课程体系整体的角度来设计结构：一方面，加大有关现代饭店业知识的比重（这部分内容对旅游管理本科生来说很重要）；另一方面，重点论述现代饭店的基本业务运营管理。这既使学生掌握更多的相关知识，又可有效地避免与财务管理、市场营销、人力资源管理等课程内容相重复。

3. 阐述上的简明性。本教材在理论上的阐述深入浅出，通俗易懂，以“够用、实用、好用”为原则，较好地体现了“理论够用，能力为本，应用型人才培养”的应用型人才培养理念。

4. 体例上的实用性。本教材每章开头都根据本章内容设置了“学习目标”和“重要概念”，每章结尾都安排了“案例分析题”和“复习思考题”。这种体例上的安排，可以增强学生的实训能力，使学生能更容易地掌握相关的理论知识，加深对专业知识的理解。

《现代饭店管理概论》由东北财经大学孟庆杰、青岛大学王平任主编，青岛大学于水华、大连大学姜宁任副主编。具体写作分工如下：第一、二、三、四、五、十章由孟庆杰编写，第八、十一、十二章由王平编写，第九、十三章由于水华编写，第六、七章由姜宁编写。全书由孟庆杰进行最后统编修订。

为方便教师教学和学生自学，本教材配有旅游饭店星级的划分与评定 2010、电子教学课件等教学资源，如有需要请登录我们的网站进行下载。

本教材在编写过程中，编者参阅了大量国内外文献，得到了大连理工大学出版社的大力支持，特此说明，并表示诚挚的感谢。

书中若有不当之处，诚望广大读者多提宝贵意见！

编　者
2011 年 12 月

所有意见和建议请发往：dutpbk@163.com
欢迎访问教材服务网站：http://www.dutpbook.com
联系电话：0411-84708445　84708462

目录

下篇　饭店企业运营管理

第一章

饭店与饭店业概述

学习目标

通过本章学习，要求学生掌握饭店的定义；掌握饭店产品的含义及其特征；了解饭店的属性；掌握饭店产业的特点和地位作用。

★重要概念★

饭店　饭店产品　饭店产业

第一节　饭店的概念与功能

饭店是伴随着人类旅行活动的开展而出现在人类社会的。饭店最初的基本功能是为在旅途中的人们提供过夜住宿服务。随着人类社会的发展和经济的发达，饭店的服务功能及服务范围大大拓展，其装备水平和服务手段也日趋现代化、专业化。现代饭店已成为具有向客人提供住宿、餐饮、商务、购物、娱乐、健身等诸多功能的综合性服务企业。

一、饭店的基本概念

（一）饭店的称谓

在中文里对住宿设施的称谓有很多，例如饭店、酒店、旅馆、宾馆、大厦、度假村、旅店、旅社、客舍、招待所等。这些不同的称谓都反映了各自的特点，迄今为止，这些称谓仍然没有统一。中国国家旅游局制定的《旅游饭店星级的划分与评定》以及其他标准中，都是使用"饭店"一词来概括以上各种称谓。因此，本书为了叙述方便，也统一使用"饭店"这一名称，同时把住宿业称为饭店业；在讲到规模较小的住宿设施时，有的也使用"旅馆""旅店"等名称。

在英文中，表示饭店意思的词也颇多，例如 Hotel，Motel，Inn，Guesthouse，Tourist Resort，Tavern，Lodge，House 等。其中最为重要有两个单词是 Hotel 和 Inn，前者泛指一切饭店，使用最为广泛；后者多指传统的小客栈、小旅店。

英文"Hotel"源于拉丁文"Hospes"，意为接待客人的人或主人，由它派生出来的另一个词"Hospice"（或 Hospital），意为主人接待客人的地方，或主人向客人奉献热情和殷勤的处所。后来，拉丁文表示主人的词"Hospes"被引入古法文时变成"Hoste"，到现代法文里又变成“Hote”,引进到英文时则为“Hotel”。但早在现代饭店在世界范围内普及之前,在法国,“Hotel”这个词的本义指的是那些富贵门第或官宦之家所拥有的宏伟而豪华的宅邸,即主人款待宾朋并为之炫耀的地方,也是一般人赞赏和向往的去处。“Hotel”在英国真正成为现代饭店的含义应该是18世纪后期的事。在当时的法国,称之为“Hotel garni”的是一幢大房子,其中的房间按天、周或月向客人出租。因此,英文中的“Hotel”最初之意,仅仅指那些特别大的客店,以示与传统的家庭式的客店区别。

(二)饭店的定义

在当代,饭店已经成为国际性的定义,其含义已经发生深刻的变化。一般来说,饭店是客人暂时居住的处所。但这种饭店的定义过于简单,只阐述了饭店最基本的功能,并未包含饭店的全部含义。国外的一些权威词典给饭店赋予了不同的定义。例如,被誉为“世界三大百科全书”——《美利坚百科全书》(*Encyclopedia Americana*)、《大不列颠百科全书》(*Encyclopedia Britannica*)和《科利尔百科全书》(*Collier's Encyclopedia*)对饭店所下的定义如下:

《美利坚百科全书》——饭店是装备完好的公共住宿设施,它一般提供膳食、酒类以及其他服务。

《大不列颠百科全书》——饭店是在商业性的基础上向公众提供住宿,也往往提供膳食的建筑物。

《科利尔百科全书》——饭店一般地说是为公众提供住宿、膳食和服务的建筑与机构。

关于饭店的其他定义如下:

《牛津插图英语辞典》——饭店是提供住宿、膳食而收取费用的住所。

《韦伯斯特美国英语新世界辞典》——饭店是提供住宿,也经常提供膳食与某些其他服务的设施,以接待外出旅游者和非永久性居住者。

从上述定义中,可以概括出饭店之所以称为饭店,必须具备以下基本条件:

(1)它是一个建筑物或由诸多建筑物组成的接待设施。

(2)它必须能够提供住宿设施,也往往能提供餐饮和其他服务的设施。

(3)它的服务对象是公众,因此,既包括外来的旅行者,也包括当地的社会公众。

(4)它是商业性的,以盈利为目的,所以使用者要支付一定的费用。

总之,饭店的定义可以限定为:为公众提供住宿与其他服务的商业性的建筑设施与机构。从静态上看,饭店是以建筑物为凭借,通过提供住宿以及餐饮、娱乐、购物等方面的综合服务,使旅游者的旅居成为可能的一种投宿设施或场所;从动态上看,饭店是以住宿建筑物和设施为依托,进行盈利性经营活动的经济组织。

随着社会的进步和发展,饭店的设施和功能日趋多样、丰富。现代饭店是由客房、餐厅、酒吧、商场,以及宴会、会议、通信、娱乐、健身等服务设施组成,能够满足客人多种需求的商业性的综合建筑设施。

作为一个饭店,无论其设施是简单还是豪华,都必须具备提供住宿的功能,否则就不能称之为“饭店”。另外,饭店中的其他各种设施可以根据其规模、等级、市场变化等因素进行取舍。

中国现代饭店业在20世纪80年代得以发展。改革开放以后，世界各国人士纷纷到中国，为了接待日益增多的境外旅游者，适应他们现代旅游生活的需要，把经有关部门批准的，允许接待外国人、华侨，以及港澳台同胞的现代化饭店统称为“旅游涉外饭店”(现在称为旅游饭店)，并且按照旅游饭店星级标准，将其划分为不同的星级。这样，我国饭店业就有旅游星级饭店和非星级饭店之分。本书所讲的饭店，涵盖一切住宿设施，而以旅游星级饭店为主。

二、饭店的功能

饭店的功能是指饭店为满足宾客需要而提供服务所发挥的效用。饭店最基本、最传统的功能就是住宿功能和餐饮功能。随着客源及其需求的变化，现代饭店的功能较传统饭店的功能有了很大的发展，其功能日益多样化。

(一)住宿功能

现代饭店早已超越传统意义上单纯为客人提供床位的服务，取而代之的是更舒适、更多元化、更个性化的客房设计以及睡眠服务。一般饭店会有各种类型的房间，比如单人客房、标准客房、大床房、套房，甚至是总统套房。为了满足客人对饭店的多元化需求，饭店除拥有各种基本房间以外，还必须配备各种特殊类型的客房，例如商务楼层客房、休闲度假客房、无烟客房、女士客房、儿童客房、老年客房、残疾人客房、组合客房等。

饭店为客人提供各种客房设施，以清洁、舒适的环境和热情、周到的服务，使客人在旅途中得到很大的便利和很好的休息，获得“宾至如归”的体验。有些饭店，深入研究客人的喜好，为不同需求的客人提供不同软硬程度的床铺、不同功能的枕头，以期带给客人最佳的睡眠质量。

(二)餐饮功能

现代饭店的餐饮功能与住宿功能相辅相成，共同决定着一家饭店的形象和档次。所以，饭店要针对市场推出适合饭店自身特点以及顾客需要的餐饮服务。餐饮功能主要是营造一个环境和一种氛围满足客人对饮食的需求。客人对饮食的需求，不仅是满足生理和享受的需要，而且还是对一种文化的探求，即在精神上感受一种民族文化的氛围。饭店要以精美的菜肴、良好的环境、可靠的卫生条件和规范的服务，向客人提供各种形式的餐饮服务。

饭店一般都设有多个不同类型的餐厅，如大餐厅、小餐厅、宴会厅等。我国的高星级饭店除了设有地道的中国餐厅外，还设有西餐厅、日餐厅、韩国料理餐厅等各国特色餐厅，在满足客人需要的同时提升饭店的文化品位。另外，饭店还提供自助餐、包价餐、客房小酒吧以及客房送餐等服务来满足客人的不同消费需求。

(三)商务功能

商务型饭店为住店客人从事商务活动提供各种方便快捷的服务。饭店设置商务中心、商务楼层、商务会议室与商务洽谈室，提供传真和国际、国内直拨电话等现代通信设施。有些饭店设置商务客房，安装传真机、两条以上的电话线、与电话连接的打印机、互联网接口。有的饭店还发展电子会议设备，设有为各种联络方式所需要的终端，通过高科技手段使饭店智能化、信息化，从而满足商务客人的需求。

(四)家居功能

饭店是客人的"家外之家"，努力营造"家"的氛围是饭店经营管理的宗旨，使入住饭店的客人感到像在家里一样亲切、温馨、舒适和方便。尤其是公寓饭店，一般带有生活住宿性质，主要为长住客服务，价格便宜，自动服务设施齐全(如自助厨房、自助洗衣等)，为客人住宿提供方便和自由。

(五)度假功能

度假饭店一般位于风景区内或附近，通常注重提供家庭式环境，客房能适应家庭度假、几代人度假以及独身度假的需要，娱乐设施先进、齐备。

(六)会议功能

饭店可为从事商业活动、贸易展览、科学讲座等客人提供会议、住宿、膳食和其他相关的设施与服务。饭店一般设有大小规格不等的会议室、谈判室、演讲厅、展览厅。会议室、谈判室都有良好的隔板装置和隔音装置，并能提供多国语言的同声翻译，有的饭店还可以举行电视会议。

此外，饭店还具有娱乐健身、信息集散、文化服务、商业购物服务等功能。可见，现代饭店已不仅仅是住宿产业，而且是为旅游者提供多种服务、具备多种功能的生活产业。

第二节 饭店产品及其特征

一、饭店产品的含义

所谓产品(Product)，即"过程的结果"(ISO9000:2005)。该定义表明，产品是广义的概念，企业提供给市场的用于满足人们某种需求的任何过程的结果都可成为产品，包括实物、服务和软件(如计算机程序、产品使用说明书)等。实际中的完整产品多包括物质产品与非物质产品两种因素。饭店产品是由满足顾客需求的某种物质实体和非物质形态服务构成。物质实体包括饭店建筑、设施、用品、菜肴、酒水等，称作有形产品；非物质形态服务包括饭店声誉、等级、特色、氛围、员工礼节礼貌、服务态度与行为等，称作无形产品。这些有形产品和无形产品共同组成完整的饭店产品。

从宾客体验的角度讲，饭店产品实际上是宾客在饭店消费期间所获得的一种生理上和心理上的感受和经历。零售业先驱马歇尔·菲尔德(Marshall Field)曾经说过："给顾客出乎预料的惊喜，让他们体验愉快的服务经历，这是最能赢得顾客忠诚的办法。"

完整饭店产品的概念从满足宾客的需求来说，可分解为三个层次：核心产品、实际产品和延伸产品。

(一)核心产品

核心产品是指产品能够带给消费者的基本效用、核心利益。核心产品主要是回答顾客购买产品所要解决的问题是什么，因此核心产品实际上是指产品的利益而非产品的形态，它是顾客需要的中心内容。

饭店的核心产品则是指饭店为宾客提供的最基本的服务，它能够满足宾客在饭店中的最基本需求和基本利益。这种基本利益表现为宾客在入住饭店过程中希望由饭店解决的各种基本问题。对不同的顾客来说，所需要解决的问题是不同的。例如对支付能力有限的背包旅游者来说，需要解决的问题是便宜、清洁地过一夜；而对高消费的商务客人来说，需要解决的问题是享受体面与舒适的现代生活。

在饭店产品的设计与管理中，只有先提出核心产品的理念，才能设计出符合顾客需要的产品。

（二）实际产品

核心产品必须转变成真实有形的产品，才能满足顾客购买的需要。这就是产品的第二个层次，即实际产品。实际产品是指产品呈现在市场上的具体形态，包括品质、特征、式样、包装、品牌等。实际产品是顾客需要与利益的实现形式，是核心产品的有形载体。

饭店实际产品则是指从形式上能展示产品核心利益的多种因素。它包括饭店的设计风格、建筑特色、地理位置、周围环境、品牌等；也包括饭店为了使客人能得到核心利益而提供的各项服务，例如前厅预订服务、办理入住登记手续服务、行李服务，餐厅的领位、摆台、撤台、点菜服务等。这些展现因素使饭店产品的核心利益有形化。正是这些产品的展现因素，才使世界上的饭店各有特色。

（三）延伸产品

产品的第三个层次是由扩大服务和利益所构成的延伸产品。延伸产品是伴随着形式产品的出售，企业向顾客提供的各种附加服务和利益的总和。

饭店的延伸产品则是指饭店在客人购买其实际产品时所提供的额外超值服务。这种额外超值服务可以增加核心产品的价值，能给宾客带来更多的满足，因而对于客人购买实际产品具有一定的影响力。它使饭店的服务产品新颖独特并区别其他饭店，从而提升饭店的服务竞争力。

饭店的延伸服务内容越多，其档次、规格也越高，例如：饭店的娱乐健身服务、商务秘书服务、小孩照看服务、残疾人服务、委托代办服务、俱乐部成员优惠服务、客房送餐服务、客房小酒吧服务、洗衣服务、擦皮鞋服务、提前预订餐位服务、提供特殊菜品服务、按客人需要制作菜品服务、餐饮营养构成知识介绍服务，以及总经理向客人赠送生日贺卡、生日蛋糕、香槟酒、鲜花、礼品等服务。

随着饭店业竞争的日益激烈，许多饭店在核心产品、实际产品大同小异的情况下，都在延伸产品方面做文章、下工夫，使饭店的服务产品千姿百态、花样翻新。近年来，许多饭店推出了例外服务、超常服务、微小服务、情感服务等多种服务，使饭店为客人服务的领域不断扩大，从满足客人的基本需求发展到满足客人的多种需要，并常常给客人带来超值的享受和意外的惊喜。因此，延伸产品成为饭店企业竞争的重要手段。

二、饭店产品的构成

从饭店的角度讲，饭店产品是饭店有形设施和无形服务的综合。饭店产品是由以下几个方面构成的：

（一）饭店的地理位置

饭店地理位置的好坏对饭店建设的投资额、饭店的客源和饭店的经营等产生很大的影响。现代饭店一般因功能的不同而选择适宜的地理位置，从而为宾客提供各种方便的服务。

（二）饭店的设施

饭店的设施是指饭店的建筑规模、建筑形式、客房设施、餐饮设施、康乐设施以及公共区域的设施等。齐全、舒适的设施是宾客满意的基础。

（三）饭店的服务

饭店的服务是饭店产品的一个十分重要的组成部分，也是宾客选择饭店的主要考虑因素之一。饭店服务内容的针对性、服务项目的多少、服务内容的深度和服务水平的高低等更是饭店竞争的重要环节。

（四）饭店的气氛

饭店的气氛是宾客对饭店的一种感受。气氛取决于饭店设施设备条件，如客房的大小及其装饰、餐厅的布局、色彩与照明等，也取决于员工的态度与行为等。

（五）饭店的形象

饭店的形象是宾客对饭店的总体评价或看法，涉及饭店的知名度、美誉度、经营思想与经营作风、服务质量等诸多因素。

从宾客的角度讲，饭店产品就是一段住宿经历和综合体验过程。零售业先驱马歇尔·菲尔德曾经说过："给顾客出乎预料的惊喜，让他们体验愉快的服务经历，这是最能赢得顾客忠诚的办法。"

三、饭店产品的特征

（一）服务性

饭店是一个借助有形设施而出售无形服务产品的综合性的接待场所。它不仅向客人提供有形的设施设备和产品，如客房、餐厅、会议室、酒水饮料和菜肴等，还向客人提供无形的服务，如接待、礼貌、氛围等，并且无形服务所占的比重很大。所以，饭店产品从本质上讲就是服务，或者说饭店产品是一种高服务的产品。饭店以服务为本，以服务立业，其服务设施和服务质量构成饭店企业的生命线。

服务最明显的特点就是无形性。与有形产品相比，虽然有些服务有一定的实体成分，例如餐厅的食品、饮料，但服务的主体由人的行为组成，因而是无形的，无法以形状、质地、大小等标准去衡量和描述，顾客也无法通过视觉、嗅觉或触觉感受服务产品。尽管顾客在一段时间内可以感受到服务产品所带来的利益，但是这种利益可能很难清晰地觉察或仅能抽象地表达，而且随着服务提供的结束，服务产品本身也就不复存在了。

服务性是饭店产品的最基本特征，它决定了饭店产品的其他特征。

（二）不可储存性

一般商品的买卖活动会发生商品的所有权转让，而饭店产品则不同。饭店出租客房、会议室和其他综合服务设施并同时提供服务，并不发生实物转让。宾客购买的只是某一段时间内的使用权，而不是所有权。以每夜租金 380 元的饭店客房为例，如果此房全天租不出去，那么这 380 元的价值就永远无法实现，也就是说它的价值具有不可储存性，价值实现的机会如果在规定的时间内丧失，便一去不复返。它不像一般商品那样，一时卖不出去，可以储存起来以后销售。

饭店产品的这一特点，使饭店在应付需求波动方面有较大的局限性和被动性。因此，饭店服务接待能力的充分利用成为饭店经营管理的一大挑战。那些淡旺季明显的饭店，必须采取有效措施开拓客源市场，才能充分利用饭店相对固定的服务接待能力。

（三）不可转移性

一般实物产品都可以在一地生产而在另一地消费，而饭店产品的无形性，使其只能在生产现场——饭店内消费。

饭店产品的这一特点，要求饭店必须通过适当的公共关系活动为饭店树立公众形象，创造饭店的高知名度和高美誉度。这样才能吸引更多的宾客前来消费，并保持较高的回头客比率。

（四）生产与消费的同步性

一般实物产品从生产到消费要经过流通环节才能最终到达消费者手中。产品的生产过程与宾客的消费过程是分离的，消费者看到的和感受到的只是最终产品。因此消费者更多关心的是产品的质量和使用价值，至于产品的生产过程及生产者的状态通常与消费者无关。而饭店产品则不同，它的生产过程与宾客直接相关。饭店服务人员提供服务的过程，也是宾客消费饭店服务产品的过程，即生产过程与消费过程几乎是同步进行的。只有当宾客购买并在现场消费时，饭店的服务和设施相结合才能成为饭店产品。这样，饭店员工的素质、提供服务时的个人状态（包括举止言行），都将直接影响所提供产品的质量。服务质量具有“一锤定音”的特点，一旦出现质量问题不能“返工”，也不能“退货”。

饭店产品的这一特点，要求饭店要强调服务操作的规范与标准；要求饭店员工不仅要具备良好的服务技能，还要懂得服务心理学，了解不同客人的需求规律和心理特点；要求员工“第一次就把事情做好”。

（五）顾客的参与性

饭店服务产品生产与消费的同时进行，使得宾客往往会参与服务的提供，或通过与服务人员合作，积极地参与服务提供过程，享受服务的使用价值。服务结束后，宾客能继续享受服务的效果，但他们却不能拥有服务的所有权。正是在这个意义上，饭店服务产品提供过程就是宾客的“体验过程”。

宾客作为参与者出现在服务过程中，这就要求饭店管理者必须重视饭店设施的设计，注意饭店服务设施的物质环境，为宾客创造氛围。因为对宾客来说，服务是一种发生在饭店服务设施环境中的体验。饭店对内部装饰、陈设、布局、噪音及色彩的关注能够影响宾客对服务的感知。

宾客参与服务过程也为饭店开展现场促销提供了机会。这就要求饭店员工既是优秀的服务员，又是称职的饭店产品推销员，向宾客当场推销更多的服务，以提高饭店的营业收入。

（六）异质性

首先，从饭店服务的提供者来看，由于服务人员的各方面差异，很难确保实现标准化和统一的服务产品。服务产品的异质性对饭店的管理构成了严重的问题，因为存在着服务质量出现重大变化的可能性。许多员工都会与同一位消费者接触，因此很可能造成服务水准不一致的问题。服务质量的不一致表现在不同的层次上：

——不同饭店之间服务质量的差异

——不同服务提供者之间服务质量的差异

——同一服务提供者在不同时间内出现的服务质量差异

由于上述原因，饭店所保证的服务质量有可能会与消费者实际体验到的服务质量相差甚远。归根到底，难以保证服务质量一致性的原因就是无法确保员工工作表现的一致性。

其次，从饭店服务的接收者来看，顾客对服务质量的评价带有主观性。饭店服务是无形的，服务质量的好坏不能像一般实物产品那样用机械或物理的性能指标来衡量。来自不同国家、地区的不同类型的客人，由于他们所处的社会经济环境不同，民族习惯、经历、消费水平和结构不同，对饭店服务接待的要求也不尽相同，因此，宾客对服务质量的感受往往带有较大的个人色彩和特点，具有很大的不确定性。饭店提供的服务质量的好坏在相当程度上取决于宾客各自的需要和自身的特点，取决于宾客体验了服务后在生理上和心理上感受到的满意程度。因此，要求饭店在确保服务符合质量标准的基础上，对不同类型的客人提供针对性的个性化服务，以提高宾客对饭店服务的满意程度及饭店在公众中的美誉度。同时，要关注员工，提高其工作的满意度。

但是，就个性化服务而言，服务质量的异质性并非是一件坏事。在这种情况下，服务质量的差异性被视为优质服务的组成部分。

第三节 饭店业的产业特点和地位作用

所谓产业，按照经济学理论的解说，就是指一群提供可相互替代的产品或服务的经济组织的集合体。它是基于使用价值来理解的，其产品或服务可满足相同基本客户的需要，如工业、农业、商业服务业等。饭店产业是一群以提供住宿接待服务为主的综合性服务企业的集合体。按三次产业分类标准《国民经济行业分类》（GB/T4754－2002）的划分，它就是第三产业中“住宿和餐饮业”大类中的住宿业。

一、饭店业的产业特点

随着我国经济持续发展，饭店业已经成为第三产业中新的经济增长点。至 2007 年年末，全国共有饭店及旅游住宿单位超过 30 万个，其中星级饭店超过 14 000 家。我国的饭店业已经成为一个规模宏大的产业部门。

饭店业的产业特点主要有以下几个方面。

（一）劳动密集与资金密集

作为传统的劳动服务行业，饭店业是典型的劳动密集型产业，吸纳劳动力门槛低、空间大，员工是饭店服务的提供者和价值的创造者。到 2006 年年末，全国饭店业从业人员超过 500 万人，其中星级饭店就拥有员工近 160 万人。

饭店（尤其是星级饭店）所需投入的资金数量又是巨大的，是比较典型的资金密集型行业。与其他行业相比，它仅低于民航业和石化业，是追求高资金收入、高回报的行业。据估计，国际上建造一间饭店客房通常需投资 15 000 美元至 30 000 美元不等，表明国际饭店业是一个资金高度密集型行业。

我国的饭店投资也是如此，据推算，一个建筑平方米的投资额，五星级饭店平均 10 000元，四星级饭店大体上在 9 000 元，三星级饭店在 8 000 元，依此类推。从旅游业固定资产投资的构成来看，旅游饭店业一直占绝对比重。据统计，截至 2003 年年末，我国国内旅游产业吸收海内外资金总规模达 8 600 亿元，其中 6 000 多亿元投资在饭店方面（占总投资额的 69.8%），景区、景点的开发只有 1 000 亿元，另外 1 000 多亿元则分布在旅游车船、文化娱乐、旅行社等方面。

（二）易进难退的市场壁垒

构成行业进入障碍的规模经济、产品差别化、资金需求量、转换成本、分销渠道、原材料与技术优势、政府政策等，在饭店业投资中，均难以构成障碍。饭店业是典型的资本与劳动密集产业，技术含量不高。对于我国这种劳动力充裕且资本并不十分稀缺的国家来说，产业进入壁垒较低，这很容易导致企业过度进入、重复建设、产业结构趋同、竞争加剧。据有关专家初步预测，到 2015 年，全国将新增各类住宿设施约 20 万家，其中星级饭店约 1 万家，五星级饭店将超过 500 家。大量国际、国内资本流向饭店业，饭店投资呈迅猛增长态势。

与较低的行业进入壁垒相比，饭店业的退出壁垒极高。饭店属于资金密集与劳动密集行业，因此主要的退出壁垒来自于沉淀成本与劳动力安置成本。造成饭店高退出壁垒的根源是有形资产专用性强，无形资产随着饭店退出而彻底丧失。

沉淀成本是饭店最大的退出壁垒，沉淀成本的大小与资产专用性密切相关。由于饭店的资产专用性较强，饭店产品很难转产为其他产品，对于饭店资产的用途改变需要投入高昂的成本。目前饭店资产的退出也仅仅表现为产权主体和经营主体的转移和退出，不能做到生产要素的退出，即行业生产服务能力的消亡。因此饭店只能改成对饭店业具有高度替代性的设施，如公寓、写字楼之类，若改作工厂厂房或其他用途，其沉淀成本至少在其资产价值的 60%以上，而且饭店最重要的资产——品牌等无形资产将彻底丧失。

从劳动力安置成本看，我国许多饭店初建的一大动机就是安置本单位的富余人员，解决就业成为当时建饭店的一个重要目的。而今若要退出，重新安置饭店员工将是一大难题。饭店本身就是劳动密集型行业，解雇员工的成本也就成为饭店的一大退出壁垒。

(三)分散性与规模经济

由于市场需求的分散性以及饭店必须在所在地实现生产、交换及消费，因此，饭店供给在本质上具有空间分布的分散性特征。饭店产品所具有的无形性、不可储存性和转移、生产消费的同步性等特征，决定了它无法像制造业那样，选择在最适宜的场所、以最低的成本组织生产，并将其产品转移到异地销售，或通过增加库存及增减生产量来调节供求关系，它必须高度依赖客源市场的流量及流向。

在饭店业中存在一定的规模经济，即饭店的客房数量及其他产品的数量应具备相应的规模以分摊所有的经营及管理成本，实现理想收益。

就单体饭店而言，缺乏足够的规模经济。由于饭店企业及其产品的特殊性，通过饭店企业内部的规模经济化来分享日渐扩大的市场份额是相当困难的。企业内部无限制的扩张造成经营成本和管理费用居高不下，即使市场需求大，销售收入也很难同步增长。这样，不仅不能带来规模效益，反而会出现边际效益递减及规模不经济的现象。

饭店行业的规模效应是通过饭店集团的集约经营来实现的，企业的经营费用和管理成本通过分摊得以降低。在饭店集团，管理人员的管理幅度相对扩大，人力资源可以通过季节性和结构方面的调整得以共享，降低管理费用；集团联合营销可以开展大规模的产品市场开发和广告宣传以降低单体分店的平均营销费用；通过批量集中采购可以增强与供应商的谈判能力，进而降低采购成本；通过产品服务的标准化以及管理模式的重复使用，可以获得经验曲线效应，提高劳动效率，降低单位服务产品成本。

(四)综合性和强文化性

饭店是一种综合性的企业，其综合性表现为以下方面：

(1)饭店产品的多样性。住宿服务是饭店产品的基本形态，但随着行业规模的扩大和市场需求的多样化，饭店同时提供饮食、娱乐、购物、交通、商务、会议、休闲度假等一系列服务，甚至包括“金钥匙”服务、管家服务、托儿服务等。

(2)各部门提供服务的联系性。饭店各项业务不是孤立的，而是相互联系、相互影响，从而形成一个有机的整体。

(3)饭店服务的使用价值往往是多个部门同时产生效用时的综合结果。如客人入住饭店，住宿本身是个简单的过程，但这个过程需要提供客房和设施，要锅炉房供暖、配电房供电、空调室调节空气等，由众多的部门同时提供不同的效用在同一空间组合而成一种使用价值。

(4)饭店要在同一时间的不同空间里满足客人不同的多种消费需要。

饭店必须带有文化色彩，饭店是带有强文化色彩的企业。这里所说的文化是通常说的大文化，是指由地域、民族、历史、政治所决定的人类知识、信仰和行为的整体，它包括语言、思想、信仰、风俗习惯、禁忌、法规、制度、工具、技术、艺术、礼仪、仪式及其他有关成分。文化所包含的内容在饭店的各个方面都会充分地表现出来，从而体现饭店的文化内涵。

饭店业务强文化性的表现形式是多方面的，具体地说，主要包括饭店的硬件和软件两个方面：硬件方面主要有建筑物造型和外环境、外装修，饭店的环境艺术和室内装修设计，设备设施及用品的造型、色彩图案、款式、CI设计的视觉效果等；软件方面主要有饭店的服务理念、饭店的文化理念、服务程序设计、产品及业务设计、服务中的CI设计、服务过程中的文化点缀、服装设计、语言文字的设计、对客服务的设计等。

除了饭店硬件和软件的文化性外，饭店的餐饮特别是菜肴是饭店文化的重要方面。餐饮文化要通过菜系、菜单设计、餐饮原料选择、餐饮服务方式、菜肴色香味形、菜肴烹调方法、家具用品选择、餐具的选择与配套等方面来体现。

（五）敏感性和脆弱性

饭店业是一个高敏感度和高风险的产业。从影响饭店业经营的外部环境看，各种自然的、政治的、经济的和社会的因素都存在着不同程度的不确定性与复杂性。一旦出现不利的变化，都可能对饭店业的经营产生影响，其中有些因素的变化可能造成致命影响。因此，饭店业是一个非常脆弱的产业。

二、饭店业的地位作用

当今世界，旅游行业已经成为世界经济的主要贡献力量。饭店业作为旅游业的三大支柱之一，在旅游业发展中起着非常重要的作用，并可以支持工业、改善环境、直接创汇并能创造大量的就业机会，在现代发达国家的经济体系中占有极其重要的地位，也是发展中国家积极推动和扶持的朝阳产业。

（一）饭店业在旅游发展中的重要作用

1. 饭店业是旅游业的重要支柱

旅游业是世界经济规模最大的产业之一，是21世纪的朝阳产业和新兴经济产业，已成为我国服务贸易创汇的优势产业。随着我国社会主义市场经济的确立和人民生活水平的提高，中国旅游业经历了前所未有的持续快速发展。目前中国旅游业已实现了由亚洲旅游资源大国向亚洲旅游大国的历史性跨越，并正朝着世界旅游大国和旅游强国的目标前进。按照联合国《国际产业划分标准》的定义，旅游业基本行业由“那些与旅游者直接发生联系并为之服务，且来源于旅游者的收入在总收入中占相对显著比例的行业”组成。从旅游活动的过程来看，旅游业有三方面内容：(1)有关旅游“准备”的行业，如办理旅游问询和预订业务的旅行社等；(2)有关旅游“移动”的行业，如交通运输部门；(3)与旅游“逗留”有关的行业，如饭店业、餐饮业、景区景点等。我国把旅行社、饭店和旅游交通作为旅游业三大支柱。

饭店是旅游者在旅游目的地开展活动的基地，是旅游者食宿等基本生活的物质承担者。旅游者食、住、行、游、购、娱六大要素中至少食、住两项通常都在饭店内进行。据国家旅游局政策法规司提供的《2006年旅游行业经营统计报告》显示，到2006年年末，全国旅行社、星级饭店、旅游区(点)等旅游企事业单位拥有固定资产原值6 934.78亿元，比上年年末增长11.26%，其中57.07%的固定资产集中于星级饭店。全国旅行社、星级饭店、旅游区(点)等旅游企事业单位从业人员271.34万人，比上年年末增长4.19%，其中星级饭店158.04万人，占58.24%。由此可见，饭店无论是从服务功能和服务对象上，还是从资产规模和从业人员数量上都在旅游业中占有重要的位置。饭店业发展规模和水平通常是一个城市、地区的对外窗口，是反映一个国家和地区旅游接待能力的重要标志。饭店拥有的固定资产、从业人数及实现的营业收入和利税在旅游业中都占有举足轻重的地位。

2. 饭店业是旅游服务体系的重要环节

从产业划分以及社会再生产过程产、供、销之间的联系来看，饭店业处于消费环节，属于第三产业。

饭店业是构成旅游业的基本要素之一，与旅游景区、旅行社、交通等组成旅游服务体系。一个国家或地区只有拥有丰富的旅游资源才能吸引旅游者，而旅行社是旅游者从出发地到旅游目的地的组织者和服务者，交通是实现旅游活动的重要工具和手段，饭店则是向旅游者提供基本生活服务的重要环节。各个要素既互相联系，又互相促进，缺一不可。

发展旅游业，首先要考虑饭店业的设施条件。我国饭店业的发展经验表明，饭店业的建设应适度超前，否则就难以适应市场需求的发展和起伏变化。有了相对宽松的饭店供应空间，就能吸引更多的游客，延长游客的逗留期和增加旧地重游的机会。因此可以说，饭店业的发展水平是影响一国一地客源量的重要因素之一。

3. 饭店业是创造旅游收入的重要行业

饭店业是创造旅游收入的重要来源。国内外统计资料表明，饭店业收入一般都占旅游业总收入相当大的比重。在我国，旅游星级饭店一直是国家创汇创收的重要基地之一，仅2006～2010年，全国星级饭店营业收入总额累计就达到8 834亿元，上缴营业税达633亿元。

国外旅游者不仅食宿在饭店，而且还在饭店内购买旅游纪念品和进行其他消费，为饭店带来大量的外汇收入。

(二)饭店业在社会发展中的作用

1. 饭店业是改革开放的先导

饭店业是中国对外开放最早和开放程度最高的行业之一，也是政府确定的外商投资优势产业，具备良好的投资和发展环境，在投资、管理和服务方面都已对外开放，饭店业已经实现了国内竞争的国际化。全球主要大型国际饭店集团都已进入中国市场。

中国饭店业的形成和发展本身就是改革开放的产物，而饭店业的发展对我国的改革开放又起到了十分重要的推动作用。饭店在经营过程中的创新和发展更带来了新的管理观念和管理制度，这些对各地改革开放都起到了重要的推动作用。一个地区、一个城市的饭店业构成了当地投资环境的重要组成部分，其发展水平在一定程度上标志着该地改革开放的水平，直接影响客商对当地投资环境的认可程度，因而也是各地经济发展的窗口。正是因为中国饭店业从一开始就是改革开放的窗口行业，所以在一定意义上可以说，我国的饭店业是国民经济中管理制度最严密、管理标准与国际水平基本同步、管理手段最先进的产业之一。

2. 饭店是对外交往、社会交际活动的中心

对于一个大城市来说，一座大饭店基本上就形成了一个社区的经济、文化和社交的中心；对于一个中小城市来说，一座大饭店大体上成为整个城市的活动中心。随着经济的发展，这种中心的功能逐步有所淡化，但是仍会有相当一批饭店始终保持着中心的功能，使饭店成为所在城市、地区举办和进行重要会议、经济洽谈、新闻发布、文化交流、外交活动的重要"舞台"，在社会交际、文化交流、信息情报传递等方面都起着重要的作用。

3. 饭店业为社会创造直接和间接就业机会

作为世界人口第一大国的中国，由于劳动力人口数量庞大，对就业造成的压力一直是(而且今后几年也将仍然是)非常大的。二十多年来旅游业和饭店业的高速发展，为城乡就业提供了更多的机会，在一定程度上缓解了劳动就业的压力。根据国家旅游局和中国饭店协会统计数据，2004 年年末，全国住宿业单位 30 万个左右，从业人员 540 多万人。

国外有关研究表明，近年来新增的劳动就业人口中，每 25 个人中就有 1 人就职于饭店。据统计，全球饭店业就业人数超过 1 200 万人，相当于全球就业总人数的 5%。全球饭店客房数与员工人数的比例大约为 1∶1。同时，高档饭店每增加一间客房，可以直接或间接为 5～7 人提供就业机会。

4. 饭店业发展带动其他行业的发展

饭店的建设装修及更新改造与社会的建筑业、装潢业、轻工业、电气业等紧密相关，客人住店期间在店内消费的物品也大多由其他行业提供。所以，饭店业的发展带动了其他相关行业的发展，具有相当大的"乘数效应"。

5. 饭店业促进文化的融合

饭店不仅作为一种经济中心、服务中心而存在，同时也作为一种文化中心存在。因此，它客观上带来了中西文化的融合，带来了各城市之间文化的融合，以至社会各个阶层之间文化的融合，因此促进了社会消费方式和消费结构的发展与变化。例如，西方的"圣诞节""情人节"等都是从大饭店开始的，现在也变成了许多中国人(特别是青年人)的节日。

6. 饭店业促进社会服务水平和文明程度的提高

饭店业是一个礼貌行业，是社会文明的窗口。饭店引进国外文明礼貌的内涵和形式，并充分吸收我国人民传统的文明礼貌美德，形成我国饭店业文明礼貌的规范和程序。饭店业的发展对整个社会服务水平和文明程度的提高起到了非常重要的作用。作为服务行业的排头兵，多年来，饭店业的服务水平一直起着示范作用，同时也起着扩散作用。各个服务行业(如餐馆、医院、政府机构等)的服务理念、服务规范与质量标准，许多都是从星级饭店演化而来的，社会整体的服务水平和文明程度在这个过程中自然而然得到了提高。

案例分析

泰国曼谷的东方饭店

1. 世界最佳饭店：曼谷东方饭店

泰国曼谷的东方饭店是举世公认的世界最佳饭店之一，曾连续10年被美国权威的金融杂志《机构投资者》评为“世界最佳饭店”。“最佳商务饭店”“最佳个人旅馆”等桂冠也是非它莫属。

东方饭店的最大特色就是以顾客需求为中心的一流服务水平。

饭店位于风光秀丽的湄南河东岸，离繁华的商业区不远；饭店陈设具有东方色彩，各种设施齐全，为顾客提供各种服务。

饭店的六家餐厅拥有数百名技术高超的大厨师，专做西餐、中餐、泰餐、伊斯兰餐和日餐，其中以专营法国菜的楼顶餐厅最为著名。餐厅里还设有快餐、酒吧间。

喜欢观光的旅客，可乘宾馆的豪华游艇逆江而上，凭吊泰王朝古都遗址；迷恋健身运动的旅客，可到饭店的体育中心学打泰拳，或者到饭店一家摩登的狄安娜夜总会跳舞；热衷于采购的旅客，可在饭店开设的21家特品和古董商店里买到如意的商品。每逢星期四和星期天，饭店还组织演出，表演泰国民间歌舞。

饭店善于了解不同顾客的爱好，并想方设法给予满足，真正做到了体贴入微。一次，美国著名的艺术大师米宾·梅特率领了一个106人的纽约音响乐团来到泰国，下榻在这里。得知这位大师喜欢吃芒果、玩蟋蟀后，经理们非常用心地找到了芒果和新录制的蟋蟀比赛录像带，一并送给他，令这位大师十分高兴。

还有一位相隔了30年再次访问泰国的英国人，出于怀旧，想重温一下在蚊帐里睡觉的乐趣，饭店马上找来一顶蚊帐，挂在他住的空调房间里。

有个美国电视小组住进饭店，要拍几部有关泰国丝绸和风俗习惯的电视片，饭店服务员为他们提供了大量的资料和场景，使其顺利地完成了任务。此外，饭店还不只一次地满足顾客的要求，代其联系、会见政府官员。

该饭店公关部经理说：“最佳饭店是由最佳服务员创造的，而最佳服务员又是靠最严格的培训产生的。”饭店有雇员980人，年培训费高达11万美元。饭店对新雇员的要求非常严格，新招聘来的员工都要经过为期半年的严格训练，以后在工作期间，每隔一段时间还要进修。学习结束员工要经过口试和笔试，合格者发给证书，评定等级；不合格者重新培训，直到合格或解雇。经过如此严格的训练和进修，不需多久，绝大多数雇员都成了出色的服务员。

2. 于细微之处见真情

企业家王先生到泰国出差，下榻于东方饭店，这是他第二次入住该饭店。

次日早上，王先生走出房门准备去餐厅，楼层服务生恭敬地问道："王先生，您是要用早餐吗？"王先生很奇怪，反问："你怎么知道我姓王？"服务生回答："我们饭店规定，晚上要背熟所有客人的姓名。"这令王先生大吃一惊，尽管他频繁往返于世界各地，也入住过无数高级饭店，但这种情况还是第一次碰到。

王先生愉快地乘电梯下至餐厅所在楼层，刚出电梯，餐厅服务生忙迎上前："王先生，里面请。"

王先生十分疑惑，又问道："你怎么知道我姓王？"服务生微笑答道："我刚接到楼层服务生的电话，说您已经下楼了。"

王先生走进餐厅，服务小姐殷勤地问："王先生还要老位子吗？"王先生的惊诧再度升级，心中暗忖"上一次在这里吃饭已经是一年前的事了，难道这里的服务小姐依然记得？"服务小姐主动解释："我刚刚查过记录，您去年 6 月 9 日在靠近第二个窗口的位子上用过早餐。"王先生听后有些激动了，忙说："老位子！对，老位子！"于是服务小姐接着问："老菜单？一个三明治，一杯咖啡，一个鸡蛋？"此时，王先生已经极为感动了，"老菜单，就要老菜单！"

给王先生上菜时，服务生每次回话都退后两步，以免自己说话时唾沫不小心飞溅到客人的食物上。

一顿早餐，就这样给王先生留下了终生难忘的印象。

此后三年多，王先生因业务调整没再去泰国，可是在王先生生日的时候突然收到了一封东方饭店发来的生日贺卡：亲爱的王先生，您已经三年没有来过我们这里了，我们全体人员都非常想念您，希望能再次见到您。今天是您的生日，祝您生日愉快。

王先生当时热泪盈眶，激动不已……

虽然泰国的经济在亚洲算不上最发达，泰国的东方饭店却堪称亚洲饭店之最，几乎天天客满不说，入住的机会更是需要提前预订争取。

是什么令东方饭店如此充满魅力？仅仅因为泰国的旅游风情吗？抑或是其独到的人妖表演？都不是，其征服人心靠的是几近完美的客户服务，靠的是一套完善的客户管理体系。

据西方营销专家的研究和企业的经验表明："争取一个新顾客的成本是留住一个老顾客的 5 倍，一个老顾客贡献的利润是新顾客的 16 倍。"这就是现在经常提及的客户关系管理的实质。

案例讨论题：

1. 曼谷东方饭店成功的奥秘是什么？
2. 饭店如何为顾客提供一流的服务产品？
3. 结合本案例，谈谈现代饭店业的作用。

思考题

1. 怎样理解饭店的定义？饭店必须具备的基本条件是什么？
2. 饭店的主要功能有哪些？
3. 饭店产品的含义是什么？它有哪些基本特征？
4. 饭店业的产业特点是什么？
5. 饭店业在社会发展中的作用有哪些？

上篇

现代饭店业

第二章

饭店业的发展历程

学习目标

通过本章学习，要求学生掌握世界饭店业的发展历程及饭店业发展不同阶段的特点；熟悉中国饭店业的产生和发展，特别是中国现代饭店业的发展历程。

★重要概念★

客栈　驿站　迎宾馆　西式饭店　中西式饭店

第一节　世界饭店业的发展历程

在人类历史上，饭店业是一个古老而常青的行业。人类旅行活动古已有之，为旅行者提供食宿的设施经历了漫长的历史。在西方，从古希腊和古罗马时期至今，饭店业发展进程大体经历了古代客栈时期、豪华饭店时期、商业饭店时期、现代新型饭店时期等阶段，其间几经起落，几经荣衰。第二次世界大战以后，欧美各地旅游业迅速发展，饭店业进入了现代新型饭店时期，至20世纪60年代，已出现了不少在世界各地拥有数十家甚至上百家企业的大饭店公司，形成了庞大独立的饭店行业。

一、古代客栈时期

客栈，英文词为“Inn”，美国人称之为“Tavern”，是指位于乡间或路边的、主要供过往客人寄宿的小旅店、小客店。客栈是随着商品生产和商品交换的发展而逐步发展起来的。最早期的客栈，可以追溯到人类原始社会末期和奴隶社会初期，是为适应古代国家的外交交往、宗教和商业旅行、帝王和贵族巡游等活动的需求而产生的。

从历史遗迹和古代文献综合考证来看，世界古代客栈起源于古罗马时期。在意大利南部旅游胜地庞贝和黑古拉宁，留存着几千年前的客栈遗迹，人们对古罗马时期的客栈的基本轮廓有了一定的了解。巴比伦国王汉穆拉比(Hammurabi)，对当时巴比伦客栈的经营管理十分关注，并在巴比伦法典中禁止客栈主在饮料中掺水。这也说明那时的客栈比较盛行，经营较为兴旺。那时的客栈，接待较多的还是古代经商者。古代经商者往往组成商队进行长途贩运活动，这样，在他们经常出入的沿途客观需要为其提供食宿设施，古代客栈就是适应这种需求而产生的。在古代中世纪，人们出外旅行比较少，即使出外旅行通常不住宿在客栈里，他们或在野外露营，或寄宿贵族城堡，与此同时，教堂和寺院也常以低廉价格向旅行者提供食宿服务。

1095 年开始的历时 200 多年的“十字军东征”带来了巨大的社会变革，加强了东西方文化和技术交流，极大地促进了经济与贸易的发展，从而推动了客栈业的兴起。意大利北部地区最早受到十字军东征所带来的文艺复兴的影响，从而使那里的客栈业成为当时最具有实力和影响力的行业。到中世纪后期，随着商业的发展，旅行和贸易兴起，对客栈需求量大增，导致客栈业有了进一步的发展。

在西方，客栈时期一般是指 12 世纪到 18 世纪之间这段漫长的历史时期。客栈作为一种住宿设施虽然早已存在，但真正流行却是在 12 世纪以后。客栈不是完整意义上的饭店，而是饭店的雏形。从设施上来讲，它的特点是规模小、建筑简单、设备简陋，多设在乡间或小镇，一般相距为马匹一天可以行走的路程。从服务上来讲，客人在客栈往往挤在一起睡觉，吃的也是和主人差不多的家常饭，除满足吃饭、睡觉与安全等基本的需求之外，客栈无其他服务可提供给客人，价格也很低廉。客栈是独立的家庭生意，房舍一般是家庭住宅的一部分，家庭是客栈的拥有者和经营者。客栈的使用者多半是为了宗教或经商而外出的旅行者。后来，随着社会的发展，旅游活动种类的增加，客栈的规模也日益扩大，种类不断增多。

到了 15 世纪，客栈已经盛行。当时，虽然欧洲许多国家如法国、瑞士、意大利和奥地利等国的客栈已相当普遍，但以英国的客栈最为著名。英国早期客栈并不是专门为客商提供食宿的场所，而主要是为人们提供聚会和交流信息的地方。直到后来出现了公共马车，商业和旅游活动日益兴旺，客栈的主要功能才转变到为过往行人提供食宿。到 15 世纪中期，英国客栈业有了较大的发展，在马车道旁每隔 15 英里左右就有一个客栈。英式客栈往往比其他国家的经营规模大一些。例如，英国早期客栈建有一座大房子，内有几间客房，每个客房有几张床，客人往往要睡在一起。后来，客栈经营规模不断扩大，比较大的客栈已拥有 20～30 个房间，还配备餐饮设施，如酒窖、食品间、厨房等。自 15 世纪末以来，客栈无论在经营规模上，还是在服务项目上，都已经具有近代饭店的一些雏形，如许多客栈都有花园草坪以及带有壁炉的宴会厅和舞厅等。据有关资料记载，1577 年英格兰和威尔士就有 1 600 多家这样的客栈。此时的英国客栈已是人们聚会并相互交往、交流信息的地方。实际上，在 18 世纪，世界许多地方的客栈不仅仅是过路人寄宿的地方，还是当地的社会、政治与商业活动的中心。

二、豪华饭店时期

18 世纪末至 19 世纪末，这是饭店业发展史上的豪华饭店时期。18 世纪末，产业革命为现代旅游的发展注入了生机。科技发展首先引发交通工具的革命，1807 年美国发明了第一艘载客轮船，自此人们更热衷于海上旅行；1814 年英国出现了蒸汽机车；1825 年 9 月，世界上第一条铁路在英国正式通车。火车成为了 19 世纪欧洲最主要的陆上交通工具。轮船和火车的普及方便了人们的出行，专为上层统治阶级服务的豪华饭店应运而生。

(一)豪华饭店时期饭店业的发展

18 世纪末,美国的饭店业有了较快的发展,以 1794 年在美国纽约建成的第一座饭店——都市饭店为标志进入了豪华饭店时期。都市饭店拥有 73 套客房,其建筑风格就像一座宏伟的大宫殿,很快成为当时仅有 30 万人口的纽约市的社交中心,成为当时美国服务行业标志性服务设施。随后,波士顿、费城、巴尔的摩等城市也纷纷建造和开办类似的大饭店。1829 年波士顿建成的特里蒙特饭店被称为当时的现代化饭店。该饭店拥有 170 套客房,客房设置较为齐全。饭店设有 200 个座位的餐厅,供应法式菜肴,服务人员训练有素、礼貌热情。该饭店被称为美国饭店业发展的第一个里程碑,推动全美乃至欧洲饭店业的蓬勃发展。之后相继出现了许多有名的饭店,如纽约的阿斯特饭店、芝加哥的太平洋饭店、旧金山的宫殿饭店等。20 世纪初,美国出现一些豪华饭店,其中有些饭店如纽约广场饭店,至今仍称得上是美国的一流饭店。由于美国对外开放政策的影响,世界各国旅游者和企业家,以及社会名流都纷纷前往美国,使其旅游业和饭店业发展极为迅速。正因为如此,一些投资于饭店业的老板,在建设饭店上不惜资本,将饭店装饰得十分时髦、阔气,店内高档陈设十分讲究,食品也做得十分精美。

在美国饭店业迅速发展的同时,欧洲的许多国家也在大兴土木,争相修造豪华饭店。当时颇有代表性的饭店有:1850 年在巴黎建成的巴黎大饭店;1874 年在柏林开业的凯撒大饭店;1876 年在法兰克福开业的法兰克福大饭店;1889 年开业的伦敦萨沃伊饭店等。

(二)豪华饭店时期的代表人物——凯撒·里兹

豪华饭店时期的代表人物是凯撒·里兹(Cesar Ritz,1850～1918)。凯撒·里兹出生于瑞士南部的一个偏僻小村庄,家境贫寒。他 15 岁开始在饭店做服务员,起初他的工作经历并不顺利,经常被辞退,被认为不具备做饭店服务员的"资质"。后来他下决心从头学起,把饭店这一行真正学透。几经周折后,凯撒终于在巴黎当时最时尚的名餐馆沃依辛(Voisin)中找到了一份工作,在那里做服务员。很快,来沃依辛的一些社会名流便开始点名要他来服务,他的名声响起来,升任餐厅服务领班。后来又到尼斯的大饭店(Grand Hotel)任餐厅经理。由于超凡卓越的服务水平,他一直在那些最好的饭店中工作。

1877 年,里兹在瑞士卢色恩的国家大饭店(Grand National Hotel)担任经理,并很快以娴熟的管理才能将饭店扭亏为盈。他以他的热情和优质服务理念来激励员工和厨师,为顾客们提供豪华绝妙的娱乐活动,很快该饭店便成为欧洲最受欢迎的一家饭店,里兹也成为欧洲大陆最受人尊重的饭店经理。从此,开始了他的饭店企业管理生涯。

1898 年,里兹拥有了自己的第一家饭店——巴黎里兹饭店,实现了他多年的梦想。里兹在巴黎里兹饭店的一大突破是实现了"一个房间一个浴室"的夙愿。当时能做到"一个房间一个浴室"的豪华饭店,巴黎里兹饭店是第一个。里兹的另外一个突破是巧用灯光。电灯照明是一种新发明,但在他眼里,它的作用远远不仅仅是照明,他要利用它创造一种气氛。

里兹本人也有许多独特的地方。

里兹极其重视仪表。他认为,作为一个饭店主,其个人的仪表与饭店的声誉有着十分重要的关系。

里兹讲究效率,他办事有条不紊、一丝不苟。不管他在什么地方,他随时都需要知道时间,他认为到需要知道时间的时候再临时找表就是浪费时间,所以在他的饭店里,随时都可以看到表。

里兹了解客人,会投客人所好,他的饭店服务被认为已达登峰造极之地步。多年来饭店服务工作的经验,使他养成了一种认人、记人姓名的特殊本领。门庭相见,握手、几句寒暄便能知道客人的爱好;把客人安排入座,便明白如何去应付。这也许是那些王侯、公子、显贵、名流们追逐他的原因所在。

里兹有创造性和丰富的想象力,为了取得某种效果,从不惜巨资与代价,令同行瞠目结舌。早年他在卢塞恩国民大饭店当经理时为了让客人观赏夜景,他在对面山上燃起篝火,为了创造一种特殊气氛,竟然在山上燃起一万支蜡烛!

“客人永远不会错”是里兹的信条,宁肯自己担风险,也不轻易得罪自己的顾客。当然,里兹和其他饭店主一样,也常遭受因顾客无知而提出的责难,但他总是心平气和地处理好。

里兹能干、自信,但他很重视人才,他不唱独角戏。他善于发现人才,他常说“好人无价”,不少经理都是他从服务员中提拔起来的。他善于用人,授之以权,重视大家的智慧。

里兹对上流社会生活方式的影响之大,甚至使“里兹”这个名字在英语中已经变成了“一流”的代名词。

(三)豪华饭店时期饭店的特点

豪华饭店时期饭店与古代客栈时期有着许多根本的区别,它的主要特点表现在以下方面:

(1)豪华饭店全都是建在最为繁华的大都市、铁路沿线或码头附近,规模宏大,建筑与设施豪华,装饰讲究,许多饭店还成为当代乃至世界建筑艺术的珍品。饭店服务的对象仅限于王室、贵族、官宦、巨富和社会名流。

(2)管理工作从接待服务中分离出来,逐渐形成专门的职能。随着饭店规模的扩大,企业内部分工较明确,出现了专门的饭店管理机构,形成了饭店管理人员的分工合作,从而促进了饭店企业管理的发展。

(3)饭店企业管理尚处于经验管理阶段,没有形成一门专业学科。

(4)讲求服务质量,管理工作要求严格。豪华饭店接待的对象主要是王公贵族,他们住饭店的目的是为了炫耀身份、地位乃至权力。因此,豪华饭店价格昂贵,饭店管理工作十分重视服务质量,对服务工作和服务人员要求十分严格,注重服务礼仪和服务技巧。

(5)饭店投资者的根本兴趣并非是取得多少经济收益,而是取悦于社会上层,求得社会声誉,因此,他们也往往不大考虑成本。

三、商业饭店时期

商业饭店时期，是指20世纪初到20世纪40年代末的发展时期，以美国为代表。19世纪中叶工业革命后，随着商品经济的发展和资本主义制度的建立与扩张，国际市场的开辟，火车、轮船、汽车、飞机等现代交通工具的运用，大批资本家、冒险家、业务推销员、传教士及形形色色的有钱人往来于世界各地，旅行活动的量与质都发生了深刻的变化。结果对价格低廉、设备舒适、服务周到的住宿设施的需求量大大增加，因而主要为商务旅游者和一般中产阶级旅游者服务的商业饭店就应运而生。

（一）商业饭店的发展

商业饭店时期分为两个重要阶段：前期以美国饭店大王斯塔特勒为代表，他享誉饭店业达40年之久；后期是美国又一位饭店大王希尔顿取代了斯塔特勒的地位。

20世纪初，美国出现了世界上最大的饭店业主，他就是埃尔斯沃思·弥尔顿·斯塔特勒(Ellsworth. M. Statler，1863～1928)。斯塔特勒以自己多年从事饭店业的经验和对市场需求的充分了解，立志要建造一种"在一般公众能承受的价格之内提供必要的舒适与方便、优质的服务与清洁卫生"的新型商业饭店。1908年斯塔特勒在美国巴法罗建造了第一个由他亲自设计并用他的名字命名的斯塔特勒饭店，实现了他多年的夙愿。该饭店是专为旅行者设计的，在建造、经营与服务等方面有许多创新，使人耳目一新。"一个房间一浴室，一个美元零五十"(A room with a bath for a dollar and half)实为前所未有、闻所未闻。一间客房有一部电话，电灯开关安在屋门旁边，楼房各层设防火门，门锁与门把手装在一起等均为他的创造。而且，水、暖、电管线都集中在一起的设计，至今仍被称作"斯塔特勒竖井"(Statler Shaft)。该饭店建成之后，立即得到宾客的广泛欢迎，名声大振。接着他又建了很多饭店，同时发展饭店联号。

斯塔特勒在饭店经营中也有许多革新和措施：他按统一标准来管理他的饭店，不论你到波士顿、克利夫兰，还是纽约、布法罗，只要住进斯塔特勒的饭店，标准化的服务都可以保证；他的饭店里设有通宵洗衣、自动冰水供应、消毒马桶坐圈、送报上门等服务项目；讲究经营艺术，注重提高服务水平，他亲自制定《斯塔特勒服务手册》，开创了现代饭店的先河。

斯塔特勒的饭店经营思想和既科学合理又简练适宜的经营管理方法，如他提出了饭店经营成功的根本要素是"地点、地点、地点"的原则，还提出了"客人永远是正确的"等至理名言，至今对饭店业仍大有启迪，对现代饭店的经营具有重要的影响。因此，斯塔特勒被公认为现代饭店的创始人，他建造的饭店被誉为世界现代商业饭店的里程碑。

随着美国资本主义经济的迅速发展，商业饭店的需求量大大增加。到20世纪三四十年代，美国又出现了一位饭店大王——康纳德·尼柯尔森·希尔顿(Conrad N. Hilton，1887～1979)。

希尔顿1887年圣诞节出生于新墨西哥州的圣安东尼。第一次世界大战期间曾服兵役，并被派到欧洲战场，战后退伍，一度生活无着落，后经营饭店业。1919年希尔顿在德克萨斯州的Cisco创建了他的第一家饭店，而第一家以希尔顿命名的饭店是1925年建成于达拉斯。其后一发而不可收，到1928年，希尔顿在达拉斯、阿比林、韦科、马林、普莱恩维尤、圣安吉诺和拉伯克都相继建起了以他的名字命名的饭店——希尔顿饭店。1943年，希尔顿建成了首家联系东西海岸的饭店连锁集团。随后他的饭店集团跨出美国，向全世界延伸。1949年，希尔顿国际公司从希尔顿饭店公司中拆分出来，成为一家独立的子公司。

希尔顿著名的治身格言是：勤奋、自信和微笑。他认为，饭店业根据顾客的需要往往要提供长时间的服务和从事无规则时间的工作，所以勤奋是很重要的。饭店业的服务人员对宾客要笑脸相迎，但始终要自信，因为饭店业是高尚的事业。

20世纪20年代以来，美国不仅一些大中城市纷纷建起许多规模较大的饭店，一些小城市也纷纷建设饭店。一些投资家向政府和社会呼吁，如果没有现代化饭店设施，将极大损害城市的形象。尔后便采取向居民兜售债券的方法，集资兴建饭店，有力地促进了饭店业的发展。在城市大饭店发展的同时，乡镇和交通要道旁小规模的专业饭店也悄然兴起。例如，由于汽车业发展很快，因而汽车饭店应运而生；在铁路迅速发展的形势下，沿线车站及其附近也兴建起一批铁路饭店；在许多农村小镇，小规模的简陋饭店也风起云涌。在第二次世界大战结束时，从城市到乡村，从车站到码头，规模大小不一的商业饭店星罗棋布地出现在美国大地上，在世界商业饭店业中独占鳌头。

（二）商业饭店时期饭店的特点

商业饭店时期饭店发展主要有如下突出特点：

（1）商业饭店的服务对象是一般的平民，主要以接待商务客人为主。饭店规模较大，设施设备完善，服务项目齐全，讲求舒适、清洁、安全和实用，不追求豪华与奢侈，并考虑客人的需求和承受能力，收费合理。

（2）饭店经营者与拥有者逐渐分离，饭店经营活动完全商品化，讲究经济效益，以盈利为目的。

（3）饭店管理逐步科学化和标准化，注重市场调研和市场目标选择，注意训练员工和提高工作效率，并形成了行业规范和相应的管理机构，如各国相继成立了饭店协会与世界性的国际饭店协会。

（4）成立了一些饭店管理专门学校，其中有斯塔特勒慷慨解囊资助的美国康奈尔饭店学院，柏林的饭店管理学院，伯尔尼大学的饭店经济专业等。此时，不仅饭店业成了一个重要的产业部门，饭店管理也正式成为管理学的一个重要的独立分支。

商业饭店时期是世界各国饭店最为活跃的时代，是饭店业发展的重要阶段，它使饭店业最终成为以一般平民为服务对象的产业，它从各个方面奠定了现代饭店业的基础。

四、现代新型饭店时期

现代新型饭店时期大约从20世纪50年代开始至今。它是社会生产力高度发展、社会消费结构深刻变化、国际旅游活动“大众化”的必然结果。第二次世界大战结束后，随着世界范围内的经济恢复和繁荣，人口的迅速增长，世界上出现了国际性的大众化旅游。

科学技术的进步使交通条件大为改善，为外出旅游创造了条件；劳动生产率的提高，人们可支配收入的增加，对外出旅游和享受饭店服务的需求迅速扩大，加快了旅游活动的普及化和世界各国政治、经济、文化等方面交往的频繁化。社会需求的变化，促使饭店业由此进入到了现代新型饭店时期。

（一）现代新型饭店的发展

20世纪50年代开始，首先是欧美国家，特别是美国的饭店业得到蓬勃发展。第二次世界大战时期，美国是当时世界上最强大的国家，商业饭店时期发展起来的饭店业一直处于良好发展之中。第二次世界大战结束后，世界各国到美国学习、旅游、参观、考察、开会、探亲访友和进行商务活动的人越来越多，其饭店生意十分红火。这种市场环境，为美国现代饭店业的发展提供了巨大的空间。因此，美国饭店的经营规模越来越大。

饭店经营规模的不断扩大，首先表现在单个饭店的经营规模越来越大，如单个饭店从原有的几十个客房发展到几百个客房的大饭店，进而发展到几千个客房的超级饭店。例如，美国拉斯维加斯市的米高梅大饭店（MGM Grand Hotel）拥有5 034个客房。

饭店经营规模不断扩大的另一个表现，就是饭店集团在全球扩张的速度不断加快。20世纪50年代初，隶属于美国泛美航空公司的洲际饭店集团的出现，标志着现代饭店集团开始迈出国际化步伐。该集团在20世纪60年代初，已经在巴西、乌拉圭、智利、墨西哥、委内瑞拉、哥伦比亚、古巴等地都有饭店。到20世纪80年代，该集团的饭店已遍及50多个国家和地区。20世纪60年代以来，在洲际饭店集团向海外扩张发展的推动下，美国一批规模较大的饭店集团，如假日饭店集团、谢拉顿饭店集团、韦斯汀饭店集团和凯悦国际饭店集团等纷纷向海外扩张，从而带动海外饭店所在国的饭店业的发展，使饭店业成为第三产业中影响最大的服务行业。上述这些饭店集团经营规模巨大，在全世界拥有上千家连锁分店，如假日饭店集团就拥有2 700多家连锁分店，遍及世界50多个国家。1985年世界最大50家饭店集团就拥有200多万个客房，约占世界客房总数的18%左右。1995年世界最大20家饭店集团就拥有270多万个客房，约占世界客房总数的20%以上。这充分说明，饭店集团规模越来越大，饭店业集中化趋势十分明显。

在饭店经营规模不断扩大的同时，饭店服务项目也越来越多。职能性服务项目如住宿、餐饮、交通、游览、购物和娱乐等一应俱全，一个饭店的职能几乎覆盖了旅游者的全部需求。随着饭店服务项目的日益完善，饭店已成为旅客的“家外之家”，一个规模巨大、项目齐全的饭店，其功能不亚于一个城市提供的服务。现代饭店集团实行连锁式的统一的科学管理，使综合服务质量越来越高。

在现代新型饭店时期，饭店业发达的地区并不仅仅局限于欧美，而是遍布全世界。特别值得一提的是，亚洲地区的饭店业从20世纪60年代起步发展至今，其规模、等级、服务水准、管理水平等方面毫不逊色于欧美的饭店业。亚洲地区饭店业的崛起及迅速发展，举世公认。在美国《机构投资者》杂志每年组织的颇具权威性的世界十大最佳饭店评选中，亚洲地区的饭店往往占有半数以上，并名列前茅。由香港东方文华饭店集团管理的泰国曼谷东方饭店，十多年来一直在世界十大最佳饭店排行榜上名列榜首。亚洲地区的饭店业中，已涌现出较大规模的饭店集团公司，如日本的大仓饭店集团、日本的新大谷饭店集团、香港东方文华饭店集团、香港丽晶饭店集团、新加坡香格里拉饭店集团、新加坡文华饭店集团等，这些饭店集团公司不仅在亚洲地区投资和管理饭店，且已扩展到欧美地区。

（二）现代新型饭店时期饭店的特点

纵观现代新型饭店时期饭店业的发展，这一时期的饭店具有以下主要特点：

（1）饭店规模扩大，饭店集团占据着越来越大的市场。自 20 世纪 50 年代以来，一些大的饭店公司通过联号管理、特许经营等方式，逐渐形成了统一名称、统一标识、统一服务标准的饭店联号经营，促进了饭店的集团化发展。

（2）旅游市场结构的多元化促使饭店类型多样化。现代旅游规模庞大，市场结构更加复杂，有观光旅游、商务旅游、会议旅游、汽车旅游、度假旅游等多种形式。这种市场结构的多样性带来饭店企业类型的多元化：有适应大城市特点的商务饭店；有适应著名风景区特色的观光饭店、度假饭店；有设在交通要道的汽车饭店、机场饭店等。饭店类型不同，客源构成不同，经营方式也不完全相同。为了适应宾客的不同需要，不同饭店企业普遍采用了灵活多样的经营方式来招徕宾客，提供优质服务。这是现代饭店结构复杂化、客源竞争激烈的必然结果。

（3）市场需求的多样化引起饭店设施的不断变化，饭店经营管理更加复杂。由于旅游市场结构的多元化，饭店企业的设备不仅继承和发展了商业饭店的特点，而且普遍增加了大量娱乐消遣设施，如舞厅、剧院、各种运动娱乐设施等，囊括了吃、住、行、游、购、娱等各种服务。这就使得现代饭店企业综合性更强，内部分工更细，组织更严密，管理工作更加复杂。各种科学管理知识在饭店管理中得到广泛运用。

（4）现代饭店管理日益科学化和现代化。现代饭店是一种高级消费场所，对管理工作和服务工作的要求很高。随着现代科学技术革命和科学管理理论的发展，现代饭店企业管理运用了概率论、运筹学等现代自然科学和自动仪器、电子计算机等科学技术成果。社会学、心理学、市场学、行为科学等也被广泛用来解决饭店管理中的问题。饭店企业管理日益科学化和现代化。

第二节　中国饭店业的发展历程

在中国，最早的饭店设施可追溯到春秋战国或更远古的时期。数千年来，中国的唐、宋、明、清被认为是饭店业得到较大发展的时期。19 世纪末，中国饭店业进入近代饭店业阶段，但此后发展缓慢。直到 20 世纪 70 年代末，中国推行改革开放政策以后，饭店业才开始快速发展。中国饭店业的发展经历了古代饭店设施、近代饭店业和现代饭店业三个主要发展时期。

一、古代饭店设施时期

中国古代饭店设施大体可以分为古代官办住宿设施和古代民间旅店两类。

（一）古代官办住宿设施

古代官办住宿设施主要有驿站和迎宾馆两种。

1. 驿站

在描写中国古代军事和政治的电影和电视中，我们经常能够看到这样的场景：一人骑马飞驰而来，正当人困马乏之时，一间简朴的屋舍忽然出现在远方。骑马人当即下马，略做休息后，在此换上另一匹高头大马，继续前行。

这就是驿站，它是中国古代供传递官府文书和来往官员途中食宿、换马的场所。

据史料记载，驿站制始于商代中期，止于清光绪二十二年，有长达三千多年的历史。因此，驿站堪称中国历史上最古老的饭店设施。在古代，统治者政令的下达、各级政府间公文的传递，以及各地区之间的书信往来等，都要靠专人递送。历代政府为了有效地实施统治，必须保持信息畅通，因此一直沿袭了这种驿传制度，与这种制度相适应的为信使提供的住宿设施，中国古代驿站便应运而生。驿站在中国古代运输中有着重要的地位和作用，担负着各种政治、经济、文化、军事等方面的信息传递任务。

中国古代驿站在其存在的漫长岁月里，由于朝代的更迭、政令的变化、疆域的展缩以及交通的疏塞等原因，其存在的形式和名称均经历了复杂的阶段。驿站初创时的本意是专门为传递军情和报送政令者提供食宿，因而接待对象局限于信使和邮卒。秦汉以后，驿站的接待对象范围开始扩大，一些过往官吏也可以在此食宿。至唐代，驿站已广泛接待过往官员及文人雅士。元代时，一些建筑宏伟、陈设华丽的驿站除接待信使、公差外，还接待过往商旅及达官贵人。

我国古代的驿站制度曾先后被邻近国家所效仿，并受到外国旅行家的赞扬。中世纪世界著名旅行家伊本·拔图塔在他的游记中写道：中国的驿站制度好极了，只要携带证明，沿路都有住宿之处，且有士卒保护，既方便又安全。

2. 迎宾馆

我国很早就有了设在都城的迎宾馆，它是古代官方用来接待外国使者、外民族代表及商客，安排他们食宿的馆舍。从历史文献资料记载来看，“迎宾馆”一词最早见于清朝。在此之前，这类官办的食宿设施也有过多种名称，如春秋战国时期称之为“诸侯馆”和“使舍”，西汉时期长安都城称之为“蛮夷邸”，唐、宋时期都城洛阳、长安等地称之为“四方馆”，元明时期称之为“会同馆”。迎宾馆适应了古代民族交往和中外往来的需要，对中国古代的政治、经济和文化交流起到了不可忽视的作用。

我国早期的迎宾馆在宾客的接待规格上，是以来宾的地位和官阶的高低及贡物数量的多少区分的。为了便于主宾对话，迎宾馆里有从事翻译工作的道事；为了料理好宾客的食宿生活，迎宾馆里有厨师和服务人员。此外，迎宾馆还有华丽的卧榻以及其他用具和设备。宾客到达建于都城的迎宾馆之前，为便于热情接待，在宾客到达的地方和通向都城的途中均设有地方馆舍，以供歇息。宾客到达迎宾馆后，更是受到隆重接待。如有使团抵达，还会受到有关官员和士兵的列队欢迎。为了尊重宾客的风俗习惯，使他们的食宿生活愉快，迎宾馆在馆舍的建制上还实行一国一馆的制度。

我国早期迎宾馆在当时的国内外政治、经济、文化交流中，是不可缺少的官方接待设施，它为国内外使者和商人提供了精美的饮食和优良的住宿设备。迎宾馆的接待人员遵从当时政府的指令，对各路使者待之以礼、服务殷勤，使他们感到在中国迎宾馆生活得舒适而愉快。翻译是迎宾馆的重要工作，我国早期迎宾馆培养了一代又一代精通各种语言文字的翻译人员，留下了一本又一本翻译书籍，丰富了中国古代文化史。

(二)古代民间旅店

1. 古代民间旅店的出现和发展

古代民间旅店作为商业性的住宿设施在周朝时期就已经出现了，被泛称为“逆旅”，“逆旅”也成为古人对旅馆的书面称谓。它的产生和发展与商贸活动的兴衰及交通运输条件密切相关。

西周时期，投宿逆旅的人皆是当时的政界要人，逆旅补充了官办“馆舍”之不足。到了战国时期，中国古代的商品经济进入了一个突飞猛进的发展时期，工商业愈来愈多，进行远程贸易的商人已经多有所见。一些位于交通运输要道和商贸聚散的枢纽地点的城邑，逐渐发展为繁盛的商业中心，于是，民间旅店在发达的商业交通的推动下，进一步发展为遍布全国的大规模的旅店业。秦汉时期是中国古代较为兴旺发达的时期，民间旅店业也得到了很大的发展。自汉代以后，不少城市逐渐发展为商业大都会，这导致了管理制度及城市结构布局的变革，从而导致了民间旅店逐渐进入城市。中国古代民间旅店在隋唐时期虽然较多，但是由于受封建政府坊市管理制度的约束而不能自由发展。在这种制度下开办的城市旅店，不但使投宿者感到极大的不便，而且也束缚了旅店业务的开展。到了北宋年间，随着商品经济的发展，自古相沿的坊市制度终于被打破，于是，包括旅店在内的各种店铺，争先朝着街面开放，并散布于城郭各繁华地区。明清时期，民间旅店业更加兴旺，由于封建科举制度的进一步发展，各省城和京城出现了专门接待各地应试者的会馆，成为当时饭店业的重要组成部分。

2. 古代民间旅店的特点

我国古代民间旅店在漫长的发展过程中，受政治、经济、文化诸因素的制约，以及来自域外的各种文化的影响，逐渐形成了自己的特点。

(1)建筑特点

我国古代民间旅店首先是重视选择坐落方位，它们通常都坐落在城市繁华区域、交通要道和商旅往来的码头附近，或是坐落在名山胜境附近；同时，还注意选择和美化旅馆的周围环境，许多旅店的前前后后，多栽绿柳花草以为美化；旅店的建筑式样和布局还因地而异，具有浓厚的地方色彩。

(2)经营特点

我国古代民间旅店的经营者十分注重商招在开展业务中的宣传作用，旅店门前多挂有灯笼幌子作为商招，使行路人从很远的地方便可知道前面有下榻的旅店。在字号上，北宋以前，民间旅店多以姓氏或地名冠其店名。宋代，旅店开始出现富于文学色彩的店名。在客房的经营上，宋元时代的旅店已分等经营。至明代，民间旅店的客房已分为三等。在房金的收取上，当时有的旅店还允许赊欠。在经营范围上，食宿合一是中国古代旅店的一个经营传统。在经营作为上，衣帽取人、唯利是图是封建时代旅店经营的明显特点。

(3)服务特点

在接待服务上，我国古代民间旅店有着极其浓厚的民族特色。古代中国人对旅店要求的标准，往往是以“家”的概念来对比衡量的，不求多么豪华舒适，但愿方便自然。由此，也派生出了中国古代旅店在接待服务上的传统。“宾至如归”是我国传统的服务宗旨，也是客人衡量旅店接待服务水平的标准。

在礼貌待客上，要求店主和店小二不但要眼勤、手勤、嘴勤、腿勤、头脑灵活、动作麻利，而且要“眼观六路、耳听八方、平时心细、遇事不慌”，既要对客人照顾周全，还要具备一定的风土知识和地理知识，能圆满地回答客人可能提出的问题，不使客人失望。

二、近代饭店业时期

中国近代饭店业除有传统的旅馆之外，还出现了西式饭店和中西式饭店。

(一)西式饭店

西式饭店是19世纪初外国资本侵入中国后兴建和经营的饭店的统称。这类饭店在建筑式样和风格、设备设施、饭店内部装修、经营方式、服务对象等方面都与中国的传统客店不同，是中国近代饭店业中的外来成分。

1. 西式饭店在中国的出现

第一次鸦片战争以后，随着《南京条约》《望厦条约》等一系列不平等条约的签订，西方列强纷纷侵入中国，设立租界地、划分势力范围，并在租界地和势力范围内兴办银行、邮政、铁路和各种工矿企业，从而导致了西式饭店的出现。至1939年，在北京、上海、广州等23个城市中，已有外国资本建造和经营的西式饭店近80家。处于发展时期的欧美大饭店和商业旅馆的经营方式也于同一时期，即19世纪中叶至20世纪被引进中国。代表饭店有：北京的六国饭店，北京饭店，天津的利顺德大饭店、上海的礼查饭店和广州的万国酒店等。

1927年后，在北京、上海、西安、青岛等大城市和风景区，都兴办了一批专门接待中外旅游者的招待所，除提供食宿和服务外，还设有浴室、理发室、游艺室等附属设施。与此同时，我国的一些沿海口岸城市如上海、天津、广州也都相继建起了一批高层的现代化旅游饭店。如上海的国际饭店、广州的爱群酒店，这些饭店在当时的东南亚也是比较著名的。

2. 西式饭店的建造与经营方式

与中国当时传统饭店相比，西式饭店规模宏大，装饰华丽，设备趋向豪华和舒适。内部有客房、餐厅、酒吧、舞厅、球房、理发室、会客室、小卖部、电梯等设施。客房内有电灯、电话、暖气，卫生间有冷热水等。西式饭店的经理人员皆来自英、美、法、德等国，有不少在本国受过旅馆专业的高等教育，他们把当时西式建筑风格、设备配置、服务方式、经营管理的理论和方法带到了中国。接待对象主要以来华外国人为主，也包括当时中国上层社会人物及达官贵人。

客房分等经营、按质论价，是这些西式饭店客房出租上的一大特色，其中又有美国式和欧洲式之别，也有外国旅行社参与负责介绍客人入店和办理其他事项。西式饭店向客人提供的饮食均是西餐，有法国菜、德国菜、英美菜、俄国菜等。饭店的餐厅除了向本店宾客供应饮食外，还对外供应各式西餐、承办西式筵席。西式饭店的服务日趋讲究文明礼貌、规范化、标准化。

西式饭店是西方列强侵入中国的产物，为其政治、经济、文化侵略服务。但在另一方面，西式饭店的出现客观上对中国近代饭店业起到了首开风气的效应，对中国近代饭店业的发展起了一定的促进作用，把西式饭店的建筑风格、设备配置、服务方式、经营管理的理论和方法带到了中国。

（二）中西式饭店

中西式饭店是指受西式饭店影响，由中国民族资本开办经营的饭店。20 世纪初，西式饭店的大量出现，刺激了中国民族资本向饭店业投资。因而各地相继出现了一大批具有“半中半西”风格的新式饭店。至 20 世纪 30 年代，中西式饭店的发展达到了鼎盛时期，在当时的各大城市中，均可看到这类饭店。其中比较著名的包括：北京的长安春饭店、东方饭店、西山饭店等；天津的国民饭店、惠中饭店、世界大楼等。在上海，这类饭店以纯粹的西式建筑为多，如东方饭店、中央饭店、大中华饭店、大上海饭店、大江南饭店、南京饭店、大沪饭店、扬子饭店、百乐门饭店、金门饭店、国际饭店等。

中西式饭店在建筑式样、设备、服务项目和经营方式上都接受了西式饭店的影响，一改传统的中国饭店大多是庭院式或园林式并且以平房建筑为多的风格特点，多为营造楼房建筑，有的纯粹是西式建筑。中西式饭店不仅在建筑上趋于西化，而且在设备设施和服务项目上也受到西式饭店的影响，在经营体制和经营方式上也仿效西式饭店的模式。

饭店内高级套间、卫生间、电灯、电话等现代设备，餐厅、舞厅、高档菜肴等应有尽有。饮食上对内除了中餐以外，还以供应西餐为时尚。这类饭店的经营者和股东，多是银行、铁路、旅馆等企业的联营者。中西式饭店的出现和仿效经营，是西式饭店对近代中国饭店业具有很大影响的一个重要方面，并与中国传统的经营方式形成鲜明对照。中西式饭店将欧美饭店业经营观念和方法与中国饭店经营环境的实际相融合，成为中国近代饭店业中引人注目的部分，为中国饭店业进入现代饭店业时期奠定了良好的基础。

三、现代饭店业时期

新中国成立后，中国饭店业进入了新的发展时期。改革开放后，中国饭店业迎来了发展的第一个春天。三十多年来，中国饭店业发生了翻天覆地的变化，整个行业的软硬件和管理水平发生了脱胎换骨的改变。饭店业发展速度之快、档次之高，实属世界罕见。至今已形成了以 14 000 多家星级饭店为主体、一大批各种类型的饭店设施为补充的饭店产业。中国现代饭店业发展主要经历了以下几个阶段：

（一）萌芽阶段（1949 年～1978 年）

这一阶段是指新中国成立后，到 1978 年实行改革开放政策之前的阶段。新中国成立以后，我国饭店业在企业性质、职业地位、服务对象等方面都发生了根本性的变化。

新中国成立初期，人民政府对一批老饭店进行整顿和改造。同时，一批新宾馆、饭店也逐步建立起来，这些饭店一般都建于全国各省的省会城市和风景游览胜地，承担着接待外宾的任务。

这段时期可以说是新中国成立后我国饭店发展史上的一个特殊时期。这一阶段我国的涉外饭店主要有以下几个方面的特点：

(1)饭店数量稀少，硬件设施落后。到 1978 年，全国有接待外宾资格的饭店仅有 200 多家。

(2)饭店的性质属于行政事业单位，不是企业组织。饭店的目标主要是为政治服务、为外交政策和侨务政策服务的。饭店对加强国际交往，促进中外政治、经济和文化交流，提高我国国际地位和国际声誉曾起过很好的作用。

(3)饭店的服务对象以国际友好人士、爱国华侨和国内高级会议为主，政治要求高；饭店管理注重服务质量，讲求工作效率，重视思想政治工作，注重发挥饭店职工的主人翁责任感，有民主作风，积累了一定的管理经验。

(4)在财政上实行统收统支、实报实销的制度，经营上没有指标，也没有计划，饭店既没有压力，也缺乏活力。

(5)饭店管理处于经验管理阶段，没有科学的理论指导，在管理体制、管理方法、接待程序、环境艺术、经营决策等方面都比较落后。

1978 年以前，我国的社会大众化住宿设施大多都是由商业部门和部分政府单位管理的旅社或招待所。这些饭店更是设施陈旧、功能单一、条件简陋、管理落后、服务欠佳，谈不上满足客人的各种需要，更达不到接待外宾的条件。

显然，这个时期的中国饭店还不是完全意义上的现代饭店，更没有形成一个饭店产业，只是中国现代饭店的雏形或萌芽。

(二)起步阶段(1979 年～1982 年)

在这个阶段，饭店业在局部城市始终处于高速增长的状态，但由于发展的基数比较小，总体上处于起步阶段。

1978 年 12 月，具有伟大历史意义的中共十一届三中全会胜利召开，这次会议确定了以经济建设为中心与改革开放的基调，从此开辟了中国改革开放的新时代。随着国门的打开，古老文明、奇异风光、绚丽文化、多元化民族、特殊社会制度以及长期封闭所造成的“神秘感”，对全世界产生了一种巨大的吸引力，从而促进了中国现代旅游业的崛起。海外旅游者来华旅游要求之强烈和来华旅游人数增加速度之快，是始料未及的。1978 年，全国旅游入境人数达 180.9 万人次，超过以往 20 年人数的总和，1979 年又猛增到 420.4 万人次。但是，这一喜人的数字后面却隐藏着一系列棘手的问题，其中饭店住宿设施紧张表现得极为突出，成为当时中国旅游业发展的瓶颈。比如，在首都北京，此时仅有 7 家涉外饭店，床位 5 200 张，实际达到接待标准的仅 1 000 张左右，而且基础设施、服务态度、管理水平都与国外的星级饭店相距甚远。

在这种情况下，1979 年，国务院在北戴河召开办公会议，研究国家投资和利用外资、侨资建造饭店问题。会议决定在北京、上海、广州、南京等4个城市利用外资、侨资建造旅游饭店6座。同年6月，国务院批准了关于利用外资2 000多万美元建设北京建国饭店的请示报告。同年10月，中国国际旅行社北京分社与美籍华人陈宣远代表的香港中美旅馆发展有限公司正式签订了合作建造和经营建国饭店的合同书。北京建国饭店成为我国第一家利用外资合作建造的现代化饭店。

1982年4月，北京建国饭店正式开业，并首次引进境外饭店管理公司——香港半岛管理集团进行经营管理，成为我国旅游业改革开放和现代饭店业崛起的标志，从此拉开了大规模引进外资建造饭店的帷幕。

（三）高速发展阶段（1983年～1993年）

在这个阶段，国家提出了发展旅游服务基础设施建设，实行"国家、地方、部门、集体、个人一起上，自力更生和利用外资一起上"的方针，国内外各种渠道的资金投入饭店业在1993年达到高潮。

继北京建国饭店开业，1983年2月广州白天鹅宾馆全面开业；1983年12月北京长城饭店试开业（1985年3月由美国喜来登饭店管理集团接管）；1984年2月北京丽都假日饭店开业，并聘请国际假日酒店集团管理；1984年6月广州中国大酒店开业……从此以后，合资、外资饭店在中国如雨后春笋，蓬勃发展。到1984年年底，我国旅游涉外饭店数量达到505家，客房76 944间，比1980年翻了一番，初步缓解了饭店供不应求的矛盾和硬件管理差的状况。

1985年，在继续引进外资的同时，大量的社会资金和各部门的资金也开始投入饭店业，饭店业出现了强大的发展势头。到1993年，饭店数量增加到2 552家，客房38.6万间。中国旅游饭店业逐步形成了一个规模巨大的产业。

与此同时，饭店业档次结构也发生了明显的变化，20世纪80年代初那种只提供一食一宿的招待型饭店，已经被当今的豪华级、高级、舒适级、经济级等多档次饭店所取代；过去那种简单的会议型饭店，已发展成为品种齐全、种类丰富的商业型饭店、疗养型饭店、综合型饭店等。这个阶段是旅游饭店发展的黄金时期，在这个时期，发展的总体速度较为迅速，经营效益逐步上升，在一个更高的层次上满足了社会需求的增长和旅游发展的需要。可以说，这十年我国饭店建设速度和规模超过了同时期世界上其他国家饭店业的发展速度。

在行业规模扩大、设施质量提升的同时，我国饭店业的经营观念也发生了质的变化，经营管理水平得到了迅速的提高。中国饭店在这十多年间经历了转型、上轨道、进入到现代化水平三个阶段，初步实现了由落后到比较先进，由国内水平向国际水平接近的巨大进步。

（四）回落阶段（1994年～1998年）

这个阶段表现出来的特点是饭店的增长速度大幅度飙升，与之相伴的是饭店的经营效益持续下滑，进入到另一个竞争激烈、经营艰难的时期。

1993年以后，饭店业逐步进入利润平均化阶段，建设高潮开始回落，同时由于市场不景气、经营不善等方面的原因，盲目建设的恶果已开始凸现，饭店业的利润率逐年下降，

1991 年～1998 年中国旅游涉外饭店增长的基本情况见表 2-1 所示。面对这种市场形势，“走集约型发展之路”越来越成为饭店业界的共识。

表 2-1　1991 年～1998 年中国旅游涉外饭店增长的基本情况

年份	旅游饭店数量	增长率(%)	出租率(%)	利润率(%)
1994	2 995	17.3	62.2	9.82
1995	3 720	24.2	58.1	6.50
1996	4 418	18.7	55.3	4.50
1997	5 201	17.9	53.8	1.00
1998	5 782	11.2	51.7	−5.80

（资料来源：根据历年中国旅游统计年鉴数据整理）

20 世纪 80 年代以来，国际上许多知名饭店管理集团纷纷进入中国饭店管理市场，向我国饭店业展示了专业化、集团化管理的优越性以及现代饭店发展的趋势。1994 年我国饭店业已经形成了一定的产业规模。经国家旅游局批准，我国成立了自己的饭店管理公司，这为迅速崛起的中国饭店业注入了新的活力，引导我国饭店业向专业化、集团化管理方向发展。

（五）恢复上升阶段（1999 年至今）

在国内旅游经济热潮的快速崛起以及来华旅游和进行商业活动的客源数量持续增长的带动下，经历了 1998 年的全行业效益大幅滑坡之后，中国饭店业的客房出租率开始回升，但由于行业内的竞争日益加剧，平均房费下降，全行业的盈利没有达到同步增长。

这个时期，由于国内旅游高速发展、消费者需求多样化，中低端市场快速成长，饭店业的发展呈现出新的特点：(1)饭店业重心从高端饭店向中低档饭店转移，由单一业态向复杂业态转变，逐步形成一个以高端市场为龙头，以多业态为发展格局的饭店业体系；(2)充分细分的饭店形态开始出现；(3)在星级饭店成为饭店业主流的背景下，非星级饭店也开始分化，多种形式的饭店业态快速推进。经济型酒店正是这个时代应运而生的饭店业态之一。饭店业态的丰富和完善是我国饭店业的一次全面提升，意味着我国饭店业整体软硬件的推进，对饭店业发展意义深远。

四、中国饭店业的发展现状与面临的问题

（一）中国饭店业的发展现状

1. 饭店产品功能不断完善

经过 20 多年的发展，我国饭店业已从一般饭店细分为商务型饭店、度假型饭店、会议型饭店、经济型饭店、主题饭店和一般旅馆等，不断满足多样化的市场要求。饭店集团化步伐加快。目前，我国饭店集团 100 多家，连锁饭店近 1 000 家。饭店联合重组不断推进，特许加盟开始兴起，国际饭店集团从高端市场向中低客源市场推进，国内市场国际化步伐加快。

2. 饭店个性化服务更加突出

以电子信息技术和连锁经营为代表的现代科技加速进入我国饭店业，向客人提供全

球信息高速公路的全新服务，如人工智能对温度、光线的自动调节，在客房能用宽带上网、客房电视机能接收卫星网络信号、远程网络预订等，使饭店业的发展越来越依靠科技进步。

3. 经济型饭店成为发展热点

根据各地上报的信息，上海、北京、江苏的经济型饭店数量居全国前三位。国内品牌发展态势良好，如家、锦江之星不仅连锁店数量位列全国一二位，而且通过在美国、香港上市加速扩张。国际品牌也将大规模增加，宜必思（Ibis）、速8（Super 8）、格林豪泰（Green Tree）等国际知名品牌加速在华布局。

4. 绿色将成为饭店业发展的新时尚

绿色、环保、节能、安全、健康是国际饭店发展的新方向，是21世纪饭店业发展的新趋势。顺应这些趋势，积极创建绿色饭店，推动中国饭店业进入以"安全、健康、环保、节能"为主题的"绿叶"时代，将是全国饭店业贯彻落实科学发展观、全面建设小康社会、提高人民生活质量、走可持续化发展的必然选择。

（二）中国饭店业面临的问题

从总体来看，中国饭店业的发展水平还不够平衡，还面临着许多问题和挑战。

1. 竞争加剧

随着我国经济的发展、人民生活水平的提高，以及2008年北京奥运会的召开和2010年上海世博会的举办，新一轮饭店业的投资热已经开始。

尤其突出的是，高档饭店竞争将更加激烈。一方面，近年来国内高档饭店建设步伐加快；另一方面，洲际、里兹·卡尔顿等国际饭店集团顶级品牌全面进入，势必对中国饭店原有高端客源市场的分配产生重要影响，高档饭店的激烈竞争不可避免。

2. 效益不平衡

我国星级饭店以不到6%的客房占有率，取得了行业70%左右的收入。高星级饭店供应量增速高于行业平均水平，一、二星级饭店连年负增长。目前中国旅游饭店业80%的利润被总数不足20%的国外知名连锁饭店和品牌合资饭店赚取。

3. 发展不平衡

我国各地经济发展的不平衡导致饭店业发展的不平衡。从地区分布来看，我国东部沿海地区饭店业发展快、水平高，而中西部则发展缓慢，高星级饭店分布过于集中在大型城市以及旅游度假地。

4. 管理水平不平衡

饭店业中星级饭店管理水平普遍较好，总体水平稳定提高。但国内饭店业仍然存在管理水平不平衡、服务水平不稳定、缺乏现代管理方法等问题。有不少饭店虽有现代化设施，却依然停留在招待所的管理模式上，与星级饭店的差距有拉大之势。

5. 本土企业集团化水平低

我国主要饭店集团近年来在规模上实现了持续快速扩张，但饭店市场的产业集中度仍然较低，与饭店业发达国家仍然有较大差距。我国本土饭店集团发展至今，除了经济型饭店的发展质量取得了业内业外公认的突破性成果外，在更能代表饭店集团水平的中高档次饭店领域里仍然徘徊不前。因此，我国饭店的集团化仍然并将长期处于成长阶段。

6. 人才缺口大

中国饭店业在快速发展的进程中，面临着诸多考验和挑战，其中人力资源短缺是一大制约因素：一是管理人员文化素质整体偏低；二是人才流失率过高。近年来，“人力”已经成为困扰饭店企业发展的一大难题，从之前的高管人员匮乏，到如今的客房、餐饮、保安等一线员工也严重短缺，“用工荒”已经波及全行业。

7. 非星级饭店亟需规范

近年来，随着北京、上海、杭州等地方政府把住宿业管理职能调整到旅游行政部门，许多地方旅游饭店管理工作思路也从原来单纯的星级饭店管理逐步转变为对整个饭店业态的管理。对非星级饭店加强规范管理势在必行。饭店投资需要加强引导，目前全国许多地方饭店投资非常热，已经导致一些地区饭店供过于求。如何引导投资商理性投资饭店，也是未来饭店业在发展中面临的一大挑战。

案例分析

殷勤好客亚洲情——香格里拉国际饭店管理集团

一、香格里拉国际饭店管理集团概况

香格里拉国际饭店管理集团是亚太地区发展迅速的豪华饭店集团，并且被公认为世界著名的饭店集团之一。香格里拉国际饭店管理集团的创始人是郭鹤年。香格里拉国际饭店管理集团一贯恪守为客人提供优质服务的承诺，并把其经营哲学浓缩为一句话：“由体贴入微的员工提供的亚洲式接待”。

二、香格里拉国际饭店管理集团的经营战略

香格里拉国际饭店管理集团的目标是成为亚洲地区饭店集团的龙头，使命是成为客人、员工和股东的首选。

1. 香格里拉国际饭店管理集团的经营指导原则

香格里拉国际饭店管理集团的经营理念是“由体贴入微的员工提供的亚洲式接待”。顾名思义，就是指为客人提供体贴入微的具有浓郁东方文化风格的优质服务。它有五个核心价值：尊重备至、温良谦恭、真诚质朴、乐于助人、彬彬有礼。

2. 建立客人忠实感

在顾客服务上，他们不再局限于传统的客人满意原则，而是将其引申为由客人满意到使客人愉悦，直至建立客人忠实感。主要通过认知客人的重要性、预见客人的需求、灵活处理客人要求并积极补救出现的问题四种途径来使客人感到愉悦。

3.建立员工忠实感

4.相信有了忠实的员工才会有忠实的客人

(1)重视培训；

(2)提高凝聚力，尊重员工。

5.削价与价值回报

6.引人注目的广告宣传

广告宣传有这样几个特点：

(1)关键时候舍得花钱；

(2)形式活泼，引人入胜；

(3)令人不得不读的广告词。

7.与航空公司联合促销

8.领先运用高科技

9.重视领导技能

案例讨论题：

1.香格里拉国际饭店管理集团的成功给我们的启示有哪些？

2.结合本案例，谈谈亚洲饭店业崛起的原因。

思考题

1.世界饭店业的发展经历了哪几个时期？每个时期各具有哪些特点？

2.中国饭店业的发展经历了哪几个主要发展阶段？

3.简述中国现代饭店业的发展历程。

4.查阅相关文献，谈谈中国饭店业的发展现状、问题与对策。

5.查阅相关文献，谈谈世界饭店业的发展趋势。

第三章

饭店的业态类型

学习目标

通过本章学习，要求学生掌握饭店的基本业态分类并熟悉饭店的其他分类；熟悉现代饭店的新型业态。

★重要概念★

商务型饭店　长住型饭店　会议型饭店　度假型饭店　汽车旅馆　完全服务饭店　有限服务饭店　集团经营饭店　独立经营饭店　联合经营饭店　经济型饭店　主题饭店　精品饭店　绿色饭店　产权式饭店

第一节　饭店的业态类型

饭店业态是指饭店企业为满足不同的消费需求而形成的不同的经营形态。世界饭店业发展到今天，其业态与种类相当繁多，各不相同。饭店的业态没有统一的划分标准，也没有严格的界限，通常可以根据饭店的客源市场、位置、等级、规模、经营方式等多种因素确定，主要有以下几种分类：

一、饭店的基本业态分类

最基本、最传统的业态分类是按客源市场和接待对象进行划分。根据客源市场和接待对象的不同，可将饭店划分为：商务型饭店、长住型饭店、会议型饭店、度假型饭店和汽车旅馆。

（一）商务型饭店

商务型饭店（Commercial Hotel）也称暂住型饭店（Transient Hotel），此类饭店多位于城市的中心地区，接待商务客人、公务客人及因各种原因作短暂逗留的其他客人。这类饭店的客人在饭店的平均逗留期较短，流动量大，饭店的服务及设施配备适应性广，在饭店业中所占的比例最大。这类饭店为适应细分市场的需求，也分有各种等级。

商务型饭店是在商务旅游需求引导下市场竞争的产物。商务旅游自 20 世纪 80 年代以来获得快速发展。20 世纪 90 年代初，世界商务旅游年收入猛增至 2 500 亿英镑，其后连年稳居世界旅游业总收入的 25%。近年来，商务旅游是发展最快的旅游项目之一，从其规模和发展看，已成为世界旅游市场的重要组成部分，而且仍有巨大的发展潜力。国际上许多著名的连锁饭店通过调查发现，商务客人已占全球住房游客的53%。

从消费特征和档次分析，商务旅游无疑是旅游的高端产品。与其他类型旅游者相比，商务客人具有消费能力强、消费倾向明显、回头率高、对配套设施要求较高、不受季节影响、停留时间较长等特征。

为方便商务客人开展各种商务活动，商务型饭店一般设有商务中心，为客人提供打字、复印、传真、翻译等服务，并提供各类会议室，以供商务洽谈之用。饭店还要在客房内提供办公文具、传真机、宽带上网的设施。

另外，商务客人在一天商务活动的紧张之余需要休息娱乐，有时也有一些商务上的应酬活动，商务型饭店应根据客源状况提供一些康乐设施，如游泳池、健身房、台球室、保龄球、网球场等。

商务型饭店除了在服务设施、服务项目的设置上要充分考虑到商务客人的需要外，服务人员也要提供高水平、高品位的服务。服务水准要高效、快捷、方便，服务标准应以满足商务客人需要为基本出发点，服务项目要考虑到商务活动和客人生活上的特殊要求。例如，提供快捷的洗衣、熨衣、送餐服务等。商务型饭店尤其要注重对老客户、协议单位客人的服务。

有些高档商务型饭店为适应部分特殊客人（如高级行政人员、企业家等）的需要，在饭店内设立了行政楼层。在行政楼层，配有商务房、商务套房及豪华套房以及宽敞、典雅的商务廊。该类楼层的住客可在商务廊里休息、会客、阅读各种商务报刊，还可用早餐。客人不必去总台，可直接在该类楼层办理入住和退房手续。

商务型饭店本身具有综合性，但是也有专业化趋势。例如，为了适应商务客人对饭店商务设施的更高需要，广州中国大酒店在对客房进行改造后，取消了标准房，最低档次的房间是豪华房。

一般来讲，商务型饭店是一个国家饭店业的主体部分。根据美国康奈尔大学所做的调查，商务型饭店可分为：商用（52.3%）、开会（24.2%）、私用（4.0%）、享乐（17%）、其他（2.5%）；另据中国饭店协会的统计，在饭店接待的客人中，商务客人约占50%，会议客人约占11%。旅游客人约占12%，散客约占11%，其他客人约占16%。所以，我国中高档饭店的主流是商务型饭店。

（二）长住型饭店

长住型饭店（Resident Hotel）也称为公寓型饭店（Apartment Hotel）。此类型饭店一般采用公寓式建筑的造型，适合住宿期较长，在当地短期工作或度假的客人或家庭居住。

长住型饭店的设施及管理较其他类型的饭店简单。饭店一般只提供住宿服务，并根据客人的需求提供餐饮及其他辅助性的服务。饭店与客人之间通过签订租约的形式，确定租赁的法律关系。长住型饭店的建筑布局与公寓相似，客房多采用家庭式布局，以套房为主，配备适合宾客长住的家具和电气设备，通常都有厨房设备供宾客自理饮食。在服务上讲究家庭式气氛，特点是亲切、周到、针对性强。饭店的组织、设施、管理较其他类型简单。

从发展趋势看，长住型饭店一是向豪华型发展，服务设施和服务项目日趋完备；二是

分单元向客人出售产权，成为提供饭店服务的共管式公寓，不少饭店还实行定时分享制，与其他地方的相同类型设施的所有者交换使用。

长住型饭店既有公寓的私密性和居住氛围，又有高档饭店的良好环境和专业服务，因此，长住型饭店受到了一批消费者的广泛关注和欢迎。近几年，一些开发商在长住型饭店的基础上已开发出饭店式公寓。

目前，饭店式公寓作为近年来一种新兴房产投资品种，已经成为房地产市场的新宠，投资者把它作为新兴物业，发展商把它作为新的利润增长点。饭店式公寓意为“饭店式的服务，公寓式的管理”，市场定位较高，集住宅、饭店、会所多功能生活设施于一体，既可“自用”又兼“投资”潜力。在中国的房地产市场，饭店式公寓正方兴未艾。

（三）会议型饭店

会议型饭店(Convention Hotel)是以接待各种会议，包括展览会、交流会、学术研讨会等在内的一种特殊类型的饭店。从地理位置看，会议型饭店既可设在都市繁华地带，也可设在交通便利的游览胜地。会议型饭店要求饭店设置有足够数量的多种规格的会议厅或宴会厅，有的饭店还设有展览厅，除此之外，必须具备会议设备，如投影仪、录放像设备、扩音设备和先进的通信设备、视听设备。接待国际会议的饭店还需具备同声翻译装置。

会议旅游作为产业受到各国高度重视，成为一个最赚钱的行业，所以有人称之为“会议工业”。近年来，随着我国与世界各国政治、经济、文化交流与合作的日益紧密以及国内经济的持续高速增长，我国会议市场逐渐兴起、壮大。会议市场的迅猛发展给国内饭店业带来了大量稳定的客源和经济效益，从而直接刺激了会议型饭店的快速发展。

开展会议业务会极大提高饭店品牌的知名度与美誉度，带来饭店无形资产的增值。会议型饭店接待来自不同国家、区域的宾客，成功的会议接待不仅使他们成为饭店的忠诚顾客，而且会向其他顾客传播饭店的良好口碑；饭店接待重要国际、国内会议，必然成为世界新闻媒体关注的焦点，媒体在报道会议的同时也间接地宣传了饭店，从而极大地提高了饭店的知名度。

饭店应把握会议经营的特点，提供有针对性的产品和服务。会议的团体规模大小不一，要求各不相同，会议客人不同于商务散客，也区别于团队旅游客人。从本质上看，会议客人更具团队性质，具有整进整出、集中活动、集中消费、衍生需求多元化、消费集团化等特点。同时，会议客人基本上以饭店为主要活动区域，在饭店活动的时间也长，由此也形成了会议客人的链条式需求，需要饭店提供全方位的服务。

饭店接待的会议有多种类型。如根据会议主题不同，可将会议划分为商务会议、展销会议、政治会议、学术会议和培训会议等。不同的会议，主办者和与会者需求不同，饭店的经营策略和服务方法也不同。

随着会议市场的日益成熟及业内竞争日趋激烈，市场竞争的胜负和市场竞争力将最终取决于服务质量水平和服务的专业化程度。

（四）度假型饭店

度假型饭店（Resort Hotel）就是以接待休闲、度假的宾客为主的饭店。此类饭店多位于海滨、山区、温泉、海岛、森林等旅游胜地，远离繁华的城市中心和大都市，但交通要便利、畅通。

与商务型饭店不同的是，度假型饭店除提供一般饭店所应有的服务设施和项目外，还应尽量满足客人休息、娱乐、健身、疗养等方面的需要，要有足够、多样的娱乐设施，如多功能厅、影视厅、游泳池、台球厅、棋牌室等。有条件的还应备有各种户外娱乐、体育项目，如滑雪、骑马、狩猎、垂钓、划船、潜水、冲浪、高尔夫球、网球等活动来吸引客人。度假区活动吸引力的大小是一个度假型饭店与否的关键。

度假型饭店的集中与分散程度往往依风景区或疗养地的规模大小而定。风景区规模大，度假型饭店就较为集中，容易由此而形成旅游度假城。夏威夷每年接待游客 400 多万人次，其中 75％为度假旅游者，夏威夷的饭店 90％为度假型饭店。一般城市周围地带或郊区，也会发展一些相对分散的度假饭店，这类饭店大多建在湖畔或山区风景秀丽、自然景观优美的地方，主要客源是周边城区的周末度假客。

从国际旅游业发展来看，旅游已从单一的观光旅游转向观光旅游和度假旅游相结合，在旅游业发达的国家和地区，旅游业已向度假旅游发展。业内专家指出，2015 年后，发达国家将进入“休闲时代”，休闲产业将主导世界劳务市场。

在我国，随着经济的发展，人民生活水平的提高，白领阶层群体的不断扩大，国外来华人数的增多，与国际间的交流越来越频繁，同时我国带薪长假的推行与实施，使人们从传统的观光旅游转向休闲、度假旅游，而且认识越来越明确，需求越来越多。

休闲度假旅游的兴起，促进了度假型饭店的产生和发展，且异军突起，成为饭店行业一个不可忽视的组成部分。

（五）汽车旅馆

汽车旅馆（Motor Hotel 或 Motel）常见于欧美国家公路干线上。它是随着汽车的迅速普及与高速公路的迅速扩展而逐渐产生的一种新型住宿设施，以接待驾车旅行的客人和家庭而得名。

汽车旅馆是伴随着公路、汽车业的发展而发展起来的。第一次世界大战以后，热衷于驾车旅行的美国人对公路两旁的简易住宿设施产生了极大的需求，这种旅馆收费低廉、驱车来去方便、很快便形成了一定的市场。

汽车旅馆的真正崛起是在第二次世界大战以后，当时美国交通公路不断延伸、完备，形成网络，驾车成为美国人外出的主要方式。1951 年，美国商人凯蒙斯·威尔逊（Kemmons Wilson）在一次举家出外度假时，有感于所入住的旅馆缺乏宾至如归的服务及收费过高，遂于 1952 年在美国田纳西州孟菲斯开设了第一家以“假日旅馆（Holiday Inn）”命名的汽车旅馆。他一改传统的汽车旅馆的“小店”风格，领导了汽车旅馆的新潮流。在他的假日旅馆里，客房清洁卫生，价格低廉，带有卫生间、浴室，房前有宽敞的汽车停车场，走廊有自助售卖机器。假日旅馆建在公路旁，沿公路可以清晰地看到假日旅馆硕大的绿、橙、黄三色的大标识招牌。接着，凯蒙斯·威尔逊在后来的 20 个月之内，又建成了三个同样的汽车旅馆。1968 年，假日旅馆联号的汽车旅馆有 1 000 家，遍布美国各州，20 世纪 70 年代，这个联号几乎两天就有一家新店开业。

另外，美国还出现了像王子汽车旅馆、六元汽车旅馆等汽车旅馆联号。与此同时，美国式的汽车旅馆也在欧洲、大洋洲和北美其他国家广泛地发展起来。例如，法国雅高集团的“一级方程式”廉价汽车旅馆自 1985 年开张后，在短短的 15 年里就在全球开设了 1 000家分店。

汽车旅馆在西方国家经过了 80 多年的发展历程，具有成熟的发展模式。随着我国经济的发展和人民生活水平的提高、私家车的迅速增加和高速公路网的不断完善，驾车自助旅游得以蓬勃发展，汽车旅馆市场广阔，潜力巨大。

二、饭店的其他分类

除上述的基本业态分类外，饭店还可以按其他各种不同的标志，进行不同的分类。

（一）根据饭店规模划分

根据饭店规模划分，可将饭店分成大型饭店、中型饭店和小型饭店三类。表示饭店规模大小的基本指标是饭店的客房数量。目前国际上还没有一个统一的划分标准，通常大型饭店是指拥有 600 间以上客房的饭店（拥有 1 000 间以上客房的饭店为超大型饭店）；中型饭店是指拥有 300～600 间客房的饭店；少于 300 间客房的饭店则为小型饭店。

按照这样的标准划分，世界上绝大多数的饭店都是中小型饭店。

（二）根据建筑投资费用划分

根据饭店建筑投资费用划分，饭店分为中低档饭店、高档饭店、豪华饭店和超豪华型饭店等各种等级类型。许多国家实行有明确标准的、严格评定的饭店等级制度来区分各种不同等级的饭店。

（三）根据服务功能范围划分

根据服务功能范围划分，可将饭店分为完全服务饭店和有限服务饭店。

1. 完全服务饭店

完全服务饭店也称全功能饭店，是指能够提供住宿、餐饮、娱乐、购物等全面服务的饭店。我国四星级和五星级（含白金五星级）饭店是完全服务饭店，它们不仅具备住宿功能，还包括前厅、餐饮、娱乐、购物、商务、会议、度假等多项功能。

2. 有限服务饭店

有限服务饭店也称功能有限型饭店。相对于完全服务饭店，有限服务饭店的服务功能是有限的。它一般仅提供饭店的核心产品——住宿服务和简单的饮食服务，而对其他功能进行压缩或取消，基本没有其他的配套设施。我国一星级、二星级、三星级饭店是有限服务饭店，它们除具备住宿功能，对餐饮、娱乐、购物、商务、会议、度假等功能有所取舍。近些年在我国迅速发展的经济型饭店是典型的有限服务饭店。

（四）根据地理位置划分

根据地理位置划分，可将饭店分为城市饭店、乡村旅馆、风景区饭店、公路饭店、机场饭店等。

1. 城市饭店

城市饭店多为商业饭店。但因城市中心社区规划不同，商务或公务活动的重点不同，甚至市民居住的分层格局不同，都会对城市中心饭店经营造成一定的影响，形成城市中心饭店的不同特色。比如北京，东部建国门一带，是传统的使馆集中区，东部朝阳门一带是新开发的使馆区，因此形成这一带商业饭店以外商投资的饭店居多，高档商务饭店多。西部西城、海淀一带为国家行政管理机构集中的区域，军队宿舍居多，这一带商业饭店则以国内商务活动为主，海淀北部为著名的科技文化区，高校集中，这一带商业饭店则以科技人员、学者等知识分子活动为主。

2. 乡村旅馆

乡村旅馆是指位于乡村地区，具有乡土特色，向外来游客提供食宿、餐饮等服务的旅馆。

在发达国家，乡村旅馆的类型是多样的，除了农家旅馆外，还有自助式村舍、度假村等。自助式村舍往往装饰精美、设施齐全，配有各种电器，参与等级评定，但价格较高。

在我国的城市中，随着经济的迅速发展，社会竞争的不断加剧，为了减轻压力，人们渴望回到静谧舒适的环境去感受大自然、体验田园气息、放松身心。以乡村为背景的旅游便在这样的大环境中蓬勃发展起来了，同时，各地的各种乡村旅馆也形成了一股迅猛的发展态势。

3. 风景区饭店

风景区饭店是指位于海滨、山林等自然风景区或休养胜地的各种类型的饭店。如分布在美国度假胜地夏威夷各岛屿的度假饭店、商务饭店、度假别墅、产权饭店和分时度假饭店等各类饭店，客房总数达 65 000 多间。

风景区饭店的建造和经营，除了要在客房、休闲娱乐等设施和服务上要适合和满足游客的需要外，在设计和装修上要特别强调饭店所在区域的景观适配性。同时，要注意对风景名胜区资源和环境的保护。

4. 公路饭店

公路饭店也即汽车旅馆，这类饭店位于公路旁，在交通发达的国家，主要位于高速公路旁。这类饭店主要是向驾车旅游的人提供住宿和餐饮服务。

5. 机场饭店

机场饭店位于机场附近，主要服务于一些大的航空公司和因转机短暂停留的乘客。机场饭店客人停留时间短，客流周转率高，饭店主要提供住宿服务、餐饮服务和商品售卖服务，娱乐、健身设施倒不很重要。

有统计数据显示，目前机场饭店占据了全球优质饭店市场大约 5%～10%的份额。

随着航空旅行的不断增长，机场饭店将会拥有长期的市场发展潜力。

很明显，能够为机场饭店提供最佳发展机遇的无疑是那些拥有大量国际、定期和过境旅客的机场。其他的客源还包括：航班延误或取消的乘客以及机场供应商和机组人员、机场附近商业圈、工业园区的客源以及会议细分市场的客源等。

（五）根据经营方式划分

根据经营方式划分，可将饭店分为集团经营饭店、独立经营饭店和联合经营饭店。

1. 集团经营饭店

集团经营饭店即联号饭店，是由饭店集团以各种不同方式经营的饭店。所谓饭店联号是指拥有、经营或管理两个以上饭店的公司或系统。在这个系统里，各个饭店使用统一的店名或店称、统一的标志，实行统一的经营、管理规范与服务标准。也有的联号，甚至连饭店的建筑形式、房间大小、室内设备、饭店的位置以及主要的服务项目也相同。

联号不是独立的饭店业态，是一种企业经营形式和管理模式。它必须与具体的业态相结合，才显示它的存在形式和独特的魅力。

2. 独立经营饭店

独立经营饭店即单体饭店。它的一个重要特征是独立所有、独立经营，不属于任何饭店联号也不参加任何特许经营系统，有比较低的市场品牌认可度。在目前饭店业界，绝大多数中小型饭店都属于独立经营饭店。

当前国际饭店业中，独立经营饭店的比例有下降趋势，越来越多的独立经营饭店以各种形式加入到饭店联号中。

3. 联合经营饭店

联合经营饭店一般是由多家单个饭店联合而成的饭店企业，借联合的力量来对抗集团经营饭店的竞争。此种经营方式在保持各饭店独立产权、自主经营基础上，实行联合统一的对外经营方式，如建立统一的订房协议系统、统一对外的质量标准、统一的公众标志等，并开展联合对外的促销、宣传和内部互送客源等，形成规模经济。

相对于饭店联号，饭店联合体是一种松散的组织形式。它是独立经营饭店的自愿联合，成员饭店通过联合体可以获得单一饭店无法取得的重要资源（例如预订网络）。饭店联合体的成员饭店既享受到了隶属于一家饭店联号时所拥有的种种好处（例如集体采购），又拥有了自己管理饭店的权利。因此，饭店联合体是独立经营饭店联合运作的一种有效方式。

（六）根据饭店计价方式划分

根据饭店计价方式划分，可将饭店分为欧式计价饭店、美式计价饭店、修正美式计价饭店、欧陆式计价饭店、百幕大计价饭店等。

1. 欧式计价饭店

欧式计价（European Plan，EP）指饭店客房价格仅包括房租，不含食品、饮料等其他费用。世界各地绝大多数饭店均属此类。

2. 美式计价饭店

美式计价饭店(American Plan,AP)指饭店客房价格包括房租以及一日三餐的费用。目前,尚有一些地处僻远的度假型饭店仍属此类。

3. 修正美式计价饭店

修正美式计价饭店(Modified American Plan,MPA)指饭店客房价格包括房租和早餐以及午餐或晚餐的费用,以使宾客有较大的自由安排白天活动。

4. 欧陆式计价饭店

欧陆式计价饭店(Continental Plan,CP)指饭店客房价格包括房租及一份简单的欧陆式早餐即咖啡、面包和果汁。此类饭店一般不设餐厅。

5. 百幕大计价饭店

百幕大计价饭店(Bermuda Plan,BP)的房价包括房租及美式早餐的费用。

第二节　现代饭店新型业态

饭店业态是动态的、发展的概念。伴随着体验经济的大潮,现代饭店业出现了多种新型饭店业态,如新型度假饭店、产权饭店、家庭旅馆等。在进化的过程中,各种业态相互交融、边界模糊、变化多样。

一、经济型饭店

(一)经济型饭店的含义

经济型饭店的概念源于北美地区,其英文名称为"Budget Hotel"或"Economy Hotel"。自 20 世纪 50 年代经济型饭店出现至今,其概念体系得到不断完善,经济型饭店的经营模式在欧美及日本等发达国家已经相当成熟。在我国,经济型饭店还是近些年迅速发展起来的一种新型饭店业态。

所谓经济型饭店是以大众旅行者和中小商务者为主要服务对象,以客房为唯一或核心产品,价格低廉、服务标准、环境舒适、硬件上乘、性价比高的现代饭店业态。

(二)经济型饭店的基本特征

经济型饭店是满足一般大众旅游者住宿需求的高性价比的产品设施。经济型饭店的主要特征如下:

1. 产品的有限性

经济型饭店以"务实"为服务理念,紧扣饭店的核心价值——住宿,以客房产品为灵魂,去除了其他非必需的服务,从而大幅度削减了成本。一般来说,经济型饭店只提供客房和早餐(Bed & Breakfast,B&B),一些有限服务饭店还提供简单的餐饮、健身和会议设施。

2. 价格的适中性

相对于高档饭店上千元的房价,经济型饭店的价格一般在人民币 300 元以下,青年旅舍和汽车旅馆房价只有几十至一百元左右。

3. 产品和服务的优质性

与一般社会旅馆不同的是，经济型饭店非常强调客房设施的舒适性和服务的标准化，饭店的装饰风格、材料和用品选择都是本着“经济实用、简捷舒适，能够满足客人的基本需求”的原则来进行的，突出清洁卫生、舒适方便的特点。因此，经济型饭店提供舒适、优雅的服务，并注重人性化服务。

4. 目标市场为中低消费人群

经济型饭店的目标市场是一般商务人士、工薪阶层、普通自费旅游者和学生群体等。

5.“品牌＋连锁”

“品牌＋连锁”是指在某个城市或某些城市，至少有3家经济型饭店同时使用统一品牌，而这些经济型饭店必须由专业的管理公司统一管理，装修标准、服务设施、服务规范相对都比较统一。我国经济型饭店一般都采取连锁经营的方式，通过连锁经营达到规模经济，提高品牌价值，这也是经济型饭店区别于其他星级饭店和社会旅馆的一个明显特征。

（三）经济型饭店的发展

经济型饭店最早于20世纪50年代出现在美国，到20世纪80年代末期经济型饭店已经成为欧美发达国家的成熟饭店业态。20世纪80年代末至90年代末，经济型饭店呈高速发展和大规模的扩张之势，市场竞争日趋激烈，经济型饭店开始向服务质量管理、品牌建设、市场细分、产品多元化等内部管理转化；大型饭店集团的多元化战略和投资政策促使饭店集团更加倾向于资本运作的扩张模式。进入21世纪，经济型饭店步入了新一轮的快速发展时期，主要表现在经济型饭店在发展中国家的市场开拓和这些国家本土品牌的发展。欧美地区的品牌经济型饭店开始向发展中国家市场发展和开拓，而且不仅注重国外市场的延伸，更加注重在本土的发展。在欧美地区，经济型饭店占整个饭店行业的比重已经达到甚至于超过了70％。近几年，在中国、东南亚等地区，经济型饭店的扩张非常迅速。世界著名的经济型饭店品牌，如雅高集团的宜必思、方程式1，圣达特集团的速8、天天客栈，洲际集团的假日快捷等，都纷纷瞄准了包括中国在内的亚洲市场。同时，一些亚洲本土的经济型饭店品牌也开始发展，例如中国的锦江之星和如家快捷等。

我国经济型饭店最初的发展始于1996年，上海锦江集团旗下的“锦江之星”作为中国第一个经济型饭店品牌问世。进入21世纪，各种经济型饭店品牌如雨后春笋般迅速发展起来。除锦江之星外，首旅酒店集团和携程网于2002年共同投资组建的如家酒店连锁，重点发展三星以下的宾馆作为连锁加盟店。“如家”首先设计出了“简单、标准、可复制”的服务流程，然后借助特许经营迅速实现了扩张，标准化、特许经营及携程的网络优势使如家成为目前中国规模最大的经济型饭店连锁品牌。此外，一些区域性的经济型饭店品牌也在短短几年内在部分地区得到迅速的扩张，并积极向全国性品牌的方向努力。据统计，截至2009年年末，中国住宿业市场上共有现代意义上的经济型饭店连锁品牌已经303个，已开业饭店数超过3 757家，同比增长33.94％，已开业房间总数412 840间，同比增长31.93％。2001年至今，我国经济型饭店整体规模年均增速远超50％，这在世界经济型饭店发展史上是罕见的。

我国经济型饭店迎来巨大的发展机遇的同时，也面临着巨大的挑战。如品牌的快速扩张、新品牌的层出不穷、外来品牌与民族品牌的竞争等，都使得我国经济型饭店在未来的几年内必将进入整合调整的时代。国际性经济型饭店品牌的出现，充分说明了跨国饭店集团看好中国的市场潜力，带着他们成熟的经济型饭店品牌高调进入我国市场。他们成熟的管理经验、雄厚的资金实力和人才储备、享誉世界的品牌、发达的营销网络、严格的质量控制都具有无法比拟的优势，自然对本土发展起来的、只有短期经验的中国民族品牌形成了强大的压力。中国本土的经济型饭店必须快速学习、快速成长，才能在市场竞争中获得一定的地位和优势。

二、主题饭店

(一)主题饭店的含义

主题饭店是以某种特定的主题为核心的饭店。主题饭店在建筑设计、装饰艺术、服务方式、产品形态和企业形象设计等方面表述同一的文化理念，展示同一的文化形象，传递同一的文化信念，并能够以个性化的服务满足顾客物质与精神需求，让顾客在深度体验中获得知识和愉悦。主题饭店是近年来发展很快的一种饭店业态。

主题饭店的最大特点就是赋予饭店某种具有特色的主题，并围绕它来组织生产经营活动，营造经营服务与管理气氛，使饭店的产品、服务、环境、造型以及活动等都为主题服务，而且始终使主题成为顾客容易识别的饭店特征和产生消费行为的刺激物，饭店成为向顾客提供记忆深刻的独特体验场所。

主题饭店产生的根源来自于成熟的、趋同的饭店市场环境和个性化、情感化的消费对象，是在客源市场竞争加剧的背景下产生的，是客源市场高度细分化的结果。

(二)主题饭店的特性

1. 差异化

所谓差异化就是饭店凭借自身的技术优势、管理优势和服务优势，设计并生产出在性能、质量、价格、形象、销售等方面优于市场上现有水平的产品，在消费者心目中树立起非凡的形象。它更直接地强调饭店与消费者的关系，通过饭店的平台，使消费者创造具有独特性的自己的价值。

现在国际饭店业界出现了新的语汇——高度细分化市场(Micro-segmenting Market)，按照消费者满意理论(CS)，让与主题对口的客源高度满意，是主题饭店生存和发展的根本原则。客源专业化细分的前提是饭店产品的差异化，用不同产品去迎合具有不同需求的客源群。主题饭店产品的差异化，本质上是主题的差异化，是消费者的经历、感受与体验的差异化。主题饭店与其说是销售产品，不如说是销售经历、感受与体验。

2. 文化性

不同产品有其不同的内涵，对不同内涵的提炼和升华，就形成了主题。主题饭店的目的就在于推出和强化主题品牌及其内涵价值。因此，主题饭店的产品设计和开发，要有更深的文化内涵的思考和立意更高的创意。

应该明确的是，主题本身并无高低贵贱之分，主题的本质是文化。文化的雅与俗、文化的新与旧、文化的中与西、文化的实与虚，与主题的吸引力和产品的价格毫无关联，关键在于主题的独特性、唯一性和对口性。

3. 体验感

创造体验是主题饭店产品的关键。总部设在美国的著名主题饭店——硬石饭店(Hard Rock Hotel)语出不凡："到我们饭店来的不是客人，而是全世界爱好摇滚乐的听众！" 由此可见，主题饭店的顾客消费是"以自身为目的"的活动，就是为活动而活动，也就是说，不是以活动为手段，而是以活动本身为目的的体验。饭店以空间为平台、以服务为载体、以商品为道具，环绕着消费者，创造出值得消费者回忆的活动。其中的商品是有形的，服务是无形的，而创造出的体验是令人难忘的。与过去不同的是，商品、服务对消费者来说是外在的，但是体验是内在的，存在于个人的心中，是个人在形体、情绪、知识上参与的所得。

（三）主题饭店的一般类型

1. 自然风光饭店

自然风光饭店超越了以自然景观为背景的基础阶段，把富有特色的自然景观搬进饭店，营造身临其境的场景。比如位于野象谷热带原始雨林深处的西双版纳树上旅馆，它的主题创意来源于科学考察队为了更深入的观察野象的生活习性。

2. 历史文化饭店

设计者把饭店建成了一个古代世界，以时光倒流般的心理感受作为吸引游客的主要卖点。顾客一走进饭店，就能切身感受到历史文化的浓郁氛围。如玛利亚饭店推出的史前山顶洞人房，抓住"石"做主题性文章，利用天然的岩石做成地板、墙壁和天花板，房间内还挂有瀑布，而且沐浴喷洒由岩石制成，浴缸也是石制的。

3. 城市特色饭店

城市特色饭店通常以历史悠久、具有浓厚的文化特点的城市为蓝本，以局部模拟的形式和微缩仿造的方法再现城市的风采。如我国首家主题饭店——深圳威尼斯饭店就属于这一类，饭店以著名水城威尼斯的文化进行包装，利用了众多可反映威尼斯文化的建筑元素，充分展现地中海风情和威尼斯水城文化。

4. 名人文化饭店

以人们熟悉的政治或文艺界名人的经历为主题是名人文化饭店的主要特色，这些饭店大多数是由名人工作生活过的地方改造的。如西子宾馆，由于毛泽东 27 次下榻于此，陈云从 1979 年到 1990 年每年来此休养，巴金也曾在此长期休养，推出了主席楼、陈云套房和巴金套房，房间里保留着他们最爱的物品和摆设。

5. 艺术特色饭店

凡属艺术领域的音乐、电影、美术、建筑特色等都可成为这类饭店的主题所在。Madonna Inn 就有以电影《美国丽人》为背景的美国丽人玫瑰房可供选择。

(四)主题饭店的发展

顾客体验消费的兴起和饭店竞争的加剧使得主题饭店应运而生。1958 年,美国加州玛利亚客栈率先推出 12 间主题客房,后来发展到 109 间,成为美国最早、最具有代表性的主题饭店。世界最大的 16 家饭店中,美国的拉斯维加斯就有 15 家,现有饭店房间数超过 102 000 间。

主题饭店作为一种正在兴起的饭店发展新业态,在我国的发展历史不长,分布范围目前也仅仅局现在酒店业比较发达的广东、上海、深圳等地。我国第一家真正意义上的主题饭店是 2002 年 5 月在深圳开业的威尼斯饭店,它融合了文艺复兴和欧洲后现代主义的建筑风格,以威尼斯文化为主体进行装饰。

在饭店产业逐渐进入成熟阶段后,产业内竞争更加激烈,饭店产品趋于雷同,差异化程度不断下降,使得整个行业市场增长减缓、利润下滑,而主题饭店产品的推出作为差异化的一种有效的手段,是饭店获得新的竞争优势的一个重要途径。因此,主题饭店是我国饭店未来的发展方向之一。

三、精品饭店

精品饭店是饭店市场中一类个性特征突出的饭店产品,它是一个典型的市场补缺者。这种业态诞生于 20 世纪 80 年代中期的美国。进入 21 世纪后,精品饭店在欧美表现出越来越流行的趋势,并且也将会在中国逐渐流行起来。

(一)精品饭店的含义

无论是在西方还是东方,个性化消费是一种趋势。面对这一趋势,西方饭店业对市场进行了高度细分,为各个细分市场设计了不同的产品,运用了差异化竞争战略和补缺营销的思想。精品饭店是西方饭店市场高度细分过程中出现的一类较为特殊的产品。它运用了先进的管理理念,满足了特定补缺市场的需求并以其独特的优势获得快速的发展。

精品饭店专指提供独特、个性化的居住和服务的、具有鲜明的与众不同的文化理念内涵的、小而精致的饭店。

(二)精品饭店的特征

与星级饭店和联号饭店相比,精品饭店的个性特征集中表现在其个性化的服务方式、精准的市场定位、独树一帜的建筑风格和装饰艺术以及深厚的文化内涵上。这些鲜明的个性特征是不能轻易被模仿和被替代的,由此构成了精品饭店的核心优势。

1. 完全个性化与精细化服务

精品饭店提供的是完全个性化的服务。在精品饭店里,顾客能得到特别的关注。顾客的名字无人不知,饭店的员工了解顾客的口味和偏好,真正做到了“了解顾客之需,了解顾客需要的时机,了解顾客需要的程度”。因此,精品饭店在服务方式和服务内容上精雕细琢,注重每一个细节。

在服务方面，精品饭店采用的是“管家式”的一对一的对客服务形式。服务人员与客房的比例是3∶1，甚至4∶1；而在星级饭店，这个数字通常是1∶1，最多是2∶1。这类饭店面向的客户群体是高收入、高品位的极少部分人群。起源于英国皇家贵族的“管家式”服务，不仅可以让入住的客人感觉到饭店有“家”的感觉，而且用“管家”取代大堂副理，这种服务可以更好地了解客人的需求，在服务上更能贴近服务对象，为客人提供全方位、全过程的个性化服务，给客人真正带来“宾至如归”和“上帝”的极致体验。

2. 精准的市场定位

精品饭店就是饭店市场高度细分过程中出现的一类较为特殊的产品，它运用了先进的管理理念，满足了特定补缺市场的需求并以其独特的优势获得快速的发展。精品饭店所面向的顾客市场更为精准细化，市场形象更加清晰，其目标客源主要是喜爱精品饭店文化的高收入、高品位的少数高端国际商务和度假客人，房价标准一般不低于相同城市的五星级饭店平均价格。

3. 独树一帜的建筑风格与装饰艺术

精品饭店的设计、装饰是充满个性的，它们的设计基本出自名师之手，体现最时兴的设计和美感。精品饭店通常将更多的资金投入在饭店的设计与装饰上面，无论是饭店的外观设计，还是大堂里配饰的艺术品，以及客房的家具摆设，甚至是一个小小的门铃都能体现其设计的个性与独特，标新立异，给顾客以独一无二的感受。

4. 深厚的文化底蕴

精品饭店的文化底蕴是通过饭店名称、建筑特色、产品服务特色、饭店选址的地域文化等要素表现出来，或是上述多个要素的集合体，宾客入住精品饭店就能够感受到强烈的尊贵感或情趣感、充实感或自然感、复古感或时代感，宾客的感觉过程就是对饭店品牌形象认知的过程，以及进一步的认同和肯定的过程。

（三）精品饭店的发展

精品饭店代表的是一种与主流饭店的标准化和雷同化相对应的个性化产品和经营模式。这种经营模式顺应了21世纪个性化消费的潮流，因此精品饭店的成功有其必然性。目前，精品饭店只在饭店市场中占据极小的份额，但其增长却是迅速的。在美国纽约等城市有遍地开花之势。而新一代的饭店经营者和业主正在将精品饭店的概念带到规模较小、较为落后的城市。与饭店集团的豪华产品相比，精品饭店无需支付昂贵的品牌使用费，因此精品饭店在成本上占有优势。

精品饭店凭借着其特有的核心优势，表现出了良好的经营业绩，赢得了较为广阔的生存发展空间。与传统饭店相比，精品饭店平均每间客房的成本相差无几，但是可使用客房的平均收益却要比常规的饭店高出15%～20%。开房率通常高于饭店业平均水平。

老牌的精品饭店没有选择连锁品牌经营的发展模式，而是追求“每个饭店讲述一个故事”，并在设计风格上诉求各异。新生代的精品饭店已经从一个独立的饭店，逐渐形成了精品饭店的连锁。

1998年以来，中国饭店业市场也出现了精品饭店的身影，如上海的马勒别墅饭店、北京的长城脚下的公社等。其中，位于北京水关长城一个8平方公里的山谷里的“长城脚下的公社”，由12位亚洲建筑师设计，饭店与长城、山脉的自然风光融为一体。精品饭店在我国已经成为一种标新立异的产品。

为了适应住宿业高端市场的发展需求，使精品饭店这种业态能够保持个性与特色，我国《旅游饭店星级的划分与评定》(GB/T14038—2010)规定，小型豪华精品饭店可以直接评定五星级。可申请五星级的精品饭店要具有主题性、差异化的饭店环境等特点，并且拥有特殊的客户群体，服务个性化、定制化、精细化。

四、绿色饭店

由于全球生态环境的日益恶化，保护环境、保障人类健康已受到全世界的关注。旅游业的发展依赖于当地的环境状况，饭店业作为旅游业的支柱产业，在有效保护环境和合理利用资源方面的努力直接关系旅游业的健康发展，并影响社会的可持续发展。所以，饭店的环境管理工作被提上议事日程，而创建绿色饭店是饭店环境管理的重要环节。

“绿色”一词往往用来比喻“环境保护”“回归自然”“生命”等。绿色饭店只是一种比喻的说法 国际上一般把绿色饭店称之为“生态效益型饭店”(Eco-efficient Hotel)或“环境友好型饭店”(Environmental-friendly Hotel)。绿色饭店可以定义为：以可持续发展为理念，坚持清洁生产，倡导绿色消费，保护生态环境的饭店，其核心就是在生产经营过程中加强对环境的永续保护和资源的合理利用。

绿色饭店最大的特点是业态的创新，它区别于传统饭店业态，减少了资源的浪费。

五、产权式饭店

(一)产权式饭店的含义

产权式饭店，即饭店的开发商将饭店的每一个客房的产权分别出售给多个业主，业主每年拥有一定的时间段免费入住，其余时间段可以委托开发商或管理公司经营，并享受一定的分红，同时业主可以转卖、继承、抵押、馈赠其拥有的产权。

产权式饭店兴起于20世纪70年代欧美国家的一些著名旅游城市和地区，英文全称是“Timeshare”即“时空共享”，产权式饭店作为一种特殊投资和消费模式，符合经济资源共享的基本原则，它使业主闲置的空房和酒店的大门向社会开放，对公众推出一种既是消费又是存储，既是服务又是家产，既可自用又可赠送的特殊商品，是房地产业和旅游业的有效结合，是经济发展到一定程度的必然产物。无论对发展商还是投资商，产权式饭店都孕育着丰富的商机。

(二)产权式饭店的类型

1. 时权饭店

时权饭店是将饭店的每个单位分为一定的时间份(如一年产值51周，共51个时间份)，出售每一个时间份的使用权。消费者拥有一定年限内在该饭店每年一定时间(如一周)的居住权。

2. 纯产权饭店

纯产权饭店是指将饭店的每一个单位分别出售给投资人，同时投资人委托饭店管理公司或分时度假网络管理,获取一定的管理回报。纯产权饭店又可分为商务型饭店和度假型饭店。

3. 养老型饭店

养老型饭店是指投资人(往往是最终消费者)购买用于退休后养老的物业,在退休前委托管理公司经营管理直至退休后自用。委托管理期间,投资人可获取一定的投资回报。一般情况下该物业在产权人去世后由管理公司回购,再出售,收益归其家人所有。

4. 高尔夫、登山、滑雪圣地的度假村

高尔夫、登山、滑雪圣地的度假村是指在高尔夫、登山、滑雪等运动圣地开发的度假别墅项目。

5. 时值度假型饭店

时值度假型饭店是指消费者购买一定数量的"分数",这些"分数"就成为他们选购产品的货币。他们可以使用这些"分数"在不同时间、地点、档次的度假村灵活选择其"分数"所能负担的住宿设施。消费者不拥有使用权或产权,只是为休闲消费提供便利、优惠和更多选择。"分数"消费可以获取更大的折扣和免费居住时间。

六、智能型自助饭店

饭店业是传统的服务行业,属劳动密集型产业。但是,随着数字技术的发展和计算机的普及,这种情况也在发生变化。饭店设备的智能化和管理手段的现代化将大大改变饭店的固有模式。

2007 年 7 月,世界第三大邮轮公司丽星邮轮麾下经济型饭店"我的客栈"首店在杭州正式开业。该饭店外观由红色、粉红、淡绿等鲜明色彩组成,红灯笼是其图形标记,在房顶醒目位置用红色标着"99 元"的大型字样。除了低价外,该饭店与众不同之处在于从进门到退房,客人基本都是自助式刷卡服务,服务人员数量非常少,这类智能型自助饭店在中国市场基本是空白。

据悉,智能型自助饭店在海外一些市场已经很风行,但在中国由于技术和客人理念等问题,一直没有该类饭店出现,莫泰曾经推出过自助型饭店"莫泰 268",但并没有推广扩张,而"我的客栈"的开业,算是让系统化的智能型自助饭店在中国市场正式亮相,但业界分析,由于需要自助操作一些机器,所以有些中国客人尤其是年龄偏大的客人,可能一时间还不太习惯接受这类模式,所以这类市场需要培养。

七、"紧凑型"新概念宾馆

相对于传统饭店(Hotel),新概念宾馆被定名为"Yotel"。Yotel 是一种与传统饭店背道而驰的新概念宾馆理念。它的创始人是西蒙·伍德罗夫,最初的设计灵感来源于英国航空公司的豪华舱和日本的廉价"胶囊旅馆"(Capsule Hotel),简单来说,Yotel 其实就是结合了日本的胶囊旅馆小的特点与英国航空头等舱的空间设计概念。历经三年的精心设计和 150 多次的反复修改后,一种世界上最为激进的宾馆概念最终在西蒙·伍德罗夫手中诞生,它将在目前世界各地千篇一律的豪华饭店业中注入一股清新的空气,同时唤醒这一行业一场新的革命。

面积仅为10.5平方米的Yotel房间可分为标准间和豪华间。客房内基础设施丰富，包括纯平彩电及环绕立体声系统、成百上千种电影可供下载、空调、可翻转双人床、专用浴室、情调灯光、包括淋浴喷头在内的豪华浴室设备、豪华床上用品等，还可提供自动入住、结账等服务。Yotel受到转机或是要搭乘早班飞机乘客的欢迎。

Yotel中真正具有革命性的当属其房间的窗户设计。它摈弃了传统的外开窗，而将其改为内开窗，也就是说这些窗户朝向走廊而开，这样可以通过走廊内的反射机制和照明作用使得房间内被自然地照亮。这同时也使得Yotel敢为人先、独辟蹊径，选择其他饭店所不敢触及之地——市中心、机场甚至地下等空间——作为其选址的首选。当然，由于设计所获得的成本节省使旅客获益匪浅，旅客能够在有限的稀有空间内以付得起的价格享受超豪华的入住体验和高质量的服务。

案例分析

主题饭店之都——拉斯维加斯

有专家指出，有自己特色，给人以文化、个性感受的主题饭店将是旅游饭店业的方向。

主题饭店这个形式最先出现在国外。在美国，拉斯维加斯被称为“饭店之都”。你也许会为此而惊讶，其实这样说一点也不过分。据统计，世界最大的16家饭店拉斯维加斯就占15家，现有饭店房间数超过102 000间。传统饭店的概念在这里已发生了转变，主题是拉斯维加斯饭店的灵魂与生命。一座座主题饭店就是一个个景点，它们交相呼应，组成拉斯维加斯的一道风景线，吸引着万千游客。

拉斯维加斯的主题饭店大约分以下几类：

1.模拟城市氛围的饭店。这类饭店通常以历史悠久、有浓厚的文化特点的城市为蓝本。他们以局部模拟的形式，用微缩仿造的方法再现了城市的风采。其中比较出名的有纽约饭店。它把曼哈顿的标志性建筑——自由女神像，以一比一的比例搬到了门前。

2.模拟神话、传说的饭店。它们以人们熟悉的神话故事为背景，使人觉得像进入了童话世界一样，如梦如幻，抛开一切现实中的烦恼，尽情享受这眼前的一切。

3.模拟历史遗迹、自然风光的饭店。这类饭店充分表现出人文环境与自然环境的魅力。有的像一座花园，里面盛开着各式的鲜花。有的模仿古代帝王的宫殿，使人觉得像进入了皇宫一般；还有的以海市蜃楼、火山爆发等自然现象为主题，让人不寒而栗。

拉斯维加斯的主题饭店普遍具有规模大、层次多、变化快的特点，他们充分利用空间和高科技的手段，配以大型的演出，给饭店增色不少。旅游饭店业是国民经济的晴雨表。主题饭店之所以在拉斯维加斯能如此红火，也是美国经济高度发达的体现。由于我国在主题饭店领域上起步比较晚，而且建主题饭店投资比较大，所以现在的发展还不是很快。

但是，主题饭店这一形式在我国已初露头角。

相比于传统饭店那种单一的服务形式、千篇一律的设施设备和模式化的服务，主题饭店具有不可比拟的优势。它从自己的主题入手把服务项目融入到主题中去，以个性化的服务代替刻板的模式，体现出对客人的信任与尊重。历史、文化、城市、自然等都成了饭店借以发挥的主题，从此饭店不再是单纯的住宿、餐饮设施，而是寻求欢乐和刺激的天堂。

案例讨论题：

1. 结合本案例，谈谈主题饭店的特征和优势。
2. 我国应如何发展主题饭店？

思考题

1. 饭店可以划分为哪些基本类型？
2. 商务客人的特点是什么？如何做好商务型饭店的经营与服务？
3. 长住型饭店经营与服务的特点是什么？其发展趋势是什么？
4. 会议客人的消费特点是什么？饭店如何做好会议服务与管理？
5. 国际度假饭店发展中的典型模式有哪些？
6. 我国应如何发展汽车饭店？
7. 除基本业态分类外，饭店还可以进行哪些分类？
8. 经济型饭店的含义和基本特征是什么？
9. 什么是主题饭店？主题饭店的一般类型有哪些？我国应如何发展主题饭店？
10. 什么是精品饭店？精品饭店的特征是什么？
11. 什么是产权式饭店？产权式饭店有哪些类型？

第四章

饭店业等级制度

学习目标

通过本章学习，要求学生了解饭店业实施等级制度的目的与作用，以及国际上采用的饭店等级制度与表示方法；熟悉国外饭店业等级制度；掌握中国饭店业星级标准体系。

★重要概念★

饭店等级　美孚旅行指南体系　美国汽车协会(AAA)体系　米其林红色指南体系　英国汽车协会体系　中国饭店业星级标准体系

第一节　饭店业等级制度概述

随着第二次世纪大战以后世界饭店业的发展，各国政府和饭店业团体机构依据饭店的建筑、设施设备、清洁卫生、服务质量等标准，将饭店划分为不同的等级。所谓饭店等级即是指一家饭店在上述标准所达到的水准和级别，并按照不同国家的具体规定，以不同的标识表示出来，在饭店的显著位置上公之于众。

一、饭店业实施等级制度的目的与作用

饭店等级制度是国际旅游业的通用语言，是世界旅游发达国家通行的一项制度。饭店实施等级制度的目的和作用主要表现在以下几方面。

(一)维护饭店客人的权益

饭店的等级标志本身是对饭店设施与服务质量的一种鉴定与保证。对饭店进行分级，可使客人在预订或使用之前，对饭店有一定的了解，并根据自身的要求和消费能力进行选择。对饭店进行定级可以有效地指导客人选择饭店，为此提供物有所值的服务，保障他们的合法权益。

(二)便于行业的管理和监督

饭店的服务水平和管理水平，对消费者及所在国家和地区的形象和利益均有重要的影响。许多国家的政府机构或其他行业组织，都将颁布和实施饭店等级制度作为行业管理与行业规范的一种手段，利用饭店的定级，对饭店的经营和管理进行监督，使饭店将公众利益和社会利益结合在一起。

（三）有利于促进饭店业的发展

饭店的等级从经营的角度看，也是一种促销手段，有利于明确饭店的市场定位，并针对目标市场更好地展示饭店的产品和形象，同时也有利于同行之间平等、公平的竞争，可促进不同等级的饭店不断完善设施和服务质量，提高管理水平，维护饭店的信誉。对接待国际旅游者的饭店来说，也便于进行国际间的比较，促进饭店业的不断发展。

二、饭店分级方法

分级制度目前在世界上已较为广泛，尤其在欧洲更是被普遍采用。不同国家和地区采用的分级制度各不相同，用以表示级别的标志与名称也不一致。国际上，由于每个国家所处的情况不同、国情不同，各个国家对饭店等级的概念也是不一样的。因而至今为止国际上对饭店等级尚未有统一的标准，因而也就不存在所谓的“国际标准”。尽管如此，各国、各地饭店分等定级的依据和内容却十分相似，通常都从饭店的地理位置、环境条件、建筑设计布局、内部装潢、设备设施配置、维修保养状况、服务项目、清洁卫生、管理水平、服务水平等方面进行评价确定。

目前国际上采用的饭店等级制度与表示方法大致有以下几种：

（一）星级制

星级制是把饭店根据一定的标准分成的等级分别用星号（★）来表示，以区别其等级的制度。星越多，等级越高。这种星级制在世界上，尤其是欧洲非常普遍。如法国使用1～5星级，摩纳哥为四星豪华、四星C、三星、二星、一星等。我国也是采用五星制。

（二）字母表示法

许多国家将饭店的等级用英文字母表示，即A、B、C、D、E五级。A为最高级，E为最低级。有的虽是五级，却用A、B、C、D四个字母表示，最高级用A1或特别豪华级来表示。如希腊为A、B、C、D、E五级，奥地利为A1、A、B、C、D五级，阿根廷为特别豪华、A、B、C、D五级。

（三）数字表示法

用数字表示饭店的等级一般采用最高级用豪华表示，继豪华之后由高到低依次为1、2、3、4。数越大，档次越低。如意大利和阿尔及利亚的饭店等级标识为豪华、第一、第二、第三、第四。

此外，还有一些等级分类方法，如价格表示法或以类代等，即用饭店的价格或类别代替等级，并用文字表示出来。如瑞士饭店的价格分为1～6级，中国台北地区分为国际观光、观光两类。

等级制度的划分是一件十分严肃和重要的事情，一般由国家政府或权威机构做出评定，但不同的国家评定饭店的机构不完全一样。国外比较多的是国家政府部门和饭店企业或旅游业的协会共同评定。也有一些地方由几个国家的饭店协会联合制定统一的标准，共同评定。有些国家强制性规定饭店必须参加评定等级，有的则由饭店企业自愿申请参加评定。此外，在一些欧美国家，汽车协会对住宿设施进行级别评定。例如，英国的皇家汽车俱乐部与英国汽车俱乐部、荷兰的皇家汽车俱乐部与美国的汽车协会都制定出自己饭店评级制度，对该组织评定出来的级别颁发证书与标志，定期进行复查、核查。

当然无论用哪种方法评定等级，也无论由谁来评定，必须按照等级划分的有关要求和标准来进行，还要有一套完备的申请、调查、复查与抽查的鉴定程序。定级单位也有权根据规定对已定级的饭店进行降级或除名处理。饭店有权主动要求进行升级的鉴定或取消已定的级别。

三、国外饭店业等级制度

如前所述，世界上不同国家和地区采用的饭店分级制度各不相同，用以表示饭店等级的标志与名称也不一样。目前在国际上，美国饭店业的美孚旅行指南体系和美国汽车协会(AAA)体系，以及欧洲的米其林红色指南体系和英国汽车协会体系被认为是最重要的饭店分级制度。

(一)美国饭店的等级制度

美国饭店业自18世纪末发展迅速，20世纪美国饭店业开始了等级评定制度。经过近百年的发展和完善，其饭店等级制度已经形成了一套规范而完整的体系，被行业和旅行者广泛接受。美国饭店等级评定由民间团体自行实施，不由国家主管部门颁布标准，其可信度和客观性非常高。美国饭店等级评定最著名的体系是美孚旅行指南(Mobil Travel Guide)体系和美国汽车协会(American Automobile Association，AAA)体系。

1. 美孚旅行指南体系

美孚旅行指南体系是由美孚石油公司采取的饭店星级评定制度。在北美，由美孚石油公司制作的《美孚旅行指南》，每年有1 500万的使用者。《美孚旅行指南》从1958年开始出版，今天它已经包括了美国和加拿大的7个地区4 000个城市22 000个网点的22 000家饭店、汽车饭店、客栈、小旅馆、度假地和餐馆。在世界上使用的大约100种饭店等级体系中，美孚旅行指南体系被认为是最重要的。每年都有约17 000家住宿设施被审查，只有14 000家左右得以被列入出版物。在这些饭店中，60%～70%的饭店为一星和二星级；30%的饭店为三星级；只有不到5%的饭店有幸地被评为四星级和五星级。由于饭店每年评估，因此，评定的等级也不是终生有效的。几乎每年都有10%的饭店从名录册上撤销，由新的饭店取而代之，以此保证指南的代表性。

此制度使用的符号为一颗星至五颗星，按照标准划分为以下方面：

★：一星级饭店必须整洁、舒适，不必豪华。然而，对它们提供项目有最低要求的服务。这些饭店可能不提供24小时的前台、电话或客房服务，也未必有餐厅。如果该饭店的房价低于同地区的平均水平，那么在饭店星级标志旁打上“√”，以显示该饭店物有所值。

★★：二星级饭店稍好于一星级饭店，包括更好的家具、较大的客房、餐厅、每个客房内的一台电视机、直拨电话、客房服务及娱乐设施，如游泳池等。不必豪华但必须清洁、舒适。

★★★：三星级饭店提供一星、二星级饭店所有的服务，并在这些服务的基础上突出一项或多项内容。

★★★★：四星级饭店的客房要大；家具高档；服务人员受过良好的培训，他们彬彬有礼、热情有加，为宾客提供所需的一切服务，极少有宾客投诉。在四星级饭店住宿应给客人留下一次难忘的经历。

★★★★★：五星级饭店在美国通常被认为是全美最佳饭店之一。饭店内设有上等餐厅。一天两次标准化的客房服务。大厅应舒适、宜人并且富有美感。外部环境优美、整洁。五星级饭店的一个显著特点是：饭店的员工使宾客每时每刻都感到自己是个重要人物。

2. 美国汽车协会(AAA)体系

美国汽车协会（以下简称 AAA）成立于 20 世纪初，由于当时汽车问世不久，很多道路是为马匹和马车修建的，于是该组织在立法、树立路标等方面积极努力，以促进美国的公路、法律建设，让汽车驾驶者更加安全并获得更多的权利。随着协会的发展，AAA 相应的服务也不断扩展，从 20 世纪 30 年代开始，AAA 将饭店列到《旅行指南》之中，到 20 世纪 60 年代，开始依据一套简单的评估体系对饭店进行等级评定，这套体系将饭店划分为好、很好、优秀和杰出四个等级。从 1977 年开始，采用钻石体系——从一颗到五颗钻石，被用作档次和质量的象征。AAA 成为美国饭店等级的权威评审机构之一。每年，AAA 在美国、加拿大（该组织在加拿大的名称是 CAA，加拿大汽车协会，美加两国的会员证是通用的）、墨西哥和加勒比地区，检查的饭店超过 32 500 多家，只有 2 500 家饭店、汽车旅馆、餐馆能够有幸被收录进《AAA 旅行手册》和《旅行指南》中。

AAA 评定制度的基本标准为舒适、方便、隐私、整洁、安全五大原则，采取每年一次的评价方式，受评估饭店不需付费即可申请加入为会员接受评价，但经过评价后希望悬挂钻石标志者，则必须缴纳费用。AAA 的评价方式是在一年内不主动告知且不以一次为限，查后如无法达到最基本要求，则不列入手册，并且寄信通知该饭店需要继续努力之处。在饭店名录册中，大约只有 7% 的饭店能够获得 AAA 的四颗钻石奖，而可以登上“五钻”榜的更是非常少。

现行的 AAA 标准共有 300 多项，涵盖饭店的 9 大方面：外部、公共区域、客房装饰、客房设备、卫生间、客房清扫、维修保养、管理和对客服务。超出上述主要范围的部分（如娱乐设施），将会加以考虑，但在评分时不作硬性规定。每一部分又分成若干子项目。检查者首先评估子项目部分，并给它们进行评分；然后再对主项目进行评估和分数汇总等；最后提出对饭店的总体评估。对于四颗和五颗钻石饭店，无论初评还是复查，都必须对各个细节和服务进行仔细检查；同时还必须进行匿名住宿和就餐体验。该体系总分不是由各个单项汇总而成，而是累积总体印象；但是，饭店设施和服务检查都必须达到一定水准。

最终评定的饭店划分为五个等级，分别由一颗至五颗钻石表示。

一颗钻石：饭店符合所有条文的基本要求。产品或服务洁净、安全及维修良好。

两颗钻石：饭店拥有达一颗钻石水平的同时在房间陈设及家具方面显示明显改善。

三颗钻石：饭店在实质性、服务及舒适度方面显示明显升级，足以提供额外的款待、服务及设备。

四颗钻石：饭店反映出优异的亲善及细致服务，而同时提供高档的设备和一系列的额外款待。

五颗钻石：饭店设备及运作反映无懈可击的标准及卓越水平，同时超越顾客对亲善态度和服务的期望。此等著名的饭店不仅动人而豪华，同时提供众多额外的款待。

（二）欧洲饭店的等级制度

欧洲作为旅游业最发达的地区之一，其饭店业发展历史悠久，多年来处于世界饭店业的前列。欧洲饭店等级制度已经普及，尤以法国、意大利和瑞士等国家为甚，然而欧洲饭店等级划分制度的规范标准远不及美国。由于欧洲国家众多，每个国家都有自己的评定标准，而且70%以上的饭店为独立经营。一些国家采用官方评级制度，包括匈牙利、比利时、英国、法国、希腊、意大利、荷兰、西班牙和瑞士等，等级评定时强调硬件水平，比较轻视服务，一些高税率国家的饭店管理者甚至刻意调低饭店级别以便少缴税款。一些国家，如瑞典、德国和丹麦坚持用房价表示饭店等级，他们认为房价可表示饭店的服务水准，市场价格本身就是最有效的等级标准。目前在欧洲，最具影响力的饭店等级评定体系主要有法国米其林红色指南体系和英国汽车协会体系。

1. 米其林红色指南体系

米其林红色指南体系是由法国民间团体自行制定和执行的饭店等级体系。该体系由法国米其林集团于1900年在其创始人安德里·米其林（Andre Michelin）的倡导下，出版的《米其林红色指南》（简称《指南》）开始。起初这只是一本简易方便的旅行手册，为驾车者提供一些实用资讯，如关于车辆保养的建议、行车路线推荐、汽车修理行的地址以及酒店、餐馆的地址等。后来《指南》开始每年为法国和欧洲的饭店和餐馆评定等级，并因此而著名。

《指南》被认为是世界上历史最悠久、也最具权威性的旅行指南，它的评定体系以独立、公正、积极而著称。米其林的评审法则多年来一直得到读者和旅游者的认可和支持，并被公认为饭店业质量评鉴的基准。首先是遵循完全匿名原则，公司派出匿名的资深专职评审员造访这些饭店；接着，《指南》依据不同价位和条件筛选出一系列的饭店，以满足不同读者和旅客的需要；第三条是独立性原则，即《指南》完全独立于饭店行业，米其林不对任何选中的饭店收费，同时也征得评鉴对象的同意；最后一条法则，也是相当重要的一条，《指南》每年都翻新推出，以提高信息的保真度。总之，《指南》绝不是带有主观倾向的个人意见，其目的纯粹是为旅行者提供指向帮助，并为他们的假日活动和旅行安排增添更多的乐趣。

根据《指南》，饭店被划分为5个等级，从高到低依次为：豪华级（Luxury）、最高舒适级（Top Class Comfortable）、非常舒适级（Very Comfortable）、舒适级（Comfortable）、比较舒适级（Quite Comfortable），并通过房屋图形标志表现出来，最高级别饭店授予5个图标。

在《指南》上，等级的变化，意味着饭店经济效益的增减，甚至可能会导致某家饭店的成功或失败。

2. 英国汽车协会体系

英国汽车协会(Automobile Association,AA)自1908年采用标准体系为英国及欧洲其他国家的饭店划分等级,并被广泛认为是国家体系。该体系针对协会会员,使用星号符号代表饭店等级,采用五星级制。

第二节 中国饭店业星级制度

中国饭店业的等级制度采用国际上通行的星级制度。以星的多少来标定一家饭店的硬件档次和服务水平,既巧妙地避开了各国语言文字不同的障碍,而且可以使客人一目了然地对饭店的各方面有一个全面的了解。

一、中国饭店业星级制度的沿革

从1987年我国饭店业星级标准开始制定,到现在已经有20多年了。1988年8月22日,国家旅游局发布了《中华人民共和国旅游涉外饭店星级标准》。此后在1993年、1997年、2003年和2010年对该标准进行了四次修订。所以,中国饭店业星级标准的发展过程可以划分为五个阶段。

(一)起步阶段

1987年~1992年为起步阶段。1987年星级标准开始制定,1988年执行,由此开始了中国饭店行业一个新的起步。

从20世纪80年代初开始,中国的旅游饭店业进入了高速发展时期,到1987年全国的饭店数达到1 823家,已经略成规模。在发展的过程中自然也出现了一系列的问题,其中最突出的问题就是在饭店的设计、建设、装修、经营、管理、服务等各个环节,全行业普遍感觉到缺乏规范、规则、相应的秩序,海外客人对饭店的投诉也始终居高不下,行业整体形象不佳。

在这种背景下,国家旅游局深感有必要制定一套按照国际惯例建立起来的星级标准,用以规范中国的饭店业发展。1987年,国家旅游局聘请世界旅游组织专家、西班牙旅游企业规划司司长到中国,他先后考察了113家饭店,全面系统地调查研究了中国饭店行业的实际情况,结合国际经验和中国国情,制定了《中华人民共和国评定旅游(涉外)饭店星级的规定》,经国务院批准,于1988年9月正式开始宣传、贯彻、推行。

星级制度一出台就体现了强大的生命力,受到了饭店企业的欢迎,对适应我国旅游业发展的需要,提高我国饭店业的管理和服务水平起到了重要的作用。

(二)上台阶阶段

1993年~1997年为上台阶阶段。1993年饭店星级标准调整为国家标准。用现代化的、标准化的语言和体系对原有的标准作了规范和调整,为饭店行业的发展提供了更具有操作性的指导,在实践中发挥了重要作用。

星级标准推行几年之后取得了非常成功的经验，在社会上也具有了越来越大的影响力，自然也引起了有关部门的重视。但是，星级标准只是经国务院批准由国家旅游局发布的一个行业标准，在国家标准化的工作序列中还没有占到应有的地位。因此，饭店星级标准上升为国家标准是十分必要的。1993 年 9 月 1 日，国家技术监督局正式批复并发布了《旅游涉外饭店星级的划分与评定》为国家标准，编号为 GB/T14308－93。1993 年 10 月在全国正式执行，星级标准正式纳入到了国家标准化行政工作的序列。

星级标准虽然是推荐性标准，但在实践中始终体现了比较强的生命力，对企业也产生了足够的吸引力，其中最根本的一点就是饭店的星级标准作为国际性的概念帮助企业在市场上寻找定位，这种定位节约了企业的交易成本，企业在市场上树立了鲜明的形象。

（三）大发展阶段

1998 年～2002 年为大发展阶段。当时国家旅游局决策要加快速度、加大力度推行饭店星级标准，因此形成了一个大发展的局面，也促成了饭店统计口径的调整。从 2000 年到 2002 年，星级饭店数量涨幅达到 47.29%。

尽管 GB/T14038－93 为中国饭店业的国际化、标准化发展做出了巨大贡献，但是由于标准的具体规定过细、过死，强制性的内容比较多，给饭店企业的自主性过少。在实施过程中，导致中国饭店业行业性的整齐划一，形成千店一面的现象。中国饭店的特色化发展受到了阻碍，饭店企业也丧失了自由度与评星热情，星级标准的质量保证形象受到了极大的挑战。

为了适应形势的变化，适应饭店企业的长远发展，适应国际竞争，国家旅游局 1997 年 10 月对原有的星级标准和星级制度进行了比较大的调整和修订，重新以国家标准的形式再次发布，编号为 GB/T14038－97，于 1998 年 5 月 1 日正式执行。修订后的标准增加了选择项目，使饭店可以按实际需要自主选择功能类别和服务项目，对避免饭店企业的资源闲置和浪费，促进旅游饭店建设和经营的健康发展发挥了积极作用。

（四）技术调整阶段

2003 年～2010 年为技术调整阶段。2003 年，饭店星级标准再次修订，从而使星级标准包容量增大，适应性更强，整个标准细化，技术性也更加到位。

随着全社会经济发展水平和对外开放程度的迅速提高，中国饭店业所面临的外部环境和客源结构也发生了较大的变化，饭店自身按不同客源类型和消费层次所做的市场定位和分工也进一步细化，这就要求饭店业的管理和服务应当更加专业化和高质量。为此，2002 年以后，国家旅游局再次组织修订星级标准。这次修订的重点是强调饭店管理的专业性、饭店氛围的整体性和饭店产品的舒适性。2003 年 6 月正式颁布《旅游饭店星级的划分与评定》(GB/T14038－2003)，标准从 2003 年 12 月 1 日起实施，2004 年 7 月 1 日起全面推广，并对星级饭店进行全面复核、更换星级标牌。

第三次修订后的星级饭店评定标准，有两个突出的特点：一是将“旅游涉外饭店”改为“旅游饭店”；二是借鉴国际做法，增设了“白金五星级”作为饭店的最高星级，中国饭店国际化程度进一步提高。

2006 年 3 月，国家旅游局颁布实施的《绿色旅游饭店》(LB/T007－2006)，是对《旅游饭店星级的划分与评定》(GB/T14038—2003)的补充与细化。

2006 年 7 月,中国国家旅游局创建白金五星级饭店试点工作正式启动。经过一年多的多轮严格筛选和审核,北京中国大饭店等三家饭店正式成为我国首批“白金五星级饭店”。

(五)多元发展阶段

近年来,我国星级饭店已形成庞大的产业规模,饭店业态日趋多元化,星级饭店的质量呈现一定的地区差异性,中低星级饭店面临重新定位的现实,建设环境友好型、资源节约型社会对饭店节能减排、绿色环保工作提出了更高要求,各类突发事件对星级饭店应急管理的要求更加紧迫。在此背景下,国家旅游局自 2007 年 12 月启动了星级标准的第四次修订工作。2010 年 10 月正式颁布《旅游饭店星级的划分与评定》(GB/T14038—2010),标准从 2011 年 1 月 1 日起实施,全国 1.4 万余家星级饭店同时开展饭店星级评定与复核工作。

新版标准的特点可以用六个“强调”来概括:

一是强调必备项目。评定检查时,对照标准逐项检查,要求各星级饭店全部达标,缺一不可。

二是强调核心产品。将客房产品定位为饭店核心产品,突出客房舒适度的要求,增加了客房棉织品、枕头、床垫、温湿度、遮光、隔音、热水龙头等方面的具体质量要求。

三是强调绿色环保。一至五星级饭店均要求制订相应的节能减排方案并付诸实施,取消了对牙膏、牙刷、拖鞋、沐浴液、洗发液等客用品的硬性要求。

四是强调应急管理。要求一至五星级饭店均需制订火灾等 6 类突发事件处置的应急预案,高星级饭店要求定期演练。

五是强调软件服务。增强软件标准评价的客观性,将有关服务流程、清洁卫生、维护保养、管理制度等统一到运营质量评价中。

六是强调特色经营。在硬件设施评分表中增设商务会议饭店设施、度假饭店设施、其他等三类选择项目,鼓励企业按类别集中选项,引导星级饭店特色化、差异化发展。小型豪华精品饭店可以直接申请评定五星级。

为配合新标准的实施,国家旅游局于 2010 年 11 月 19 日发布《旅游饭店星级的划分与评定(GB/T14308－2010)实施办法》。实施办法对星评工作的职责分工、星评和复核的程序及要求等均做出了详细规定,并明确饭店星级标志为证明商标,受《商标法》保护,任何未经星评达标的饭店不得使用。实施办法将星级饭店评定性复核的时间由以前的 5 年一次调整为 3 年一次,以确保星级饭店一直保持标准水平。为保证星评工作的公平、公正、公开,实施办法还对星评员和星评机构提出了“十不准”的要求。

中国饭店业用 20 余年的时间走完了西方国家需要几十年才走完的道路,这一跨越式发展完全可以作为世界饭店发展史上的奇迹而载入史册。在这一进程中,饭店业的星级评定工作发挥了重要的作用。截至 2010 年年底,全国已有星级饭店 13 991 家,其中五星级 595 家,四星级 2 219 家,三星级 6 268 家,二星级 4 612 家,一星级 297 家。无论是硬件设施还是软件服务,星级饭店都代表了我国饭店业的最高水平。饭店星级标准的推广,不仅对中国旅游饭店行业,而且对全国各行各业的标准化工作都起到了良好的带动和示范作用,如今,“星级”在全社会都已经成为质量和档次的象征。

二、中国饭店业星级标准体系

中国饭店业的星级标准不仅仅是一个标准,而且是一套完善的星级制度。这套制度吸取了国际上星级制度的成功经验,结合了中国饭店业的实际,是全方位考核评价饭店的星级标准体系。2010 版星级标准由标准部分和附录部分组成,其中,附录部分均为规范性附录,包括必备项目检查表、设备设施评分表和饭店运营质量评价表。由此,构成了一套完整的、全方位考核评价饭店的星级标准体系。其基本框架如图 4-1 所示。

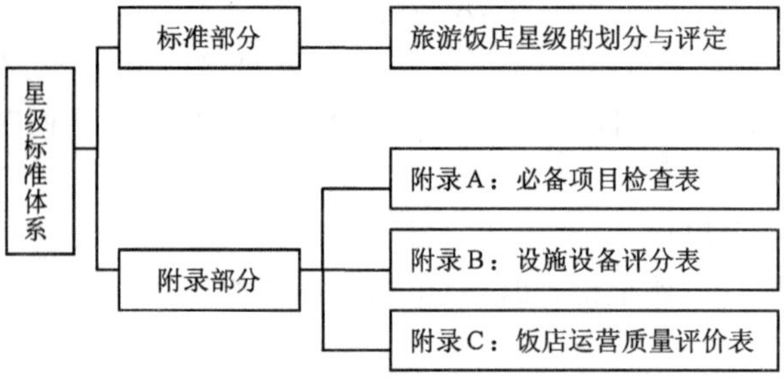

图 4-1 中国饭店业星级标准体系基本框架

(一)饭店星级的划分与评定

这是饭店星级标准的核心部分。从范围、规范性引用文件、术语和定义、星级划分及标志、总则、各星级划分条件、服务质量总体要求、管理要求、安全管理要求和其他等 10 个方面规范了饭店星级的基本内涵。

(二)饭店星级评定附录

饭店星级评定附录由必备项目检查表、设施设备评分表和饭店运营质量评价表等规范性附录组成。

1. 附录 A:必备项目检查表

该表规定了各星级应具备的硬件设施和服务项目。要求相应星级的每个项目都必须达标,缺一不可。评定检查时,逐项打“√”,确认达标后,再进入后续打分程序。

2. 附录 B:设施设备评分表

该表主要是对饭店硬件设施的档次进行评价打分(硬件表,共 600 分)。对一星级、二星级饭店不作要求,三星级、四星级、五星级饭店规定最低得分线:三星级 220 分,四星级 320 分,五星级 420 分。

3. 附录 C:饭店运营质量评价表

该表主要是评价饭店的软件设施,包括对饭店各项服务的基本流程、设施维护保养和清洁卫生方面的评价(软件表,共 600 分)。评价内容分为总体要求、前厅、客房、餐饮、其他、公共及后台区域等 6 个大项。评分时按“优”“良”“中”“差”打分并计算得分率。其计算公式为:

得分率＝该项实际得分/该项标准总分×100％

一星级、二星级饭店不作要求。三星级、四星级、五星级饭店规定最低得分率：三星级70％，四星级80％，五星级85％。

三、饭店业星级评定的实施办法

为适应中国旅游饭店业发展的需要，增强饭店星级评定与复核工作的规范性和科学性，国家旅游局于2010年11月发布了《旅游饭店星级的划分及评定（GB/T14308－2010）实施办法》（以下简称《办法》），对星评工作的职责分工、星评和复核的程序及要求等均做出了详细规定。

（一）星级评定的组织机构和责任

饭店星级评定工作由全国旅游星级饭店评定委员会（简称“全国星评委”）统筹负责。全国星评委是负责全国星评工作的最高机构，其职能为：统筹负责全国旅游饭店星评工作；聘任与管理国家级星评员；组织五星级饭店的评定和复核工作；授权并监管地方旅游饭店星级评定机构开展工作。

各省、自治区、直辖市旅游局设省级旅游星级饭店评定委员会（简称“省级星评委”）。省级星评委根据全国星评委的授权，实施或组织实施本省四星级饭店的星级评定和复核工作，并承担向全国星评委推荐五星级饭店的责任。

副省级城市、地级市（地区、州、盟）旅游局设地区旅游星级饭店评定委员会（简称“地区星评委”）。地区星评委在省级星评委的授权和指导下，实施或组织实施本地区三星级及以下饭店的星级评定和复核工作，并承担向省级星评委推荐四星级、五星级饭店的责任。

（二）星级申报及标志使用要求

饭店星级评定遵循企业自愿申报的原则。凡在中华人民共和国境内正式营业一年以上的旅游饭店，均可申请星级评定。经评定达到相应星级标准的饭店，由全国旅游饭店星级评定机构颁发相应的星级证书和标志牌。星级标志的有效期为三年。

饭店星级标志应置于饭店前厅最明显位置，接受公众监督。饭店星级标志已在国家工商行政管理总局商标局登记注册为证明商标，其使用要求必须严格按照《星级饭店图形证明商标使用管理规则》执行。任何单位或个人未经授权或认可，不得擅自制作和使用。同时，任何饭店以“准×星”“超×星”或者“相当于×星”等作为宣传手段的行为均属违法行为。

（三）星级评定的标准和基本要求

饭店星级评定依据《旅游饭店星级的划分及评定》（GB/T14308－2010）进行。申请星级评定的饭店，如达不到相应的要求及最低分数或得分率，则不能取得所申请的星级。

星级饭店强调整体性，评定星级时不能因为某一区域所有权或经营权的分离，或因为建筑物的分隔而区别对待。饭店内所有区域应达到同一星级的质量标准和管理要求。否则，星评委对饭店所申请星级不予批准。

饭店取得星级后，因改造发生建筑规格、设施设备和服务项目的变化，关闭或取消原有设施设备、服务功能或项目，导致达不到原星级标准的，必须向相应级别星评委申报，接受复核或重新评定。否则，相应级别星评委应收回该饭店的星级证书和标志牌。

（四）星级评定程序和执行

五星级饭店按照以下程序评定：

1. 申请

申请评定五星级的饭店应在对照《旅游饭店星级的划分及评定》（GB/T14308－2010）充分准备的基础上，按属地原则向地区星评委和省级星评委逐级递交星级申请材料。申请材料包括：饭店星级申请报告、自查打分表、消防验收合格证（复印件）、卫生许可证（复印件）、工商营业执照（复印件）、饭店装修设计说明等。

2. 推荐

省级星评委收到饭店申请材料后，应严格按照《旅游饭店星级的划分及评定》（GB/T14308－2010）的要求，于一个月内对申报的饭店进行星评工作指导。对符合申报要求的饭店，以省级星评委名义向全国星评委递交推荐报告。

3. 审查与公示

全国星评委在接到省级星评委推荐报告和饭店星级申请材料后，应在一个月内完成审定申请资格、核实申请报告等工作，并对通过资格审查的饭店，在中国旅游网和中国旅游饭店业协会网站上同时公示。对未通过资格审查的饭店，全国星评委应下发正式文件通知省级星评委。

4. 宾客满意度调查

对通过五星级资格审查的饭店，全国星评委可根据工作需要安排宾客满意度调查，并形成专业调查报告，作为星评工作的参考意见。

5. 国家级星评员检查

全国星评委发出星级评定检查通知书，委派两到三名国家级星评员，以明察或暗访的形式对申请五星级的饭店进行评定检查。评定检查工作应在36～48小时内完成。检查未予通过的饭店，应根据全国星评委反馈的有关意见进行整改。全国星评委待接到饭店整改完成并申请重新检查的报告后，于一个月内再次安排评定检查。

6. 审核

检查结束后一个月内，全国星评委应根据检查结果对申请五星级的饭店进行审核。审核的主要内容及材料有：国家级星评员检查报告、星级评定检查反馈会原始记录材料、依据《旅游饭店星级的划分及评定》（GB/T14308－2010）打分情况等。

7. 批复

对于经审核认定达到标准的饭店，全国星评委应做出批准其为五星级旅游饭店的批复，并授予五星级证书和标志牌。对于经审核认定达不到标准的饭店，全国星评委应做出不批准其为五星级饭店的批复。批复结果在中国旅游网和中国旅游饭店业协会网站上同时公示，公示内容包括饭店名称、全国星评委受理时间、国家级星评员评定检查时间、国家级星评员姓名、批复时间。

8. 申诉

申请星级评定的饭店对星评过程及其结果如有异议，可直接向国家旅游局申诉。国家旅游局根据调查结果予以答复，并保留最终裁定权。

9. 抽查

国家旅游局根据《国家级星评监督员管理规则》，派出国家级星评监督员随机抽查星级评定情况，对星评工作进行监督。一旦发现星评过程中存在不符合程序的现象或检查结果不符合标准要求的情况，国家旅游局可对星级评定结果予以否决，并对执行该任务的国家级星评员进行处理。

一星级到四星级饭店的评定程序，各级星评委应严格按照相应职责和权限，参照五星级饭店评定程序执行。全国星评委保留对一星级到四星级饭店评定结果的否决权。白金五星级饭店的评定标准和检查办法另行制定。

对于以住宿为主营业务，建筑与装修风格独特，拥有独特客户群体，管理和服务特色鲜明，且业内知名度较高的旅游饭店的星级评定，可按照《办法》要求的程序申请评定五星级饭店。

（五）星级复核及处理制度

星级复核是星级评定工作的重要组成部分，其目的是督促已取得星级的饭店持续达标，其组织和责任划分完全依照星级评定的责任分工。星级复核分为年度复核和三年期满的评定性复核。

年度复核工作由饭店对照星级标准自查自纠，并将自查结果报告相应级别星评委，相应级别星评委根据自查结果进行抽查。

三年期满的评定性复核工作由各级星评委委派星评员以明察或暗访的方式进行。各级星评委应于本地区复核工作结束后进行认真总结，并逐级上报复核结果。全国星评委可根据工作需要，对三年期满的五星级饭店进行宾客满意度调查，并形成专业调查报告，作为评定性复核的参考意见。

对复核结果达不到相应标准的星级饭店，相应级别星评委根据具体情况给予限期整改、取消星级的处理，并公布处理结果。对于取消星级的饭店，应将其星级证书和星级标志牌收回。

整改期限原则上不能超过一年。被取消星级的饭店，自取消星级之日起一年后，方可重新申请星级评定。

各级星评委对星级饭店做出处理的责任划分依照星级评定的责任分工执行。全国星评委保留对各星级饭店复核结果的最终处理权。

接受评定性复核的星级饭店，如其正在进行大规模装修改造，或者其他适当原因而致使暂停营业，可以在评定性复核当年年前提出延期申请。经查属实后，相应级别星评委可以酌情批准其延期一次。延期复核的最长时限不应超过一年，如延期超过一年，须重新申请星级评定。

国家旅游局根据《国家级星评监督员管理规则》，派出国家级星评监督员随机抽查年度复核和评定性复核情况，对复核工作进行监督。一旦发现复核过程中存在不符合程序的现象或检查结果不符合标准要求的情况，国家旅游局可对星级复核结果予以否决。

案例分析

案例1　四星级饭店为什么没有送餐服务?

某四星级饭店有南、北两栋楼，南楼设施较北楼差些，房价也便宜些。一天客人张先生住进南楼，因旅途劳累，不愿到餐厅就餐，于是打电话到餐厅要求送餐到客房。但是餐厅值班员回答："对不起，先生，南楼不提供送餐服务。"张先生大为不满地问道："既然是四星级饭店，即使南楼较便宜，也应该有送餐服务吧？"值班员回答："对不起，先生，这是本饭店的规定。"

案例讨论题：

1. 饭店的这种规定对吗？为什么？
2. 餐厅值班员应怎样回答客人？

案例2　五星级饭店细节服务

五星级饭店作为城市的形象窗口，代表着一个地方的开放程度和现代化水平。

在一次浙沪苏招商活动中，某记者随团入住三地的五星级饭店，感受到了饭店服务人员细致入微的贴心服务。

在浙江省黄龙饭店采访结束后，已过了午餐时间，记者突然发现房卡不见了，于是叫来服务员帮忙开门。服务员见到记者第一句话不是"您好"之类的客套话，而是"您吃饭了吗"，短短一句问候，令记者倍感温暖、亲切，工作的劳累顿时释然。一位素不相识之人，却像家人一样关心自己，服务人性化的最高境界莫过于此。

在与服务员聊天过程中，记者了解到，黄龙饭店在培训服务员时，十分强调人性化服务培训。饭店要求服务员要学会察言观色，迅速判断宾客的心情和住宿目的，有时一句话、一条热毛巾就能拉近与客人的距离。一个细节服务能使客人享受到最完美的服务。

在上海西郊宾馆，记者房间的电话座机上写着："Ms. Yang，如有需要，请拨0。"把入住宾客的名字写在上面，会让客人感觉每时每刻都有人在关注、关心自己。

当服务员接起电话，直呼你的名字时，感觉像是在找老朋友一样，心与心的距离立即被拉近。在感谢服务员时，他会说："您是我们的贵宾，我们愿意为您提供最优秀的服务。"话很真切，也令人感动。

在南京金陵饭店，有一张"睡眠关爱计划单"，上面写着为客人提供的6款不同功能的枕头，有木棉、决明子、鸭绒等。关爱服务可谓细致入微。这6款枕头让记者牢牢记住了金陵饭店的名字。

如今饭店业的竞争在加剧，仅靠服务设施的增加和完善能暂时收获效益，但要实现可持续发展，在竞争中立于不败，必须要以人为本，针对具体消费者的不同特点提供人性化服务，用细节服务提升饭店竞争力。金陵饭店大堂经理告诉记者，五星级饭店除了建筑风格外，在硬件设施上差别都不大，现在饭店间的竞争实际上就是细节服务的竞争，服务越细致，越能体现饭店的管理水平。硬件设施彰显的是资金实力，而细节服务带来的是饭店的口碑、品质和“回头客”。

案例讨论题：

1. 为什么说饭店间的竞争实际上就是细节服务的竞争？
2. 结合本案例，谈谈五星级饭店应该提供怎样的优质服务。

思考题

1. 饭店业实施等级制度的目的与作用是什么？
2. 简述欧美国家的饭店业等级制度。
3. 我国饭店业星级制度的发展历程划分为哪几个阶段？
4. 新版星级饭店标准的特点是什么？
5. 简述中国饭店业星级标准体系。
6. 我国饭店业星级评定的实施办法是什么？

第五章

现代饭店集团

学习目标

通过本章学习，要求学生掌握饭店集团的相关概念，熟悉饭店集团的发展过程和饭店集团化经营的优势；掌握饭店集团经营的方式；了解中国饭店集团化的发展历程、差距和发展战略。

★重要概念★

企业集团　饭店集团　饭店联号　饭店管理公司　饭店联合体　带资经营　租赁经营　合同经营　特许经营

第一节　饭店集团的发展和优势

饭店集团是在饭店业高度发展基础上形成的一种由众多饭店组织共同构建，通过资本融合和经营协作关系等方式组成的经济联合体。20世纪50年代，世界联号饭店得到蓬勃发展，特别是以美国为代表的一些西方国家，随着交通运输业的迅速发展，许多著名的饭店联号应运而生，并逐步向海外市场扩张，形成较强竞争力的跨国饭店企业集团。目前，全世界的饭店中，已有57%以上的饭店以各种形式隶属于饭店集团。这些饭店集团凭借其在资金、技术、人才、设备设施等方面具有雄厚的实力，显现了极强的市场竞争优势。集团化经营已成为世界饭店业经营中日益增强的一种主导模式。

一、饭店集团的相关概念

（一）饭店集团

饭店集团是企业集团的一种。企业集团也称企业群体、企业联合体。它是为了适应企业系列化生产和产业调整的要求而形成的企业间的联合。随着社会经济、科技发展的需要，企业集团逐步走上以产权为纽带的现代企业集团的基本模式。与传统企业集团相比，现代意义上的企业集团是指以一个实力雄厚的大型企业为核心、以产权联结为主要纽带，并以产品、技术、经济、契约等多种手段，把若干个企业、事业单位联结在一起，形成母子公司为主体，具有多层次结构的多法人的经济联合体。

企业集团是现代企业的高级组织形式，它是生产集中和资本集聚达到一定规模后产生的必然结果，也是社会化大生产和市场经济发展的必然产物。

饭店集团作为企业集团的一种，是指以饭店企业为核心，以经营饭店产品为主体，通过产权交易(包括有形资产和无形资产)、资本融合、管理模式输出、管理人员派遣和计算机预订系统等超市场的制度性制约而相互关联的企业集团。饭店集团具有企业集团的一般性质，但也有其自身的生产经营和成员企业连接方式的特殊性。饭店是服务企业，其产品生产和经营的特点使企业品牌、管理模式等无形资产在饭店集团的形成、扩张过程中发挥着重要作用。

(二)饭店联号

饭店联号是拥有、经营或管理两个以上饭店的公司或系统。在这个系统里，各个饭店使用统一的店名或店称，统一的标志，实行统一的经营、管理规范与服务标准。有的联号，甚至连饭店的建筑形式、房间大小、室内设备、饭店位置以及主要的服务项目也相同。

从构成饭店联号的主体看，它可以是同一家公司的若干家饭店，也就是组成联号的饭店相当于企业的分公司；另外，它也可以是由互不关联的、在财产上相互独立的若干家饭店组成。

饭店集团与饭店联号是一对有交叉的概念。饭店集团是以经营饭店为主的联合经营的经济实体，它可以由一个或几个饭店联号组成。在市场上，它们都表现出向旅游者提供有自己特色的标准化饭店产品。在市场经济体制里，特别是公司股份制以后，通过对饭店本身的买进卖出，饭店联号可以转变为饭店集团，但饭店集团在本质上不是饭店联号。尽管如此，在许多相关文献中还是用饭店集团指代饭店联号。

(三)饭店管理公司

饭店管理公司是指以一座或者若干座直营饭店为载体，拥有独立的服务品牌、管理模式和市场营销渠道，以其特有的专业技术、管理人才向饭店输出管理，并依法独立享有民事权利和承担民事义务的企业法人。所谓管理模式，具体包括规范化的饭店组织形式与管理机制，清晰的客源市场定位，标准化的服务流程和技术标准、设施设备配置标准，以及一套服务质量检验与控制体系。

饭店管理公司的出现是管理模式商品化的具体表现。也就是说，管理公司与饭店之间仍然是完全的市场交易行为：饭店管理公司以自己的管理风格、服务规范、质量标准和管理模式向饭店提供服务，饭店则向公司支付相应的报酬。饭店管理公司可以是独立的公司，也可以是集团的成员单位。一般来说，大的饭店集团都拥有自己的管理公司，而管理公司则不一定形成饭店集团。

(四)饭店联合体

饭店集团在世界饭店市场上的规模与影响越来越大，在今天的美国，隶属于某一饭店集团的饭店已占总量的60%。这些集团在推销、预订、经营管理和市场竞争力方面的优势也越来越明显。这对于那些独立的大饭店和规模较小的饭店联号来说，是很大的威胁。为了与饭店集团抗衡，它们往往联合起来，成立各种各样的合作组织，统称为饭店联合体。

所谓的饭店联合体，是指一些具有类似标准的饭店自愿结合起来，共同缴纳一定的费用，集中用于促销、预订、人员培训和其他服务。联合体内的成员饭店使用一个共同的标志，建立起联合的预订与销售网络。其主要宗旨在于在世界或区域的范围内，创造一个集体形象，以赢得更多的顾客。

饭店联合体与饭店集团、饭店联号有许多相似的功能，如都使用共同的预订网络，实行联合采购，联合进行大规模促销活动等。其不同之处在于，饭店联合体的成员饭店，无论是在财务上还是在组织结构、经营管理上都是完全独立的，联合体不加以干预。

二、饭店集团化经营的必然性

旅游经济运行中，饭店行业的服务性特征及其本地化刚性的特征虽然限制了饭店规模扩张的内部化进程，但为集团化发展创造了有利条件，使集团化成为饭店业发展的最优选择。

（一）饭店及其集团化经营

首先，饭店行业的供给具有空间分散性的特征。饭店服务产品所具有的无形性、不可储存和不可移运性、生产与消费的同时性及不可分割性等特征，决定了它不同于生产、消费相分离的制造行业，它无法选择在最适宜的场所、以最低的成本大规模组织生产，将其产品转移到销售及消费地，通过库存及增减生产量来调节供求关系，因而，它必须极度依赖客源市场的流量及流向。由于旅游资源的地域分散性造成了旅游者旅行目的地的分散性，而饭店服务必须在旅游者目的地实现生产、购买及消费，因此，符合饭店内在特征要求的扩张模式应该是通过集团化形式达到网络化广域分布状态，而不是通过内部生产规模的扩大及生产的地域集中来实现规模经济，形成高度集中的地域性集团。

其次，饭店产品是一种体验型产品，消费者通过购买获得经历和感受。对这种劳务型的无形产品，饭店消费者对产品价值的判断主要根据个人经验或饭店的品牌或口碑，从而决定其产品选择。饭店消费者有对已认知品牌的倾向性，会更易于选择他所满意和信任的同一饭店品牌。因此，饭店产品的体验型特点使品牌、管理模式等无形资产为饭店集团扩张提供了重要的发展基础和可能性，使经营管理成功的饭店通过无形资产奠定的市场优势地位实现在全球范围内的集团扩张。另外，饭店集团所推出的服务标准化、程序化也提供了某种质量的象征信号，减少了消费者对饭店服务质量不可预见的担忧，使饭店产品具有了可预见性和一致性。可见，由于饭店产品本身的服务性特点决定了集团化发展在饭店业中的可行性及优越性。

（二）饭店集团化发展的必然性

饭店与其他行业一样，都经历着从分散到集中、从单体到联合、集团化经营的过程。饭店集团化发展是全球经济一体化、饭店产业宏观经济环境及企业内部扩张动机等多方因素影响形成的必然结果。

首先，宏观经济环境，特别是产业发展对企业集团化活动的影响更为具体。现代饭店业在 20 世纪 50 年代进入快速发展阶段，饭店企业间兼并和收购的出现，为实现规模经济进行扩张。进入 90 年代，饭店集团化经营、国际化经营程度越来越高，形成了一批规模巨大、经营多样化的饭店集团。

其次，全球经济一体化促进了世界资本流通，为饭店集团化运作提供了重要的发展条件，在资本流动、人才输出及网络技术等方面，使饭店集团及其成员在管理、信息交流等方面突破了地理限制，在全球范围内分享客源，实现管理能力的扩展。

第三，饭店企业自身发展的内部扩张动机促进了饭店集团化经营的发展。饭店企业为拓展市场空间，以寻求更大的发展，扩大规模效益成为其必然选择。

因此，饭店集团化经营是饭店业发展到一定阶段的必然形式。集团化既反映饭店业发展的路径选择，又是饭店行业规范化和走向成熟的标志。

三、国际饭店集团的发展历程

最早的跨国饭店集团是 1902 年成立的“里兹发展公司”，这是以饭店业的英雄塞萨·里兹命名的。它的出现使得国际饭店业进入了“托拉斯”式的垄断形式。“托拉斯”即经营关系密切的同类饭店，组成大垄断集团以扩大市场占有率，争夺投资市场，获得高额利润，它是一种高级的垄断组织形式。里兹发展公司通过签订管理合同迅速在欧洲扩张，成为当时世界最大的饭店集团之一。

现代商业饭店的鼻祖——斯塔特勒也是第一个指出联号经营方式在管理和资金上具有优势，并组建了第一个现代联号饭店经营模式。从 1901 年的第一家饭店开始，斯塔特勒集团发展到有 10 家大型饭店的集团，其中包括 1928 年在芝加哥落成的当时世界上最大的史蒂文斯饭店，这是一座耗资 5 000 万美元，拥有 3 000 间客房和 1 000 个餐位的饭店。

第二次世界大战至今，世界范围内的国内旅游和国家间的旅游得到了前所未有的发展，饭店业也在同步发展。可自由支配的收入和闲暇时间的增加使大众旅游成为旅游活动的主体，而经济的繁荣与复苏则极大地促进了商务旅游的发展；私人拥有汽车数量的增加和高速公路网的建成使得欧美地区的国内旅游普遍发展；科学技术的进步提高了航空运转业的可靠性，降低了商业航空的费用；亚太地区经济的开放和进步都促使跨国跨地区的旅游活动迅速发展起来。国际饭店业开始真正的大规模全球扩张。

美国由于在战争中积累起来大量财富，开始了全方位地向世界输出资本和产品，这也给予了美国饭店业千载难逢的发展机会。当时美国最著名的国际航空公司——泛美航空公司迅速对饭店业的国际化趋势做出了反应。它于 1946 年成立了全资子公司“洲际饭店集团”，并开始向美洲和世界其他地区扩张。到 1982 年，泛美航空公司将洲际饭店集团卖给大都会集团时，洲际饭店集团在全球已拥有 109 家饭店。这种航空公司拥有饭店的模式也迅速在饭店业中得到发展，环球航空公司、联合航空公司、法国航空公司、汉莎航空公司等航空运输业纷纷成立或购买了自己的饭店集团。这些企业利用航线扩展的机会，在世界各地建立饭店，拉开了饭店业国际化进程的序幕。

1946 年成立的“希尔顿饭店公司”在美国收购了多家饭店集团(包括斯塔特勒的所有

联号饭店)后开始向美国以外扩张。

1952年,威尔逊成立了第一家假日饭店,假日饭店采取了不同于其他饭店联号通过自己投资或输出管理的方式进行扩张,而是采用了特许经营的方式,从而在很短的时间内达到了相当大的规模。特许经营扩张方式也成为主要为美国饭店联号所采用的新型扩张方式。

1963年,为了吸引中低收入的旅游者,第一家经济型的饭店联号——汽车饭店6在美国加利福尼亚成立。从此,各大饭店集团的品牌系列中都包括了一个甚至多个经济型饭店联号。

与此同时,美国其他新崛起的饭店集团,例如喜来登饭店公司,马里奥特饭店公司等,也先后加入了饭店国际化的行列。

欧洲的饭店集团在美国饭店集团的压力下,从20世纪50年代开始逐步加入了饭店业国际化竞争的行列。20世纪50年代初,总部设在巴黎的地中海俱乐部集团就开始在地中海沿岸建造度假胜地和饭店,而后又扩展到加勒比海地区。进入80年代以后,欧洲的饭店业加快了集团化的步伐,开始挑战美国饭店集团的垄断地位,雅高集团通过兼并成为欧洲最大的饭店集团,1987年希尔顿饭店集团被拉德布鲁克集团收购,更表明了欧洲饭店集团的全球进入战略。到90年代,欧洲饭店集团已成为国际饭店业中的一支重要力量。

同时,亚洲饭店集团也逐渐加入到国际饭店业的竞争之中,日本的帝国饭店集团、新谷集团,中国香港的半岛集团、丽晶集团、香格里拉集团等在国际饭店业中显得日趋活跃,特别是1988年,大都会集团将洲际饭店公司卖给总部设在东京的Salson集团,在国际饭店业中引起了极大的反响,预示着国际饭店业出现了新的格局。

总而言之,饭店业国际化经营的进程速度是惊人的。20世纪80年代以后,全球饭店联号中开始了以收购和兼并为主要形式的整合扩张活动,出现了大批规模庞大、拥有完整的品牌系列、从事多样化经营的巨型饭店集团。2009年国际饭店集团规模排名前10位的情况如表5-1所示:

表5-1　2009年国际饭店集团规模排名前10位的情况

排名	集团名称	总部	饭店数	客房数
1	IHG(InterContinental Hotels Group) 洲际饭店集团	英国	4 186	619 851
2	Wyndham Hotel Group 温德姆饭店集团	美国	7 043	592 880
3	Marriott International 万豪国际集团	美国	3 088	545 705
4	Hilton Hotels Corp. 希尔顿饭店集团	美国	3 259	544 361
5	Accor 雅高集团	法国	3 984	479 096

（续表）

排名	集团名称	总部	饭店数	客房数
6	Choice Hotels International 精品国际饭店公司	美国	5 827	472 526
7	Best Western International 最佳西方国际集团	美国	4 032	305 387
8	Starwood Hotels & Resorts Worldwide 喜达屋全球饭店与度假村集团	美国	942	284 800
9	Carlson Hotels Worldwide/Rezidor 卡尔森环球饭店集团	美国	1 013	151 487
10	Global Hyatt Corp. 全球凯悦公司	美国	373	114 343

四、饭店集团化经营的优势

西方发达国家的饭店集团化经营来源于工业时代的大生产思想，即以标准化、专业化的手段进行规模化的生产，可以有效地降低成本；以成熟的产品及在市场上有号召力的品牌进行扩张，求得更大的规模；以规模取得分散经营所不能达到的规模效益。在其发展的几十年过程中，又不断融入新的经营管理理念，如营销网络的建立、人力资源的开发、品牌的经营、集团化形象的策划、跨国的经营等，逐步形成了完整、有效的集团化经营的优势。归纳起来，其优势表现在以下几个方面：

（一）品牌优势

品牌是一种名称、术语、标识、设计或是它们的组合应用，其目的是借以辨认企业及其产品或服务，并使之同竞争对手的产品和服务区别开来。现代国际饭店集团经过几十年的经营和积淀，都拥有一个或多个国际知名度高、市场占有率高的品牌，这是饭店集团化运作的一个非常关键的因素。饭店集团统一使用的商标和标识向宾客承诺了某种预期的服务质量，使消费者能够提前预知该集团的服务。特别是当旅游者在一个陌生的环境中消费时，标识和品牌能在很大程度上尽快树立消费者对产品和服务的信心。因此，许多国际饭店管理集团十分注重品牌的经营，在跨国扩张中实施输出品牌的经营战略。它们十分注重饭店品牌的培育和经营，并在发展中整合品牌。

近些年来，还出现了饭店品牌多样化、系列化发展趋势。例如，巴斯公司（现为“洲际饭店集团”）在收购兼并假日饭店集团后，将假日饭店集团这个当时全球最大的单一饭店品牌作为一个中档饭店的品牌保留下来，还保留了假日饭店集团原先的皇冠（Crown Plaza）作为高档饭店的品牌，又收购了原洲际饭店集团的洲际（Inter Continental）品牌作为豪华级饭店的品牌。万豪饭店集团则拥有万豪（Marriott Hotels & Resorts）、JW万豪（JW Marriott Hotels & Resorts）、万丽（Renaissance Hotels & Resorts）、万怡（Courtyard）、华美达（Ramada Plaza）、里兹·卡尔顿（Ritz-Carlton）等十几个品牌，形成了从豪华到中档各具特色的品牌系列。

（二）经营管理和技术优势

饭店集团一般都有较为先进、完善的管理系统，因而能为所属的饭店制定统一的经营管理方法和程序，为饭店的建筑设计、内部装修和硬件设施规定严格的标准，为服务和管理订立统一的操作规程，使各饭店的经营管理达到所要求的水平。同时，根据经营环境的变化，确保饭店集团经营管理的先进性。饭店集团定期派遣巡视人员到所属饭店检查，他们的主要责任是监督所属饭店是否达到各项经营指标，在检查过程中对饭店经营中的问题、不合格的服务提出建议和指导。

饭店集团有能力向所属的饭店提供各种技术上的服务和帮助，这些服务和帮助通常根据所属饭店的需要有偿提供。例如，集团性经营能为所属饭店提供集中采购服务。由于饭店集团要求所属饭店实现设施设备和经营用品标准化、规格化，因而一些大饭店集团专门设立负责饭店物资供应的分公司或总部采购部，为各饭店提供统一规格和标准的设备和经营用品，如家具、地毯、餐厅和厨房用具、棉织品、灯具、文具、食品饮料等，从而形成比较完善的集团物资供应系统，而集中大批购买又能获得较高价格折扣，使饭店经营成本降低。同时，饭店集团化经营也为生产和技术的专业化及部门化提供条件。例如，在食品生产加工、设备维修改造、棉织品洗涤等方面都可以进行集中管理，以达到降低饭店经营成本的目的。技术上的帮助还包括饭店开发阶段或更新改造所需的可行性研究等服务。例如，原假日集团拥有自己的专业建筑师和内部装饰设计专家，专门为所属饭店提供这方面的技术服务。

（三）人力资源优势

现代饭店经营管理，需要大批专门人才，特别是既有理论知识又有实际经验的专家。饭店集团能够吸引各方面的优秀人才，如工程技术、装潢、财务会计、市场营销、人力资源开发、质量管理、电脑技术以及食品技术等各方面的专家，为集团内部的各个饭店服务。他们了解饭店集团整体的经营战略与经营状况，对饭店集团的工作程序、标准和各方面要求更是了如指掌，因此处理事故及时、解决问题合理，并能帮助企业特别是新开业的企业打开局面，在经营管理中发挥积极的作用。

通过相互调配人力资源，集团实现人力资源季节性、结构性方面的运行最佳效果。同时可以留住人才，为员工提供学习的条件、晋升的机会和发展的空间，以使企业的组织生涯规划与个人的职业生涯规划相结合。

饭店集团从整体利益出发，一般还具有较完善的培训系统，用以保证饭店集团未来发展的人力资源需求。为了培养人才，许多饭店集团都办起了培训中心甚至饭店管理学院。例如，假日集团在其总部的所在地——美国孟菲斯有一所假日大学；希尔顿集团在美国的休斯敦大学设立了自己的饭店管理学院；万豪饭店集团虽没有自己的学院，但与世界一流的饭店管理学院——美国康奈尔大学饭店管理学院建立了协作关系。

（四）市场营销优势

饭店集团一般规模大，经营较为成功，因而在国际上享有较高的声誉，在公众中产生深刻的影响。参加了饭店集团就可以使用集团的名称和店标，这对宣传广告极为有利。特别是在拓展国际市场时，一个被公众熟悉的国际饭店集团名称及品牌，往往更易使宾客对饭店产品产生信任感，更能吸引宾客。

单一饭店通常缺乏足够的资金大力进行广告宣传，尤其是国际性广告。而饭店集团则可以集合各饭店的资金进行世界范围的大规模广告宣传，有能力每年派代表到世界各地参加交易会、展览会，并与旅游经营商直接交易，推销所属饭店产品。这种联合广告可以使集团中每一饭店的知名度大大提高。

同时，饭店集团都有较为先进的客房预订系统，配备高效率的电脑中心和免费订房电话，为集团成员饭店处理客房预订业务，并在各饭店间互荐客源。例如，假日集团通过Holidex系统，在每一家假日饭店里，都可以随时预订任何一个地方的假日饭店，并且在几秒钟之内得到确认，而且这一切都是免费服务。

（五）财务优势

一般来说，独立的饭店企业不易得到金融机构的信任，在筹措资金时有可能遇到困难。参加饭店集团可使金融机构对其经营成功的信任度增加从而愿意提供贷款，因为饭店集团以其庞大的规模、雄厚的资本和可靠的信誉提高了所属饭店的可信度。同时，饭店集团还能为所属饭店提供金融机构的信息，并帮助推荐贷款机构。

饭店管理集团往往能凭借自身的品牌及声誉得到大财团的资金支持。有了较雄厚的资金作后盾，有时在接受委托管理项目时，可应业主要求注入一定的资金；也可在业主资金困难时，对有良好发展前景的饭店注入资金，成为股东，甚至处于控股地位；也可收购、兼并和投资建造有发展潜力的饭店，以扩大集团化经营的规模。

另外，饭店集团化经营可以避免市场的过度竞争。经济学家贝思曾指出，集中便利了企业之间的合谋，并且会增加行业的利润。在一个行业中，如果存在数量太多而又缺乏差异化的企业，必然导致企业在广告宣传、价格、销售让利等方面的过度竞争，从而降低行业的总体利润水平。而通过横向一体化，减少竞争者数目，并以集团的综合实力提高各企业的差异化水平，从而更好地满足市场的需求，这是行业得以健康发展的关键。

第二节　饭店集团化经营的方式

世界各地饭店集团经营的方式或结构关系多种多样，归纳起来，通常有带资经营、租赁经营、合同经营和特许经营等几类。

一、带资经营

带资经营又称直接经营，是指通过独资、控股或参股等直接或间接投资方式来获取饭店经营管理权，并对其下属系列饭店实行相同品牌标识、相同服务程序、相同预订网络、相同采购系统、相同组织结构、相同财务制度、相同政策标准、相同企业文化及相同经营理念的管理方式。

饭店集团采取直接经营的方式，无疑是最基本和最通常的做法，因为任何饭店集团都必须以拥有所有权并直接经营的若干饭店为后盾，并在此基础上采用其他经营方式，才能逐步扩大集团的规模。带资经营主要有以下两种形式：

（一）拥有经营

拥有经营是指饭店集团直接投资建造饭店或购买、兼并饭店，然后由饭店集团直接经营管理的形式。直接经营被认为是饭店集团经营的最原始形式。这种以“总部所有，直接经营”的形式经营的饭店，是饭店集团经营的基础。它最突出的特点是，饭店集团既是各饭店的经营者，又是完全拥有者。希尔顿联号早年就是采用这种形式的。欧洲排名第一的法国雅高（Accor）饭店集团倾向直接购买房产，坚持投资新建，采取全资形式，虽然动用资金量比较大，扩张速度慢，但集团的控制力很强，容易形成统一的市场营销网络，也较容易坚持标准化经营。

拥有经营形式能节省许多费用，如注册费用和经营上的一些人工费用等。该形式的缺点，首先是风险较大，如果公司中有一家饭店经营失败且资不抵债，各家饭店的资产可能会被动用来偿付债务；其次，由于各家饭店属于同一家公司，在计算所得税时必须将各家饭店的利润加在一起计算，如按递进法计算所得税，需缴纳的税率往往要高些。

（二）控股经营

控股经营是指饭店集团作为母公司控股并经营各子公司饭店。子公司饭店属于母公司饭店集团的成员，但它本身是一个独立的企业，具有独立的法人资格。母公司在子公司的全部财产是在子公司中的股份，母公司可按股份分享子公司的盈利。香格里拉饭店集团是在我国最早采用带资方式的国际酒店管理集团，2000 年以前基本上以合资经营为主，对大多数管理的酒店持有绝对控股权。

二、租赁经营

租赁经营是指饭店集团通过签订租约、交纳租金的形式，长期将其他饭店从所有者手中租赁过来，然后由饭店集团作为法人对其进行经营管理。

采用租赁经营方式，饭店集团可以节约对固定资产的巨额投资，只向饭店所有者交付一定的租金，即可取得饭店的经营权，它有利于饭店集团规模的迅速扩大。对业主来说，风险转嫁给承租者，自己保证收入，可以借承租者之力提高企业管理水平，租赁期满后可以获得好的经营基础。租赁经营主要有以下三种形式：

（一）直接租赁

直接租赁是饭店集团租用某个饭店，按租赁合同每期固定支付一笔租金给饭店所有者。它实际上是一种固定租金额的租赁。

在一般情况下，租赁经营只包括饭店的建筑与设施。但是，如果饭店拥有家具和设备，这些也租赁给饭店集团。在租赁合同里必须列明这些家具和设备的更新改造、大修理费用由谁承担，同时，必须详细列明谁负担有关财产的一些固定费用，如房产税、保险费以及其他一些费用项目。另外必须强调指出，为了保证饭店经营管理的连续性，饭店租赁期限通常在 20 年以上。

（二）利润分成租赁

利润分成租赁是指饭店在租赁期间租赁给饭店集团公司，由饭店集团公司进行经营管理，饭店所有者获得部分利润作为回报。

在利润分成租赁下，饭店集团最通常的做法是根据饭店经营毛利润来确定应交付给饭店所有者的租金。在这种租赁形式下，租金并不是每月交纳一定的数额，而是根据收入或利润来计算租金，其计算方法有以下三种：一是按收入的百分比计算；二是按经营利润的百分比计算；三是按总收入和经营利润混合百分比计算。

采用这种租赁形式，意味着饭店所有者和饭店集团要共同承担饭店经营上的风险。一般来说，饭店所有者较喜欢根据总收入百分比来计算租金，根据经营利润计算租金会增加其不必要的风险。有些饭店资源优越，但由于饭店管理公司经营不善，利润达不到应有的水平而使饭店所有者受损失。因而在协商租金时，饭店所有者往往要求加上一条最低租金的限额作为保障条款。

（三）出售一回租租赁

出售一回租租赁是指企业将饭店产权转让给他方后再将饭店租回继续经营。企业出售饭店产权往往出于各种不同动机，有些企业拥有饭店产权但急需大量现金周转，便将饭店资产转变成现金；有些企业想减少风险而不愿在经营某饭店的同时拥有这家饭店的产权；也有些企业依靠贷款建造另一公司时如要求继续经营该饭店，双方则签订出售一回租协议，承租经营的公司必须定期向买方交纳租金。对拥有产权的卖方来说，这也是一种筹措资金的方法。这种租赁形式在国际上相当流行。

三、合同经营

合同经营又称委托经营，是指饭店集团或饭店管理公司与饭店所有者签订合同，根据饭店集团的经营管理规范和标准，接受业主委托经营管理饭店。合同经营形式的出现，主要是由于某公司或业主建造或购买了饭店，但缺乏管理经验或不打算自己经营，于是聘用饭店集团或管理公司进行经营，从而使饭店作为某一饭店集团的一员。在这种形式下，饭店集团无需对饭店建设进行投资，只负责饭店的经营管理工作，并根据经营合同向饭店所有者收取管理费。在合同期内，合同经营的饭店使用该饭店集团的名称、标识，加入该集团的市场推销和客房预订系统。饭店集团将指派包括总经理在内的各部门的主要管理人员，根据饭店集团的经营方法和操作程序，负责组织饭店的日常经营管理活动，它必须保证饭店达到该饭店集团所确立的服务水平和风格特点。

合同经营与租赁经营有某些相似之处，例如，饭店的所有权与经营权分开；收取管理费和收取租金的方法上有相似的地方。但这两种形式也有严格的区别，即性质完全不同。在合同经营形式中，饭店集团是饭店拥有者的代理人，它代替拥有者经营饭店，向员工负责是饭店的拥有者，而不是饭店集团。在租赁经营形式中，承租的饭店集团是作为法人进行经营管理的，饭店的员工属于饭店集团，饭店集团必须对员工负责，并独自承担经营风险。同时饭店集团一般不承担或部分承担饭店经营风险。

在合同经营形式中，饭店集团收取经营管理费用的具体方法很多。一般由基本报酬和奖金两部分组成。基本报酬可按全年经营收入或净利润的一定比例收取。收费的标准一般为全年营业收入的2%～5%或净利润的10%～25%不等。奖金的获取可根据经营合同中做出的收取奖励费用的规定进行。例如：饭店将可能超过某一预定净利润指标的部分分成若干等级，饭店集团按不同比例从超额部分中提取奖励费用。

在现代饭店业发展中，合同经营形式已成为国际性饭店集团在世界各地发展规模、扩大势力的重要手段之一。在我国，许多国外饭店集团如假日饭店公司、凯悦国际饭店集团和新世界酒店管理公司等都相继在我国许多地区通过合同经营的形式介入了我国饭店业的经营管理中，它们在将先进的经营方法、管理技术介绍进来的同时，对国内的饭店业形成了一种挑战和竞争压力，它对改善我国饭店经营管理，提高服务质量起到了十分积极的作用。

四、特许经营

特许经营是饭店集团向个人或其他企业让渡特许经营权的一种经营形式。饭店集团的特许经营权在饭店经营管理方面是一种“专利”。受让的企业或饭店的拥有者在无需出让所有权和经营权的情况下，通过交纳一定的费用，可以向某一饭店集团购买这种经营权。获得经营权后的饭店，可以使用该饭店集团的名称、标志、经营程序、操作规程和服务标准等，并可以加入该饭店集团的预订系统，成为该饭店集团的成员。在这种情况下，让渡经营权的饭店集团有责任对购买经营权的企业在饭店的选址、建筑设计、人员培训以及开业后经营管理等方面给予技术性的指导和监督。同时，受让者也有责任确保企业达到饭店集团所要求的经营标准，包括设备管理和服务管理的质量标准等。

据美国相关资料显示，约77%的新的独立企业在五年内经营不成功，在十年内成功比例为80%。第一年是至关重要的，约38%的独立企业失败。经营失败有两个重要原因：第一，试图提供没有市场和位置不佳的产品；第二，缺少良好的控制系统和管理技能。降低失败的风险之一就是成为已成功企业中的一员。未来学家奈斯比特将特许经营称为21世纪占主流地位的商业模式。

20世纪50年代，凯蒙斯·威尔逊的假日集团开创了现代饭店特许经营的新局面，从此，特许经营在国际饭店集团的扩张中的使用变得一发而不可收，许多国际知名饭店集团纷纷采用了特许经营模式，万豪、喜来登、希尔顿等集团都是特许经营的佼佼者。近年的数据表明，圣达特集团和精品国际集团的特许经营比例已经达到了100%，洲际集团特许经营比例也达到了88.9%，万豪集团的特许经营比例达到了53.1%，喜达屋集团的特许经营比例为41.8%。从总体上讲，世界上真正实行直接经营形式的大的饭店集团已越来越少，而采取特许经营和合同经营形式的饭店集团越来越多。

特许经营与合同经营的共同之处在于它们不涉及饭店所有权的变化，但其区别是：前者主要是提供经营管理的咨询或指导；而后者，饭店集团须对合同经营的饭店的标准、质量等进行完全控制，并从事日常的饭店经营管理。

第三节　中国饭店集团的发展

中国饭店业伴随经济的改革开放，在短短30多年的时间里，经历了行业的诞生、发展和提升，走完了西方发达国家饭店业近百年的历程。伴随旅游业的快速发展，中国饭店业已形成庞大的产业规模和产业组织，饭店企业及饭店集团遍布全国各个地区，并在旅游业发展和国民经济增长中发挥着日益显著的作用。

一、国际饭店集团在中国的发展

(一)国际饭店集团在中国的发展现状

国际饭店集团在中国的发展大致可分为三个阶段:20 世纪 80 年代的初期引进阶段、20 世纪 90 年代的全面铺开阶段和 21 世纪初的纵深发展阶段。

1. 初期引进阶段

中国改革开放以来,国际饭店集团就开始瞄准中国这个潜在的大市场。

1982 年 10 月,中国大陆首家中外合资饭店——北京建国饭店正式开业,并聘请香港半岛集团进行管理,它标志着国际饭店集团开始进入中国市场。

1984 年,假日集团管理北京丽都假日饭店,并在 5 年之内先后进军拉萨、桂林、广州、西安、厦门、大连、成都、重庆等城市,形成经营网络,成为当时中国境内管理饭店最多的国际饭店集团。

20 世纪 80 年代先后进入中国饭店市场的还有喜来登、希尔顿、雅高、香格里拉、新世界、华美达、凯悦、太平洋、马尼拉等饭店管理集团。至 1988 年,已有 26 家国际饭店集团进入中国市场,管理饭店达 62 家,但只有假日集团形成管理 10 家以上饭店的规模。20 世纪 80 年代进入中国市场的国际饭店集团对中国大陆饭店业的经营环境和盈利能力缺乏足够的了解,在经营上大多带有尝试的特点,所以这一时期又被称作"试水期"。至 1990 年,国际饭店集团在中国内地的布局已见雏形。这一时期进入中国的国际饭店集团以经营中高档饭店为主,多数分布在沿海的中心城市,尤其是直辖市和著名的旅游城市。

2. 全面铺开阶段

20 世纪 90 年代,随着中国改革开放的不断深入和投资、经营环境的改善,以及旅游业的蓬勃发展,许多国际著名饭店集团纷纷看好中国市场,积极投资或合作以抢占市场份额,国际饭店集团加快了拓展中国市场的步伐。这期间万豪、凯宾斯基、喜达屋、豪生、雷迪森、海逸、文华等数十家国际饭店集团也开始涉足中国市场,出现了"国内市场国际化"的局面。中国成为国际著名饭店集团的聚集之地。在此期间,形成了一批市场份额在两位数以上的国际饭店集团,如六州、万豪、香格里拉、雅高等。至 2002 年 3 月北京凯富饭店开业,标志着精品国际集团开始在中国落户,至此国际跨国饭店集团十巨头已全部登陆中国市场。这些国际饭店集团已逐步涵盖了高中低档消费市场,我国成为了著名国际饭店集团的集聚地。

3. 纵深发展阶段

21 世纪初期,国际饭店集团在我国的发展呈现网络化、两极化、本土化的特征,不仅饭店数量增加,而且以全球化战略为前提,追求地区分布、经营格局的更加合理化。在中国市场形成规模和特色的国际饭店集团越来越多,这既是国际饭店业发展的必然趋势,也是全球经济一体化的必然结果。例如,洲际饭店集团到 2000 年在我国大陆已经拥有 28 家饭店,其中 21 家假日饭店,7 家皇冠饭店,在成都、重庆、昆明、贵阳等西部城市均有分布。万豪集团作为国际饭店集团中的巨无霸，虽然1997年才进入中国市场，在中国的发展势头却相当迅猛，成为在华发展最快的国际饭店集团之一。这些饭店将涵盖其5个品牌：豪华饭店级别的JW万豪；优质饭店级别的万豪及万丽；中高级饭店级别的万怡，以及面向长住客人的万豪行政公寓。

世界著名饭店集团的进入对中国本土饭店在经营上形成了一定的冲击，但在客观上却加快了我国饭店经营管理水平的提高，缩短了我国饭店业与国际水平的差距，使我国饭店业发生了质的飞跃，成为开放最早、市场化程度最高、最先与国际接轨的行业之一。世界著名饭店集团进入中国大陆并不仅仅是一个资本的渗透与扩张，更重要的是先进的管理方法、经营理念和企业文化的引进，以及“集团化”这一先进的战略组织模式传播，这些饭店集团大都有着几十年的经营历史，积累了许多成功的经验和失败的教训。

（二）国际饭店集团在我国的发展策略

国际饭店集团进入中国已30多年，虽然并未达到全面覆盖市场的格局，但是目前我国饭店业的高端市场基本都控制在国际饭店集团手中。据国家旅游局公布的资料，国外和外资饭店占全国饭店客房总数的20%，但它们却占有饭店业80%的利润。除了采用品牌化、全球化、集约化的战略决策外，集团旗下饭店的管理方式、经营理念、企业文化也值得我们借鉴与深思。

1. 多品牌策略

国际饭店集团依靠其成功的品牌经营，建立为客人所熟悉与信任的品牌，保持客人对品牌的忠诚，以期获得更高的价格和更稳定的客源。品牌优势在构成强大进入壁垒的同时，也有利于形成产品差异，满足不同消费群体的需要。实证研究表明，第二个出现的品牌只能享有第一个品牌市场份额的75%。要想达到与第一个品牌相同的市场份额，平均需支出第一个品牌广告费用的3.5倍。

六洲集团刚进入中国时，推出的品牌只有假日饭店，为了满足商务客人的需求，又陆续推出皇冠假日、洲际等品牌；马里奥特集团在中国市场的扩张就是运用了其强大的品牌优势，它进入中国市场首推的是万豪品牌，目前该集团已推出全品牌发展战略，既有高档的丽嘉·卡尔顿、万豪、万丽，又有中高档的万怡、新世纪、拉美达，共达11个品牌。即使是马里奥特的同一档次品牌，各品牌间的差异也体现了不同的风格，如万豪是体现欧美古典式风格，万丽则追求智能化的商务现代派风格，不同的风格适应不同的市场需求。

2. 两极化策略

饭店市场中的超豪华品牌饭店与经济型饭店是国际饭店集团在我国重点发展的两大极端市场。过去相当长一段时间中超豪华品牌饭店在中国是空白，20世纪90年代末期仅有北京圣·瑞杰斯国际俱乐部饭店和上海丽嘉·卡尔顿饭店及金茂君悦饭店三家。随着我国旅游业的发展以及国际性商务活动的增多，知名国际饭店集团对我国饭店市场表示出极大的信心，纷纷推出超豪华品牌饭店，在中国打造自己的旗舰。

随着国内旅游的迅速发展，国内游客已经成为饭店不可忽视的客源。对中国旅游者而言，多数人对高档饭店消费不起，而大部分低档饭店的设施卫生、服务条件太差，又难以入住。现在缺乏的是中外顾客需要的、符合国际标准的经济型饭店。未来需求趋势是装修朴素、干净卫生、设施便利、价位适中的经济型饭店，这类饭店将成为国内游客所看重的饭店业类型。一些知名国际饭店集团一致达成共识，经济型饭店已成为继高档饭店之后的饭店业发展的又一新热点、新机会。

3. 网络化策略

国际饭店集团开始进入中国市场时，往往先选择经济发达的中心城市或旅游资源丰富的城市立足，如香格里拉在中国开业的饭店大部分分布于北京、上海、哈尔滨、长春、大连、青岛、南京、武汉、北海、西安等城市。如今，迅猛发展的国内旅游业推动着该集团向颇具市场潜力的二线城市扩张。

拥有庞大的销售网络、强大的销售能力是国际饭店集团成功的一大关键。国际饭店的网络优势体现在其拥有完善的全球预订网络。1965 年假日饭店系统建立了自己独立的电脑预订系统 Holidex Ⅰ，到 20 世纪 70 年代又发展了第二代预订系统 Holidex Ⅱ。Holidex 电脑系统把遍布世界的假日饭店联系在一起，假日集团 24％的客源通过网络成交，在每一家假日饭店里，都可以随时预订任何一个地方的假日饭店，并可在几秒钟内得到确认。喜来登集团各成员饭店通过全球预订网销售的比例已达到 20％～24％。

4. 本土化策略

使用和培养本土人才，促进与接管饭店之间的文化融合是提高国际饭店集团经营业绩的根本。由于较大的文化差异，外方管理人员与中国员工沟通难度较大。由于沟通上的限制，曾经出现中方员工与外方管理层无法相互适应，中方员工不接受外方管理层的管理，外方管理层对中方员工的行为难以理解，致使接管后的饭店经营状况一直不佳。文化冲突主要表现在两大方面：一是中外双方管理层不相容，双方在决策方式、管理方式上存在着较大分歧，无法达成共识；二是中方员工与外方管理层之间的不相容，由于中外价值观念的差异，致使双方在核心理念、思维模式、行为方式等方面都表现出很大程度上的不同，双方难以相互理解。针对这种情况，选拔和培养当地的饭店管理人才，在集团统一的管理体制下，放手让中方管理人员运作，增进与当地文化的衔接与相容，被越来越多的国际饭店集团所采用。另一方面，许多有过在国际饭店集团任职经历的人员成为了国内饭店和外企争夺的对象，国际饭店集团管理的饭店成为我国饭店管理人才的“提高班”，对我国饭店人力资源整体素质的提高功不可没。

在市场开拓方面，某些较早进入中国市场的国际饭店集团，在经过一段适应期后，逐步形成了本土化的经营战略，他们的目标也开始转向中低档饭店市场开发。

二、中国本土饭店集团的发展

（一）中国本土饭店集团的兴起与发展历程

中国饭店业的集团化经营始于 20 世纪 80 年代初，经过近 30 年的发展，经历了以下几个阶段：

第一阶段（1982 年～1987 年），国外饭店集团和饭店管理公司以独资、合资、收购、输出管理的形式在中国市场迅速扩张,带动了国内饭店集团的发展。1982 年,建国饭店成为国内首家引进境外饭店管理公司(香港半岛管理集团)的中外合资饭店,拉开了中国饭店的集团化管理的序幕。1984 年以后,上海陆续成立了华亭、锦江、新亚、东湖四家以饭店、服务业为主业的企业集团。本质上,这一时期建立的饭店集团只是以饭店集团名义出现在市场上的松散型饭店联合体,集团是以行政力量导向为主而不是以市场导向为主的,所以并不能形成集团优势。

第二阶段(1988 年～1997 年),在市场推动和政府推动下,我国旅游业开始出现集团化经营,以市场化为导向的集团化发展开始出现,中国饭店集团的发展进入了跨地域发展的新阶段。20 世纪 90 年代以后,随着国家有关推动横向经济联合体、组建和发展企业集团的规定,以及国家旅游局关于建立饭店管理公司的意见的出台,中国的饭店管理公司和饭店集团随之成立,特别是以部门和地方为主体的集团组建和发展迅速。

第三阶段(1998 年至今),进入 21 世纪以来,国内饭店集团无论数量还是规模都有了巨大的发展。在政府和市场双导向作用下,本着政企分开的原则,中国饭店集团开始了"二次集团化"。这其中比较有代表性的是北京的首旅集团和上海的锦江国际。1998 年初,北京市政府将北京市旅游局下属旅游企业和部分政府直属的旅游饭店从政府中分离出去,组建成立了北京旅游集团有限责任公司。2003 年 6 月 9 日,锦江(集团)有限公司(之前已经合并了华亭集团)和上海新亚(集团)有限公司国有资产重组后,成立了新的锦江国际集团。一些其他产业的企业,例如,中粮公司、中信公司、三九集团,纷纷投资于旅游业,形成了一些规模较大的饭店集团。各地区也组建了旅游企业集团,如陕西旅游集团、北京旅游集团、云南旅游集团、桂林旅游集团等,这些旅游集团中均包含了大量的饭店,形成了大旅游集团下面的小饭店集团。

据中国旅游饭店协会在"2009 年(第六届)中国饭店集团化发展论坛"发布的 2008 年统计数据显示:中国拥有饭店管理公司的总数已经达到了 300 家以上,其中最具规模的 30 家公司所管理的成员饭店超过了 1 500 家,客房总数超过了 30 万间。总之,我国在较短时间内建立了一些初具规模的旅游饭店集团,实现了饭店集团从无到有、从少到多、从小到大的历史性跨越。

(二)中国本土饭店集团的差距

国外饭店集团的发展已有半个多世纪的历史,集团化经营无论在管理方式或客源市场上均已步入十分成熟的阶段。而我国饭店集团起步晚,现在还都处于发展的初级阶段。借鉴国际著名饭店集团的发展经验,我国饭店集团发展中存在着许多问题和差距,主要表现在以下几个方面:

1. 规模及实力差距大

经过多年的兼并重组,国外饭店集团已经形成了 10 余个超级饭店集团进行寡头竞争的局面。但是我国饭店集团不仅在拥有的饭店数量方面与国际饭店集团相差甚远,而且在管理、竞争力等方面的差距更大。目前,最具规模的 30 强饭店中,除锦江国际、港中旅维景、首旅建国饭店客房数量均超过 2 万间,南京金陵饭店客房数量逼近 2 万间,在规模上较其他集团有一定优势外,30 强中的多半饭店集团的客房数量尚不足 1 万间。我国本土饭店集团虽然规模扩张迅速，但在规模存量上与国际饭店集团相比还有巨大差距，我国饭店市场的产业集中度还较低。

2. 品牌结构单一

国际著名饭店集团多采用多品牌发展战略，并完全以品牌为纽带进行连锁。我国饭店集团在打造饭店品牌方面取得了一定的成绩，形成了一批国内知名饭店品牌，但品牌国际知名度和美誉度都不高，品牌影响力还远远不够，且我国饭店集团大多实施整体单一品牌战略，集团品牌模糊，不利于顾客识别饭店集团的不同系列产品，不能有效占领细分市场。这也是我国饭店集团与国际著名饭店集团的真正差距所在。

3. 服务产品趋同

首先，饭店类型结构单一。我国饭店集团大多集中在经营高档商务型饭店或经济型饭店，导致此类型市场竞争过度，而度假型饭店、会议型饭店等其他类型的饭店产品则明显开发不足，导致饭店产品供给与市场需求的错位。其次，服务缺乏特色。我国饭店集团在营造高质量的标准化服务方面做得很好，但是欠缺个性化服务，无法有效满足高度细分的市场需求，从而也就无法塑造饭店的核心竞争力。

4. 信息化程度不高

在当前竞争阶段，信息化已经成为一种竞争基础，离开信息化就无法有效竞争。信息化的饭店集团可通过互联网这个平台为旗下饭店提供网络版的各信息管理系统等集团化服务经营与管理产品，从而使分散的人力、物力、财力、信息等资源能够得到有效的使用、开发与共享。我国饭店集团在这方面的差距还非常之大。

（三）中国本土饭店集团化发展的战略构想

21 世纪，中国是全球瞩目的大市场，全球经济一体化加速了中国和国际的交流与合作。中国大市场为国际旅游业和饭店业发展提供了一个巨大的发展空间。中国饭店业要健康发展，就要勇于同国际著名饭店集团进行竞争。饭店集团化经营作为世界饭店业发展的主导模式，成为中国饭店业增强综合实力，参与世界市场竞争的重要途径。中国饭店业在理性分析发展现状的基础上，借鉴国外先进经验，寻求适合中国本土饭店集团发展的战略构想和具体路径。

1. 加快饭店集团的企业化和市场化进程，构建现代企业制度

饭店集团属于企业集团的范畴，饭店的企业化和市场化是其生长与发育的必要前提。相对于资金、技术、品牌、行政扶持等饭店集团化要素而言，构建饭店的现代企业制度和优化饭店企业的市场运行环境与制度管理环境是中国旅游产业发展的重要任务。在市场经济体制下，我们必须从“政府主导”向“政府推动、企业主导”的战略思想转变，构建中国饭店集团的现代企业制度。

首先，政企分开使企业集团可以逐步摆脱政府行政干预，更多地根据自身需要，按照市场经济规律制定自身的发展战略。在饭店企业化和市场化的进程中，政府部门将逐步实现职能转换，即由直接管理企业转变为宏观的行业管理，通过政策、法规、计划、培训、监督、协调等方式和手段对饭店业进行宏观管理，尽可能地减少干预或不干预，并逐步割断与所属饭店在体制上的联系，加快建立规范的现代企业制度，理顺产权关系，明确权责利益，在经营制度上加快与国际接轨的速度。这方面的具体做法可以借鉴和参考其他行业的一些成功经验，如股份合作制、经营者持股、整体划转、合资合作等。

其次，饭店企业化和市场化进程中还要充分发挥民营经济的作用，争取实现民营经济的市场运作和经营体制优势与国有饭店的业界背景和服务经验之间的有机融合，共同构建中国饭店集团的微观运作基础。

2. 创建本土知名饭店集团品牌，提升中国饭店集团的核心竞争优势

面对全球化背景下旅游业的快速发展，跨国饭店集团对中国旅游市场的冲击，创建和发展知名饭店品牌已成为中国饭店集团在市场竞争中制胜的利剑。如何将中国旅游资源优势与跨国饭店集团的技术与管理优势结合起来，借助经济全球化的平台，发展具有本土特色的饭店品牌成为至关重要的课题。饭店集团品牌不仅是产品的标志，更是产品质量、性能、服务等满足消费者需求可靠程度的综合体现，同时品牌还凝聚着饭店的科学管理、市场信誉、追求完美的企业精神等诸多文化内涵。长期以来，国际饭店集团市场扩张的战略走向，主要采取了非资本性进入手段，即以品牌与管理等无形资产的有形化为先导，实现饭店集团低成本扩张与形成永动扩张的机制。这种手段是建立在饭店企业经验和商誉的积淀的基础上，以特许经营和委托管理为主要形式的，最为成功的非投资性的扩张手段。

针对我国饭店集团品牌单一、品牌国际知名度不高等问题，本土饭店集团必须认识到培育品牌、加强品牌管理以及实行多品牌发展战略的重要性。中国本土饭店集团在规模上与国际先进水平的差距只是问题的表象，而品牌（包括品牌内涵）方面的差距才是问题的实质。

中国的饭店集团从规模和核心技术方面都与国外著名饭店集团相差甚远，应充分发挥国内旅游市场、本土化人力资源、管理文化以及政策支持等方面的优势，尽快形成自己的集团管理模式和市场品牌。一方面，中国饭店集团要建立一整套行为规范、企业文化、经营哲学，包括品牌的定位、品牌标准的确定以及控制系统和支撑系统的构建，以此建立自己独特的品牌和企业形象。特别是对于众多通过行政手段组成的饭店集团而言，品牌战略的实施还要以对现有成员饭店进行品牌梳理为基础和前提。另一方面，合理运用资本运营模式构建饭店集团的品牌体系是迅速积累饭店集团资产、提升饭店品牌价值，使之成为饭店集团市场扩张的资本和武器，从而保证中国饭店集团的持续性发展。

3. 立足国内旅游市场，合理定位，发展经济型饭店集团

由于中国现有饭店产品的市场结构是非均衡的，再加上发展经济型饭店的优势条件，我们可以预期随着国内旅游市场的兴起和更进一步发展，适合国内观光旅游住宿需求的饭店产品存在一个较大的市场供给空间。从发达国家历史经验来看，那些著名的饭店集团都是在国内旅游的市场基础上成长起来的。

一直以来，中国的中低档次饭店发展缓慢，特别是近几年来低星级饭店的出租率逐年下滑，经营较为艰难。同时，由于中国饭店中适合国内旅游者的经济型饭店比例较少，设备、管理较差，价格偏高，国内旅游市场需求得不到满足。而高性价比的经济型饭店则是能够符合现阶段大多数国内游客需求的饭店类型，成为现有的中低档次的星级饭店转换经营思路和经营方式的良好契机。首先，中国饭店集团应重新审视市场发展动态，创新和寻找稳定的市场发展培育点，合理进行市场定位，从连锁和特许、顾问管理、客源预订服务上去满足饭店市场的要求，形成具有本土特色的经济型饭店集团品牌。其次，中国饭店应对非经济中心城市和旅游景区的经济型饭店进行企业化和市场化的规划，以其形成的核心能力为突破口，再通过收购、并购、合作、战略联盟等渠道进入经济中心的市场空间。这样可以通过成员饭店的聚集效应来扩大在国内旅游市场上的份额，并在客观上加大跨国饭店集团在国内旅游市场上的进入与竞争壁垒，带动中国饭店集团的整体发展。

4. 开展有效的资本运营，实现行业内部存量结构的优化调整

资本经营是企业在经历了产品经营、资产经营后的一种高级经营形式，是通过资本的自接运作，在产权层次上来配置资源；通过物化资本的优化组合来提高其营运效率，实现资本保全与资本扩张。市场经济条件下，资本运营是饭店集团发展扩张的重要途径。通过资本运营，可以盘活现有存量资产，使存量资产和外部增量资产合理流动，实现企业间的重新组合，迅速膨胀企业规模，扩大市场份额，提高规模经济效益。目前，外国跨国旅游集团携巨资大举进军中国旅游市场，形成了国内市场国际化和国际市场国内化的鲜明特点。中国旅游企业集团要与之抗衡，必须组建实力雄厚的大集团，通过发展资本市场，拓宽融资渠道，解决困扰饭店集团资金短缺的困境。

中国饭店业已经进入到了质量的提高期和结构的调整期，这给饭店集团的发展带来了良好的契机。饭店业资本运营可以通过多种方式运作，包括兼并与收购、委托经营等。饭店集团应在其成员饭店之间进行以资金为纽带的规范化操作，使合作建立在牢固的经济基础之上，以实现其共同的经济利益。针对中国的饭店业现状，饭店集团可以挑选内部优良资产积极实现股票上市，为自己在资本市场运作奠定基础，在条件成熟的情况下，通过上市公司对其他非集团成员饭店进行资本渗透，并逐渐提高股份将其纳入集团。另外，协议收购或利用行业外部集团资金进行扩张也是目前中国饭店集团利用资本运作实现集团扩张的可行方法。通过合理的资本运营，中国饭店集团将在增强饭店集团的产品组合能力和综合配套服务功能、增强饭店多元化经营能力和系统抗风险能力、降低饭店进入新的经营领域和新兴市场的障碍等方面提高竞争实力。

5. 培育人力资本，建立饭店企业家和职业经理人队伍

人力资本是饭店的第一资本。饭店企业发展的首要条件是有一大批训练有素的管理人员和服务人员，这也是饭店竞争力的根本所在。中国要解决饭店集团成长过程中的人力资本短缺的困难，就要吸收、消化国外饭店集团在人力资源开发和培养方面的先进经验，大力发展与高校的联合办学，建立自己的人力资本培育中心，从根本上解决人力资源的素质问题。

另外，中国饭店企业发展的各类要素中，企业家是第一位的。具有创新精神和创新活动的饭店企业家是新世纪中国饭店业发展的核心推动力量。从饭店企业的角度来讲，对企业家的激励是最为重要的。我们应该加大民族饭店企业家的培育和创新力度，通过制度创新，促使饭店企业经营管理层特别是总经理的非官员化。为此，应改革现有的饭店企业总经理的行政任命机制，完善企业家市场。此外，还应形成对饭店企业家的职业经理人有效的激励约束机制。在国有饭店企业的经理层被推向市场后，饭店企业需要建立以年薪制、配股制、期权制为中心的激励约束机制，把企业家应获得的报酬与其经营业绩直接关联起来，为培养和提升饭店企业家队伍的综合水平奠定重要的基础。

6. 通过政策导向和政府行为，促进中国饭店集团化发展

当我们强调中国饭店集团市场化和企业化进程的同时，并不意味着否定或者说不重视政府的作用。相反，越是市场经济，越是需要政府在产权保护、公共产品供给、政策调控等方面的作用。在政府扶持方面，国家积极鼓励更多的饭店企业与其他行业的大型企业集团和高科技企业合作，成为公众性、国际性、多元化的旅游企业集团的组成部分。

案例分析

洲际饭店集团　强化品牌运营管理

1. 品牌特许经营

洲际饭店集团不仅有自己新建的饭店，它还通过向业主（饭店投资人）输出管理经验、管理人员，然后根据协议分红。这种远离实业的运营模式是其快速扩张的基础。

洲际饭店集团是世界上最大的全球性国际饭店管理公司之一，自 1984 年进入中国市场以来，已成功运营了快 30 年，满足了细分市场的不同需求。

在现代饭店业发展史上，凯蒙斯·威尔逊开创了饭店集团成长的一大历史时期——特许经营时期，20 世纪 50 年代，假日饭店公司共拥有 7 个汽车旅馆，售出 18 个特许经营权，通过特许经营建立饭店集团取得了较大的成功，并在日后洲际饭店集团的发展中一直作为集团成长的主要方式。

2. 品牌产品延伸

洲际饭店集团注重多角化经营，针对客源市场的商务、休闲、度假旅游或者消费层次上的豪华、经济、中型需求，洲际饭店集团开发了针对不同层次顾客的多样化饭店品牌，成立了针对不同目标市场的子集团，根据市场的多样化需求改变了传统的单一经营策略，从传统的洲际品牌出发，通过兼并收购、特许经营等多种方式，先后延伸出皇冠、假日饭店、假日快捷客栈等不同档次的饭店品牌以适应市场的需要，为各个细分市场提供适合的产品。

3. 品牌全球扩张

洲际饭店集团作为世界顶级高档饭店品牌之一，通过“明白所需，满足所想”市场推广活动来提升品牌价值，并推出“迅速快捷服务”“环球链接”“24 小时不间断服务”和“我们与众不同的细节”等新的服务措施，使下榻洲际饭店及度假村的客人感到更便捷；皇冠饭店是专为旅客提供高水准设施与服务的饭店品牌，主要分布于世界的主要城市及二线城市，以商务旅客为目标市场，尤其关注于提供会议及相关服务来提升品牌价值；假日饭店是洲际饭店集团旗下提供全方位服务的中档饭店品牌，其入住率在美国是最高的。洲际饭店集团在亚太地区的拓展为整个集团取得全球饭店业第一的位置贡献很大。

4. 品牌宣传推广

在品牌宣传推广上，洲际饭店集团十分注重运用多种营销媒介与宣传推广活动塑造洲际饭店品牌的国际知名度。除了传统的营销媒介外，洲际饭店集团十分注重开发以互联网为核心的高科技营销手段推广饭店品牌。洲际饭店集团拥有的 Holidex Ⅲ是世界上最大规模的民用电子计算机网络，它同时拥有美国最大的私用卫星图像接收网络。

2004 年洲际饭店集团率先开通简体中文预订网站，客户可以通过网络浏览洲际饭店在全球的促销资讯和最新的房价及客房信息；在线预订客房或更改信息；确定在线支付或离线付款方式；洲际饭店集团中文网站与环球预订系统全面整合，这意味着客户的奖励计划可以在多个国家、地区使用。

在品牌营业推广方面，洲际饭店集团重视丰富多彩的营业推广活动对提升饭店品牌知名度的重要作用。例如，从 2005 年 9 月开始，洲际饭店集团开始了新一轮的全球品牌推广活动，以“您是否在享受跨洲际生活”为宣传口号，向顾客展示洲际饭店为顾客带来难忘且独特的经历；开展了一系列的宣传推广活动，包括在悉尼拍摄 Spirit 挑战快艇(1992 年澳大利亚参加美洲杯帆船赛的快艇)电视广告。同时设计出版包括在印尼巴厘岛的海滩及当地市场所拍照片的印刷宣传品。电视广告在 CNN、国际新闻网络以及英国航空、美国联合航空、美利坚航空、阿联酋航空以及新加坡航空的航班节目中播出。平面媒体的广告刊登于《华尔街日报》《纽约时报》《新闻周刊》《时代杂志》《福布斯》《金融时报》《经济学家》《泰晤士报》《商业周刊》以及各大航空出版物。这极大地扩大的洲际饭店集团的品牌知名度，取得了良好的市场效果。

案例讨论题：

1. 结合本案例，谈谈饭店集团化经营的优势。

2. 查阅洲际饭店集团发展的相关资料，谈谈洲际饭店集团的成功经验对我国饭店业集团化发展的启示。

思考题

1. 现代企业集团的基本特征是什么？
2. 简述饭店集团的发展历程。
3. 饭店集团化经营的优势有哪些？
4. 简述饭店集团化经营的方式。
5. 国际饭店集团在我国的发展策略有哪些？
6. 与国际著名饭店集团比较，中国本土饭店集团的差距是什么？
7. 查阅相关文献，讨论中国本土饭店集团化发展的趋势和战略构想。

第六章

绿色饭店

学习目标

通过本章学习，要求学生掌握绿色饭店的内涵；了解国外绿色饭店的发展过程；熟悉国内绿色饭店的发展进程；理解绿色饭店的理论体系；熟悉绿色的创建。

★重要概念★

绿色饭店　可持续发展　循环经济　绿色管理　绿色技术　绿色消费

第一节　绿色饭店的发展概述

2009年12月，国务院发布的《关于加快发展旅游业的意见》中，推出了“低碳旅游”这一概念，并首次将旅游业列为国民经济的战略支柱产业。

饭店行业作为旅游业的重要支柱产业之一，在节能减排领域有着巨大潜力。“中国绿色饭店工作委员会”在北京隆重举行“2010年中国绿色饭店博览会”。此次博览会在国内绿色饭店发展道路上具有里程碑意义，预示着国内绿色饭店发展将走向规模化、规范化和科学化，开启了中国绿色饭店发展的新篇章。

一、绿色饭店的概念

20世纪60年代末，西方一些国家开始关注现代经济活动对自然环境造成的不可弥补的损失，要求企业应该负有一定的社会责任的社会营销观念逐步产生，绿色饭店的理念出现了萌芽，环境保护意识逐渐融入到现代饭店的经营管理中。

“绿色”往往被用来比喻“环境保护”“回归自然”等含义。在国外，绿色饭店被称为“生态效益型饭店”或“环境友好型饭店”等。

由于各个国家和地区的经济发展水平和饭店行业经营管理水平有所差异，环保技术和消费者行为方式有所不同，加上环境污染和治理的程度也不相同，所以对绿色饭店概念的界定也各有侧重。因此，绿色饭店至今尚没有统一的概念。

中国国家旅游局于2006年颁布的《绿色旅游饭店标准》(LB/T007－2006)中，对绿色饭店做出了定义，即以可持续发展为理念，坚持清洁生产、倡导绿色消费、保护生态环境和合理使用资源的饭店。此标准强调了绿色旅游饭店是一种新的理念，要求饭店将环境管理融入饭店经营管理中，以保护环境为出发点，调整饭店的发展战略、经营理念、管理模式、服务方式，实施清洁生产，提供符合人体安全、健康要求的产品，并引导社会公众的节约和环境意识、改变传统的消费观念、倡导绿色消费。

2007 年 9 月，我国的《绿色饭店》(GB/T 21084－2007)国家标准发布。此项国家标准中，明确规定了绿色饭店的定义，即在规划、建设和经营过程中，坚持以节约资源、保护环境、安全健康为理念，以科学的设计、有效的管理和技术措施为手段，以资源效率最大化、环境影响最小化为目标，为消费者提供安全、健康服务的饭店。

从上述关于绿色饭店的定义不难看出，绿色饭店是饭店发展的一种方向和目标，是一个不断发展的概念。它可以理解为，绿色饭店是以可持续发展观念为指导，为社会提供舒适、安全、有利于人体健康的饭店产品，并在整个经营过程中，以一种对社会、环境负责的态度，以坚持合理利用资源，保护生态环境的饭店。

所以，绿色饭店的内涵应包括以下几个方面：

第一，饭店建设对环境的破坏做到最小。饭店建设对环境会产生多方面的影响，诸如，饭店的建设对自然资源的使用程度，饭店风格对周边自然景观和城市景观的协调程度，饭店施工过程中对周围环境质量的污染和破坏程度，以及饭店运营过程中所产生的废弃物排放对其周围的生态环境质量的影响程度等。因此，饭店建设必须经过科学论证和规划设计，合理充分地利用自然资源，减少人为的影响和破坏程度，将饭店对周围环境质量所造成的损失降到最低点。

第二，饭店设备的运行对环境的影响降到最低。饭店设备运行过程中会对环境造成破坏，主要表现在设备消耗能源的程度和生产过程中产生的废水、废气和废渣污染程度。因此，饭店应选择节能设备，以减少对能源的使用及由此带来的污染。同时，也应合理操作，提高设备的运行效率，降低对外界环境的排放水平。

第三，饭店的资源和能源消耗降到最低。在西方，一个颇为流行的观点认为："一种文明的进步、停滞或衰退，或者是人均能源消耗的增加、持平或减少；或者是能源开发利用效率的提高、持平或下降；或者是能源开发利用对环境和社会造成冲击的减少、持平或增加。"这句话揭示了能源在人类社会文明进程中所扮演的角色。饭店一直被认为是高投入、高产出的消费场所。饭店的生产过程必将消耗各种资源和能源，而且客人的消费过程和对客人的服务过程也将会产生大量的资源和能源消耗。如果资源和能源使用的效率低，那么饭店的生产将会产生大量的废弃物及能源的过度使用。所以饭店在内部管理上应尽可能地提高资源的回收利用率，提高能源的使用效率，减少资源和能源的不必要浪费。目前，以"节能环保"和"低碳"为基本理念的绿色饭店创建工作已经被越来越多的饭店所接受。

第四，饭店提供满足人体健康所需要的产品。饭店是提供人们生活、休憩、娱乐等功能的场所，其内部生存空间质量是饭店产品质量的重要组成部分，如空气质量、水质、食品卫生等，都直接关系人们的健康。所以饭店要确保室内外环境符合安全卫生的标准，同时应努力开发各种环保型产品或绿色产品，如无烟楼层和餐厅、绿色食品等，以满足人们的健康需要。

第五，饭店应积极参与各种社会环境保护活动。21 世纪以来，国际已经普遍开始关注企业对社会效益所应承担的责任，对那些只顾企业自身发展而忽视社会环境效益的企业提出指责。环境保护工作是全社会、全世界的工作，每个企业的生存和发展都在不同程度地对环境进行着破坏。所以，企业有义务为环境保护作出贡献，应严格执行国家颁布的各项环保法规，积极进行环境整治工作。

二、绿色饭店产生的背景

1987 年，联合国世界环境与发展委员会发表了报告《我们共同的未来》，第一次将环境问题与发展联系起来。报告明确指出：目前严重的环境问题产生的根本原因就在于人类的发展方式和发展道路。人类在追求高品质生活的同时，其生存的空间也在遭到破坏，于是就必然要选择一种既满足发展要求，又能保护生存环境的发展方式，即可持续发展。绿色饭店的提出，就是基于这种可持续发展的理念。

（一）环境保护的需要

绿色饭店的发展是充分考虑到了日益恶化的环境质量的需要。长期以来，人类社会一直都在追求经济飞速增长。从 18 世纪工业革命，尤其是第二次世界大战后，人类文明发展到了前所未有的高度，但同时，人类也面临着生存和发展的危机，即生态破坏和环境污染也随之迅速加剧。今天，世界各国都面临着国际大环境下的金融危机、经济衰退、环境恶化和气候多变等多重危机，发展绿色经济已经成为克服国际金融危机、抢占未来发展制高点的重要战略举措，全世界形成了一种绿色发展潮流。人类认识到不能再以牺牲环境和挥霍资源为代价去获取经济的一时增长，让经济、生态、社会共同实现可持续发展已成为有识之士的愿望，而绿色浪潮正是此种愿望的生动体现。所以，建立一种经济增长与环境保护协调发展的新模式已经成为现代企业必须研究的重要课题。旅游业与环境保护有着天然的联系，环境保护对旅游业的发展十分重要。

（二）饭店行业可持续发展的需要

饭店业的可持续发展直接关系旅游业的健康发展，也关系整个社会的可持续发展。长期以来，因其发展模式受到趋利动机的驱使，饭店业的发展被简单化为数量型增长和外延的扩大再生产，从而导致了资源和能源的浪费、环境的破坏以及削价竞争等破坏饭店持续发展的现象。因此，现代饭店业必须重新树立起可持续发展理念，建立绿色饭店环境管理体系，从而实现饭店业的可持续发展。

同时，绿色饭店的发展是饭店业本身的特殊性质决定的。

首先，饭店业是旅游业发展的支柱产业之一。只有在循环经济意识的推动下，旅游业的发展才能生生不息。旅游业对可持续发展战略有着本质和内在的要求。

其次，饭店业的资源浪费弹性极大。饭店作为高消费的娱乐场所，所提供的舒适环境是建立在资源的严重消耗上的。同时，饭店是诸多污染物排放的污染源，如使用燃煤、燃油锅炉向大气层排放大量烟尘、二氧化硫、氮氢化合物和二氧化碳等。

第三，饭店的环境与饭店产品质量有着密切的关系。饭店环境质量是饭店产品质量的一个组成部分。饭店环境管理要求企业具备社会责任感，在兼顾企业、市场、社会三者利益的基础上才能够达到饭店产品质量管理的最高层次。

第四，饭店业是引导文明的行业。发展绿色饭店，可以指导和约束企业的经营行为，影响和引导人们采用新的生产方式和消费方式。

第五，饭店业竞争激烈，并以削价竞争为主。这种低级而恶性的竞争方式使得饭店业陷入到非正常发展状况中。发展绿色饭店，可以帮助饭店企业找到新的市场机会，通过特色创建和成本领先优势，提高饭店的综合竞争力，并会使竞争走向良性的以产品差异为特征的非价格竞争。

（三）绿色市场的需求

随着人们生活水平的提高，消费者的消费目标不再满足于简单的物质需求，而是关系健康、安全、舒适三者和谐发展的综合生活质量目标。同时，高速的生活节奏、环境污染和生存危机等因素也激发了消费者返璞归真的愿望。而且，消费者也越来越关注社会道德和社会责任，有意识或无意识地承担起保护生存环境的责任。当消费者的这种潜在需求演化成现实的需求时，就形成了强大的绿色市场动力。所以，饭店必须着眼于自身的长远发展，发展环境保护型的绿色饭店，抢占绿色市场，获取竞争优势。

三、绿色饭店的发展状况

绿色饭店已成为国际饭店业的发展趋势，在发达国家已经得到普及，并取得了良好的效果。在我国，绿色饭店还处于发展的初始阶段，与国际水平相比，仍存在一定差距。

（一）国外绿色饭店的发展状况

国外绿色饭店的发展大致可以分为以下三个阶段：

1. 初始阶段

绿色饭店的概念诞生于20世纪80年代的欧美发达国家，首先由德国的一家绿色标志组织提出概念并发起。80年代末期，在全球绿色浪潮的推动下，欧洲的一些饭店意识到饭店应对环境保护起到积极作用，逐渐开始改变经营策略，加强环境意识，实施环境管理，极力营造饭店的绿色氛围，并将绿色饭店作为企业新的形象，来提高经济效益和社会效益，并取得了较好效果。

2. 发展阶段

1991年，“威尔士王子商业领导论坛”创建了“国际饭店环境倡议”机构，由英国的查尔斯王子任主席。该机构是由雅高、希尔顿等11个世界著名的饭店管理集团组成的一个委员会。1993年，查尔斯王子倡议召开了旅游环境保护国际会议，通过了这11个饭店管理集团签署的倡议，并出版了《饭店环境管理》一书。该书的主要目的是指导饭店业实施环保计划，改进生态环境，加强国际合作，交流饭店环境保护工作的经验，促进政府、行业及从业人员对饭店环境保护达成共识并付诸实践。这次会议标志着世界饭店业的环境管理发展到了一个新的阶段。

1992年6月联合国在里约热内卢召开了“联合国环境与发展大会”并通过了《21世纪议程》，标志着世界进入了“保护环境、崇尚自然、促进可持续发展”的崭新阶段。

据报道，1988年～1995年，欧洲“大陆饭店集团”通过开发绿色活动，减少能源成本达27%，仅1995年就节约能源400万美元。该集团是较早实施环境管理的饭店集团之一。1996 年，雅高集团则为其经营管理的 2 400 家饭店制定了《雅高酒店管理环保指南》，全面开展环境管理工作。

这一阶段，饭店业的环境管理已经不再是饭店或集团的单独行为，而是全世界饭店业的行为。饭店业的环境管理不再是饭店或饭店集团自身发展的需要，更是全世界饭店业可持续发展的需要。

3. 推广普及阶段

1996 年 9 月，国际标准化组织发布了 ISO14000 环境管理系列标准，从而使各行业实施环境管理有了依据，也为饭店业深入发展绿色饭店指明了方向。1997 年 5 月，香港岛香格里拉饭店在节能环保等方面做了大量工作，取得了良好的社会效益和经济效益，并因此成为亚洲第一个通过 ISO14001 环境管理体系认证的饭店。

20 世纪 90 年代中后期，北欧白天鹅、加拿大枫叶、德国蓝色天使等环境标志体系组织以及美国和英国等国家的饭店管理组织和绿色环保机构，相继开始颁布或制定所在国或区域性的绿色饭店标准。1999 年，加拿大枫叶环境标志组织颁布了世界上第一部饭店业的“绿色分级评定标准”，即《大枫叶环境标志体系绿色饭店标准》，从设施设备和经营管理两大方面，考察饭店在节约水资源、降低能耗、废弃物的循环利用、危害自然环境物质的使用程度等方面加以评定，并授予由低到高的 1～5 叶的大枫叶标志铜牌。2002 年，该组织访华并寻求在绿色饭店领域的合作机会。

2003 年，美国绿色建筑委员会与美国相关公司在中国开展绿色饭店领域的项目。同年，韩国节能研究院也在中国开展绿色饭店领域中节能部分的合作项目。

据悉，欧美国家绿色饭店的增长率每年以 18.2%的速度递增。发达国家早已走过了绿色饭店的概念阶段，进入到了实质性的推广应用和普及阶段。

（二）国内绿色饭店的发展状况

我国推动绿色饭店创建活动以来，通过加强技术、设备、服务等各个环节的全方位综合节能管理，取得了明显的效果且潜力巨大。2010 年 10 月，全国绿色饭店工作委员会发布了《2010 中国绿色饭店发展报告》。这是我国发布的首个绿色饭店年度发展报告。数据显示，目前国内已有 700 余家绿色饭店餐饮企业，其中，80%的绿色饭店使用绿色原材料进行食品制作和加工，75%以上的绿色饭店都采取措施，引导消费者减少对“六小件”等一次性用品的使用。绿色饭店的创建可以帮助企业平均节电 15%、节水 10%。

1. 国内绿色饭店发展背景

改革开放以来，我国一直处于经济高速增长时期。中国经济的持续发展极大地改善了人们的生活质量。但同时，人们的环保意识却依然薄弱和欠缺，环境污染和生态破坏日益严重。这些都早已引起全社会的关注。旅游业是与自然环境息息相关的产业，同样也密切关注着赖以生存的旅游自然资源和环境的变化。

在十六届五中全会制定的“十一五”规划中提出了“环境友好型社会”的概念，强调了把节约资源作为基本国策，发展循环经济，保护生态环境，加快建设资源节约型、环境友好型社会。因此，循环经济是我国今后经济发展的基本模式，绿色理念将越来越成为各行各业的基本经营理念。

2. 国内绿色饭店发展状况

随着我国环境和能源问题日益严峻，绿色饭店已成为饭店业发展的必然趋势，同时，也得到了政府的高度重视。1999年，“中国生态旅游年”开幕，保护环境成为1999年中国旅游业的主题，将旅游业发展与环境保护联系起来。同年，国家环保总局科技司、中国环境科学研究院、中国环境标志产品认证委员会、北京绿色事业发展中心等单位与国家旅游局饭店管理司合作，在国内首次提出了共建绿色饭店标准的计划。浙江省旅游局、浙江省计划与经济委员会以及浙江省环境保护局，为配合生态旅游的主题，率先在国内颁布了《浙江省地方绿色饭店标准》(DB33/T326－2001)，并共同发起在浙江省范围内开展创建绿色饭店的活动。这一活动得到了广泛的响应，全省有100多家饭店提出了申请。经过一年多的努力，2000年6月5日，浙江省评出了第一批绿色饭店。在浙江省创建绿色饭店的基础上，全国各地的饭店都开始实施绿色饭店工程。

2002年4月1日，由国家环保局科技司、东方饭店管理有限公司、北京绿色人居环境工程研究所等共同举办的首届“中国绿色饭店发展论坛”在北京举行。来自全国各地的有关专家和学者，就旅游与可持续发展问题、如何用循环经济理念指导创建绿色饭店工作、建立全国绿色饭店协作联盟、搭建供需见面平台等问题，进行了广泛深入的探讨。

2002年11月28日，北京市旅游行业协会与北京绿色事业文化发展中心正式成立了“北京市绿色星级饭店管理办公室”。它的成立对北京的饭店业乃至北京的整个旅游业都起到了推动并加快“绿色化”建设进程的核心作用，同时也标志着北京的饭店业告别传统的经营模式而开始进入到以“绿色环保”为主的新时期。它的成立也为中国饭店业创建绿色饭店并与世界接轨带来了良好的发展机遇。

2003年3月1日，由中国饭店协会起草的国家行业标准《中国绿色饭店标准》(SB/T10356－2002)由原国家经贸委(现由商务部接管此项工作)颁布，并正式实施。这是迄今为止我国饭店行业的第一个也是最具权威的唯一的绿色饭店国家行业标准。该标准在行业内引入了“安全、健康、环保”的经营管理理念，在中国饭店业的绿色行动中发挥了导向作用。自从该国家行业标准引入绿色饭店概念以来，全国大多数饭店都开展了不同程度、不同层次的绿色改造行动，其“安全、健康、环保”的经营管理理念也得到了广大行业的认知。

2005年6月，国务院在《关于做好建设节约型社会近期重点工作的通知》中，做出了在全国饭店业创建绿色饭店的指示。

2005年12月，商务部、国家发改委、国务院国资委、环保部、国家旅游局、国家标准委联合发出《关于开展创建绿色饭店活动的通知》。

2006年3月，中国国家旅游局出台了国家首部《绿色旅游饭店标准》(LB/T007－2006)。标准主要包括绿色设计、能源管理、环境保护、降低物资消耗、提供绿色产品与服务和社会效益等内容，采取自愿申请、强制管理的制度。

2007年9月，商务部、国家发改委、国务院国资委、环保部、国家标准委、国家旅游局等六部委联合制定和颁布了《绿色饭店》(GB/T 21084－2007)国家标准，并于2008年3月1日正式实施。标准规定了绿色饭店相关术语及定义、基本要求、绿色设计、安全管理、节能管理、环境保护、健康管理和评定原则。

《绿色饭店》(GB/T 21084－2007)国家标准的出台,对我国饭店行业发展方向和社会消费行为产生积极的影响。它不但顺应了国家能源、资源和环境发展要求,也促进了企业降低运营成本,提高竞争能力,更主要是通过经营服务推动了全社会节能、环保意识的提高和技术进步,营造良好社会氛围,培育绿色消费行为,并能够为促进中国饭店业的发展做出表率。

由于国际饭店业创建绿色饭店热潮的再次兴起、国际能源价格不断上涨、企业之间竞争加剧、环保概念越发深入人心、国家实施绿色经济政策的不断深入等众多因素的影响,尤其是六部委绿色饭店国家标准的出台,创建绿色饭店的行动在饭店业中得到进一步的深入实践。创建绿色饭店的行动具体包括节约水、电等能源的管理方法与最新技术的不断开发与应用;消费者健康需求引致的"绿色菜单""客房空气质量提升""健身服务"等行动;全面环保行为、禁烟运动、越来越被广泛实施的"睡眠革命",等等。

2008 年 11 月,商务部办公厅发出了《关于进一步开展创建绿色饭店活动的通知》,指导标准实施和绿色饭店创建工作。工作重点是:紧密围绕节能减排这个中心,从饭店行业中社会普遍关心的资源节约、环境保护、循环利用、食品用品安全、节能管理、健康管理、适度消费等方面入手,大力倡导绿色消费,重点抓好适用技术推广和管理水平提升两方面工作,确保有关节能减排目标顺利实现。这是我国饭店行业科学发展进程中的一个重要的里程碑,标志着我国绿色饭店事业进入了一个崭新的发展阶段。

2008 年 12 月,由商务部、发改委、国资委、环保部、标准委及中国饭店协会共同组成的"全国绿色饭店工作委员会"正式成立。

2009 年 5 月,《绿色饭店》国家标准宣贯会在北京召开,并举办首届国家级注册评审员培训班,这标志着"贯彻国家标准,创建绿色饭店"工作全面正式启动。

2009 年 11 月 25 日,国务院常务会议决定,到 2020 年我国单位国内生产总值二氧化碳排放比 2005 年下降 40%至 45%。

2009 年年底,全球的目光都投注在哥本哈根这座美丽的城市,期待着影响世界未来百年发展命运的哥本哈根世界气候大会的绿色大幕缓缓揭幕。哥本哈根世界气候大会全称《联合国气候变化框架公约》第 15 次缔约方会议暨《京都议定书》第 5 次缔约方会议,于 2009 年 12 月 7 日在丹麦首都哥本哈根召开。来自 192 个国家的谈判代表召开峰会,商讨《京都议定书》一期承诺到期后的后续方案,即 2012 年至 2020 年的全球减排协议。

2010 年 1 月,国务院办公厅下发《关于进一步加强节约粮食反对浪费工作的通知》,要求积极创建绿色饭店。

2010 年 3 月,商务部发布《关于加快住宿业发展的指导意见》,要求要把创建"绿色饭店"作为转变发展方式的重要手段,推进住宿业节能环保。

2010 年 10 月,"2010 首届中国绿色饭店博览会暨中国饭店业大会"在北京开幕。本届博览会旨在整合各方资源,从社会普遍关心的资源节约、环境保护、循环利用、食品用品安全、节能管理、健康管理、倡导绿色消费等方面切入,号召在当前我国扩内需、调结构、转方式、促和谐的新形势下，积极推动绿色饭店创建活动，引导饭店业走“低碳化”发展之路。

总的来说，中国的绿色饭店创建工作取得了相当不错的成就，也逐渐赢得了国际饭店业相关领域的认可。

第二节 绿色饭店的理论体系

积极创建以节能环保为主要内容的绿色饭店是国际饭店业的发展方向。对饭店业而言，实施可持续发展战略是非常必要的。饭店并非无烟企业，在经营过程中必然会制造污染。因此，饭店应该在环保方面承担起应有的社会责任，将饭店的经营活动同自然环境、社会环境的发展协调起来，使自身的经营行为有利于环境的良性循环。也就是说，饭店业应从支持社会发展的角度走可持续的发展道路。绿色饭店理论体系的创建和完善是健康有序发展绿色饭店的重要基础。

一、绿色饭店理念的理论基础

绿色饭店理念的理论基础主要由两个理论构成，即可持续发展理论和循环经济理论。

（一）可持续发展理论

20 世纪是人类取得物质文明高度发展的时代，但高度发展的代价是生态环境遭到日益严重的破坏。不断恶化的生态环境正威胁着人类社会的生存与发展。

20 世纪 70 年代初，围绕着“增长极限论”而展开的大争论，导致了一种新的经济发展理论的提出，即可持续发展理论。

1989 年第 15 届联合国环境署理事会通过了《关于可持续发展的声明》，确定了可持续发展的具体内涵。可持续发展是人类解决环境问题的根本原则，它是指满足当前需要而又不削弱子孙后代满足需要之能力的发展。可持续发展意味着维护、合理使用并且提高自然资源基础，这种基础支撑着生态抗压力及经济的增长。可持续的概念要求改变单纯追求经济增长、忽视生态环境保护的传统发展模式，由资源型经济过渡到技术型经济，综合考虑社会、经济、资源与环境效益。通过产业结构调整和合理布局，应用高新技术，实行清洁生产和文明消费，强调人与自然的和谐，其核心思想是经济的健康应该建立在生态持续能力、社会公正和人民积极参与自身发展决策的基础之上，最终实现环境与经济的协调发展。

对于旅游业来说，自然资源和人文资源共同构成了吸引旅游者的最根本的力量，并经由旅游经营商整合为旅游产品，向目标客源市场投放，因而资源成为出售的组成部分。

1990 年，世界旅游组织在加拿大召开的国际大会上，构筑了旅游可持续发展基本理论的基本框架。“可持续旅游发展的实质，就是要求旅游与自然、文化和人类生存环境成为一个整体”。这次大会促进了全球范围内倡导旅游可持续发展的新潮流，也为旅游业的可持续发展确定了五个目标，即增进人们对旅游所产生的环境效应与经济效应的理解，强化其生态意识；促进旅游业的公平发展；改善旅游区域的生活质量；为旅游者提供高质量的旅游经历;保护未来旅游资源开发赖以存在的环境质量。

1995年4月,联合国教科文组织环境规划署和世界旅游组织等,在西班牙召开的"可持续旅游发展世界会议"上,制定并通过了《可持续旅游发展宪章》及其附件《可持续旅游发展行动计划》,为可持续旅游发展规划提供了一整套行为规范和具体操作程序。《可持续旅游发展宪章》指出:"旅游是一种世界现象,也是许多国家社会经济和政治发展的重要因素,是人类最高和最深层次的愿望。但旅游资源是有限的,因此必须注重改善环境质量";"旅游发展必须考虑生态环境的承受力,符合当地经济发展状况和社会道德规范。可持续发展是对资源全面管理的指导性方法,目的是使各类资源免遭破坏,使自然和文化资源得到保护。旅游作为一种强有力的发展形势,能够并应积极参与可持续发展战略,健全的管理应当保证可持续性"。

饭店业作为旅游业的重要分支,具有满足消费者住宿需求的经营特点,需要占用和消耗大量的自然资源,并制造大量的生活垃圾,尤其是位于风景区的旅游饭店,对社会自然环境带来的不利影响更为严重。饭店业与环境的天然联系使饭店成为环境保护的直接贡献者。

自20世纪90年代以来,可持续发展的理念已深入人心,很多饭店都已把它提到议事日程,并掀起了创建绿色饭店的热潮。有很多饭店认为,坚持可持续发展是指要节省能源、减少污染、保护环境。其实,可持续发展不仅仅是环保问题,它应成为饭店面对激烈竞争而提出的一种新的经营理念。这一理念有着深层次的内涵,即饭店的经营行为不能以牺牲社会长远利益来换取企业利益和眼前的短期利益;饭店企业的扩张与发展应与外部社会环境、行业环境相适应;饭店企业应通过培植核心竞争优势,以谋求企业不断发展的活力和空间。可持续发展理念意味着对未来趋势的正确把握,意味着对相关因素的科学分析,谋求的是社会效益和经济效益的有机统一,追求的是长远、持续、稳定、协调的发展。

所以,饭店的可持续发展应该是在不损害环境持续性的基础上,既保证饭店宾客、饭店员工及饭店所在区居民的利益,又保证饭店自身的利益,实现饭店业的长期稳定和良性发展。绿色饭店的理念实际上就是在可持续发展理念的基础上发展而来的,要求饭店业的发展必须建立在生态环境的承受能力之上,要符合当地的经济发展状况和道德规范。

(二)循环经济理论

20世纪80年代起,发达国家为了提高综合经济效益、避免环境污染,以生态理念为基础,重新规划产业发展,提出了循环经济的发展思路,形成了新的经济潮流。20世纪90年代,特别是在可持续发展战略的基础上,在资源循环利用思想替代先污染后治理观念成为国家环境与发展政策主流思想的条件下,环境保护、清洁生产、绿色消费和废弃物的再生利用等整合成为一套系统的循环经济战略。2000年,日本提出了建立循环型社会的理论。美、德、日还为建立循环经济立法,从制度上保障循环经济的发展。在我国,第十届全国人民代表大会一次会议上,温家宝总理的工作报告也提出了大力发展循环经济的设想。

循环经济的基本概念是社会物质生产的诸环节构成一个封闭的环,无论是产品还是废品，都始终在环内运动，循环经济模式如图 6-1 所示。它倡导的是一种“资源－产品－再生资源”与环境协调的反馈式流程经济模式，具有低开采、高利用、低排放的特征。这种经济模式与线性的传统经济“资源－产品－污染排放”所构成的物质单向流动的高开采、低利用、高排放的数量型增长模式有明显区别，传统经济模式如图 6-2 所示。可以这样说，循环经济是对“大规模生产、大规模消费、大规模废弃”的传统经济模式深刻反思的产物，是一种试图有效平衡经济、社会与环境资源之间关系的新型发展模式。

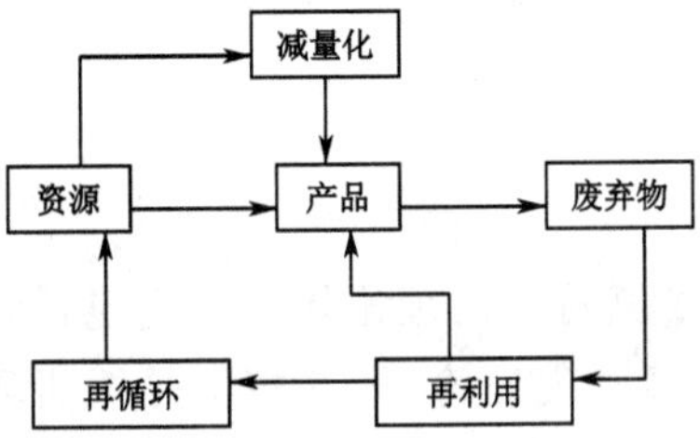

图 6-1 循环经济模式

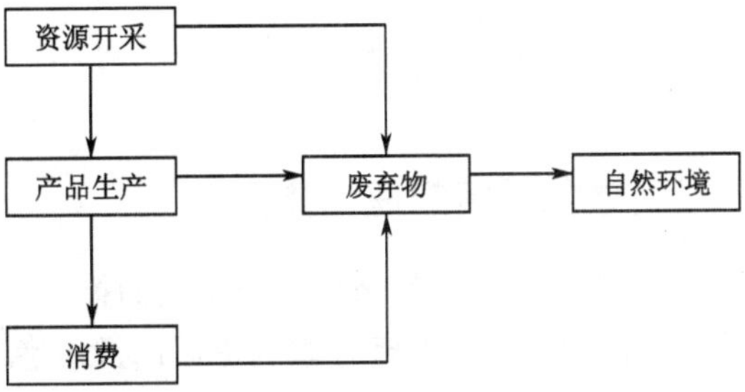

图 6-2 传统经济模式

循环经济是以资源节约和循环利用为特征的经济形态，是生态经济新的发展潮流和必然趋势。循环经济本质上遵循了生态系统和生态经济的基本原理，要求运用生态学规律而不是机械论规律来指导人类社会的经济活动，以物质资源的节约、保护和循环使用为特征，讲求资源的高效利用和循环利用、变废为宝和污染排放最小化，讲求低消耗、低排放和高效率。循环经济挑战了主流经济学“效用最大化”理论。“效用最大化”理论是现代经济学关于以“最小的代价取得最大的收益”的“理性经济人”假定的具体应用，集中体现了现代经济学的“效率”理念。循环经济作为一种经济形式，也是以效率为轴心原则的。按照传统经济学的观念，生态经济是无效率的。但按照广义整体的生态效率观念，恰恰是传统经济是低效率，而生态经济是高效率。

“减量化、再利用、再循环”是循环经济最重要的实际操作原则。减量化原则属于输入端方法，旨在减少进入生产和消费过程的物质量，从源头节约资源的使用和减少污染物的排放；再利用原则属于过程性方法，目的是提高产品和服务的利用效率，要求产品和包装以初始形式多次使用，减少一次用品的污染；再循环原则属于输出端方法，要求物品完成使用功能后重新变成再生资源。

循环经济为工业化以来的传统经济转向可持续发展经济提供了战略性的理论范式，从根本上消除了长期以来环境与发展之间的尖锐冲突。20 世纪 90 年代以后，随着可持续发展思想的传播，循环经济以其环境友好的方式利用自然资源和环境容量的优势特征，成为发达国家实现可持续发展战略的重要途径和方式。

饭店企业因其产业的特殊性，需要消耗大量的能源和资源。随着世界能源价格的不断上涨，饭店企业的运营成本也不断提高。因此，饭店必须以节能降耗的思想理念和管理方式进行新的经营和管理，以提高自身的市场竞争力。

首先，循环经济所倡导的管理方式对饭店的节能降耗管理有着重要的战略指导价值。其次，循环经济所倡导的绿色生产、绿色服务和绿色消费方式在保护环境的同时，也有利于饭店的特色化经营和品牌的建立，从而提升企业的整体形象。

绿色饭店以循环经济思想为导向，在经营管理中，实行减量化、再利用和再循环的原则，注意节约能源和资源，把饭店产生的对环境有污染的废水、废气、废弃物、噪声等都降到最低。绿色饭店实行绿色管理、清洁生产，不仅注重企业的环境管理，也引导客人参与环保活动。绿色饭店倡导适度消费，提供绿色食品，不吃野生动物等。因此，绿色饭店超越了以功利目的为主要诉求的节能型饭店，成为更具社会责任感的饭店。

从现实条件来看，饭店遵循循环经济思想的管理原则和方式，可以建立一套既有利于资源节约利用，又有利于饭店实施生态绿色生产，还可以提高经营管理特色的服务生产体系。

二、绿色饭店的理论体系

绿色饭店经过多年来理论与实践的摸索，逐步形成了其特有的理论体系。它包括绿色饭店的标准、绿色饭店的基本特征以及绿色饭店的环境管理理论，而其核心是饭店环境管理理论。

（一）绿色饭店的标准

目前，ISO14001 环境管理系列标准与 2008 年 3 月 1 日正式实施的《绿色饭店》(GB/T 21084－2007)国家标准，成为绿色饭店的重要控制标准。

1. ISO14001 环境管理系列标准

(1)ISO14001 环境管理系列标准产生的背景

从 20 世纪 80 年代起，美国和西欧的一些公司为了响应可持续发展的号召，减少污染，以获得商品经营支持，开始建立各自的环境管理方式，这是环境管理体系的雏形。

1985 年荷兰率先提出建立企业环境管理体系的概念，1988 年试行实施，1990 年进入标准化和许可制度。1990 年欧盟在慕尼黑的环境圆桌会议上专门讨论了环境审核问题。英国也在质量体系标准(BS750)基础上，制定 BS7750 环境管理体系。英国的 BS7750 和欧盟的环境审核实施后，欧洲的许多国家纷纷开展认证活动，由第三方予以证明企业的环境绩效。这些实践活动奠定了 ISO14000 系列标准产生的基础。

1992 年在巴西里约热内卢召开环境与发展大会，183 个国家和 70 多个国际组织出席会议，通过了“21 世纪议程”等文件。这次大会的召开，标志全球谋求可持续发展的时代开始了。各国政府领导、科学家和公众认识到要实现可持续发展的目标，就必须改变工业污染控制的战略，从加强环境管理入手，建立污染预防(清洁生产)的新观念。通过企业的“自我决策、自我管理”方式，把环境管理融于企业全面管理之中。

为此国际标准化组织于 1993 年 6 月成立了 ISO/TC207 环境管理技术委员会并正式开展环境管理系列标准的制定工作，规范企业和社会团体等所有组织的活动、产品和服务的环境行为，支持全球的环境保护工作。

(2)ISO14001 环境管理系列标准

ISO14001 环境管理系列标准是由国际标准化组织针对日益恶化的全球环境问题，为规范企业的环境管理行为而颁布的。该系列标准自制定之初便受到世界各国和地区的普遍关注。ISO14001环境管理系列标准是ISO14000系列标准的龙头标准，自1996年9月1日正式颁布至今，全球已有22 000多家组织获得了ISO14001标准认证。

ISO14001环境管理系列标准实施的目的是帮助组织实现环境目标与经济目标的统一，支持环境保护和污染预防，这是国际标准化组织起草和实施这一系列标准的根本出发点，也应成为区域实施标准、建立体系的最终目标。

ISO14001环境管理系列标准是组织规划、实施、检查、评审环境管理运作系统的规范性标准，该系统包含五大部分，共17个要素。五大部分内容概括如下：环境方针、规划、实施与运行、检查与纠正措施和管理评审。这五个基本部分包含了环境管理体系的建立过程和建立后有计划地评审及持续改进的循环，以保证组织内部环境管理体系的不断完善和提高。17个要素包括：环境方针；环境因素；法律与其他要求；目标和指标；环境管理方案；组织机构和职责；培训、意识与能力；信息交流；环境管理体系文件；文件控制；运行控制；应急准备和响应；监测和测量；不符合、纠正与预防措施；记录；环境管理体系审核以及管理评审。

ISO14001环境管理系列标准对企业环境管理的基本管理方法做出规定，促使企业对现行的管理模式、操作制度和要求进行调整和审定，在运行过程中更多地考虑环境保护问题使企业的经济效益和环境的社会效益得到有效的结合。它遵循的PDCA管理模式指导饭店的环境管理工作，预防环境污染，使饭店的环境实绩和效率获得持续的改进。ISO14001有利于饭店强化管理，提高管理人员的素质，对饭店的长期发展是非常重要的。

2.《绿色饭店》(GB/T21084－2007)国家标准

《绿色饭店》(GB/T21084－2007)国家标准，是2007年9月，由商务部、国家发改委、国务院国资委、环保部、国家标准委、国家旅游局等六部委联合制定和颁布的，并于2008年3月1日正式实施的。这是我国第一个也是目前唯一的绿色饭店的国家标准。

该标准规定了绿色饭店相关术语及定义、基本要求、绿色设计、安全管理、节能管理、环境保护、健康管理和评定原则。该标准适用于从事经营服务的饭店。

该标准规定，饭店根据标准自查并实施改进，在达到相应等级要求后，自愿向绿色饭店评定机构递交申请材料，评定机构于规定日期内核实申请材料，并做出受理与否的答复，向受理企业寄发绿色饭店评定标准及相关资料。对于评审通过的饭店，全国绿色饭店评定机构给予正式批复，并授予相应牌匾和证书。绿色饭店牌匾和证书由全国绿色饭店评定机构统一制作核发。绿色饭店评定等级的有效期为四年。对已经评定的绿色饭店企业，每两年进行一次等级复核。对降低或复核达不到评定标准的饭店，根据其程度分别给予通报、降级和取消绿色饭店称号处理。

该标准规定，根据饭店在节约资源、保护环境以及提供安全健康的产品和服务等方面取得不同程度的效果，绿色饭店分为五个等级，用“银杏叶”作为标识，从一叶到五叶，五叶级为最高级，如图6-3所示。

证 书
Certificate

根据中华人民共和国国家标准《绿色饭店》(GB/T21084-2007)
According to the National standard of GREEN HOTELS (GB/T21084-2007)
经全国绿色饭店工作委员会评定：
The National Green Hotel Committee assessed:

XX国际饭店

五叶级中国绿色饭店
China Green Hotel (Level V)

颁证日期：2009年11月28日
Date of Issue
有 效 期：2013年11月28日
Expiry
编　　号：09H0097
Number

全国绿色饭店工作委员会
National Green Hotel Committee

图 6-3　绿色饭店五叶级证书

(二)绿色饭店的基本特征

绿色饭店的基本特征包括：绿色理念、绿色设计、绿色生产、绿色产品、绿色营销及绿色教育。

1. 绿色理念

绿色饭店首先是一种绿色理念，它体现在饭店经营管理的每个环节。从饭店的选址、建设、运营乃至饭店报废或改作他用，绿色理念都贯穿于饭店的整个生命周期。绿色理念是基于对环境保护问题的思考，体现出了环境的全球性观念、可持续发展观念、全员参与观念和国情观念等。因为环境保护问题是人们追求经济发展和提高生活水平过程中所产生的衍生品，所以，无论各国的国情如何，环保都已经不再是只关系一个人、一个企业或一个国家的行为。由于生存环境的不断恶化，人们必须转变观念，改革原有的生产方式、经营方式、服务方式及消费方式，把环境保护因素作为一个重要内容来考察生产和消费行为的合理性，从而提出相应的改进措施。饭店应该基于可持续发展观念，使资源和能源得到最高效的利用，正确引导顾客的消费观念，创建具有安全、健康和环保的服务和食宿空间特征的绿色饭店。所以，绿色饭店理念具体包括以下三个部分内容。

(1)安全。安全是绿色饭店的一个基本特征。如果客人在饭店的人身和生命安全得不到保障，那么饭店根本谈不上绿色。安全是绿色理念的基本因素。饭店经营活动中影响生命安全的因素主要是公共安全、消防安全和食品安全。饭店应采取一些措施，例如客房和公共区域显著位置有各类应急图示和须知，并至少用规范的中英文两种文字表示。

（2）健康。绿色饭店提供给客人的产品必须是有益于健康的服务和体验。如使用符合环保要求的建筑、装饰和装修材料；提供绿色蔬菜水果等。饭店经营者应十分重视提供健康的服务产品，把健康的服务产品作为一个重要的经营目标。

（3）环保。饭店进行环境保护必须从生产过程中的输入端和输出端两方面来进行。通过减少对资源的耗用，减少污染物的排放，使生产和消费活动对环境的影响和破坏降到最低，例如减少一次性用品的使用；减少用品每天洗涤的次数等。

2. 绿色设计

绿色设计，包括环境设计、建筑设计和流程设计。

（1）环境设计。环境设计要求饭店在选址时，要远离高辐射、高污染地区，设计中要充分体现当地自然与人文和谐和对生物多样性的保护，并不造成当地生态环境的破坏。

（2）建筑设计。建筑设计涉及建筑物外观设计、节能设计和无害化设计，具体要求是饭店的设计中要体现节能省地，不造成建筑空间的浪费，要设计与运用具有隔热、降噪、保温的材料，要设计与运用自然采光，并要采用环保、安全、健康的建筑材料和装修。

（3）流程设计。流程设计要求饭店要积极设计并利用地热能、太阳能、风能、水能等可再生能源和替代能源，设计能源、资源的循环利用。

3. 绿色生产

（1）绿色采购。饭店采购原材料应符合环境保护的要求，杜绝使用非标准化、有污染甚至有毒的原材料进行加工生产物品与食品。例如，使用再生材料制造的家具和纸张，餐厅使用未被污染的生鲜食品，杜绝使用珍稀物种制作食物等。

（2）清洁生产。饭店在生产过程中，应以节能减排为指导原则，最大化地做到重复使用以及循环利用资源和能源。例如，使用再生循环水，采用光感照明和变频技术等。

同时，饭店在生产经营过程中，往往会产生许多危害环境的废弃物。例如，食品加工和供暖过程中，会产生大量硫化物、碳氢化合物和烟尘等气态和颗粒污染物。所以，饭店应在生产活动中的每一个环节都进行清洁生产，减少这些废弃物的排放。例如，使用能源燃烧物净化设备，使用太阳能等清洁能源，使用无氟技术等。

4. 绿色产品

绿色产品主要指绿色客房、绿色餐饮和绿色服务。

（1）绿色客房。绿色客房是指房屋建筑物必须使用不含污染物质和放射性物质的原材料，房屋的装修不使用大量散发挥发性有机化合物的化学合成材料。这些材料会对人体造成危害，使人过敏甚至患上癌症。因此，客房可采用有利于生态平衡的"生态装饰材料"，客房用品应使用绿色物品，如天然纤维、节能灯、绿色小冰箱，放置对人体健康有利的绿色植物等。

（2）绿色餐饮。绿色餐饮是指餐馆部供应的菜肴和饮料应是无公害、无污染、安全的，可绝对放心地食用。例如，选用符合绿色食品要求的无化学农药、化肥和激素的蔬菜。同时，制作菜肴和饮料的原材料的生产、操作和储运等方面都必须符合相关标准。

（3）绿色服务。绿色服务是指饭店提供的服务是以保护自然资源、生态环境和人类健康为宗旨的，并能满足绿色消费者要求的服务。它不仅体现在产品被消费时，而且还包括提供产品和产品被消费之后。例如，餐厅服务员在推荐菜肴时，不能只考虑推销产品，还应考虑客人的利益，应力求做到经济实惠、营养配置合理和不浪费。除此之外，必须根据环保要求对器皿进行有效处理。

5. 绿色营销

绿色营销，即社会市场营销观念，是指企业在兼顾消费者、企业和社会环境利益的基础上，提供顾客需求的产品和服务，从而获得企业利润的营销观念和策略。宏观上，绿色营销强调生态环境保护，注重社会的全局利益，促进社会经济和生态的协调发展。微观上来看，绿色营销满足消费者的绿色消费需求，通过降低成本和树立企业形象获得竞争优势，从而提高经济效益，保证企业可持续发展。饭店的服务性特点决定了品牌和形象成为市场营销的主要载体。饭店的绿色营销主要表现为市场宣传及沟通的方式和内容的特殊性，采用人员推销、有形展示和公共关系等营销手段，正确引导绿色消费观念，创造绿色消费空间，树立良好的企业形象。

6. 绿色教育

绿色饭店必须正确引导员工和顾客的生产行为和消费行为，形成绿色认同感，从而保证绿色饭店的服务质量。

绿色饭店实施的绿色措施在实施过程中，其员工发挥着关键性的作用。虽然绿色饭店为员工创造了共同的文化价值观，营造出了和谐的绿色氛围，但仍然要加强对员工的绿色教育。饭店应对员工进行生态环保意识的强化和巩固，对员工的日常行为做出绿色规范要求，促使员工积极主动地执行饭店的绿色措施。

绿色饭店实施绿色措施也需要客人的大力支持与配合。因此，饭店也应将对客沟通纳入到绿色教育体系中，可通过召开新闻发布会、张贴标语和告示等方式，取得客人的理解和支持，同时，也使客人受到绿色教育，从而引导消费者加入到绿色环保活动中来。

（三）绿色饭店的环境管理

饭店的环境是饭店产品的重要组成部分，因此，饭店的环境质量也是饭店产品质量的重要组成，它包括室内空气和水的质量、噪声状况和绿化水平等。

1. 饭店环境管理的含义

饭店环境管理是一项微观管理工作。通过对饭店的经营机制、企业战略、组织机构、管理模式、服务方式和方法等方面进行调整或改革，在饭店内部建立起相应的环境管理体系，从而使饭店的经营在满足低碳环保的同时，也满足饭店发展的需要。饭店环境管理体系的运作，可以改善饭店自身的管理状况，规范饭店的管理技术，提高饭店管理的科学性和创造性，也能够协调环境、社会、饭店企业等各方面的发展需要，使饭店获得经济效益和社会效益。

与一般企业的环境管理相比，饭店的环境管理所涉及的内容更多、也更为复杂。它融于企业的战略管理和实际运作的各个环节之中，涉及企业战略的制定、企业组织结构的设置、企业生产服务的控制、资源的配置等，也涉及饭店的选址、建筑物的设计和施工、装修材料的选择、建筑内的功能布局、服务模式、废弃物的处理等环节，还涉及绿色消费意识的培养和引导等。可见，饭店的环境管理不能只依赖饭店企业自身的努力和市场的推动，它需要全行业的共同努力及政府的支持和引导。

饭店环境管理也对饭店的管理者提出了较高的管理要求，除了要掌握管理知识与技术，还必须具有环境保护的意识和一定的环境保护的知识。

2. 饭店环境管理的三个阶段

饭店环境管理的阶段如图 6-4 所示。

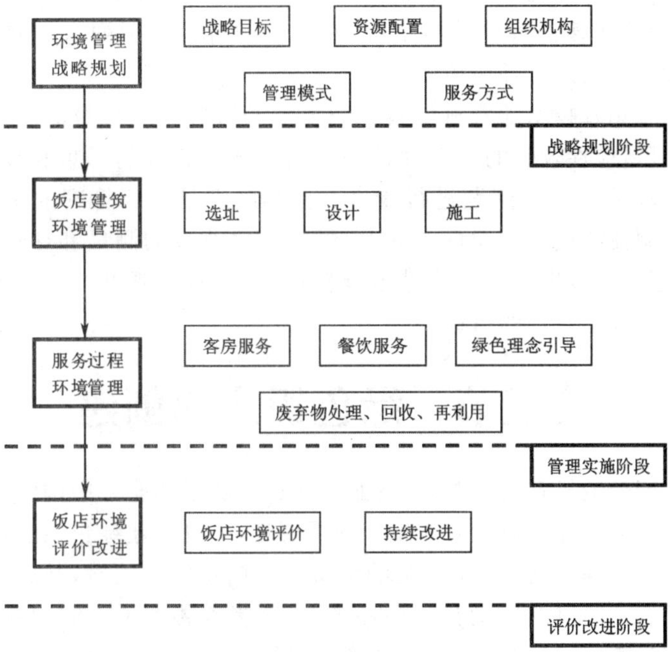

图 6-4 绿色饭店环境管理的阶段

(1)战略规划阶段。树立绿色理念，将环境管理纳入饭店管理的重要工作组成中去，以协调环境、资源、社会发展和企业效益为宗旨，设立绿色战略规划目标，建立绿色经营机制。饭店企业要协调资源配置，设置和调整组织机构，转变管理模式，建立和完善服务方式和操作方法，建立环境管理体系，以适应绿色经营管理机制。

建立饭店环境管理体系应形成书面的程序要求，用以指导和规范环境管理行为。饭店环境管理体系的内容包括三个方面。

一是确定饭店运作中与环境有关的各个过程，例如，操作过程、与客人相关的过程、信息交流的过程等，并规定出为取得预期效果所必须进行的关键活动。

二是确定环境管理过程中的职责和权限。对关键活动实施重点管理，并具备理解和测量关键活动效果的能力。

三是识别每个过程与相关部门之间的关系，将实施过程中的管理职能进行分配并落实到相关的部门和岗位，同时对接口进行必要的控制，从而确定过程控制的方法和力度。

(2)管理实施阶段。建立起一整套环境管理程序要求后，在饭店企业实际运作，包括饭店的选址、建筑设计、装饰装修材料的使用、饭店的对客服务过程中，尤其是客房和餐饮服务过程中的低碳环保控制及废弃物处理、可循环利用物品的回收及再利用等环节，全体员工应遵照程序要求执行。同时，饭店必须正确引导顾客的消费行为，培养绿色理念和价值观，促进绿色服务质量的提高。

(3)评价改进阶段。饭店要对目前的环境管理进行评价，找出目前存在的问题，并加以改进。对饭店环境现状评价的前提重点是找出饭店的环境因素。饭店的环境因素包括废气污水的排放、固体废弃物的处理、能源的使用、物资的消耗和利用、噪声的影响以及绿化的程度等。进行环境因素分析需要考虑这些因素产生的时间、产生的状态及产生源，同时要对照相关法律法规的执行情况，对违法的行为必须列入重要环境改善内容。饭店还需委托专业机构进行环境检测。

环境管理的思想及技术随着科学技术的发展和饭店企业自身的发展而不断更新变化。因此，应制订适应性较强的滚动性计划以适应环境管理的思想和技术的更新，从而有计划地对前期环境管理的问题进行改进。持续改进是饭店管理的重要内容和手段。通过建立激励机制使改进的意识深入人心，通过建立改进的测量和评价系统，识别和诊断改进机制，评定改进效果。这些改进不能盲目进行，而是要以环保和效益为中心进行变革。持续改进是环境管理的目标。

第三节　绿色饭店的创建

世界范围的能源危机日益严重，各行业市场竞争随之加剧。中国饭店企业也清楚地意识到节能减排与环境保护对饭店业发展的重要性，并且创建绿色饭店已经成为饭店业可持续发展的必然选择。同时，21 世纪的消费者趋向于绿色消费，其原因一方面是社会经济发展造成了恶劣的自然环境及社会环境，已直接威胁到了人们的身体健康，人们迫切要求治理环境污染；另一方面是社会经济的发展使广大居民个人收入迅速提高，迫切要求高质量的生活环境及高质量的绿色消费。绿色饭店已经成为消费者满足绿色要求的必然选择。

一、创建绿色饭店的前提

自从上世纪 90 年代绿色饭店理念进入我国以来，尤其是 2007 年 9 月《绿色饭店》(GB/T 21084－2007)国家标准出台以后，国内很多饭店纷纷投入到创建绿色饭店的活动中来。

(一)政府加强宏观调控，完善相关法规

从国外发展经验看，政府的重视和政策保证、协会的主体作用及相关政策法规的制定对绿色饭店发展发挥着重要的作用。

在中国创建绿色饭店的进程中，政府行为一直扮演着主要角色并起着推动、引导、规范的作用。例如，我国已制定并发布了绿色饭店的行业标准和国家标准，为国内的饭店企业创建绿色饭店起到了重要的指导和规范作用。但是，我国绿色饭店相关政策和标准尚存在一些问题，例如相关立法不健全，对绿色饭店只有节能降耗的指标而忽略了文化、政策等项目的标准设置等。因此，政府应加强宏观调控，制定并完善相关法规和政策，加

强执法监督，确保饭店走可持续发展的道路。除此之外，政府有关部门要与饭店企业和社会相互交流环保信息，共同参与、通力合作，为创建绿色饭店做出努力。

（二）饭店企业加强绿色意识，纠正绿色意识认识偏差

我国饭店企业缺乏绿色理念的认识，存在单纯经济观念，对节能减排、低碳环保的重要性认识不足。饭店企业应加强绿色饭店意识，强化和深化绿色饭店的创建工作。饭店企业必须把绿色观念看作是一种精神，并将其纳入饭店企业文化建设和日常管理行为中去，创建真正的绿色饭店，从而发挥绿色饭店的社会价值。

国内很多饭店对绿色饭店的认识存在偏差。饭店企业更多地看到了绿色饭店经济节省的一面，认为绿色饭店的建设就是节能降耗，以此来提高企业的经济效益，以至于忽略了顾客需求和服务质量，导致服务质量下降和顾客不满意的结果，这是将节能降耗与服务质量对立起来的一种认识偏差。除此之外，我国饭店企业在创建绿色饭店时，单纯注重硬件投入和改造而忽略了绿色文化、“绿色员工”培养及绿色消费引导等软件建设。这也是一种硬件与软件投入的认识偏差。

二、创建绿色饭店的构想

（一）树立绿色理念

饭店企业把可持续发展的理念贯穿经营管理的始终，把环境保护作为企业应尽的社会责任。创建绿色饭店不是一件简单的事，不是高喊几句口号或执行几项标准就可以的。饭店应将绿色意识的建立、绿色技术的应用、绿色管理的实施逐步融合到饭店的经营理念中，带入到饭店管理的每个环节上，从而使绿色意识和绿色理念成为饭店企业文化的核心内容。

（二）实行绿色设计

绿色设计即遵循可持续发展理论，在饭店建筑设计过程中必须充分考虑建筑的位置、建筑功能与能源和资源之间的相互关系。在设计之初，应该明确饭店环境管理的绿洲和环保协调发展的指导思想，要考虑建筑在未来使用、维护、报废等各个环节对环境的影响，尽量避免后期环境遭到破坏的情况出现，要考虑产品的生命周期，例如少用材料并尽量使用可再生的原材料，使用方便、安全、寿命长、能耗低且不易污染环境的材料，产品使用后易于处理回收和再利用。绿色饭店中所有的设计、建造和使用都要考虑环境保护的要求，在有效满足各种使用功能的同时，创造有益于使用者健康的生活空间结构。

（三）采用绿色技术

绿色技术即环保技术，是解决资源耗费和环境污染的主要方法，是指能够节约资源，避免和减少环境污染的技术。绿色技术是当今国际社会发展的一种趋势，因此传统的饭店经营管理要与绿色技术相结合，使绿色技术大量运用到绿色饭店的管理之中。绿色技术是解决资源耗费和环境污染的主要方法。绿色饭店的发展，较大程度上依赖现代化绿色技术的发展，没有技术含量高的绿色技术，绿色饭店的创建就会仅停留在肤浅的层面上。绿色技术包括末端处理技术和污染防治技术。同时要建立健全环保制度和管理网络，持续地改进环保计划。通过采用这些绿色技术，饭店既节约了成本，又起到了节约能

源、保护环境、美化环境、降低污染的作用。可以看出，现代绿色技术能为饭店带来明显的效益，使得饭店在不牺牲生态环境的前提下能够发展良好，是绿色饭店创建的保证。

（四）实施绿色管理

1. 形成绿色环境管理体系

饭店将绿色理念纳入到战略管理中，形成环境管理体系，从规划、设计、建设、监管、验收等各个环节入手，采用星级饭店和绿色饭店双标准来进行饭店设计和建造，强化全过程控制和监督，实现饭店可持续发展。环境管理已从末端治理发展到全过程控制。

2. "绿色员工"参与绿色管理

饭店要实现有效的环境管理，必须首先培养"绿色员工"，因为"绿色员工"是绿色消费的导向，他们向顾客宣传绿色意识，体现了饭店的绿色形象。饭店要实现绿色管理，必须在全体员工心目中树立保护环境和可持续发展的绿色理念，并形成绿色文化，指导员工的日常行为规范。

3. 完善审核评级制度

为保证环境管理体系运行的质量，饭店应采用 ISO14001 国际环境标准及《绿色饭店》国家标准来不断规范和完善运营管理，并且坚持内部审核和管理评审，积极参与相关标准的评级，从而提升饭店自身的知名度和企业形象。

（五）进行绿色营销

绿色营销是指企业在营销中要重视保护地球资源环境，防止污染以保护生态。绿色营销是在一般营销理论的基础之上，兼顾企业、市场和社会环境三者利益的营销策略和方法。绿色饭店的含义要求企业引导顾客，培养顾客的可持续发展观及环保意识，要求企业本身要成为对环境负责的企业，生产对环境负责的产品。因此，饭店应转变营销观念，以绿色营销策略和方法开展企业营销活动。

另一方面，随着全球环境的不断恶化，人们的绿色意识不断增强，并开始转变消费观念，倡导绿色消费。饭店的服务具有即时性，这就决定了客人是饭店的特殊合作伙伴。绿色饭店应把客人视为低碳环保的合作伙伴，因此，饭店有必要向客人宣传和解释饭店的环保计划和措施，并通过"绿色员工"来影响和引导客人培养绿色消费意识和行为，从而在提高饭店服务质量目的的同时，实现低碳环保的目的。绿色消费，即指以可持续的和承担环境与社会责任的方式进行消费，其具体的含义包括三个注重，即注重选择有助于健康的绿色产品；注重对垃圾的处置，不造成环境污染；崇尚自然，追求生活舒适的同时，注重节约资源和能源。

（六）提供绿色产品

绿色消费的前提是要有绿色产品。绿色产品是指没有或较少对环境造成污染的产品，以及比传统的竞争产品更能够满足保护生态环境或社会环境要求的产品及服务。绿色产品可分为绝对绿色产品和相对绿色产品，前者指具有改进环境条件的产品，后者指可以减少对环境产生现实或潜在损害的产品。饭店的绿色产品主要有绿色客房、绿色餐饮和绿色服务。

绿色客房，是指客房从设计到提供服务的全过程中所涉及的各个环境行为都应该符合低碳环保要求。比如，房屋建筑物不使用含化学物质的材料和有害的装饰材料；采用无污染的绿色装饰材料和低能耗并有利于生态平衡的生态装饰材料。再比如，客房内可放置既能美化环境又能改善空气质量的绿色植物；使用有可再生材料制成的产品，尽可能减少一次性用品的提供次数，减少床上用品的更换次数；使用低碳环保的绿色小冰箱和节能灯；使用节约用水的设备装置和废水回收设备；在客房内放置绿色环保宣传卡；饭店应开设无烟楼层和无烟客房。

绿色餐饮，是指在餐饮制作过程中，尽可能多地使用无公害、无污染、安全、健康的绿色食品和有机食品，杜绝使用国家保护的珍稀动物和野生动物制作食品及饮品，而在餐饮服务过程中，尽可能少地使用一次性用品，减少浪费和损耗，提高资源和能源的利用率，降低污水、废气和废物对自然环境的破坏程度。绿色餐饮是从原材料采购、食品加工制作和餐饮服务等全方位、全过程的绿色管理的体现。

绿色服务，是指饭店在对客服务过程中，以保护自然资源和生态环境及人类健康为宗旨而提供的能够满足客人绿色消费需求的服务。绿色服务要求饭店根据社会需求、环境条件、客人需要为客人提供适量的消费，并在不降低饭店服务质量的前提下对可回收利用的物品实行再利用，尽可能多地使用可重复使用的物品，尽可能地延长物品的使用寿命。因为饭店服务具有即时性的特点，所以，提供优质的绿色服务的前提是在生产和消费过程中员工与客人之间能够及时良好地进行互动沟通。因而，饭店应该主动提高员工的绿色服务意识，积极倡导绿色文化，营造绿色消费环境，从而提高绿色服务质量。

总之，绿色管理的核心是环境管理，不仅包括建筑、设备设施等硬件方面的管理，也包括了经营理念、管理方法和手段等软件方面的管理。在软硬件完美结合、和谐统一中体现绿色饭店的宗旨，实现饭店、社会、自然的和谐发展。

案例分析

金陵饭店　中国绿色饭店的先行者

来自美国朗讯公司的李先生在最近一次入住南京金陵饭店时，发现沐浴的感觉较上周有了很大不同，莲蓬头喷出的水量适中、力道均匀，非常舒适宜人。李先生询问了客房服务员后才知道，饭店已对全部客房的沐浴系统进行了升级改造，选用了一种最新的喷淋系统并加装了节水装置，使用这种新型进口节水装置可使节水率达到18%，一年可节水近2万立方米，大大降低了水资源的浪费。李先生感叹道："这真是一举两得，客人感觉好了，饭店又降低了成本。"

"绿色"意识带动节能降耗。1999年开始，金陵饭店便开展了以"拥抱绿色生命，热爱金陵家园"为主题的系列环保活动，与宾客共同致力于保护自然资源、改善饭店环境，将生态理念融入日常的经营管理。同年，饭店成立了环保小组，组员来自饭店前后台各个岗位。环保小组通过开展丰富多彩的活动，倡导社会责任感，加强全体员工和宾客的绿色环保意识，培养"绿色"的生活习惯和消费观。环保小组充分利用金陵网站、店报、橱窗等工具宣传年度主题环保活动，并通过定期举办员工"绿色环保书画摄影作品展"以进一步增强员工的环保意识。2006年，环保小组还开展了"拥抱绿色生命"金点子征集活动，员工们积极参与,当年就收到“金点子”近300条。环保小组精心设计的环保卡放在客房最醒目的位置,引导客人节约使用棉织品、日用消耗品。在环保小组的建议下,饭店降低了织物、餐具洗涤剂用量,并开始使用不含磷的洗浴、洗涤用品。

金陵饭店长期以来把节约能源、降低能耗作为首要任务常抓不懈,对不符合绿色环保要求的设备设施坚决进行改造,提高设备运行效率。2005年,仅使用不含氟冰箱、变频空调就节约费用150万元,通过技术革新自制配件、修旧利废而节约设备维修费用20多万元。

2006年,金陵饭店安装了中央空调节能控制系统和生活水泵变频恒压供水系统,一年节电40万度;客房新风系统开始采用热回收设备,一年节电114万度。

绿色食品引领美食风尚

自1983年开业以来,金陵饭店就一直大力推广绿色食品。推出的绿色食品均选用国家专门等级评定机构认证的无公害农产品、绿色农产品和有机农产品,这些产品均出自良好的生态环境。如深受宾客喜爱的“葱爆牛柳”采用的牛肉就来自山东邪城,“宫爆鸡丁”所采用的鸡肉来自山东沂南,而广为称道的“东坡肉”、“金陵排骨”等所采用的猪肉来自苏州著名品牌产品“苏太猪”。连最常见的大米使用的都是来自淮北地区的有机大米,这种大米完全采用自然农耕法栽培,种植的土壤三年都没有碰到一点化学农药,用这种大米煮出的饭晶莹剔透,香润软糯,一直得到客人的赞赏。“金陵盐水鸭”则严格选用4斤重左右、生长在无污染环境中的麻鸭的鸭胚精制而成,这款“招牌菜”招待过无数政要名流,广受好评。除此之外,芋头来自江苏靖江,玉米来自江苏宜兴,鱼虾选自洪泽湖,羊肉则来自无污染的内蒙古大草原。每年中秋,金陵月饼都会在南京市场引起不小的轰动,绿色、健康的月饼馅料是客人选择金陵月饼的最大理由。每年金陵饭店都将原生态的健康原料入馅,尤其是2005年根据厦门南普陀寺著名的“素饼”改良的金陵酥皮月饼一上市就受到客人的欢迎,销售年年攀升,2006年的金陵月饼销售量更是突破了12万盒。金陵饭店还根据不同的节气、节日适时推出不同的“厨师长特选”,要求餐饮服务人员和厨师学会做客人的“营养师”,前台的服务人员在为客人点餐的时候都会根据客人的需求,为客人建议菜肴合理健康的搭配,减少浪费。

案例讨论题:

1. 如何理解绿色饭店的基本特征?
2. 请结合此案例谈谈创建绿色饭店过程中应如何实施绿色管理。

思考题

1. 如何理解绿色饭店的内涵?
2. 我国绿色饭店的标准是什么?
3. 如何理解绿色饭店是中国饭店业发展的必然趋势?
4. 如何理解循环经济理论对绿色饭店创建所起到的作用?
5. 国内绿色饭店创建过程中面临哪些问题?

第七章

饭店业的从业人员

学习目标

通过本章学习，要求学生掌握饭店职业经理人的概念和特征；熟悉饭店业职业经理人的角色定位；理解饭店业职业经理人的心智模式；掌握饭店业职业经理人的职业能力。

★重要概念★

职业经理人　领导　角色定位　心智模式　职业素质　职业能力

第一节　饭店业从业人员的职业素质

我国"十一五"期间，星级饭店数量稳步增长，年均增长率为5.5%；星级饭店客房数量年均增长率为6.3%。星级饭店对旅游产业的贡献能力和价值在不断提升和加强，在全国旅游企业的综合实力比较中，星级饭店创造了营业总收入的40%，吸纳了旅游就业人数的61%，贡献了营业税的72%。

这些在饭店业从业人员的工作，覆盖了从饭店营销、餐饮、客房、财务管理、电脑工程到质检部、技术工程部等方面。因此，饭店业是一个可以提供多样职业选择的行业。

一、饭店业的职业选择

职业具有三层含义，从个人的角度看，它是谋生的手段；从国家的角度看，它是个体对整体应尽的责任；从社会的角度看，它是人与人、集体和社会联系的纽带。人具有社会性，人与社会的直接联系主要表现为职业活动。

做出明智的选择是一项与每个人的成长和生活息息相关的基本生存技能。人们每做出一个决定，都会影响或左右自己的职业生涯发展和个人生活质量。

按国际惯例，酒店客房数和就业人数之间的比例是1∶1.1，即每100间客房需要员工110人，而这个比例目前在国内是1∶1.5～1∶2.5。中国饭店业的进一步发展需要大量专业的从业人员。没有人能够精确地知道未来将要修建多少新的饭店和其他住宿设施，但可以肯定的是饭店业中的就业机会将会继续增加。

饭店业有很多岗位和职业选择。饭店业的从业人员可以从事的工作包括：营销和销售、客房管理、房务、烹饪、工程、餐厅管理、菜单设计、保安、财务、食品技术、预测和计划、电脑技术(管理信息系统)、康体、娱乐及客户关系等。另外,从业人员对生活点的选择余地也很大,可以选择城市或郊区甚至乡村,可以选择国内或者世界其他地区。其他行业都不能提供如此多样化的职业机会。

除饭店的总经理这样的高层管理岗位外,饭店业从业人员还可以在另外一些领域内发挥才能,比如,餐饮部、客房管理部、宴会部、营销和销售部、人力资源部、财务部、工程部、管理信息系统部等。

二、饭店业从业人员的职业素质

(一)素质和职业素质

一般说来,劳动者能否顺利就业并取得成就,在很大程度上取决于本人的职业素质,职业素质越高的人,获得成功的机会就越多。

1. 素质

各门学科对素质的解释不同,但有一点是共同的,即素质是以人的生理和心理实际作基础,以其自然属性为基本前提的。也就是说,个体生理和心理的成熟水平的不同决定着个体素质的差异。因此,对人的素质的理解要以人的身心组织结构及其质量水平为前提。素质只是人的心理发展的生理条件,不能决定人的心理内容与发展水平,人的心理活动是在遗传素质与环境教育相结合中发展起来的。人的素质一旦形成就具有内在的相对稳定的特征。所以,人的素质是以人的先天禀赋为基质,在后天环境和教育影响下形成并发展起来的内在的、相对稳定的身心组织结构及其质量水平。

观察一个人是否有素质一定要观察其在参与各项活动中的言行举止,而人在生活中最为重要的活动就是工作,也就是他的职业。

2. 职业素质

职业素质是指从业者在一定生理和心理条件基础上,通过教育培训、职业实践、自我修炼等途径形成和发展起来的,在职业活动中起决定性作用的、内在的、相对稳定的基本品质。

由于职业是人生意义和价值的根本所在,职业生涯既是人生历程中的主体部分,又是最具价值的部分。因此,职业素质是素质的主体和核心,它囊括了素质的各个类型,只是侧重点不同而已。

简单地说,职业素质是劳动者对社会职业了解与适应能力的一种综合体现,其主要表现在职业兴趣、职业能力、职业个性及职业情况等方面。影响和制约职业素质的因素很多,主要包括受教育程度、实践经验、社会环境、工作经历以及自身的一些基本情况等。职业素质可以分为以下几个内容:

(1)身体素质,指体质和健康(主要指生理)方面的素质。

(2)心理素质,指认知、感知、记忆、想象、情感、意志、态度、个性特征(兴趣、能力、气质、性格、习惯)等方面的素质。

(3)政治素质,指政治立场、政治观点、政治信念与信仰等方面的素质。

(4)思想素质,指思想认识、思想觉悟、思想方法、价值观念等方面的素质。思想素质受客观环境等因素影响，例如家庭、社会、环境等。

(5)道德素质，指道德认识、道德情感、道德意志、道德行为、道德修养、组织纪律观念等方面的素质。

(6)科技文化素质，指科学知识、技术知识、文化知识、文化修养等方面的素质。

(7)审美素质，指美感、审美意识、审美观、审美情趣、审美能力等方面的素质。

(8)专业素质，指专业知识、专业理论、专业技能、必要的组织管理能力等方面的素质。

(9)社会交往和适应素质，指语言表达能力、社交活动能力、社会适应能力等。社交适应是后天培养的个人能力，也侧面反映个人能力。

(10)学习和创新方面的素质，指学习能力、信息能力、创新意识、创新精神、创新能力、创业意识与创业能力等方面的素质。学习和创新是个人价值的另一种形式，能体现个人的发展潜力以及对企业的价值。

(二)饭店业从业人员的职业素质

饭店业从业人员直接或间接地为客人提供服务。他们每天接触的客人数量很多，而且客人的文化背景、教育程度情况等都有所不同。饭店的服务具有即时性等特点，因此，对饭店业从业人员的职业素质也提出了很高的要求。

1. 饭店业一般从业人员的职业素质

(1)职业道德。职业道德是指从事一定职业的人在职业活动的整个过程中必须遵守的行为规范和准则，是社会公德在职业生活中的具体体现。饭店业从业人员必须具备良好的职业道德修养和职业道德行为。

饭店业从业人员的职业道德，即饭店业从业人员在饭店服务过程中应遵循的行为规范和行为准则。饭店从业人员必须有良好的社会道德观念和道德情操，能够自觉运用道德规范约束自己的行为，能够自觉遵守“尊重宾客，礼貌待客，对客人一视同仁，遵纪守法”的职业道德，从而保证服务质量。此外，敬业精神也是饭店业从业人员良好职业道德的具体体现，即以饭店的发展作为个人发展的前提，培养爱岗敬业、主动积极、诚恳诚实、尽职尽责、甘于奉献的工作态度。具有良好的职业道德的饭店业从业人员，是饭店得以生存发展的宝贵财富，是优质服务的根本保证。

(2)饭店意识。饭店意识是指饭店业从业人员通过对饭店性能、职能的深刻理解和认识，在头脑中建立的对饭店经营管理、提供服务所必须具备的行为规范的一种反应(或认识)。

饭店意识的内容很丰富，包括经营意识、服务意识、团队意识、形象意识、质量意识、安全意识、效率意识、标准意识、服从意识、生活品位等。其中，最为主要的是经营意识、服务意识和团队意识。

经营意识是指饭店业从业人员要理解饭店的经营目标、经营策略及包括各种管理规章、制度、措施在内的管理手段等。

服务意识是指服务人员在提供服务过程中对客人物质和精神的实际需要的一种能动反映。服务意识是饭店业从业人员素质高低的标志，也是饭店软件建设的关键。饭店业从业人员要对周围环境具有很强的敏感性，例如行李员会主动为行动不便的客人推出残疾人用车等。服务意识能使客人与服务员都得到一种无法用语言表达的满足。

饭店是一个团结协作的整体，优质服务源于各部门的协调配合。每一位员工都要讲求协作和团队精神，培养良好和谐的人际关系，热情主动的合作态度，以及互相服务、互相配合的良好的工作作风，为客人提供最佳服务。

(3)礼仪礼貌。礼貌友善可以融洽客人与服务人员的友好关系，同时也反映出从业人员的美好心灵和高尚情操。饭店作为社会文明的窗口，提供礼貌服务、宣扬礼仪礼貌是饭店业从业人员应具备的基本素质。礼仪礼貌主要表现在仪容仪表、仪态和礼貌三个方面。

仪容仪表主要是指人的外表和容貌。整洁的仪容和端正的仪表给人以朝气蓬勃、热情好客、可以信赖的感觉，体现了从业人员对工作的认真和对客人的诚意，使客人对饭店产生良好的印象，增强对饭店的信任感。

仪态指人们在社会活动中的举止所表现出来的姿态和风度，包括日常生活和工作中的举止，如站立的姿势、待人的态度、说话的声音、面部的表情等。优雅的举止仪态可以体现一个人学识、修养，让人产生敬重之情。举止文雅、谈吐文明、端庄稳重、自然优美的仪态使人赏心悦目。最受欢迎的饭店服务人员往往并不是长得漂亮的人，而是仪态最佳的人。饭店业从业人员的举手投足、一言一行都显示了饭店的形象。

礼貌是表示敬意的通称，是待人谦虚、恭敬的态度，是饭店服务最重要的职业基本功之一。饭店业从业人员的礼貌服务具体表现在微笑服务和敬语的使用两方面。有人说，微笑是世界语，它可以在短时间内缩短你和宾客之间距离，架起一座友谊的桥梁；真诚的微笑能产生多角度、多层次的效应，就像一面镜子一目了然地让人看到诚意；微笑是世界货币，可以在世界任何地方使用，微笑也可以从世界任何地方得到货币。在服务过程中，带有歉意的微笑、充满敬意的话语、和颜悦色的解释更容易与客人进行沟通，甚至取得谅解，化解矛盾。

(4)知识与技能。饭店是为客人服务的场所。提供优质服务需要专业的服务，而专业的服务需要从业人员具有很强的专业知识和熟练的操作技能。扎实的专业知识与娴熟的操作技能是对饭店业从业人员职业素质的基本要求，也是提高饭店服务质量的根本保证。

(5)应变、沟通、记忆与学习能力。饭店的客人来自不同环境、不同阶层、不同文化背景，他们的要求自然就各有特点。标准化、规范化的服务不一定能够得到客人百分之百的满意。而个性化服务依赖于服务员的灵活服务和应变能力。应变能力是知识、经验积累的结果，是尽可能多地满足不同客人需要的保证。

规范化服务与个性化服务都离不开与客人及时而正确的沟通。因此，饭店业从业人员良好的语言艺术、逻辑思维判断能力以及外语表达能力都是与客人进行沟通时必不可少的能力。

饭店业从业人员对待客人要真诚，要用发自内心的情感来为客人提供服务，而从业人员每天要接触大量的客人，用情感服务客人，首先要求从业人员要有牢固的记忆能力，从而在短时间内快速记住客人的体貌特征、自然情况和个性需求，以便能够更有针对性地提供个性化服务，提高服务质量，同时，也给客人以真心真情的感动，留下良好而深刻的印象。

饭店的产品具有很强的文化性。因此，除了专业知识之外，从业人员还应尽可能多地掌握各种文化知识，以便能更好地理解不同背景的客人的个性化需求，能更好地与客人进行沟通交流。因此，饭店业从业人员应不断学习、充实自己，用自己的知识与智慧去赢得客人的满意与赞赏。

(6)良好的性格。良好性格的基础就是乐观自信。心理学家马斯洛认为，人有一种"向前的力量"，也有一种"向后的力量"，并不是人人都能让前一种倾向胜过后一种倾向。只有乐观自信的人才会永远向前。乐观的精神能使他们取得好的成绩，无论是身处顺境还是逆境，都能给自己带来阳光。这一点是每个人事业成功的保证。

豁达宽容是良好性格的又一体现。豁达是指一种处世的态度。生活本身总是充满矛盾的，必须要有容得下矛盾的胸怀。努力去改变那些可以改变的事情，同时坦然接受那些暂时无法改变的事情。豁达的处世态度、宽容的待人态度，是对待世界的一种哲学。

2. 饭店业从业人员岗位素质

饭店业从业人员因所在的岗位不同，对其职业素质也相应提出了更为具体的岗位素质要求。

(1)前厅部从业人员的岗位素质。前厅部是饭店销售商品、组织接待工作、调度业务经营以及为客人提供一系列前厅服务的饭店综合性服务机构。前厅部是饭店的门面，是饭店的销售窗口，是饭店业活动的中心。前厅部的主要任务包括：销售客房；掌握房间状态；准确入账；与其他部门进行联系、沟通、协调、配合；整理和保存业务资料；建立客史档案以及对外沟通，进行业务联络。

前厅部服务人员主要包括门童、行李员、接待员、总机话务员、商务中心员工以及大堂副理。

日本新大谷酒店的负责人说过："培养出一个出色的门童往往需要花上十多年的时间。"可见，门童工作对于饭店服务的重要性。门童的素质要求包括形象高大、魁梧；记忆力强；目光敏锐；接待经验丰富。

行李员的素质要求包括能吃苦耐劳，和蔼可亲；性格活泼开朗、思维敏捷；做到口勤、眼勤、手勤、腿勤；熟悉本部门的工作程序和操作规则；熟悉饭店内部各条路径和有关部门位置；了解饭店内客房、餐饮、娱乐等各项服务的内容、时间、地点及其他信息；了解当地名胜古迹、旅游景点和购物点。

接待员的素质要求包括外形要求；有较强的外语听说能力；熟悉电脑操作；较强的沟通能力、推销能力、灵活应变能力；了解饭店客房、餐饮、娱乐等各项服务的内容、时间、地点及其他信息；了解当地名胜古迹、旅游景点和购物点。

总机话务员的素质要求包括口齿清楚，语言甜美，耳、喉部无慢性疾病；听写迅速，反应快；工作认真，记忆力强；有较强的外语听说能力；熟悉电脑操作及打字；掌握旅游景点及娱乐等方面的知识和信息；具有较强的信息沟通能力；熟悉电话业务。

商务中心员工的素质要求，包括接待客人热情礼貌；回答客人问询迅速、准确；为客人提供高质、快捷、耐心、细致的服务。

大堂副理的素质要求包括有良好的外部形象，风度优雅；个性开朗，乐于且善于与人打交道，有高超的人际沟通技巧；口齿伶俐，语言得体；外语流利，并能用一门以上外语与客人沟通；见识广，知识面宽；熟悉客房、前厅工作，略懂餐饮、工程和财务知识；具有高度的工作和服务热忱；彬彬有礼，不卑不亢。

(2)客房部从业人员的岗位素质。客房部是饭店为客人提供房间清扫服务的主要部门，其主要任务包括保持房间干净、整洁、舒适；确保客房设备设施时刻处于良好的工作状态；确保酒店及客人生命和财产的安全；负责酒店所有布草及员工制服的保管和洗涤工作。

客房部从业人员的岗位素质要求包括身体健康，没有腰部疾病；不怕脏，不怕累，能吃苦耐劳；有较强的卫生意识和服务意识；有良好的职业道德和思想品质；掌握基本的设备设施维修保养知识；有基本的外语水平。

(3)餐饮部从业人员的岗位素质。餐饮部是饭店为客人提供餐饮服务的部门。餐饮服务的好坏不仅直接关系饭店的声誉和形象，也直接影响饭店的客源和经济效益。餐饮部从业人员一定要了解各种顾客的类型，才能随机应变，把握时机，应答自如，顺应其需要，提供最佳的服务。

餐饮部从业人员的岗位素质包括掌握我国主要客源国和地区的概况、宗教信仰和饮食习惯；熟悉我国主要菜系的特点及名菜、名点的制作过程和风味特点；掌握所供应菜点、酒水的质量标准及性能特点；要有一定的外语水平；懂得推销的艺术；要有健康的体魄和良好的个人卫生习惯；具有快速、准确的观察和判断能力；具有良好且持久的注意力；具有较强的情感控制能力。

3. 饭店管理人员的岗位素质

与一般从业人员相比，不同层次的饭店管理人员因所负责的工作任务的内容和侧重点都不相同，因此不仅要具有饭店业一般从业人员的岗位素质，而且对不同层次的管理人员也相应地提出了更多的职业素质要求。

(1)饭店高层管理人员的岗位素质。饭店高层管理人员的主要工作任务是确立管理目标、审定策略及客观控制，对其能力的要求包括判断决策能力、对外交往能力、协调控制能力。因此，对于饭店高层管理人员的岗位素质要求包括思路清晰、思维敏捷、待人诚实；对于已经确定的目标要坚持不懈；优雅的形象、仪表、举止；准确的时间概念；眼界要高，方法得当。

(2)饭店中层管理人员的岗位素质。饭店中层管理人员的主要工作任务是实践目标、执行决策、组织本部门开展工作，对其能力有相应的要求，即专业技术能力、分析解决问题能力、沟通协调能力、组织指挥能力，甚至还需要创造力和想象力。因此，对于饭店中层管理人员的岗位素质更侧重于接受任务时应知道自己该怎么做；对上司的要求在自己未尽最大努力以前，不要说不行；汇报要提出解决问题的方法，提供准确数据；用心工作而不是凭经验办事；牢记成功来自于严格管理和督导及关心员工。

(3)饭店基层管理人员的岗位素质。饭店基层管理人员的工作任务主要是带领本班员工按工作内容、程序、标准完成任务，对其岗位素质的要求侧重于熟悉业务，有号召力；语言表达灵活，有推销能力；有应变能力和处理疑难问题能力。

第二节 饭店业职业经理人

20世纪90年代以来，中国饭店业的发展呈现出经营市场化、管理专业化、运作资本化、发展集团化和品牌化的特征，资源整合、市场细分、产业链拉长与有效分工的趋势日趋明显。

目前，我国的饭店业职业经理人多数为半路改行进入饭店业工作的，或者是官派型和经验型的，严格地说，他们尚不能被称为真正意义上的职业经理人。

中国饭店业面临着政策导向、市场环境、经营管理以及专业人才的巨大压力，同时还面临着投资成本、投资回报、经营方式、管理技术等方面的严峻挑战。这些都意味着培养具有发展战略眼光的饭店业职业经理人已经迫在眉睫。

一、饭店业职业经理人的概念

职业经理人(Professional Manager)起源于美国。1841年，因为两列客车相撞，美国人意识到铁路企业的业主没有能力管理好这种现代企业，应该选择有管理才能的人来担任企业的管理者，世界上第一个经理人就这样诞生了。随着资本主义社会由最初的农业及手工业生产向工业化大生产转变，整个社会的分工日益专业化。专业化反映在企业管理体制上就出现了经营权与所有权的分离。职业经理人由此而产生。

职业经理人在西方发达国家有一个相对统一的概念，但在中国，对职业经理人的定义还不统一。一般认为，将经营管理工作作为长期职业，具备一定职业素质和职业能力，并掌握企业经营权的群体就是职业经理人。

宽泛地讲，职业经理人横向看是分类的，如财会、生产管理、技术；纵向看也是分层次的，企业需要各种层次的职业经理人。职业经理人在广泛意义上讲，就是以企业经营管理为职业的社会阶层，运用全面的经营管理知识和丰富的管理经验，独立对一个经济组织(或一个部门)开展经营或进行管理。通俗来讲，职业经理人就是凭能力凭业绩吃饭的人，但不是凭资本吃饭的人，换言之他们是凭人力资本吃饭的人，而不是凭货币资本吃饭的人。

学术界对于职业经理人的定义也有很多种。一个有代表性的说法是，所谓职业经理人，是指在一个所有权、法人财产权和经营权分离的企业中承担法人财产的保值增值责任，全面负责企业经营管理，对法人财产拥有绝对经营权和管理权，由企业在职业经理人市场(包括社会职业经理人市场和企业内部职业经理人市场)中聘任，而其自身以受薪、股票期权等为获得报酬主要方式的职业化企业经营管理专家。

由中国饭店协会起草，国家质量技术监督检疫总局、国家标准化管理委员会发布的《饭店业职业经理人执业资格条件》(GB/T19481－2004)于2004年8月1日正式实施。这是我国中高级管理人员执业资格条件的第一个国家标准，也是我国饭店行业借鉴国际管理经验，继星级标准后的又一个国家标准。

该标准规定全国饭店业统一实行职业经理人执业资格制度，同时明确定义了饭店业职业经理人的定义，即运用系统的现代饭店经营管理知识和管理经验，对所有权和经营权相分离的饭店企业进行经营和管理，是以经营管理饭店为职业的职业化经营者。该标准将职业经理人划分为初、中、高三个等级，按照职业道德、职业素养、现代饭店管理知识等基本条件和学历、经历、业绩、现任职务等资质条件，对饭店中高级管理人员统一进行执业资格认定。饭店业职业经理人执业资格证书有效期为5年，在有效期满前1个月，向中国饭店协会职业经理人专业委员会申请重新登记注册，换发新的证书徽章。

专业性越强的行业，职业化就越强。中国饭店业经过30多年的发展，专业化越来越强；企业制度越完善，市场环境越好，对管理者的职业化要求也越强；市场竞争越激烈，对管理者的职业化要求就越高。资本追逐人才，人才创造利润，所以职业经理人的作用和价值就会得以充分体现。一个饭店的核心竞争力就是职业经理人合格与否。饭店有了合格的职业经理人，就形成了核心竞争力，资本才可能通过投资饭店，形成投资回报。

二、饭店业职业经理人的特征

饭店业职业经理人除了具有职业经理人的共同特征，例如以经营管理为职业、具有良好的职业素质、拥有国际视野和战略眼光、对企业资产的保值和增值责任，等等，还具有其自身的行业性特征，即以饭店管理为专业。

饭店业职业经理人是专职从事饭店经营管理的复合型人才，一般都受过良好的高等教育、专业教育或培训，具有饭店业从业人员的职业素质。现代饭店经营是一项复杂的系统工程，涉及前厅、客房、餐饮、人力资源、财务、营销等各个方面的经营管理工作。这就要求饭店业职业经理人不仅要有较强的语言能力、沟通能力、文化素养和服务意识，还要对饭店业和饭店经营业务有全面的认识，具有系统的现代饭店经营管理知识、优秀的饭店管理能力和丰富的饭店管理经验，并熟练掌握饭店运行规律。饭店业职业经理人不仅能够适应饭店经营管理工作而且还能够不断创新，不断提升企业的形象和声誉，确保饭店经营目标的顺利实现。

三、饭店业职业经理人的角色定位

（一）作为下属的饭店业职业经理人

1. 饭店业职业经理人是饭店企业和所有者的替身或代言人

在许多员工眼中，饭店业职业经理人是自己的老板，因为他们左右着每个员工的发展前景，引领整个饭店企业的发展方向，全面负责着饭店企业的动态，承担着为饭店企业创造价值的责任。但是，饭店业职业经理人并不是真正的老板。他们对外代表饭店企业行使法人权力并承担相应义务，对内则代表董事会或老板、上司受权领导管理不同层级的事务，并对负责范围内的决策与绩效负有责任。高层的饭店业职业经理人在公司中处于“一人之下，万人之上”的位置，甚至有时他们的意见或建议也会左右老板的决定。中层经理人受权经营管理企业某一方面的业务工作，为上司承担着团队管理和经营决策等任务，也担负企业既定的绩效责任。所以，饭店业职业经理人的言行是一种职务行为。

2. 饭店业职业经理人是高级员工和执行者

饭店业职业经理人并不拥有饭店企业的所有权，与普通员工一样，也是企业所有者聘请来的员工。饭店业职业经理人的工作只能在董事会或饭店企业所有者授权的范围内开展。尤其是当自己与董事会或老板产生意见分歧时，妥协往往是其无奈的选择。饭店业职业经理人只能影响和参与董事会或老板的重大决策，一旦决策已经做出，只能不折不扣地去执行，并有责任及时准确地向上司或老板反馈执行中遇到的问题，继而由决策者做出进一步的决定。所以，高效的执行能力是饭店业职业经理人的一项最基本的能力。

当然，饭店业职业经理人并不是一个一般意义上的普通员工。正如经济学家魏杰教授所指出的"在以知识经济为背景的新经济时代，职业经理人与技术创新者两种人正以'人力资本'的形态登上历史舞台"。饭店业职业经理人与饭店企业之间关系的本质，是人力资本与货币资本对等的关系。因此，饭店业职业经理人与普通员工的本质区别是前者是以自身的人力资本和智力资本与饭店企业的货币资本进行合作，而普通员工是以自己的劳动获得相应的报酬。

（二）作为上司的饭店业职业经理人

1. 管理者的角色

管理是通过他人达成组织目标的艺术，其主体就是管理者。因此，作为饭店管理者的饭店业职业经理人，必须掌握现代饭店管理的理论与方法，具备良好的管理能力，使饭店资源效用达到最大化，从而实现饭店的经营目标。

2. 领导者的角色

领导者的影响力大小决定了领导者发挥领导功能的有效程度。领导者的影响力可分为权力性和非权力性的影响力。前者是由社会赋予个人的职务、地位、权力等构成的，具有一定的强制性，也称为强制性影响力。对于领导者来说它是外加性的，而对于被领导者来说它是强迫性的和不可抗拒性的。后者是靠领导者自身个性特征与作为形成的，与外加权力无关，也称为自然影响力，它包括领导者的品德、知识、能力和资历等。对于领导者来说它具有很强的内在性，而对于被领导者来说，它具有很强的自愿性。

领导与管理是两个具有不同含义的概念，领导是一种变革的力量，而管理是一种程序化的控制工作。饭店的设备、产品、信息和时间等需要管理，也可以管理，而人却需要领导。饭店业职业经理人的角色并不只是对资源进行管理，而更为重要的是凝聚、激励、指导和帮助下属。

3. 教育者的角色

国际调查表明，员工的工作能力 70% 来自于自己的上司，是从上司的辅导或教授而来的，另外的 30% 可能来自于企业的培训和教育活动。这就意味着饭店业职业经理人对下属的培养和传授所起到的作用要远远大于企业对其的培训和教育作用。所以，提升下属的工作能力，帮助下属在工作中不断成长进步，是饭店业职业经理人责无旁贷的重要任务。所以，饭店业职业经理人要竭尽所能教授下属，还要与时俱进地不断更新知识，学习新技术及新方法。

4. 规则的制定者和维护者的角色

饭店业职业经理人在本企业规则的制定和执行中，发挥着十分重要的作用。如果员工对饭店的某些规章制度感到不满意，即使饭店业职业经理人也有同样的感觉，他也不能在员工面前表露出来，而是要通过正常的渠道向上层提出建议。如果发现员工私下议论饭店的规章制度，职业经理人应该告诉他们自觉遵守饭店规章制度的重要性或者告诉他们要通过正常渠道向上级反映。如果饭店业职业经理人当着下属的面发牢骚，评论饭店的规章制度不合理，那么会导致下属也不遵守规章制度，甚至对饭店的规章制度乱发议论。饭店业职业经理人应该带头遵守和维护饭店的规章制度，否则下属也就会模仿他的行为，必然会给饭店带来极大的负面影响。规章制度能否见效关键在于执行，职业经理人对于维护规章制度起着重要作用。

5. 绩效伙伴的角色

这里的绩效伙伴的含义是指职业经理人是下属的绩效伙伴，双方通过共同的努力实现下属的工作目标，进而实现职业经理人的目标，最终实现公司的目标。职业经理人与下属是绩效共同体，职业经理人的绩效依赖于下属，下属的绩效也依赖于职业经理人，双方是平等协商的关系，因而应通过平等对话来指导和帮助下属而不是通过指责和批评帮助下属。职业经理人应从下属的角度考虑问题，及时帮助下属制订绩效改进计划。

绩效伙伴有两个最重要的原则：一是每个员工为自己的绩效做出承诺；二是职业经理人和员工共同为本部门的绩效做出承诺，并强调及时具体和持续不断的指导和反馈。

四、饭店业职业经理人的心智模式

心智模式又叫心智模型，是指深植于我们心中关于我们自己、别人、组织及周围世界每个层面的假设、形象和故事，并深受习惯思维、定势思维、已有知识的局限。

著名的学习型组织理论创立者彼得·圣吉博士提出的心智模式理论认为，“心智模式是深植于我们心灵的各种图像、假设和故事，就好像一块玻璃微妙地扭曲了我们的视野一样，心智模式也决定了我们对世界的看法。”心智模式影响人们的思想和对周围事物的看法，也影响着人们的学习和生活方式。

心智模式的形成是先由讯息刺激，然后经由个人运用或观察得到进一步的讯息回馈，若自己主观认为是好的回馈，就会保留下来成为心智模式，不好的回馈就会放弃。心智模式不断地接收新讯息的刺激，这种刺激的过程可分为强化或修正。

心智模式是一种思维定势，不同的心智模式导致不同的行为方式。当我们的心智模式与认知事物发展情况相符，就能有效地指导行动；反之，就会使自己好的构想无法实现。

但是，每个人的心智模式都存在一定的缺陷，它是一种客观存在，不容置疑。不良的心智模式会影响我们对世界的看法。所以，我们要保留心智模式科学的部分，完善不科学的部分，取得好的成果。

彼得·圣吉博士关于“心智模式”的理论，有效地解释了现实生活中，为什么许多成功的经验、好的构想，包括许多好的制度和规范往往难以推广或落实；为什么一些错误会一犯再犯。彼得·圣吉博士认为，并不是人们意志力不够坚强，努力不够，而是人们对“周遭世界运作的看法和行为相抵触”，导致主观的动机与具体的认识以及行为产生了错位，其中根本的原因在于人的心智模式在作怪。

饭店业职业经理人是负责饭店日常经营管理的管理者，他的决策和指挥正确与否，关系饭店目标能否顺利实现，甚至关系饭店企业能否继续生存。而饭店业职业经理人的决策和指挥的正确与否，很大程度上取决于他的心智模式。饭店业职业经理人的心智模式如表 7-1 所示。

表 7-1　　饭店职业经理人的心智模式

特征	表现形式	
远见卓识	不断学习和更新知识与信息	
	系统的思维方式	
	奋发向上的价值取向	
健全的心理素质	自知与自信	
	情感与情绪	理智感
		道德感
		美感
	意志与胆识	
	宽容与忍耐	
优秀的品质	勇于开拓	
	牢记使命	
	勤奋好学	
	乐观热情	
	诚实机敏	

（一）远见卓识

以自身远见卓识为企业确立方向，是饭店业职业经理人的首要职责。远见卓识是饭店业职业经理人心智模式中比较重要的方面，它反映了经理人的思维方式和价值观念，使经理人对某个问题能有超越普通人的看法，这也正是产生创意的基础。远见卓识具体表现为以下三点。

1. 不断学习和更新知识与信息

饭店业职业经理人需全面掌握管理学理论、财务知识、设备设施知识、法律知识、心理学知识及运筹学、统计学等方面的综合知识。由于知识的不断完善和更新以及新技术的不断发展，饭店业职业经理人还必须能够不断地掌握最新的管理理论知识、科技动态和文化发展，并能够加以融会贯通。不断学习和更新知识信息是产生超越常人看法或认识的基础，是保证经理人具备较高的思维起点的关键，也是一种良好心智模式的重要方面。

2. 系统的思维方式

多数人的思维方式是一种线性思维方式，即通常用一种固定模式的思路来思考问题。因此，一般人对某个问题的看法都是大同小异的。饭店业职业经理人的思维方式不同于普通人的思维方式。他们通常采用一种系统的全方位的思维方式，即从局部到全局、从现象到原因的思考方式，也可以说是辩证的思维方式，因而看待问题通常涉及两个不同的方面，不仅看到其现象还要看到其原因。系统思维还是发散性思维方式，对任何思考对象的相关方面都可能去想一想。许多管理上的创意事实上就是这样诞生的。饭店业职业经理人的关注点不能只停留在本行业上，同时还要更多地关注与饭店业有着密切关联特征的行业，如房地产行业和饮食娱乐业等，将这些行业的新理念和新方法融入到饭店服务与管理实践中，创新管理模式，保持饭店企业的生命力。

3. 奋发向上的价值取向

一般人对事业有追求，但很容易满足，而那些有所作为的人对事业的追求则是永无止境的。饭店业职业经理人的价值取向就是追求事业成功和永不满足。

饭店业职业经理人在引领企业发展的过程中，势必会遇到困难和经历许多曲折。这时经理人的心态将直接影响企业的整体士气。所以，作为饭店业职业经理人，应该时刻保持一种旺盛的进取精神，用自己的积极情绪去感染下属，乐观而积极地面对困难，把困难看做是一种机遇和挑战。

（二）健全的心理素质

一个人的心理素质是在先天素质的基础上，经过后天的环境与教育的影响而逐步形成的。饭店业职业经理人的心理素质对于实现个人目标和企业目标都有着重要影响。

1. 自知与自信

俗话说，人贵有自知之明。只有准确判断自己的优缺点，才能扬长避短，充分发挥自己的特长。自知建立在自信的基础之上。自信就是对自己抱有充分的信心，相信自己，保持足够的勇气。饭店业职业经理人应该既能自知，也有自信。自知使他们能够把握自己，自信使他们能够持之以恒。自知与自信是饭店业职业经理人的重要心理素质。

2. 情感与情绪

情感是态度这一整体中的一部分，它与态度中的内向感受、意向具有协调一致性，是态度在生理上一种较复杂而又稳定的生理评价和体验，包括道德感和价值感两个方面。情绪是身体对行为成功的可能性乃至必然性，是生理反应上的评价和体验，包括喜、怒、忧、思、悲、恐、惊七种。在行为过程中，态度中的情感和情绪的区别就在于情感是指对行为目标目的的生理评价反应，而情绪是指对行为过程的生理评价反应。饭店业职业经理人应该具有良好的情感与情绪。

(1)理智感。理智感是在智力活动中，认识和评价事物时所产生的情感体验。人们在探索未知事物时表现出的兴趣、好奇心和求知欲，面临新问题时的惊讶、怀疑、困惑和对真理的确信，问题得以解决并有新的发现时的喜悦感和幸福感，这些都是人们在探索活动和求知过程中产生的理智感。人们越积极地参与智力活动,就越能体验到更强烈的理智感。饭店业职业经理人的理智感就是经理人在智力活动和追求事业成功过程中所产生的情感体验。

(2)道德感。道德感是人依据一定的道德需要和规范评价自己和他人的言行时所产生的内心体验。道德感是一种高级情感。同情、反感、眷恋、疏远、尊敬、轻视、感激、爱、憎、背信弃义等都属于道德感;同志感、友谊感、爱国主义感、集体主义感,也属于道德感。饭店业职业经理人要有良好的职业道德素质。

(3)美感。美感是对于美的感受或体会,是审美活动中对于美的主观反映、感受、欣赏和评价。美感是在审美过程中培养起来的。只有在审美过程中,创造性才能发挥出来并得以提高。管理需要创新,而创新本身就是一种具有美感的事情。美感也是饭店业职业经理人应该具有的心理特征之一。

3. 意志与胆识

意志是人自觉地确定目的并支配行动,克服困难,实现目的的心理过程,即人的思维过程见之于行动的心理过程。意志是人类所特有的有意识、有目的、有计划地调节和支配自己的行动的心理现象,其过程包括决定阶段和执行阶段。决定阶段是指选择一个有重大意义的动机作为行动的目的,并确定达到该目的的方法。执行阶段即克服困难,坚定地把计划付诸实施的过程。意志的调节作用包括发动与预定目的相符的行动以及抑制与预定目的矛盾的愿望和行动两方面。饭店业职业经理人的意志具体表现为坚定性、果断性、顽强、自制、独立以及恪守纪律和坚持原则等。在面对饭店市场的激烈竞争时,饭店业职业经理人应表现出坚定自己的目标,知难而进的顽强精神。

胆识即胆量和见识,胆识是做出决断时的胆略气魄,是成功的重要影响因素。管理是具有较大风险的事业,尤其是在管理尚未成功时,管理的手段和方法可能并不为多数人所理解,因而对管理者产生很大的压力。管理者必须能够顶得住各种压力,完成管理工作,实现管理目标。饭店管理工作纷繁复杂,饭店业职业经理人如果没有胆识,很难胜任饭店管理工作。

因此,意志与胆识都是保证饭店业职业经理人坚定自己信念与道路,走向成功的重要条件。

4. 宽容与忍耐

"己所不欲,勿施于人",这句话所揭晓的是处理人际关系的重要原则。人应该有宽广的胸怀,待人处事之时切勿心胸狭窄,而应宽宏大量、宽恕待人。一方面,对待有过错的人要宽容,另一方面对待比自己能力强的人也不要嫉妒。饭店管理是需要全体员工团结一致、相互配合协调才能够取得成功的,所以饭店业职业经理人应该具备宽容的心理素质。

宽容主要是指对人,而忍耐更多地是指对事。饭店业职业经理人对待组织事业、管理工作以及对条件、局势和时间等方面都要有心理承受能力。忍得一时,成就一世。忍耐对于饭店业职业经理人来说是十分重要的心理素质之一。

（三）优秀的品质

1. 勇于开拓

勇于开拓是饭店业职业经理人应具备的最基本的品质。它表现为不断进取的精神，胸怀大志的气势，敢于拼搏的勇气，不怕失败的坚韧。管理需要创新，而勇于开拓正意味着改革创新、锐意进取、敢于挑战。

2. 牢记使命

使命感即知道自己在做什么以及这样做的意义。使命感可以说是职业精神的灵魂，它决定了一个人的心胸、眼界以及魄力和胆识。饭店业职业经理人应该能够牢记自身的使命，对企业和社会有强烈的责任心，即为社会创造财富，为企业创造效益，为顾客创造价值，为员工创造利益。

3. 勤奋好学

社会是发展的，职业经理人的知识结构、心理素质、艺术修养、公关能力、协调能力、专业技能、思想观念等都必须适应社会的发展。学习能力是职业经理人的核心竞争力。因此，饭店业职业经理人必须勤奋好学，这样才能不断地将新的理论知识运用到饭店经营管理的实践之中，实现企业和个人的目标。

4. 乐观热情

乐观是种超脱豁达的心态。乐观的人也一定会对事业有极高的热情。乐观与热情可使职业经理人在管理工作中始终充满信心，增加成功的概率。饭店管理工作因饭店产品的综合性而复杂多变，乐观热情是饭店业职业经理人所必须具备的优秀品质。

5. 诚实机敏

饭店业职业经理人一定要有诚实的品质，才能取得事业的成功。诚实并不意味着木讷，机敏可能帮人敏锐地发现机会并抓住机会，适时采取有效的行动，这样才能加大成功的可能性。

五、饭店业职业经理人的职业能力

职业能力是人们从事某种职业的多种能力的综合。如果说职业兴趣或许能决定一个人的择业方向，以及在该方面所乐于付出努力的程度，那么职业能力则能说明一个人在既定的职业方面是否能够胜任，也能说明一个人在该职业中取得成功的可能性。

职业能力可分为三个层次，即职业特定能力、行业通用能力和职业核心能力。人的专业知识结构有三个互相支持的层次，即基础知识、专业基础知识和专业知识。人的职业能力结构也有三个互相支持的层次，即职业特定能力、行业通用能力和职业核心能力。

职业特定能力是每一种职业自身特有的能力，它只适用于这个职业的工作岗位，适应面很窄；行业通用能力是以社会各大类行业为基础，从一般职业活动中抽象出来可通用的基本能力，它的适应面较宽，可适用于这个行业内的各个职业；职业核心能力是从所有职业活动中抽象出来的一种最基本的能力，普适性是它最主要的特点，可适用于所有行业的所有职业。

职业能力结构层次之间的关系，可用结构图直观地表示出来，如图 7-1 所示。图中，实线表示的层次是职业特定能力，是显露出的能力；接下来虚线表示的直接支持职业特定能力的层次是行业通用能力，是可以比较容易观察到的；然而在其之下更深层次的能力，是不太容易注意到的，它就是职业核心能力。职业核心能力是隐性的，然而它最宽厚，它承载着整个能力体系，是所有能力结构的基础。

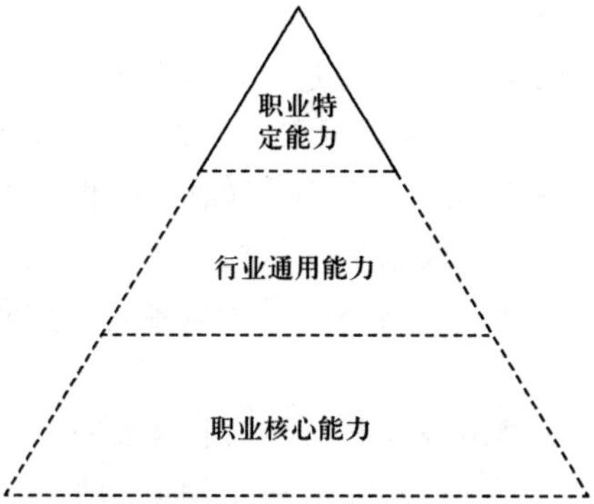

图 7-1　职业能力的层次图

职业核心能力是人最基本的能力，是其他能力形成和发生作用的条件，它处在最底层，它是支柱和依托，是所有职业都需要的能力。职业核心能力是人综合素质的体现，是现代人必备的关键能力。

饭店业职业经理人应当对所服务饭店的一切事情都有所了解和掌握，这是其成就事业的基础性工作和有的放矢开展工作的前提。由于饭店业职业经理人面对的环境复杂，因此，对其能力的需求则是多方面的。

饭店业职业经理人的职业能力是其所应具备的饭店基本管理技能和领导才干，也就是其饭店管理岗位职责所要求的能力。它是由饭店专业知识、饭店管理与领导水平以及饭店管理实践经验等整合而成的一种综合能力。

（一）饭店业职业经理人的职业特定能力

1. 决策能力

在当今信息时代，可以说管理就是决策。决策能力是善于透过复杂的事物表象，抓住问题的本质，做出准确而有预见性分析判断的能力。饭店业职业经理人要根据饭店企业所处的内外部环境及企业的实力，对饭店未来的发展战略方向、目标等重大问题做出决策，而其决策能力的高低直接关系饭店发展的成败。所以，决策能力是饭店业职业经理人最常用也最需要的一种能力。

2. 组织能力

组织是把管理要素按目标要求结合成一个整体。饭店业职业经理人的组织职能一方面是指确立饭店的组织结构和管理体制，确定职能机构作用，规定各机构的权限、责任和人员分工，从而建立一个统一有效的饭店管理系统；另一方面是指根据饭店各时期的目标，合理地组织和调配饭店的人力、物力和财力，从而形成接待能力，开展饭店业务。

饭店业职业经理人为了实现企业的经营目标，要运用组织理论，把饭店经营活动的各个要素和环节从相互关系和时间空间的联系上有效合理地整合起来。组织结构设计是否合理、各部门间配合是否顺畅、管理层次是否分明，这些问题都直接关系饭店进行能否正常运转。组织能力从这个意义上可以说是管理能力中最基础的能力。因而，饭店业职业经理人必须是一个优秀的组织者。

3. 执行能力

美国 ABB 公司董事长巴尼维克曾说过："一位经理人的成功，5%在战略，95%在执行。"执行力是决定企业成败的一个重要因素。所谓执行，就是系统化的流程，它主要包括对方法和目标的严密讨论和质疑，并坚持不懈地跟进相关责任的落实。执行是以目标为取向的，以完成既定的目标为终极结果。执行能力指的是贯彻战略意图、完成预定目标的操作能力。它是把企业战略、规划转化成为效益、成果的关键。执行能力包含完成任务的意愿、能力和程度。

企业的发展需要资金、技术、人才，更需要一个以某一人物为核心的团队作为企业发展的支撑点。这个团队的效力如何，首先取决于团队的核心人物，然后取决于团队的价值取向和整体素质。如何有效地带领团队，不断促进企业的发展，有赖于作为团队核心人物的经理人的执行能力。

饭店业职业经理人应该通过自己实际的观察来发现团队成员的特长，从而为成员找准发挥自己能力水平的位置，并将自己的经验和建议传达给团队成员。因而，饭店业职业经理人必须亲自参与饭店的运营，亲自执行三个流程，即挑选管理团队、制定战略和引导饭店企业运营，并在此过程中落实各项计划。因此，优秀的饭店业职业经理人必须具有强有力的执行力。

4. 协调能力

协调能力是指解决人力、物力和财力等资源在分配和使用方面的矛盾，实现计划目标的能力。协调能力包括人际关系协调能力和工作协调能力两个方面。

饭店企业是劳动密集型组织。建立和维护优秀的员工队伍，协调人际关系工作必不可少。饭店业职业经理人必须善于协调人际关系，增进员工之间的相互尊重和谅解，调动员工的积极性、主动性和创造性，形成一种凝聚力，从而保证饭店目标高效完成。饭店是综合性服务企业，多个部门和功能在运行和发挥作用时都要注意不偏离部门目标和饭店的总体目标。任何部门的不和谐运作都会影响饭店总体目标的实现，因而需要不断的协调。另外，目标虽相对稳定却不是不可调节的。饭店业职业经理人应该充分发挥协调能力，协调平衡饭店总体目标与部门计划目标以及纠正目标与实际执行情况的偏差，对内协调饭店业务迎合宾客需要，协调上下级关系和各部门之间的工作配合，对外协调饭店企业与外部资源之间的公共关系等。因此，饭店业职业经理人必须是良好的协调者。

5. 控制能力

控制能力是指对计划执行情况不断进行监督检查，发现问题后及时采取纠正偏差措施以保证原定目标顺利实现的能力。实行控制有三个前提条件，即有明确的标准、及时获得发生偏差情况的信息，以及有纠正偏差的有效措施。

饭店是综合性的服务企业，与一般的企业产品不同，饭店的产品具有明显的即时性。这使得控制的职能在饭店经营管理活动中具有更为重要的意义。饭店业职业经理人必须致力于建立有效饭店控制系统，从而在饭店经营过程中，实施事先控制、事中控制以及事后的反馈控制。也就是在经营过程中，事先制定好工作的标准，考虑好容易发生问题的环节，提前做好工作，尽可能地减少问题发生的可能性，并制订出多套可行方案以备问题出现时的应对；进行现场监督，发现偏差时及时纠正和处理，减少偏差给饭店带来的损失和影响；事后进行检查分析，并把结果与目标或标准进行核对，以便饭店服务与管理工作的持续改进。

世界上没有一成不变的事，不变是相对的，变化是永恒的。因此，饭店业职业经理人必须能够控制饭店的经营管理活动，实现企业的发展目标。

6. 指挥能力

指挥能力是指通过正确地命令和指导下属，把组织的各项工作统率起来的能力。

饭店业职业经理人必须根据目标，传达正确有效的命令，指挥下属进行工作，使得饭店正常运转，实现饭店目标。指挥必须是有目标性的，有的放矢，而且不能朝令夕改，让人无所事从而事倍功半。因此，饭店业职业经理人必须是一个聪明智慧的指挥官。

（二）饭店业职业经理人的行业通用能力

1. 创造能力

创造能力是指产生新思想，发现和创造新事物的能力。它是成功地完成某种创造性活动所必需的心理品质。创造力与一般能力的区别在于它的新颖性和独创性。可以说，创造力就是用自己的方法，创造新的、别人不知道的东西。它的主要要素是发散思维，即无定向、无约束地由已知探索未知的思维方式。创造能力通常包含发散性思维的几种基本能力。

（1）敏锐力（Sensitivity）即觉察事物，发现缺漏、需求、不寻常及未完成部分的能力，也就是对问题的敏感度；

（2）流畅力（Fluency）即思索许多可能的构想和回答，如思路流畅、行动敏捷等都是流畅力高的表现；

（3）变通力（Flexibility）即以一种不同的新方法去看一个问题，如随机应变、举一反三、触类旁通等；

（4）独创力（Originality）即指反应的独特性，想出别人想不出的独特新颖的观念的能力；

（5）精进力（Elaboration）即在原来的构想或基本观念上再加上新观念，增加有趣的细节和组成概念群的能力。

饭店的发展需要适应社会文明的发展和进步，因而需要不断地创造新的产品和服务、新的管理方法和手段、新的经营理念和方式、新的组织结构和制度、新的工程技术和工作环境以及新的饭店文化。所以，饭店业职业经理人应该有理智的好奇心和求知欲，善于敏锐地察觉事物的缺陷，敏锐地感知新环境、新事物和新问题，善于捕捉信息，打破常规思维方式，敢想敢做，对变革充满激情，能正面看待变革，并清楚地了解变革所带来的挑战，但也知道变革是企业和自己共同的机会，帮助和促使下属团队共同适应变革，勇于接受挑战超越自我，积极营造组织内开拓创新的良好氛围。可见，饭店业职业经理人需要具有良好的创造能力。

2. 结构化思维能力

结构化思维能力，即从框架到细节的思维方式，强调在分析问题的过程中，不先入为主，不马上陷入细节，首先要有框架中，将要素填充到框架，强调结构和逻辑，通过结构的完整和逻辑的严密来保证结果的正确。

概括而言，结构化思维的过程可以用 3P 来概括，即目的意义(Purpose)、指导原则和方法(Principle)、流程(Process)。结构化思维的核心步骤就是对问题进行正确的界定，假设并罗列问题构成的要素，对要素进行合理分类，排除非关键分类，对重点分类进行分析。

饭店的产品具有综合性和即时性，饭店的经营和管理是多部门团结协作而共同完成的，因而饭店管理是一项庞大复杂的系统性工程。建立高效的饭店组织机构，协调分配饭店的各种人力、物力、财力资源，确定饭店的战略目标，分辨各种方案的优劣，做出准确的决策，制定工作标准和流程，监督控制并及时纠正目标执行中的偏差，以及正确指挥下属完成任务等活动，都需要发挥结构化思维能力。饭店业职业经理人必须能够在复杂纷乱的事物中抓住最本质的东西，结构化思维能力是其必须具备的重要能力之一。

3. 自我管理能力

凡大成者，无不是通过严格的自我管理而获得的，绝不仅仅是在被别人管理或管理别人中获得。职业经理人进行自我管理是非常重要的。经理人不是天生的，当一个人实现自我管理时，才会真正地成为经理人。正是很多经理人常常忽视的自我管理能力制约了自身的成功。只有做到自我管理的人，才能管理好他人。

企业要成功就必须推行规范化管理。而企业实现规范化管理的首要前提就是全员实现自我管理。要实现全员自我管理，经理人就要善于帮助员工实现自我管理。实现全员自我管理，经理人首先要做好自我管理的表率作用。经理人自我管理的表率作用是一种自然影响力。它通过榜样的身教、品德的熏陶、情操的感染等潜移默化的作用，使员工自觉地产生敬佩与信赖，从而产生强大的凝聚力、向心力和感召力，进而形成强大的战斗力。

饭店企业作为劳动密集型组织，要想实现饭店目标，具有强大战斗力的员工团队势必十分重要。作为团队核心领导人物的饭店业职业经理人，要想成功地管理好饭店企业，首先就要管理好自己，并为员工做好自我管理的表率，进而帮助员工团队实现自我管理。全员实现自我管理的团队能够形成自觉自愿、主动积极、热情向上的高昂士气，从而高效地完成各自的工作目标，实现企业发展目标。

饭店业职业经理人的自我管理能力，包括自我心智管理能力、自我形象管理能力、自我角色认知能力、自我激励管理能力、自我情绪管理能力、自我行为管理能力、自我反省管理能力等。

自我心智管理能力，即饭店业职业经理人要善于突破自我，审视自我心智，塑造正确的心智模式；

自我形象管理能力，即饭店业职业经理人应该重视加强自身形象、自身修养、言谈举止等方面的形象管理；

自我角色认知能力，即饭店业职业经理人的角色夹于公司、上级、同级及部属、客户之间，如何正确认知自己的角色，是使其成功的重要能力；

自我激励管理能力，即饭店业职业经理人应该善于自我激励，通过不断地自我激励使自己具有不断前进的动力；

自我情绪管理能力，即饭店业职业经理人必须善于管理自我情绪，因为成功的最大敌人是对自己情绪缺乏控制。

自我行为管理能力，即饭店业职业经理人应该重视对自我行为进行管理已达到职业化行为规范的要求，因为进行自我行为管理是经理人职业化素质成熟的表现；

自我反省管理能力，即饭店业职业经理人只有全面反省，才能真正认识自己，只有真正认识了自己并付出了相应的行动，才能不断完善自己。

（三）饭店业职业经理人的职业核心能力

1. 潜质能力

(1)自我学习能力。自我学习能力是指人们以自觉、主动、独立、持之以恒的学习态度，按照循序渐进、熟读精思、自求自得、博约结合以及知行统一的原则，通过书籍文献、报纸杂志、电脑网络等媒介，或者通过参加培训、请教他人等方式，有计划地不断完善自我知识结构，拓宽结识面的能力。具体来讲，就是能够在常规条件下运用基本学习能力适应工作和学习的需要；能够运用理解式、发现式的学习方法掌握知识和信息，制定相应的可执行的学习计划；能够有效地实施和调整学习计划达到预期的学习效果；能够对自己的学习情况进行自我评估，分析影响学习效果的因素，提出改进和提高的措施。

(2)信息处理能力。信息处理能力即收集和系统整理信息的能力。信息，包括事实、真实(Fact)，指未经加工的事件所拥有的原始面貌；消息、通知(Information)，指由传达而来，已经过某种程度整理的事实；知性、智慧(Intelligence)，指由经验或理性推理而创造的事实或思考方法；知识(Knowledge)，指由发现及思考而产生的系统化概念；报告(Report)，指经过事实调查后所做出的记录结果和结论；资料、记录(Data)，指汇集事实后记录下来的所有文字；报道、传闻(News)，指最新、有新闻价值的事实，和对这事实的传达。

(3)数字应用能力。数字应用能力是指根据工作需要，高效地获得、解读并整理所需数字信息，能够运用一般的数学知识和计算工具，对较复杂的数据进行计算并验证结果，能够以适当的方式展示运算结果，说明结果的指导意义，为决策做出建议。具体来讲，即能够通过不同的信息来源获取所需的数据信息并做统计整理；能够读懂并编制表格、直方图、饼图、曲线图、坐标图等常用图表；能够读懂各种形式的数字；能够根据要求确定数据总量及分量的比例，选择合适的方式来获取需要的结果；能够将图表中的数字进行简单计算，将结果进行数据分类、汇总，按任务要求解读问题；能够采用多种不同的方法，清晰、简明地展示数据信息和计算出的结果；能够根据计算的结果说明当前活动的任务或现状，根据数据给出合理化建议。

饭店业职业经理人要了解本职工作中各类常见数字的表现形式，掌握商业图表和表格的表现形式，如市场调研表、报价表、订单表、业绩表、业绩图、市场战略图等，基本掌握财务报表的形式和意义，如工资表、资产负债表、损益表等，了解货币的时间价值、利率、复利、汇率、年金等常用的财务管理知识，掌握常用的数学及财务计算公式，熟练掌握办公软件的使用。

2. 社会能力

(1)与人交流能力。交流，即沟通，是为了一个设定的目标，把信息、思想和情感在个人或群体间传递，并且达成共同协议的过程。沟通包括语言沟通和非语言沟通：语言沟通包括口头语言沟通和书面语言沟通；非语言沟通包括声音语气(比如音乐)、肢体动作(比如手势、舞蹈、武术、体育运动等)。最有效的沟通是语言沟通和非语言沟通的结合。

松下幸之助有句名言：“企业管理过去是沟通，现在是沟通，未来还是沟通。”管理者的真正工作就是沟通。管理上有一个著名的“双百分之五十”之说，即经理人50%以上的时间用在了沟通上，如开会、谈判、指示、评估等，但工作中50%以上的障碍也是在沟通中产生的。美国普林斯顿大学的一份分析发现，智慧、专业技术和经验只占成功因素的25%，其余75%则取决于良好的人际人际沟通。良好的沟通能获得更多更佳的合作，减少误解，使人觉得自己的话值得聆听而更乐于作答，使自己办事更加井井有条，增强自己进行清晰思考的能力。

沟通是管理手段，更是管理艺术的精髓。饭店管理实践中的计划、组织、指挥、决策、协调、控制、激励等工作，无不要求饭店业职业经理人具有良好的沟通能力。

交流沟通应视不同的对象、环境和时间需要而有所不同。沟通时，饭店业职业经理人应与对方有目光接触，有积极的回应，包括肢体和表情的回应，要认真倾听，不要有分心的举动或打断对方，要有确认理解对方意图和反馈的环节。饭店业职业经理人与客户或客人沟通时，要让自己充满激情。与同事沟通时，应开诚布公、积极主动，并控制时间。与下属沟通时，应亲切、耐心。与群体沟通时，应缩短信息传递链，拓宽沟通渠道。

(2)与人合作能力。与人合作能力，即要有主动与人合作的意识，有积极的合作行为，将个人目标融入团队合作目标，通过合作正确地解决问题，合理地评价合作效果。

饭店业务具有很强的综合性，饭店经营管理的成功，不是哪一个人或部门努力的结果，而是全体员工和各个部门团结合作共同进取的成果。饭店业职业经理人要有与人合作的能力，并且要能够促使全体员工互相配合支持，以实现饭店的总体目标。饭店业职业经理人应明确合作对于自身发展和饭店发展的意义，掌握与人合作的基本知识、技巧，以及与人合作的途径和方法。合作的关键在于个人可能会放弃自己的观点、牺牲自己的利益，服从集体或团队的需要。

(3)解决问题的能力。哈佛大学的一份调查显示，不论何种行业的企业，对员工和主管解决问题的能力要求达到25%，远远高于其他能力要求。有学历和知识并不代表有解决问题的能力。面对问题的最好办法就是对问题负责，勇敢面对并开动脑筋去解决问题。个人作用的大小就在于能够解决多少个问题点。管理者解决问题数量越多，效果越好，那么管理者的能力就越强，价值就越大。管理饭店自然会不断面临问题和困难，而且都很棘手，因此饭店业职业经理人要有勇敢解决问题的能力。

解决问题有三个层次，即问题一对策、问题一原因一对策、问题一创造解法一设定程序一对策。第三个层次过程最为复杂，包括界定问题、细分问题、细分原因、确定主要原因、创造解决办法、制定对策、决定程序、实施对策、检查效果、巩固和总结。问题分析方法可以用KT分析法，确定主因的分析工具可以用要因分析图，也叫鱼骨图。创造解法的工具可以用问题树、邓克尔图解法、奥斯本清单法、头脑风暴法等。决定程序的工具可以用四象限理论、KT情况分析等。实施对策的步骤，包括在工作启动之前形成问题解决方案，提出解决问题的路线图，进行数据收集与SWOT分析，保证成功实施，最后用甘特图进行进度检查。

案例分析

案例1　总经理的客人

两个客人熟门熟路地走进了宾馆走向总台。正好销售经理也在前台，“刘先生，欢迎”，销售经理热情地上前与其中一位握手。显然，客人经常来饭店住宿。“这次打七五折了吧?”刘先生拍着销售经理的手臂，很自信地说。“刘先生在讲笑话，以刘先生的气魄，肯定不会在乎这几个钱的，对不对?”销售经理客气地说，有一些插科打诨的意味。“你不同意? 我可是你们老总的客人啊!”刘先生多少有点暗示、威胁的口吻。“按惯例吧。八五折，好不好?”销售经理尽管委婉，但坚持自己的意见。“我找你们老总去说。”说完，刘先生扬长而去，径直去找总经理。刘先生的朋友插话道:“刘先生，我先去把那件事办了，过半个小时再来找你。”“好啊。”“那回头见。”

刘先生来到总经理室，告知来意。总经理立刻说:“好说好说，老朋友嘛，又是协作单位，七五折，我这个老总就这么定了。”

刘先生先前的那位伙伴回到宾馆，问总台刘先生住在几楼几号房。总台小姐查遍电话，涨红着脸说:“我们这里没有您要找的那个刘先生，他没住进来。”刘先生的朋友顿时傻了眼。“半个小时前才住进来的，怎么一会儿说没住进来，我刚才还和他通过电话，住20楼多少号的。”服务员又认真地查了电脑贮存，抬头说:“对不起先生，二十楼只住有一位姓刘的太太，肯定不会错，不信你来看电脑显示。”这时，老总走过:“他们刚接班不知道情况，刘先生住在1904号房，电脑里没登记。”

案例讨论题:

请结合案例谈谈饭店总经理应具备的职业素质和能力，该饭店总经理的做法有何不妥。

案例 2　开房的抉择

2002 年圣诞前夕的下午，南京某大酒店公关销售部施经理正在大堂忙忙碌碌地张罗圣诞节的环境布置。只见一位身穿西装的先生，带着一位身穿夹克衫的男子，急匆匆地走到他跟前，轻轻地对他说："施经理，有件事跟您商量一下。我是北京××公司的总经理，这几天和另一位同事住在贵店，开了一间房。这位先生是我的南京客户，刚才和我一起吃完饭，多喝了点酒，我想给他另开一间房，让他休息一下，晚上住一宿，顺便谈点生意。可总台服务员说我已经开了一间房，不能再开了。而这位客户正好没带身份证，也不让登记，这就麻烦了。施经理，您就帮忙再开一间房吧。您看，这是我的身份证。"他边说边递上身份证，下面还衬着一张没有填写的住房登记表。"施经理，您就行个方便吧。"旁边那位男子也递上名片求情。

此刻，施经理感到很为难。这位北京××公司的总经理是本酒店的常客，他的要求应该尽量满足，如果处理不当，就会失掉一个很有潜力的常客，但如果答应让其客户无身份证入住，又不合饭店住宿的一般规程。他试图找到一个变通办法，便询问那男子："您有没有证明您身份的其他证件？"男子摇了摇头。"那可不行啊。"施经理显得无可奈何。那位先生有点急了，赶紧说："这是特殊情况嘛，请允许我用我的身份证来担保他入住吧。""好，就这么办吧。"施经理略一沉思，下了决心，答应下来。两位客人喜出望外，连声道谢，表示今后有机会一定再住这里。

施经理领两位客人到总台办完入住登记后，又给楼层服务台挂了个电话，向值台服务员介绍了那位新入住客人的特殊情况，请她特别多加注意。

案例讨论题：

施经理的做法是否值得学习，饭店业职业经理人的能力有哪些？

思考题

1. 什么是饭店业职业经理人？
2. 饭店业职业经理人的特征有哪些？
3. 什么是角色定位？饭店业职业经理人应有怎样的角色定位？
4. 什么是心智模式？饭店业职业经理人应有怎样的心智模式？
5. 什么是职业能力？饭店业职业经理人的职业能力按层次如何分类？
6. 谈谈饭店业职业经理人最重要的职业能力是什么？为什么？
7. 谈谈我国饭店业职业经理人队伍建设的现状和建议。

下篇

饭店企业运营管理

第八章

饭店企业运营管理概述

学习目标

通过本章的学习，要求学生了解饭店企业的特性、饭店运营管理的概念、饭店组织设计的原则和要求；熟悉饭店组织机构设置的方法和模式；掌握饭店相关的组织制度；了解饭店运营管理的内容和基本方法。

★重要概念★

企业　运营管理　企业章程　员工手册　岗位描述　标准化操作程序　组织、计划、指挥、协调、控制职能

第一节　饭店企业运营管理的基本概念

其实，饭店管理首先是它作为企业的管理，其次才涉及具体的业务管理。中国饭店企业普遍缺乏运营管理的概念，具体表现为服务虽有亮点，甚至有非常出彩之处，但质量不稳定，管理系统缺乏整体的设计和运作。

一、企业

“企业”一词在英语中称为“enterprise”，由两个部分构成：“enter－”和“－prise”，前者具有“获得、开始享有”的含义，可引申为“盈利、收益”；后者则有“撬起、撑起”的意思，引申为“杠杆、工具”。两个部分结合在一起，表示“获取盈利的工具”。

在我国，“企业”是与“事业单位”平行使用的常用词语，《辞海》1979年版中，“企业”的解释为：“从事生产、流通或服务活动的独立核算经济单位”；“事业单位”的解释为：“受国家机关领导，不实行经济核算的单位”。

（一）企业的定义

企业是指依法设立的以盈利为目的、从事商品的生产经营和服务活动的独立核算经济组织，它以生产或服务满足社会需要，实行自主经营。这一定义的基本含义是：企业是经济组织；企业是人的要素和物的要素的结合；企业具有经营自主权；企业具有盈利性。

（二）企业的类型

需要指出的是，企业的含义比公司要广，公司是企业的一种形式。也就是说，企业包

括公司企业和非公司企业，前者包括有限公司和股份有限公司，后者包括股份合作制企业、个人独资企业、合伙企业、个体工商户以及历史遗留下来的尚未改造为公司的全民所有制企业和集体所有制企业。从能否独立承担民事责任的角度看，企业又包括法人企业和非法人企业。公司企业、全民所有制企业、集体所有制企业属于法人企业；股份合作制企业、个人独资企业、合伙企业、个体工商户、分公司、办事处等属于非法人企业。

二、饭店企业

在国际上，饭店业于19世纪末的大饭店时期就已进入公司制时代，而我国的情况较为特殊。改革开放前，我国的旅游接待只是外事工作的一个组成部分，大部分饭店都是国有性质的事业单位。1978年以后，随着旅游事业的快速发展，为了缓解饭店匮乏的局面，在积极引进外资建设饭店的同时，国家实行了饭店建设从国家投资为主转变为国家、集体、部门、地方、个人一起上的政策，饭店建设投资渠道向多元化发展，饭店业的所有制结构也由单一国有体制扩大到集体所有和个人所有。与此同时，国有饭店的经济体制改革逐步展开，国有饭店普遍实行了事业单位企业化管理、整体改制、出售、承包、联营等形式。从1982年我国第一家引进外资的北京建国饭店开张并引进香港半岛饭店管理以来，外资及国际饭店品牌也逐渐进入我国市场。到20世纪90年代中期，我国饭店企业基本形成了多种所有制类型企业并存的产业结构，其类型涵盖国有饭店、集体所有制饭店、外商投资饭店、港澳台投资饭店、股份制饭店、私营饭店、联营饭店。

（一）饭店企业的特性

1. 经济性

饭店是经济组织，它所从事的是经济活动，以自己生产的产品或服务通过交换来满足社会需求，并从中获得利润。饭店如果没有盈利，就不能为投资人、客户、员工、社会带来回报，饭店的存在也就失去了价值。

2. 社会性

饭店是一个社会组织。一方面，它是社会分工的产物，其所从事的生产经营活动是社会化大生产的一个组成部分，是社会经济系统中的一个子系统；另一方面，它又以整个经济社会系统为生存环境，与其他子系统发生着广泛的经济联系，既依赖于社会经济的进步与发展，也需要政府及社会对其实行宏观管理和监督。

3. 自主性

饭店企业是独立自主从事生产经营活动的经济组织，在国家法律、政策容许的范围内，饭店的生产经营活动不受其他主体的干预，具体表现为自主经营、独立核算、依法以自己的财产享有民事权利和承担民事责任。

4. 能动性

饭店是一个能动的有机体。饭店的能动性表现在对外部环境的适应能力、自我改造能力、自我约束能力和自我发展能力。从成长的角度讲，它又是一个学习型的组织，不仅要创造经济价值，而且要生产知识和思想。

5. 竞争性

企业是市场中的经营主体，同时也是竞争主体。竞争是市场经济的基本规律。饭店企业要生存，要发展，就必须参与市场竞争，并在竞争中取胜。饭店的竞争性表现在它所生产的产品和服务要有竞争力，要树立良好的企业形象，要在市场上赢得顾客的青睐。

（二）饭店企业的社会责任

饭店企业存在于社会中，在获取社会资源（包括环境资源等）、赚取企业利润的同时，应注重其自身对于社会的回报与贡献——这就是企业所应承担的社会责任，简称为“企业责任”。

一般来说，饭店应承担以下社会责任：

（1）诚信经营，确保产品和服务质量，维护消费者权益；

（2）依法承担纳税义务；

（3）承担节约资源与保护环境的责任；

（4）承担民间外交的责任；

（5）倡导与建设健康的消费文化的责任；

（6）承担扶贫济困和发展慈善事业的责任；

（7）承担保护职工健康和确保职工待遇的责任；

（8）承担创造自主知识产权，发展民族品牌的责任。

三、饭店运营管理

饭店运营管理就是通过组织、计划、指挥、协调与控制等管理职能对饭店的服务提供过程进行设计、运行、维护与优化过程的管理，从而在员工满意、服务质量、宾客满意、成本及效益等方面实现企业的目标。

与制造企业的生产运营过程相比，饭店运营过程的一个重要特点是，在服务提供过程中顾客往往是参与其中的，服务的生产过程与销售过程甚至是消费过程是同时进行的，这决定了制造企业中“生产”与“营销”的职能划分和分别管理不能照搬到服务企业，另外，制造业是以生产为核心的运营管理，而饭店企业是以人为中心的运营管理，因而在饭店企业管理中，“运营”和“人力资源管理”也是有很大的交叉性的。甚至可以这样说，在饭店企业，营销和人力资源管理等职能已经融入到了运营管理中。

第二节　饭店运营组织系统

多达几百人乃至上千人的饭店员工队伍，如果不能有效地组织起来，保证饭店的正常运转将是十分困难的。做好饭店运营管理工作，首先要从建立运营组织，设计好饭店的组织机构和组织制度开始。

一、饭店组织机构设置的原则

饭店是劳动密集型企业，人员众多，工种各异，管理过程精细复杂，加上产品中的服务含量又大，要实现管理目标，必须建立一个严密、科学、合理的组织机构。

（一）适合业务运转需要原则

饭店设置组织机构的目的就是为完成经营管理任务。在这一总目标下，各级组织机构的等级不同，其具体目的和管理任务也不同。因此，饭店组织机构的设置、各级组织和各岗人员的安排，都要以目标、任务为基础，日常的组织管理工作也要以组织目标为基本出发点，保证目的明确、任务清楚。组织机构设置一定要本着实用的原则，不能照抄照搬。

组织形式要适合业务运转的需要，要根据企业文化与目标、饭店规模与业务情况，把饭店业务合理分成几大类，把内容、性质相同的业务划为一类，并根据经营需要，妥善地确定部门的归属。

改革开放初期，我国饭店的组织结构设置主要是照搬国际饭店的模式，同时各个国际品牌饭店的管理文化和模式也存在很大差异。随着我国民营饭店的发展，其在经营管理模式上也形成了自己的特点，并逐步向集团化发展。集团性质的饭店组织机构设置首先是服从集团管理模式的要求，而单体饭店的组织机构设置往往受到高层管理者的出身、从业背景的影响。但无论哪种性质的饭店，其组织结构都应根据饭店规模、档次、服务项目多寡进行实用性调整。

1. 饭店规模

饭店规模是由客房数量、餐厅类型和餐位多少、康娱服务项目的类型和面积、其他经营项目的种类和面积决定的。饭店规模直接决定饭店组织管理的层次多少、管理幅度大小、机构大小和部门设置及用人多少等各个方面。饭店根据规模大小、员工人数多少采用不同的管理体制。目前，饭店管理体制主要有以下三种：

（1）三级管理体制。三级管理体制即总经理－部门经理－服务员三级，这种模式多为小型饭店采用。

（2）四级管理体制。四级管理体制即总经理－部门经理－领班－服务员四级，这种模式多为中型饭店采用。

（3）五级管理体制。五级管理体制即总经理－部门经理－主管－领班－服务员五级，这种模式多为型饭店采用。

2. 档次

饭店星级越高，设备越豪华，经营管理和服务质量的要求越高、越细致，用人也就相对越多，必然加大饭店组织机构规模。规模相同的饭店，因星级高低、豪华程度不同，其组织机构的形式、岗位设置和部门结构都有较大区别。

3. 服务项目多寡

饭店服务项目多寡直接影响其服务综合性程度的高低。两家建筑面积相同的饭店，服务项目越多其所设置的中基层管理人员和员工数量必然增加，组织规模也会相应扩大。

（二）等级链与统一指挥原则

饭店作为一个组织系统从上到下形成了各管理层次，从最高层次的管理者到最低层次的管理者之间组成了一条链条系统结构等级链。这个链条系统结构反映的组织特点是：第一，它是有层次有等级的；第二，每一条链上的各环节是垂直而相互联系的，所有的链都会连接于最高一环—总经理。这个链条结构是一条权力线，是发布命令、指挥控制、信息反馈的途径。

等级链上的每一个岗位都承担相应的责任，同时具有相应的权力；等级链的上端岗位对下端岗位具有指挥和命令的权力，从最高管理层到最低管理层的命令应保持一致的；等级链也是传达命令的通道，下端岗位必须服从上一级岗位的命令，以保持整个组织的指挥畅通，而且每一个岗位只有一个顶头上司，而且他只应听命于这位顶头上司。饭店等级链如图 8-1 所示。

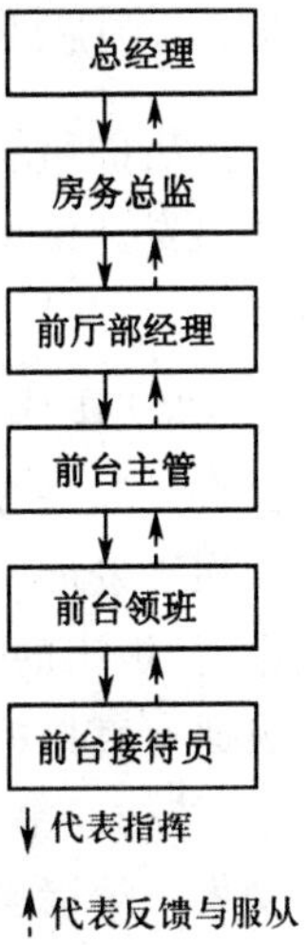

图 8-1　饭店等级链

（三）管理幅度适当原则

管理幅度是指一个管理者能够直接而有效地管理的下属人数。在饭店组织设计中，必须根据各项工作的性质，管理人员的知识、能力和精力，以及下属人员的素质确定合理的管理幅度。一般认为，管理幅度的最佳人数为 6～8 人，但是在饭店中，依据业务性质的难易、下属素质的高低、下属工作的相似性程度，不同级别管理者的管理幅度不同。越是上层的管理者，其管理幅度越小，越是下层的管理者其管理幅度越大。例如餐厅领班的管理幅度可达 12～15 人。

（四）劳动力节约原则

组织形式要适合经营的需要，要服从效益目标，在满足服务质量要求和管理幅度适当的前提下，坚持按需设岗，实行精兵简政。特别是在当前饭店业劳动力成本大幅上升的情况下，更要精打细算，科学合理地设置组织机构，节约劳动力成本。

目前饭店业为提高管理效率、降低管理费用，普遍采用扁平化的组织机构。具体做法包括：

1. 取消领班级别

对于直接向客人提供服务的一线部门，如餐饮部和客房部这样的大部门，每班都有主管甚至经理在现场组织协调，领班的管理功能不明显，常常是以技能特长为重要客人服务。而一些小的服务部门，如礼宾部、小商场，当班人少、地点分散，不必配备领班。对二线部门而言，如财务部、工程部、人力资源部、洗衣部等，特点是办公地点集中，班次集中，经理或主管大部分时间都在位，没必要再设领班。

2. 在每一层次减少级别

在高层，总经理一正一副就能保证管理的不间断性，如果再加一个“总经理助理”就人为地多了一级，这方面国际连锁的饭店集团几乎都是只设一人，至多两人。另外就是所有部门不设副职，经理不在时，由下属主管中级别或资历较高者代替指挥。

二、饭店组织结构的类型

饭店的组织结构类型比较多，采取何种组织结构要根据饭店经营的需要，从自身的实际出发。依据规模大小、发展历史长短以及业务管理的需要，目前饭店业内主要存在直线制、直线职能制、事业部制和矩阵式组织结构四种类型。

（一）直线制

直线制是按照直线垂直领导的组织形式，是一种较为简单和原始的组织形式，适合处于初级发展阶段规模小、业务较单纯的饭店。这种组织形式的特点是各部门按垂直系统排列，饭店的命令和信息是从饭店的最高层到最低层垂直传输，各级管理人员对所属下级拥有直接的管理职权，统一指挥并兼顾各种管理职能。其优点是管理层次少，权力集中，结构简单，信息沟通快捷。缺点是对管理者能力的要求高；随着组织的扩大易出现过度集权等诸多状况。饭店直线制组织结如图 8-2 所示。

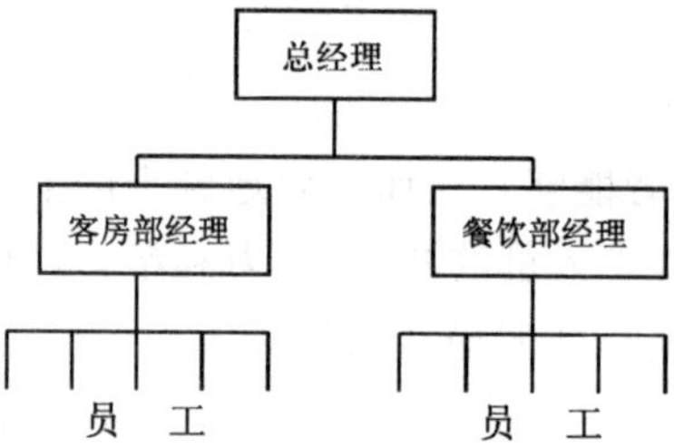

图 8-2　饭店直线制组织结构

（二）直线职能制

直线职能制的组织结构是单体饭店采用最普遍的一种形式，适合服务功能较齐全的饭店。直线职能制的特点是把饭店所有部门分为两大类：一类是业务部门（也称直线部门），业务部门按照直线的原则进行，实行垂直管理，如饭店的前厅部、客房部、餐饮部等；第二类是职能部门，按照分工和专业化来执行某一项职能，如人力资源部、财务部、办公室等。各业务部门和职能部门主要通过横向联系合作工作。某中型饭店直线职能制的组织机构如图 8-3 所示，其中前厅、客房、商场、餐饮是直线部门，其他属于职能部门。

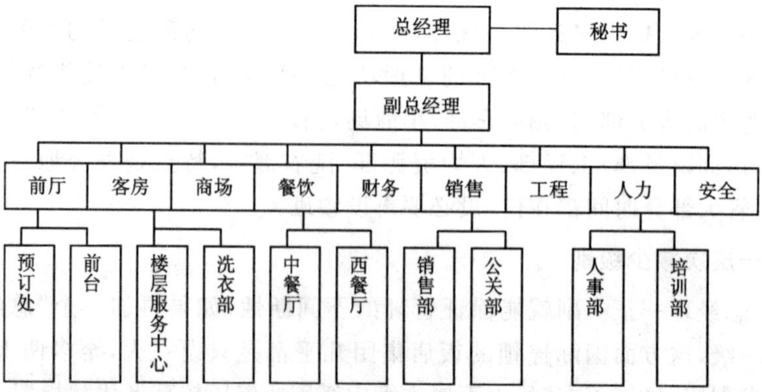

图 8-3　某中型饭店直线职能制的组织机构

此外，还有一种直线职能制的新形式——总监制，是一些规模较大的饭店（一般客房规模在500间以上）为了减轻总经理的管理压力，在总经理和部门经理之间加一个管理层次——总监。总监可以分管某一方面的业务工作，如客房总监、餐饮总监等，也可以分管几个方面的工作。

直线职能制组织结构的优点是：第一，既有利于整个饭店的统一指挥，又能充分发挥职能部门专业化管理的作用，从而提高经营管理水平；第二，有利于加强直线行政领导的权威，提高饭店经营活动的有效性和效率；第三，有利于突出饭店经营管理的主次，发挥专业管理人员的作用，提高饭店专业管理水平。

直线职能制组织结构的缺点是当高层领导较为强势时，职能管理部门难以发挥作用；反之则会在业务部门和职能部门之间造成矛盾和冲突。

（三）事业部制

事业部制的组织结构是一种用于饭店集团公司的组织结构。这种组织结构是在集团总部下设立若干事业部。与制造业不同的是饭店集团下设的事业部一般按照地区来设立，由事业部来管辖该地区的所有饭店，协调当地的各种社会关系。某饭店集团事业部制的组织结构如图8-4所示。

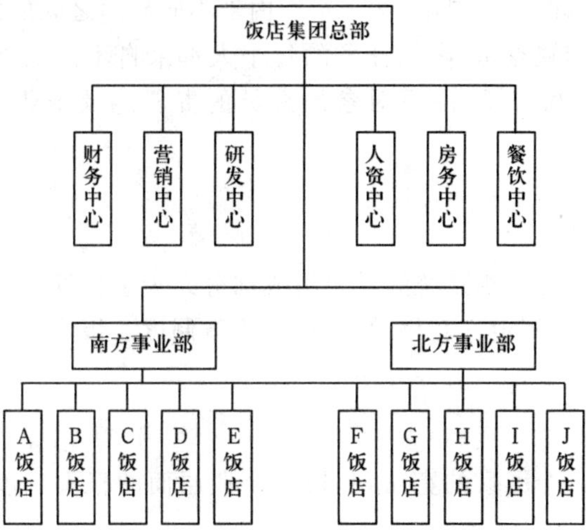

图8-4　某饭店集团事业部制的组织结构

事业部制组织结构形式实现了决策与管理两大职能的分离，其优点是解决了饭店集团总部管理幅度过大，对下属饭店管理鞭长莫及的问题。其缺点是职能部门重复设置，管理费用高，各事业部易出现以部门为重、为实现部门利益而宁愿牺牲公司长期目标的现象。

4. 矩阵式组织结构

矩阵式组织结构是工业和企业常用的一种组织形式。目前，饭店采用矩阵式组织结构一般有两种情况，其一是单体饭店进行项目管理时会出现临时性的矩阵组织，即单体饭店项目管理矩阵组织的形成，如图8-5所示；其二是饭店集团内的单体饭店某个部门既受该店店总的领导，又接受集团对口部门的业务指导，例如，某饭店集团旗下的 A 饭店，其市场部既受该饭店总经理的领导，同时也受该集团总部市场副总裁的领导。

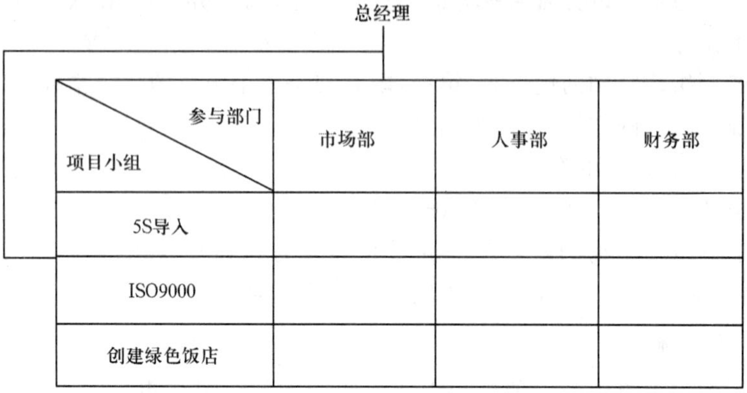

图 8-5　单体饭店项目管理矩阵组织的形成

矩阵式组织结构的优点是：第一，充分发挥各职能部门的作用，集中各部门专业人员的智慧，使管理方法和管理技术更专业化；第二，避免各部门人员重复劳动，缩减成本开支；第三，打破饭店内部的部门界限，便于组织内部不同部门之间的协调。

矩阵式组织结构的缺点是：参加任务的每个人都来自不同的部门，隶属关系仍在原部门，不利于统一指挥和协调，因而对参加人员的责任感及企业文化的支撑力度要求很高。

三、饭店组织制度

组织制度是饭店运营组织系统的重要组成部分。为了保证饭店系统的正常运转，发挥组织的最大效能，必须制定一套科学、严格的规章制度。饭店组织制度包括基本制度、核心制度和工作制度三类。

（一）基本制度

基本制度类似于一个国家的宪法，是饭店企业层面的根本制度，主要包括饭店企业章程和员工手册。

1. 饭店企业章程

企业章程是企业向社会公开申明其宗旨、资信程度、经济承受能力、生产经营范围和服务方向等基本情况的文件，也是企业最基本的法律文件。它既是企业从事生产经营活动的行为准则，又是社会公众和政府行政管理机关实施监督检查的主要依据之一。

饭店企业章程规定了饭店企业的治理结构，明确了饭店公司股东会、董事会、监事会和经理层等“物理层次”的组织架构，及联结上述组织架构的责权利划分、制衡关系和配套机制（决策、指挥、激励、约束机制等）等游戏规则。

例如，某独资饭店企业章程的内容如下：简介；第一章：总则；第二章：宗旨、经营范围；第三章：投资总额和注册资本；第四章：董事会；第五章：经营管理机构；第六章：财务、会计与税收；第七章：利润分配；第八章：职工；第九章：保险；第十章：期限、终止、清算；第十一章：附则。

2. 员工手册

员工手册是饭店所有员工都要遵守的基本制度，它规定了全体员工共同拥有的权利与义务，也是全体员工需要共同遵守的行为规范的条文文件。

(1)员工手册的作用。员工手册与每个员工都息息相关，是企业里最带有普遍意义、运用最广泛的制度条文。一本好的员工手册既是公司人事制度的汇编，又是公司员工培训的教材，反映的是公司形象、公司文化，是公司所有员工的行为准则。它能告诉每个员工有关本企业的性质和任务、经营宗旨和指导思想，使员工产生归属感和信心；它通过确定企业与员工、员工与员工之间的关系准则，便于员工树立自身与企业共命运的观念，产生一种归属感；它确定了员工在劳动合同书以外附带的权利和责任，使员工树立主人翁意识和产生责任感；它规定了员工奖惩条例，便于员工把遵循规范和维护自身利益结合起来，保证员工和企业的共同发展。

(2)制定员工手册的依据。一般说来，饭店制定员工手册有如下四个依据：

①《劳动法》有关员工工作时间、加班、福利等有关规定。例如，我国《劳动法》和 2008 年 1 月 1 日实施的《劳动合同法》规定：用人单位应当依法建立和完善劳动规章制度，保障劳动者享有劳动权利、履行劳动义务。《劳动法》第二十五条明确规定："劳动者有下列情形之一的，用人单位可以解除劳动合同：(一)在试用期被证明不符合录用条件的；(二)严重违反劳动纪律和用人单位规章制度的；(三)严重失职，营私舞弊，对用人单位利益造成重大损害的；(四)被依法追究刑事责任的。"除了上述四种情况外，用人单位不得单方面随时解除劳动合同。

②根据饭店业工作的特点。饭店作为旅游接待机构，需要一年 365 天，每天 24 小时不间断地运行，而且越是到节假日，业务越繁忙，经营上还存在着明显的淡、旺季，因此饭店工作人员不可能执行每天工作 8 小时，每周 40 小时的标准作息时间。但是每周的总工作时间不能突破 40 小时的总量，须以月为单位，计算平均日工时和加班时间。

③根据国际饭店业的惯例，如提供制服、免费工作餐。

④根据本饭店的企业文化。目前我国饭店业为了提升经营管理水平，都在努力进行企业文化建设，但是企业文化要想发挥作用，就必须寓文化于制度，也就是制定制度必须以企业文化为准绳。因此，饭店制定员工手册必须把饭店文化作为主要依据。

(3)根据员工手册的内容。员工手册的内容一般包括以下六个部分：

第一部分：简介，内容包括：欢迎词，主要对员工提出要求，如公司概况、客人期望、酒店期望、与同事关系等；其次是公司的各种目标，如顾客满意、酒店满意、员工满意、同事关系等。

第二部分：组织系统及主要部门结构的图式说明。

第三部分：聘用条件(劳动管理制度)，说明员工劳动合同签订的手续要求和劳动权力与义务。

第四部分：规章制度及日常行为规范。

第五部分：奖惩条例。

第六部分：员工手册的修订：要说明解释权归饭店人力资源部，保留对员工手册随时修改的权力。

需要指出的是，不同类型和体制的饭店，因文化差异其员工手册的内容存在很大差别。

（二）核心制度

核心制度是指涉及饭店行政、人事、财务、销售、客户、安全等重大核心业务的管理制度。此类制度事关饭店的行政效率、财产安全、经济效益、员工积极性等核心问题。饭店核心制度一般包括：

(1)行政办公制度；

(2)劳动人事制度；

(3)薪酬考核制度；

(4)财务管理制度；

(5)计划预算制度；

(6)销售管理制度；

(7)客户管理制度；

(8)采购管理制度；

(9)设施设备管理制度；

(10)消防安全管理制度。

（三）工作制度

饭店正常运转中的所有工作必须分配到每一个具体的岗位，也就是必须告诉每一个岗位的员工其具体的工作内容是什么，应如何做工作，做到什么程度等。另外，各部门还需要制定一些业务管理方面的制度。这就要求管理者必须建立工作制度。饭店工作制度主要包括岗位描述、标准化操作程序和业务管理制度三部分。

1. 岗位描述

岗位描述也叫岗位责任说明书，它主要规定了某一岗位的员工或具有某一岗位身份的员工应该做什么工作。岗位描述的内容主要包括：岗位名称、向谁报告、工作范围概述、具体责任、任职条件、自愿保证和员工签字及签字日期。

制定岗位描述时需要注意的是：一要把岗位名称写得宽泛一些。例如盘子洗涤工可以叫做器皿洗涤工；二是写职责时一定要写上：其他职责由部门经理或主管指定（完成上级交办的其他工作），这样管理者可以对员工机动支配。

所有岗位都要有岗位描述，例如某小型酒店客房部的岗位描述文件清单如下：

(1)客房部经理岗位描述；

(2)前厅主管岗位描述；

(3)楼层主管岗位描述；

(4)楼层管家岗位描述；

(5)前厅管家岗位描述；

(6)夜间值班人员岗位描述；

(7)总台服务员岗位描述。

2. 标准化操作程序

标准化操作程序是指每做一项工作所要遵循的标准化的工作步骤、要求和所要达到的质量目标，也就是具体的服务程序和质量标准。这些标准与饭店的星级档次必须符合，只能提高不能降低；同时，制定这些标准必须详细而具体，即这些标准必须是可以操作的而不是抽象的，必须具体规定该项操作的环节、顺序及集体要求，如礼仪要求、语言动作、时限效率等。某酒店客房部的岗位描述文件清单如下：

(1)礼宾服务操作程序；

(2)房间、前台登记操作程序；

(3)房间、前台结账操作程序；

(4)客人换房操作程序；

(5)管家团队 VIP 接待操作程序；

(6)管家团队会议接待服务程序；

(7)客房清扫操作程序；

(8)布草收发服务程序；

(9)客衣收发服务程序；

(10)处理客户投诉程序；

(11)客人退房检查程序。

3. 业务管理制度

在饭店各部门运转中，有些针对具体业务的操作要求、规定、管理和服务中的重点、疑难问题以及为保证岗位职责和标准化操作程序得以实施，需要制定制度加以规范，这就是部门的业务管理制度。业务管理制度是工作制度的重要组成部分。

以下是某饭店客房部楼层的部分业务管理制度清单：

(1)楼层钥匙管理规定；

(2)楼层物品报废报损规定；

(3)夜班工作制度(交接班、填表、控制、夜床恢复)；

(4)客房设施设备使用和保养规定；

(5)清洁剂使用规定；

(6)工作间、库房物品保管制度；

(7)楼层公共区卫生标准；

(8)房间清洁卫生检查标准；

(9)房间物品摆放标准；

(10)楼层工作间物品摆放标准；

(11)管家团队计划卫生管理制度；

(12)宾客遗留物品管理规定；

(13)酒店物品损坏处理制度。

第三节 饭店运营管理的内容和基本方法

现代运营管理涵盖的范围越来越广，其范围已从传统的制造业企业扩大到非制造业企业。其研究内容也不局限于生产过程的计划、组织与控制，而是扩大到包括运营战略的制定、运营系统设计以及运营系统运行等多个层次的内容；并且把运营战略、新产品开发、产品设计、采购供应、生产制造、产品配送直至售后服务看做一个完整的“价值链”，对其进行集成管理。

一、饭店运营管理的内容

就饭店运营管理而言，其具体内容主要有两个方面：一是要搞好业务部门的管理，保证饭店运转正常，质量稳定；二是要抓好职能管理，提高管理的科学性和效率，从而更好地服务于一线部门。

（一）饭店一线部门的业务管理

1. 前厅部(Front Office)

前厅部也称总台服务部，是饭店经营活动的中心。前厅部的工作始终贯穿于宾客在饭店消费的全过程。前厅部通过预订客房、办理登记手续、安排住宿房间、分发行李、代客储存物品、办理邮电业务、外币兑换、结账等，为宾客提供全面的服务。因此，前厅部人员是“饭店的代表”。前厅部运行和管理的水平不仅反映了整个饭店的工作效率和服务水平，而且直接影响着饭店的经营收益。此外，前厅部还担负着联系和协调饭店各部门工作，并为饭店最高决策层提供决策信息和数据，所以前厅部是饭店组织管理的关键部门和中心环节。前厅部的主要机构包括：预订处、接待处、问询处、行李处、电话总机、收银处等。

2. 客房部(Housekeeping)

客房是客人住宿和休息的场所，也是饭店产品的最主要部分。随着社会经济的发展，客人对客房环境、住宿设施、清洁卫生设备及服务质量等都提出了很高的要求。因此，为宾客提供一个整洁、舒适、安全的房间是客房部的主要任务。客房服务质量和管理水平的好坏，不仅关系整个饭店的声誉和经营效果，而且直接影响饭店的经营收入和效益高低，因而必须妥善地搞好客房部管理，不断提高饭店的经营管理水平。客房部的组织机构包括：客房服务中心、楼层清扫组、公共区域服务组(PA)、布草间、洗衣房等。

3. 餐饮部(Food and Beverage)

饭店餐饮部是饭店又一个主要创收部门，也是为客人提供各种菜品和舒适就餐环境及服务的部门。饭店餐饮部的规模不论大小，一般均包括食品厨房加工烹调、餐厅服务、餐具洗涤三部分的业务活动，相应设置的二级部门包括：厨房部、餐厅部和管事部。一些规模大的饭店餐厅种类很多，涉及中餐、西餐、咖啡厅及各类风味餐厅。此外，由于经营定位的差异，有些饭店的餐饮收入甚至超过客房，成为饭店最主要的经营项目。

4. 康乐部(Recreation Department)

康乐部是满足客人娱乐、康体、健身需要的综合性营业部门，通过向客人提供康乐、娱乐设施及服务，获得相应的经营收入。康乐部下设游泳池、夜总会、游戏厅、桑拿室、美容美发室和健身房等健身娱乐项目。

(二)饭店职能部门管理

饭店职能部门不直接从事客人接待和服务提供业务，而是为业务部门服务，执行某些管理职能的部门。

1. 行政办公室(Executive Office)

行政办公室又称总经理办公室，在总经理对饭店实行经营管理过程中，起着重要的沟通上下、联系左右、协调内外的作用。行政办公室具体负责各类文件的打印、收发、归档工作，负责处理各类往来信函、电传、电报，及时上传下达，接听电话并做留言记录，为总经理出差办理预订机票、订房等具体事宜，安排饭店高级管理人员值班表，安排提供饭店内部用车，做饭店各种例会的会议纪要及发放工作。

2. 人力资源部(Human Resource Department)

人力资源是现代饭店最基本、最宝贵的资源，人力资源部的主要工作就是围绕着饭店人力资源这个中心展开工作的，通过招聘、录用、选拔、调配、流动、考核、奖惩、工资福利、劳动保险、劳动争议处理等各项管理活动，达到提高员工的整体素质，优化队伍结构，充分调动员工的积极性、创造性，最大限度地提高员工的工作效率的目的。

在当前饭店业人力资源匮乏、流动率居高不下的背景下，提高人力资源管理水平对饭店正常运转以及服务质量的保持和提升无疑具有重大意义。

3. 市场营销部(Sales & Marketing Department)

市场营销部是在总经理的领导下，以扩大客源、增加销量、保持饭店形象为中心开展工作的。市场营销部具体负责市场调研、产品与客户开发、销售渠道与客户管理、公共关系与 VIP 接待、确定企业的目标市场、制订销售方针与策略、制定的饭店营销计划、分解落实营销指标、保证营销计划得以正确的贯彻和实施等。

4. 工程部(Engineering Department)

工程部是饭店设施设备的主管部门，是以为饭店提供良好的设施设备为目的，进行有效的能源控制、动力供应，并负责设备设施的运行和维修工作的部门。工程部的组织机构包括：工程部办公室(由工程部经理、助理调度员等组成)；锅炉冷冻组(由锅炉房和冷冻机房组成)；电工组(由强电组与强弱电组组成)；维修组(由综合维修人员组成)；电梯组(由电梯操作、维修人员组成)；土建维修组(由木工、瓦工、油漆工组成)。

5. 保安部(Security Department)

保安部是饭店非常重要的职能部门之一，是饭店和客人人身、财产安全的主管部门，负责全饭店的安全保卫和消防安全工作。宾客在饭店中不仅需要良好的食宿服务条件，同时需要一个安全、舒适、宁静的环境。因此，饭店安全管理工作的好坏，不仅关系饭店员工、客人的人身财产安全，也直接影响饭店的服务质量。保安部的具体职责包括：制定与饭店安全有关的各项规章制度和安全保卫工作计划，做好安全防范工作，预防各种刑事案件、治安事件、消防事件的发生。

保安部设有部门经理和专职的安全保卫工作人员，对全饭店进行二十四小时的安全保卫和巡视。

6. 采购部(Purcha*sing* Department)

采购部是饭店物资供应部门，负责全饭店物资的发放工作，为全饭店的营运提供全方位的物资保障。

7. 财务部(Accounting Department)

财务部是执行饭店的成本核算、物资管理、费用控制、财务管理及会计核算的部门，财务部下设收银组、仓库组、成本控制组、应收款组。一般来说，饭店财务工作直接由一位饭店的副总经理领导，财务部门内部设有经理、副经理、主管会计、会计员、出纳员、收银员若干名，财务部人员的数量取决于饭店的经营规模。

可见，现代饭店运营管理涉及的范围和内容很多，是一项大的系统工程，需要各一线部门和职能部门有效运转并通力合作。

二、饭店运营管理的基本方法

饭店是劳动密集型企业，员工人数众多，必须通过组织系统进行分层管理。各级管理人员必须各行其责、各守其职，才能保证饭店的良好运转。同时，在管理过程中，必须综合运用好计划、组织、指挥、协调和控制这五大职能，并通过执行这些职能来实现饭店的经营目标。

(一)分层管理的组织形式

饭店管理采用的是一种典型的科层组织，这种组织模式是以亚当·斯密分工理论为基础发展起来的。它强调规模经济、重视层次结构、依赖等级秩序等产业精神。这种“效率型的管理”适应了21世纪批量生产、批量消费的市场需求，从而极大地促进了企业经济的发展。

按照这种组织模式，饭店的管理层次呈金字塔结构，如图8-6所示。饭店的全体员工按照其担任的具体工作性质被划分为四个层次。

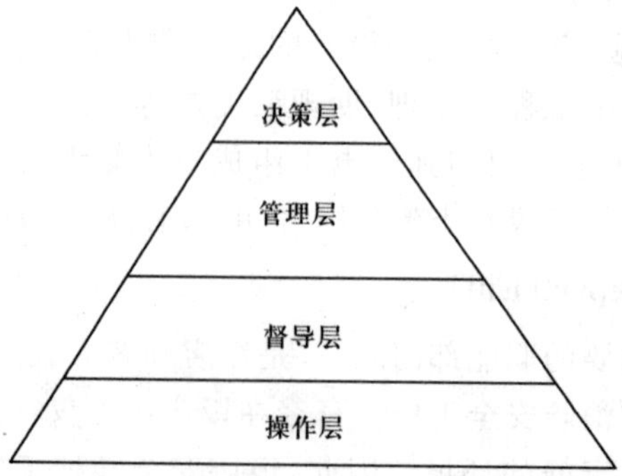

图8-6　饭店管理金字塔

1. 决策层

决策层也就是饭店的高层管理人员，包括总经理、副总经理、总经理助理。他们的主要职责是规划、组织、决策、协调、革新、控制、外联等。一般来说，他们不直接领导很多部属，工作侧重于对饭店客源市场和发展目标的确定、经营战略和管理方法的选择、饭店整体运营、提高队伍素质、树立饭店形象等重大问题。

2. 管理层

管理层包括饭店各业务口总监、部门经理、副经理或相当于这一职务的人员。管理层人员上对总经理负责，下对基层管理人员负责，责任重大，对饭店的经营管理起着重要的作用。该层人员主要职能是执行饭店高层提出的目标和重大决策，并通过指导、控制、沟通等手段完成本部门的经营管理任务。

3. 督导层

督导层包括主管和班组长，经理助理亦在此列。他们直接指挥员工工作，是管理层与员工之间的桥梁。他们的主要职能是督导，但也起协调、沟通、控制等作用。

督导层管理人员既要对业务工作进行管理，又要领导好员工。在服务高峰期、VIP接待或是服务人员短缺时，他们又要亲自参与服务工作。因此，督导层管理人员必须具有较高的服务技能和技巧，成为员工的服务标杆和榜样。

4. 操作层

操作层包括一线服务人员和职能部门的普通员工。他们的服务素质和业务能力直接决定了饭店的服务质量和工作质量。操作层员工应根据所在岗位的职责和标准化操作程序自主开展工作，并向督导层管理者汇报和负责。

(二)综合运用各种管理职能

抓好饭店运营管理，除了建立运营组织和制度外，还必须综合运用计划、指挥、协调和控制等管理职能，保证饭店运营不脱离企业的战略，保证饭店运营管理的效益目标和质量目标的实现。

1. 计划职能

计划职能是管理职能中的首要职能，主要是通过周密的调查研究预测未来，确定目标和方针，制订和选择行动方案，做出并执行决策。饭店计划管理就是通过预测未来环境和市场变化趋势，确定饭店的政策和目标，拟订和选择经营管理方案，以便充分利用各种资源，实现饭店目标的过程。

需要指出的是，饭店的计划目标不限于财务数据指标，还应包括市场营销目标、设施、服务、管理指标、人事目标、社区和公共关系目标等。

(1)饭店实施计划管理优势。饭店实施计划管理的优势在于：

①在制订计划的过程中，促使管理者做出全面的思考。

②计划明确了饭店的各项目标。

③帮助管理者选择更加有效的经营管理方案。

④便于饭店内部协调工作的开展。

⑤计划为经营管理的成果控制提供依据。

(2)饭店计划的类型。根据计划所涉及的范围和对象,饭店计划分为三类:

①战略计划。战略计划是其他各种计划的基础,是对整个饭店战略性的经营管理活动所进行的计划,主要包括确定饭店经营目标、饭店性质、发展方向、经营方针、管理体制以及饭店的更新改造计划等。制订战略计划是饭店高层的主要工作职责之一。

②管理计划。管理计划是确定饭店管理的模式和方法,确定饭店管理的指导思想和理论、饭店管理的风格和形式、饭店基本制度、岗位职责划分和服务规程等。饭店的中高层管理人员要考虑管理计划的制订与实施。

③业务计划。业务计划是指具体确定饭店各种经营活动的内容、形式、种类、规格、程序等。业务计划可以分为两类:一是在具体业务进行之前,对具体业务的内容、程序、规格、程序等进行设计;二是在具体业务进行过程中,对各种业务进行计划。业务计划时间较短,效用期也很短。督导管理者的主要工作就是制订和实施业务计划。

2. 指挥职能

饭店的指挥职能是指管理者凭借权力和权威,根据决策计划的要求,对所属指挥对象发出指令,进行领导和调度,使之服从于管理者意志,并付诸行动,齐心协力地实现饭店经营目标的管理活动。

(1)指挥的特征。管理者在使用指挥职能时,具有如下三个特征:

①指挥是以职权为基础的,若没有权力,管理者则无法行使指挥权。

②指挥是以影响力为诱因的,管理者只有权力,没有威信,对下属的指挥也是行不通的。

③指挥是率领和指导下属的一种管理活动。

(2)指挥的类型。管理者对下属的指挥分为以下四种类型

①直意指挥。直意指挥就是用明确的信息对下属直接下达指令,并使之执行的指挥方法。这种指挥方法在饭店中、基层管理中最为常用。上级对下级传递的信息包括具体任务、完成时间、最终效果、实施步骤。

②启发指挥。启发指挥就是上级对需要解决的问题通过引导、启发的方式让下属自我思考解决措施,上下级思路一致后再实施指挥的管理方法。这种方法主要在中、高层管理中常用。

③归纳指挥。归纳指挥是上级在充分听取各方意见后,进行合理平衡和决策,然后再下达指令的管理方法。此法主要在高层管理中常用。

④应急指挥。应急指挥是管理者为解决突发问题下达紧急指令的指挥方法。

3. 协调职能

协调职能是指组织领导者从实现组织的总体目标出发,依据正确的政策、原则和工作计划,运用恰当的方式方法,及时排除各种障碍,理顺各方面关系,促进组织机构正常运转和工作平衡发展的一种管理职能。

与指挥职能不同,协调职能不仅可以通过命令,也可以通过调整人际关系、疏通环节、达成共识等途径来实现平衡。

(1)协调职能的意义。协调职能是现代管理的重要职能。在现代管理过程中，由于管理体制不顺、权责划分不清等原因，管理过程中充满着各种矛盾和冲突。如果不能及时排除这些矛盾和冲突，理顺各个方面的关系，组织机构的协调运转和计划目标的顺利实现是不可能的。因此，协调职能工作十分重要。领导者必须高度重视协调职能工作，认真履行好协调职能。

(2)协调职能的类型。协调职能包括内部协调和外部协调两大类：

①内部协调。内部协调又可分为计划协调和业务协调。计划协调是指对饭店的总目标和各部门的子目标进行平衡，对各目标及完成目标任务所需的各种资源进行整体协调和平衡。业务协调则是促使有关部门与岗位按业务具体目标与要求分工配合。

②外部协调。外部协调可分为饭店与政府、社区等外部经营环境的协调和饭店与客人之间的协调。外部经营环境对于饭店的经营管理有着至关重要的影响。外部若协调得好，可以推动饭店快速发展；协调不好，则可能极大地阻碍饭店的发展。因此，做好饭店与外部环境的协调十分重要。

4. 控制职能

饭店控制职能是指饭店根据计划目标和预定标准，对饭店业务的运转过程进行监督、调节、检查和分析，以实现饭店目标的管理活动。

(1)控制职能的作用。控制职能可以帮助管理者在饭店管理过程中始终以目标为基础，对饭店中的各种资源按实现目标的指标进行调配和组织，最终实现饭店既定目标。

(2)控制职能的实施阶段。控制职能的实施过程包括两个阶段：制定标准、发现偏差和纠正偏差。

①制定标准。控制职能的实施首先表现为对各种业务的开展和所要达到的目标制定一个明确的具体标准，可分为数量标准(可量的，如饭店年度计划、指标等)和质量标准(不可量的，但要具体描述，如服务规程等)。标准应尽量具体化、可操作性强。

②发现偏差和纠正偏差。这一阶段属于控制职能的具体执行过程，通常可分为事前控制、现场控制和事后控制三种类型。事前控制是检查落实各种基础工作和各种业务的准备工作情况；现场控制是在业务进行过程中进行检查、监督，并及时纠正；事后控制也叫反馈控制，就是对已经结束的业务进行检查考核，如出现偏差，应寻找原因，加以分析。

案例分析

案例1　YC大饭店的管理问题

YC大饭店是一家隶属于电力系统的国有独资饭店，开业已经十几年了，生意一直不温不火，管理涣散，员工积极性不高。新任总经理张总上任后，雄心勃勃，力图扭转局面。俗话说，新官上任三把火，张总的第一把火就是采用重罚的办法，想以此促动和提升管理层的执行力，用他的话说就是：治乱世要用重典。第二把火就是大幅提升员工待遇。第三把火就是提倡和支持外出参观学习，加强与同行交流，经常亲自带队外出学习，而且自己和两名副总也分别报名参加了北京大学的总裁班和国学班。另外，为了加强客户关系，张总几乎每天都要迎候、接待重要客户，经常喝得头昏脑涨。但是三年来，管理队伍的状况基本没有改变，员工积极性依然不高，服务质量也在原地踏步，仅仅是菜品的创新通过交流学习有了较为明显的改进。

案例讨论题：

1. 分析张总在管理上的得失。
2. 结合案例谈谈你对饭店运营管理系统性的认识。

案例2　重要的便笺

在北京某四星级饭店的客房部，实习生服务员小任正在清扫一间刚报退的客房。小任看到客人的行李已经全部收拾好，整齐地摆放在行李架上，便开始去收垃圾。她看到床头柜上有一张皱巴巴的便笺纸，认为是客人不要的废纸，于是顺手丢进了垃圾袋中。此房间整理就绪后，小任就去整理其他房间了。一会儿，那个房间尚未离店的客人急匆匆地找到小任说："小姐，你有没有看到一张记有电话号码的小纸条？那个电话号码对我很重要。"小任一听就傻眼了，反问道："您的电话号码是不是在床头柜的便笺纸上写的?"客人说："我记得好像是在床头柜那儿。""对不起，我马上去找。"小任边说边来到工作车的垃圾袋旁翻了半天，终于找回了客人记有电话号码的小便笺。客人不住地向小任道谢。而此时作为实习生的小任心里真不是滋味。她为自己粗心扔掉了客人记的电话号码，给客人添了麻烦而深感自责，幸亏及时找到了，没有耽误客人的事。经此事后，小任便懂得了客房内无论是什么东西，哪怕是张小纸片，只要是客人的东西，都要保存好，不能随便扔进垃圾袋，否则很有可能且会给客人带来很大麻烦。

案例讨论题：

1. 什么是标准化作业程序？
2. 结合案例谈谈怎样运用标准化作业程序进行质量管理。

思考题

1. 描述饭店企业的概念与特征。
2. 饭店组织结构设置的原则有哪些？
3. 图示说明饭店组织结构的类型。
4. 饭店组织制度都有哪些？
5. 饭店管理金字塔中，各层管理者的工作重点是什么？
6. 如何理解饭店管理的五大职能？

第九章

饭店房务管理

学习目标

通过本章学习，要求学生了解前厅部业务活动的特点；了解前厅部、客房部的地位、任务、组织机构与功能；掌握前厅部预订、接待和系列服务的程序和要求；熟悉客房部的服务项目和基本要求；熟悉客房日常清洁的程序、公共区域的清洁保养；掌握客房部服务运营模式的职能和优缺点；熟悉客房常规服务和个性化服务的内容和要求。

★重要概念★

前厅部　客房部　预订　接待　客房清洁　计划卫生　客房服务运营模式　个性化服务

第一节　饭店房务管理概述

饭店的房务系统是饭店最为重要的业务运营系统，它是指饭店内涉及有关客房产品的生产和销售的各个机构的组合。对饭店而言，客房是必不可少的基本设施，满足客人住宿的需求仍是现代饭店最基本、最重要的功能。因此，客房产品是饭店经营的核心产品。

在现代饭店中，房务系统是由前厅部和客房部两大部门组成，分别担负着销售和生产饭店最主要和最基本的产品——客房的任务。这两个部门的运转和管理水平，直接关系整个饭店的管理水平、服务质量和盈利能力。

一、前厅部的业务特点和作用

（一）前厅部的业务特点

1. 岗位众多，业务复杂，专业技术性强

饭店的前厅部业务包括预订、接待、问询、行李、电话、传真、打字、复印、车辆出租、票务、旅游等服务、收银结账、贵重物品保管等。各项业务都有较强的专业技术，其服务性质和管理方法亦各不相同。前厅部的这一特点，决定了前厅部员工需要有较广的知识面，较强的语言交际能力、应变能力和服务的技能技巧。

2. 以出售劳务服务为主，对人员素质要求较高

前厅部的工作与其他部门相比，其突出特点是以出售纯劳务为主，也就是说前厅部员工以向客人提供无形的服务为主。这一特点决定了饭店必须挑选素质比较高的员工担任前厅部工作，保证服务质量和工作效率。

3. 信息量大，变化快，要求高效运转

前厅部是饭店各部门中与客人接触最多的部门，在饭店经营活动中收集的信息量也最大，是饭店信息集散的中枢。由于客人的情况每时每刻都会变化，前厅部处理信息的效率决定了饭店大多数部门为客人服务的节奏。前厅部的这一特点，要求其部门员工应该具有信息观念、时间观念和价值观念，重视信息的收集、整理和传递工作，从而保证饭店日常运转的顺利进行。

4. 政策性强，关系全局

饭店作为企业，除了自身由于经营、管理上的需要有许多规章制度外，还必须遵守和执行行业和国家的有关法律、法规、政策和规范。前厅部员工政策水平的高低直接影响整个饭店的声誉和对外形象。

（二）前厅部的地位和作用

前厅部的工作具有接触面广、业务量大、政策性强、关系全局等特点，它已成为现代饭店的一个核心组成部分。前厅部在饭店中的重要地位可以从以下几个方面来说明：

1. 前厅部是饭店形象的代表

饭店形象是公众对饭店的总体评价，是饭店的表现与特征在社会和公众心目中的反映。饭店形象对现代饭店的生存和发展有着直接影响。前厅部处于饭店接待工作的最前列，是饭店给客人留下第一印象和最后印象的地方。从心理学角度看，第一印象往往具有先入为主的作用，客人总是带着第一印象来评价一个饭店的服务质量；而最后印象在客人脑海里停留的时间最长，留下的记忆最为深刻。

2. 前厅部是饭店业务活动的中心和神经枢纽

前厅部是一个综合性服务部门，服务项目多，服务时间长。饭店的客人，从抵店前的预订到入住直至结账离店，都需要前厅部提供服务。客人入住登记在前厅部进行，客人离店结账也在前厅部进行，客人遇到困难寻求帮助找前厅部，客人感到不满投诉时也找前厅部。因此前厅部是客人与饭店联系的纽带，是整个饭店承上启下、联系内外、疏通左右的枢纽。

3. 前厅部是饭店组织客源、创造经济收入的关键部门

客房产品是饭店经营的最主要、最基本的商品，为客人提供住宿是饭店最基本的功能。通常在饭店的营业额中，客房销售收入要高于饭店其他各项收入。目前，国际上客房收入通常占饭店总营业收入的50%左右，在我国还要高于这个比例。前厅部的有效运转是提高客房出租率、增加客房销售收入、提高饭店经济效益的关键之一。

4. 前厅部是饭店管理层的参谋和助手

前厅部作为饭店业务活动的中心，直接面对客人、面对市场，对市场变化最为敏感。

前厅部能收集到有关饭店经营管理的各种信息，并对这些信息进行认真整理、加工、分析，每日或定期向饭店管理层提供反映饭店经营管理真实情况的数据和报表，并向饭店管理层提供咨询意见，作为制订和调整饭店计划和经营策略的参考依据。

（三）前厅部的功能

1. 销售客房

销售客房是前厅部的最主要功能，由于客房商品具有价值不可储存性的特征，如果当天销售不出去，其产品价值就会丧失。这就要求前厅部员工十分关注客房产品的使用率，尽力组织客源，推销客房产品，以实现客房商品价值。

2. 控制客房状况

控制客房状况既包括向销售部提供准确的客房信息，将饭店未来一段时间内客房总体的预订情况和各种类型的客房预订情况及时与销售部沟通，避免超额预订和使销售部工作陷入被动的情况发生；另一方面前厅部必须向客房部提供准确的销售信息，以便客房部能够有效合理地安排其部门的工作。协调好客房销售与客房管理之间的关系是前厅部的重要职责。在努力为每一位客人提供状况最好的房间的同时，最大限度地将客房销售出去。

除此之外，前厅部在任何情况下要能够正确反映饭店客房的销售状态。客房状况控制系统要随时反映整个饭店每间客房的状况。目前大多数饭店采用计算机管理，但确保客房状况准确无误，还必须建立健全行之有效的管理制度，切实做好前厅部与客房、销售、收银等部门之间的信息沟通工作。

3. 提供系列前厅服务

前厅部作为对客服务的集中点，除了开展预订和接待业务、销售客房商品、协调各部门对客服务外，本身也担负着大量直接为客人提供系列前厅服务的工作，如行李服务、委托代办服务、邮政服务、票务服务、出租车服务、问询服务、电话总机服务、商务中心服务、外币兑换服务等，由于前厅部的特殊地位，这些服务的质量、效率显得非常重要。

4. 收集、处理及提供信息和资料

从饭店经营管理的角度看，由于前厅部处于饭店业务活动的中心地位，每天能接触到大量信息。前厅部要及时将这些信息加以处理，向饭店管理层报告，与饭店其他部门沟通，以便采取对策，适应经营管理上的需要。从对客服务的角度看，在客人住店期间，有关问询、邮件服务以及外出参观游览等，都要靠前厅部为其提供有关信息资料和服务。前厅部员工应充分掌握和及时更新各种固定与变动的信息，满足客人需要，提高服务质量。

5. 负责客账管理

饭店为住店客人提供最终一次性结账的服务。为此，前厅部收银处为住店客人分别设立账户，接受各营业部门转来的客账资料，及时记录和监视客人在住店期间的各项余款，以保证饭店及时准确地得到营业收入。

6. 建立客史档案

随着饭店业竞争的日益激烈和顾客消费个性化需求的不断加强，饭店迫切需要解决“如何才能满足客人的需求”的问题，客史档案是饭店了解客人，掌握客人的需求特点，从而为客人提供有针对性服务的重要途径，同时也是饭店寻找客源、研究市场营销的信息来源。前厅部由于为客人提供入住和离店服务，记录客人在饭店逗留期间的主要情况和数据，掌握客人动态，自然就成为饭店对客服务的资料档案中心。

二、前厅部组织结构和职能

（一）前厅部组织结构

前厅部的组织系统受饭店本身的性质、特点、规模、经营特点、管理方式及目标市场等诸多因素的影响。因此，不同的饭店应该根据实际情况，采取各自最适合的组织结构形式。不同规模饭店的前厅部组织机构的设置有很大区别，下面介绍的是大型饭店常见的组织机构实例。

在大型饭店中，前厅部通常设有部门经理一主管一领班一普通员工四个层次，但是不同的饭店前厅部的组织结构也会根据不同情况有所变化。大型饭店前厅部的组织结构如图 9-1 所示。

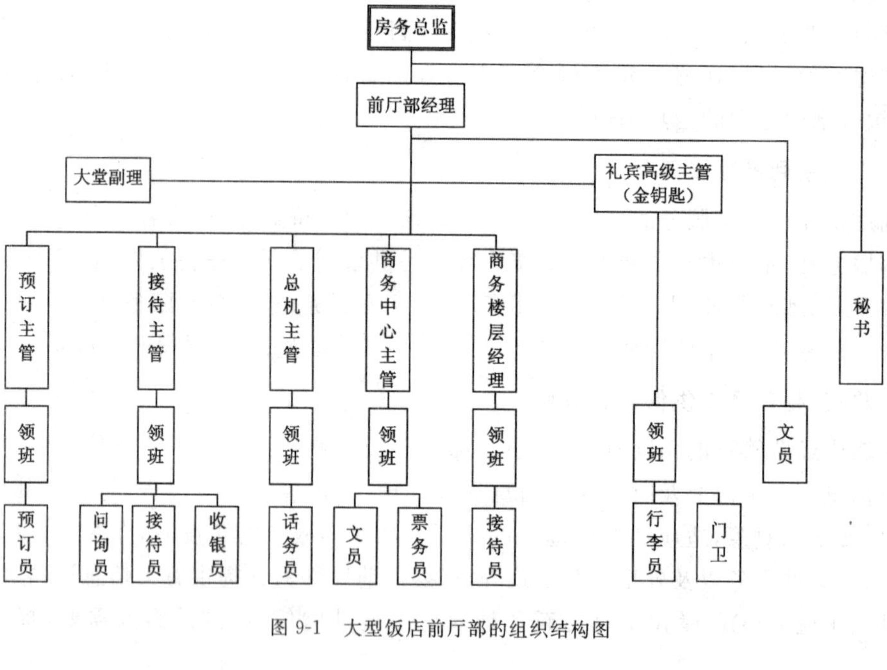

图 9-1　大型饭店前厅部的组织结构图

（二）前厅部各结构的职能

1. 预订处（Reservation）

预订处是专门负责饭店客房预订业务的部门，主要任务是：熟悉饭店的房价政策，受理预订业务；密切与前台接待处的联系，及时向前厅部经理提供最新的订房状况；负责与有关公司、旅行社等提供客源的单位建立业务联系，了解委托单位的接待要求并尽力推销客房；做好客情预测工作；及时向饭店管理层提供 VIP 抵店信息；制定预订报表；加强和完善订房记录。

2. 接待处(Reception)

接待处主要职责是：接待住店客人，销售客房；为客人办理登记入住手续，分配房间；掌握住客动态及信息资料，控制房间状态；协调对客服务工作；制作有关客房营业报表。

3. 问询处(Information)

问询处主要职责是：掌握住客动态及信息资料；回答客人有关饭店服务的一切问题与饭店外的交通、旅游、购物、娱乐、社团和文化、体育活动等内容的询问；处理客人邮件、留言和接待访客；代客保管客房钥匙；负责有关的服务协调工作等。

4. 收银处(Cashier)

由于其特殊的业务性质，收银处多隶属于饭店财务部。但由于其工作地点设在前厅总台，因此，它与总台接待处、问询处等有着密切的联系。收银处的主要职责是：负责客人在店消费的收款业务；催收核实账单；为客人兑换外币；为离店客人办理结账业务；夜间审核饭店营业收入；制作报表等。

5. 礼宾部(Concierge)

礼宾部又称大厅服务处，主要职责是：在门厅和机场、车站迎送客人；管理和指挥门厅入口处的车辆停靠，确保畅通和安全；负责客人行李的运送和安全；提供行李寄存服务；陪同散客进房并介绍服务项目；公共部位寻找客人；转递客人报纸、信件、传真、留言和物品等；负责客人其他委托待办事项。

6. 电话总机(Switch board)

电话总机主要职责是：接转电话；回答电话问询；为客人提供"请勿打扰"服务、叫醒服务；接受电话投诉；接受电话留言；办理长途电话业务；播报或消除紧急通知或说明；播放背景音乐等。

7. 商务中心(Business center)

商务中心为商务客人提供各类商务所需要的服务，其主要职责是：为客人提供打字、翻译、复印、装订、印名片、长话、传真、订票、上网以及小型会议室出租等商务服务，并可根据客人需要为客人提供秘书服务。

8. 大堂副理(Assistant Manager)

大堂副理代表饭店总经理接待每一位在饭店遇到困难而需要帮助的客人，并在自己的职权范围内予以解决。大堂副理的主要职责是：处理客人投诉；联络与协调饭店各部门对客人的服务工作；处理意外或突发事件；礼貌热情地回答客人的各种提问；协助解决客人紧急难办的事宜；负责检查贵宾房和迎送贵宾的接待服务工作；巡视和检查大堂卫生，检查大堂各项设施、设备的运转情况，以消除隐患，确保前厅服务工作的正常进行；在前厅部经理不在的情况下，负责督导前厅部工作；对加强管理、改进服务、增加创收等问题提出建议。

三、客房部的地位和任务

（一）客房部的地位

客房部又称房务部或管家部，负责管理饭店有关客房事物。客房部是饭店的主要组成部门，在饭店中占有重要地位。

1. 客房是饭店的存在基础和构成主体

以间(套)/夜为单位出租客房，以住宿服务为主，并提供相应综合服务的住宿设施。所以客房是饭店的存在基础和构成主体，是饭店生产经营的核心产品。

2. 客房收入是饭店经济收入的主要来源

饭店的经济收入主要来源于三部分——客房收入、饮食收入和综合服务设施收入。其中，客房收入是饭店收入的主要来源，而且客房收入较其他部门收入稳定。国际上，客房收入一般占饭店总收入的50%左右，在我们国家的许多饭店里，这一比例还要高些。从利润来分析，因客房经营成本比饮食部、商场部等都小，所以其利润是饭店利润的主要来源。

3. 客房服务质量是饭店服务质量的重要标志

客房是客人在饭店中逗留时间最长的地方。因此，客房的卫生是否清洁，服务人员的服务态度是否热情、周到，服务项目是否周全丰富等，对客人有着直接影响，是客人衡量“价”与“值”是否相符的主要依据，所以客房服务质量是衡量整个饭店服务质量、维护饭店声誉的重要标志，也是饭店等级水平的重要标志。

4. 客房是带动饭店一切经济活动的枢纽

饭店作为具备现代化食、宿和娱乐等综合性功能的场所，只有在客房入住率高的情况下，饭店的一切设施才能发挥作用，饭店的一切组织机构才能运转，才能带动整个饭店的经营管理。客人住进客房，要到前台办手续、交房租；要到餐饮部用餐、宴请；要到商务中心进行商务活动，还要健身、购物、娱乐，因而客房服务带动了饭店的各项综合服务。

5. 客房部的管理直接影响全饭店的运行和管理

客房部的工作内容涉及整个饭店的方方面面，为其他各个部门正常运转提供了良好的环境和物质条件。另外，客房部员工数量占整个饭店员工总数量的比例很大，其管理水平直接影响饭店员工队伍整体素质的提高和服务质量的改善。

（二）客房部的任务

1. 提供综合性的客房服务

客房是饭店出售的最重要的商品。完整的客房商品包含房间、设备设施、用品和客房综合服务。客房属高级消费品，客房布置应高雅美观，设施设备应完备、舒适、耐用，日用品应方便、安全，服务项目应全面周到，客人财务和人身安全要有保障。

2. 创造清洁优雅的对客环境

客房部负责饭店所有客房及公共区域的清洁卫生工作，清洁的卫生是保证客房服务质量和体现客房价值的重要组成部分。饭店的良好气氛，舒适、美观、清洁、优雅的住宿环境，都要靠客房服务员的辛勤劳动来实现的。

3. 保障饭店及客人生命和财产安全

安全需要是客人最基本的需求之一，也是客人选择饭店的前提。饭店的不安全事故大都发生在客房内，并且许多事故往往后果严重，影响巨大，给饭店造成不可弥补的损失。因此，客房员工必须具有强烈的安全意识。

4. 为其他部门提供服务

饭店的正常运转需要各部门的通力合作和配合。客房部的运行需要其他部门的支持与帮助；同时，客房部也为其他部门提供服务。比如，饭店公共区域的清洁与保养，各部门布件（如台布、餐巾、窗帘、沙发套等）的洗涤和保养，员工制服的选购、洗涤、保管发放、缝补熨烫，以及绿化、场景的布置等，为全饭店的对客服务提供保障。

四、客房部组织结构和职能

（一）客房部组织结构

由于饭店规模大小不同、性质不同、特点不同及管理者的管理意图不同，客房部组织结构也会有所不同。如大型饭店可能有客房部经理－主管－领班－服务员四个层次，而小型饭店可能只有经理－领班－服务员三个层次。为提高沟通和管理效率，降低管理费用，越来越多的饭店各部门都尽可能地减少管理层次。大型饭店客房部组织结构示意图如图 9-2 所示。

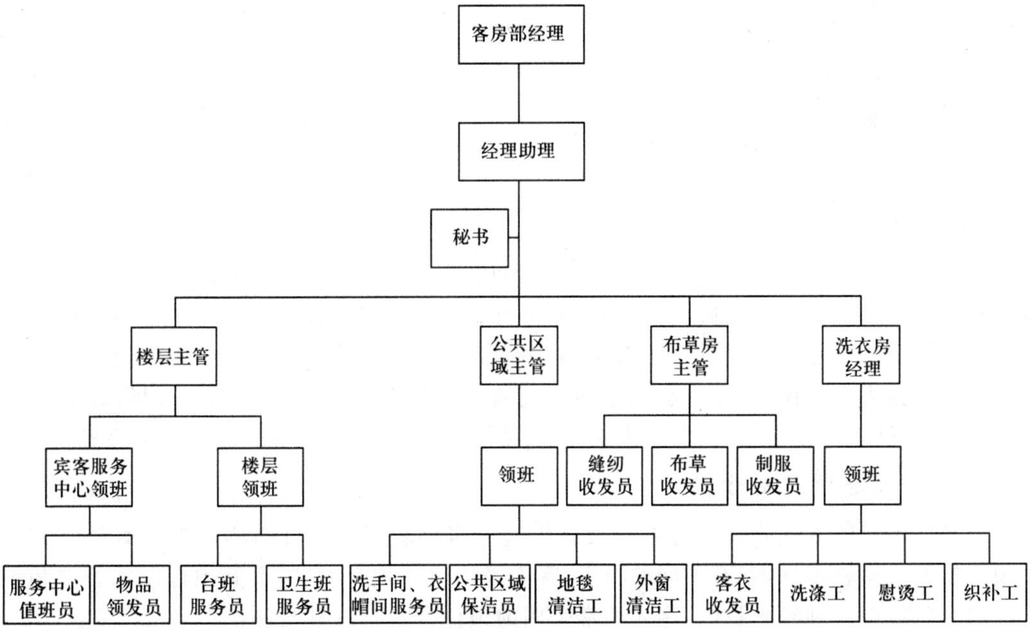

图 9-2 大型饭店客房部组织结构示意图

（二）客房部各结构的职能

1. 客房服务中心

客房服务中心主要负责处理客房部信息，包括向客人提供服务信息和内部工作信息的传递调度；调度调节对客服务；控制员工出勤；管理工作钥匙；处理客人失物和遗留物品。

2. 客房楼层服务组

客房楼层服务组主要负责所有住客楼层的客房、楼道、电梯口的清洁卫生和接待服务工作。大型饭店往往分设卫生班、台班等。

3. 公共区域服务组

公共区域服务组主要负责饭店除厨房外的所有公共区域的清洁卫生。

4. 布草房

布草房主要负责饭店的布草和员工制服的收发、送洗、缝补和保管。

5. 洗衣房

洗衣房主要负责洗涤客衣和饭店所有布草与员工制服，下设客衣组、湿洗组、干洗组、熨衣组。

第二节　前厅部业务管理

前厅部是现代饭店的运营中心，其主要业务包括客房预订、总台接待、前厅系列服务和客账管理四个方面，它是由宾客在饭店活动的周期所决定的。其中，客账管理业务由位于前台的收银处负责，从业务性质来说，前台收银处一般直接归属于饭店财务部，所以这里对此项业务不作介绍。前厅部要为客人提供满意的服务和体验，就必须提高其业务管理水平，保证其各项业务高效运营。

一、客房预订

客房预订是指客人在抵店前向饭店提出用房要求并得到饭店的确认。随着信息技术和全球经济一体化的发展，客房预订业务在饭店经营中的地位越来越重要，已成为客房商品销售的中心环节。对饭店来说，开展订房业务，不但使客人对所需要使用的饭店设施能够预先得到保证，而且有利于饭店完善对客服务；开拓客源，稳定市场，提高客房出租率；掌握客源动态，预测饭店未来业务；协调各部门业务，提高工作效率和服务质量。

（一）客房预订的方式

客房预订的方式是指订房人向饭店传递订房要求时采用什么样的信息载体。客房预订的方式多种多样，各有不同的特点，客人采用何种预订方式，受其预订设备条件和预订的紧急程度的制约。目前，客人通常采用的预订方式有以下几种：

1. 电话预订

电话预订房是目前最为常见的一种订房方式，电话预订不但快捷、简便，而且预订员与客人之间能够快速沟通，客人可以立即了解饭店是否有客房，房价是否合适，并能够根据饭店客房的实际情况，及时调整订房要求，得到满意的客房。预订员可以了解客人的订房要求，付款方式，抵、离店时间，以及是否需要提供特殊服务等。

2. 传真预订

传真是一种现代通信技术，一般为旅行社等单位和预订组织所采用，是一种较为正式的预订方式。它既具备电话预订的快捷，又具有信函预订可以作为资料保存、查对的优点，是一种与客人进行预订联系的理想通信工具。

3. 面谈预订

客人或其代理人亲自到饭店，与预订员面对面地洽谈预订事宜。这种预订方式能使预订员有机会详尽地了解客人的需求，并当面解答客人提出的问题，有利于推销饭店产品。客人离店前，前台服务人员往往采取这种方式为客人做返回预订。

在处理客人的面谈预订时应注意：仪表端庄、举止大方，讲究礼节礼貌，态度热情；把握客人心理，充分运用销售技巧，灵活地推销客房和饭店其他产品，必要时，还可以向客人展示各种房间和饭店其他设施与服务来帮助客人选择。

4. 国际互联网预订

随着现代电子信息技术的迅猛发展，通过国际互联网预订越来越受到客人和饭店的青睐。这种现代化的预订方式，一方面使客人能够更好、更快地了解饭店的信息，另一方面实现了饭店与客人的双向沟通，具有信息传递快，可靠性强等特点。通过计算机网络预订系统，可以把饭店预订系统与航空公司、各大旅行社等机构联网，使各系统紧密联系起来。目前，越来越多的饭店在互联网上建立了自己的网站，网上预订已成为饭店预订业务发展的一个重要趋势。

（二）预订的种类

预订的种类是指饭店在接受和处理客人预订时对客人预订的确认程度。根据不同情况，可以将预订分成两大类型。

1. 非保证类预订（Non-guaranteed Reservation）

非保证类预订通常有以下三种形式：

(1)临时性预订(Advanced Reservation)。临时性预订是指未经饭店书面确认或未经客人确认的预订。这类预订通常是指客人的订房日期与抵达日期或时间很接近，饭店一般没有足够的时间给客人以书面确认或没有给客人确认，同时也无法要求客人预付订金，只能口头承诺。

根据国际惯例，非保证类预订的客人，如不能确定到达饭店的时间，饭店会为其保留房间至抵店日的下午 6 时为止。这个时限被称为“取消预订时限”或称“截房时间”。如果预订客人到了这个规定的时间仍未抵店，也未事先与饭店联系，该预订即被自动取消，饭店可将为其保留的客房变成可供出租的客房。

(2)确认类预订(Confirmed Reservation)。确认类预订是指客人的订房要求已被饭店接受，饭店以口头或书面方式予以确认，并答应为订房客人保留房间至某一事先声明的时间。确认类预订一般不要求客人预付订金，但如果订房客人到了规定时间仍未抵店，也未与饭店联系，饭店则有权将客房出租给其他客人。

(3)等候类预订(On-wait Reservation)。饭店的订房会有一定数量的"水分"，如取消、变更或提前离店等。为避免客房闲置，饭店在预订客满时往往仍接受一定数量的等待类订房。但对于这一类订房客人，饭店不发给确认函，也不做口头保证，只是通知客人在其他客人取消、变更预订或提前离店的情况下，给予优先安排。

2. 保证类预订(Guaranteed Reservation)

保证类预订是指饭店保证在有效期内为客人保留订房，而客人则保证即使未使用客房也同样支付房费，除非该订房已根据饭店的取消程序做了预订取消安排。保证类预订的担保方式有预付款担保、信用卡担保、预付订金担保、旅行社担保、商业合同担保等。

(三)客房预订业务的程序

客房预订业务是一项技术性很强的工作，如果组织得不好，将会影响对客服务质量、饭店内部相关部门的工作协调甚至整个饭店的信誉。客房预订业务的程序如图 9-3 所示。

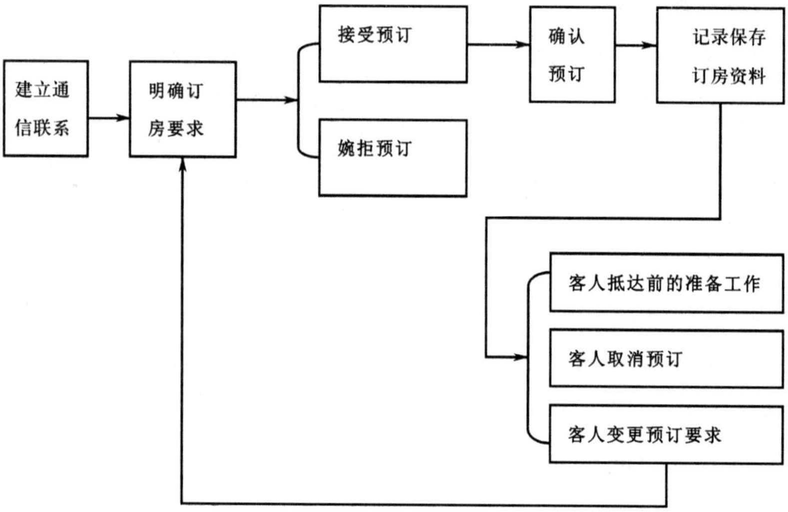

图 9-3　客房预订业务的程序

1. 建立通信联系

客人通常以电话、传真、信函、面谈、互联网等方式向预订处提出订房要求。

2. 明确订房要求

预订员要用恰当的方式询问客人的要求，此类信息包括客人姓名；抵店、离店的日期；客人所需要的房间的类型、数量、特殊要求；付款方式；客人人数；对房间朝向和床型的偏好；预订人姓名、所属单位、联系方式等，有助于确定客人订房要求、满足饭店经营管理所需。

3. 接受或婉拒预订

明确客人订房要求后，预订员要通过计算机终端查看饭店客房房源情况，以确定饭店能否接受客人的订房要求。预订员只要掌握了以下信息就可以快速确定是否可以接受客人订房要求：

(1)客人预期抵店的日期；

(2)客人所需房间的类型；

(3)客人所需房间的数量；

(4)客人住店的天数，即离店的日期。

根据上述条件，预订员可以决定能否接受客人的订房要求。若饭店在同一时期的客房资源符合客人的上述要求，则予以接受，反之则委婉地拒绝客人的要求，并提出可供选择的建议。

4. 确认预订

确认客人的预订有两个方面的作用：一是表示接受了客人的订房要求；二是饭店通过确认预订核实客人的相关资料。饭店在接受客人的订房要求后，应该及时发出预订确认书。确认预订的方式通常有两种，即口头确认(包括电话确认)和书面确认。

5. 记录保存订房资料

客房预订资料包括预订单、确认书、预订保证金收据、预订变更单、预订取消单、客人的书面预订凭证等。有关预订资料必须及时、正确地予以记录和妥善保存，以防疏漏和丢失。各种预订资料由于其性质和用途不同，往往由预订处分类保存，其基本原则是保存在同一类别内的同一预订的资料应装订在一起，将最新的资料放在最上面，依次顺推，以利于查阅。

6. 客人抵店前的准备工作以及预订的变更、取消

客人抵店前的准备工作包括订房核对、发出订房预测报告、次日抵店客人名单、贵宾接待通知单、团体接待通知单等。接到客人要求更改预订的要求后，预订员首先应该查看电脑或有关预订记录，看能否满足客人的变更要求。如果能满足，则予以确认。假如不能满足客人的变更要求，则应婉拒客人，或将客人作为等待类预订处理。客人提出取消预订要求时，预订员应填写预订取消单，或者在原有的预订单上加盖“取消”图章。不论采取何种取消方式，要注明取消申请人和取消日期，并签上预订员姓名，将资料存档。预订员均不可在原始的订房单上涂改。

(四)超额预订

1. 超额预订的含义

饭店为客人预订了房间，由于种种原因，并非所有的客人都能像最初约定的那样如期到达。事实表明，即使饭店的订房率达到100%，仍有可能由于客人不到、临时取消或提前离店而使饭店出现空房。为避免出现这种情况，造成经济损失，饭店业采取的一个普遍方式就是接受超额预订。

所谓超额预订就是在饭店订房已满的情况下，再适当增加订房数量，以弥补因少数客人不到、临时取消或提前离店而出现的客房闲置现象。

超额预订作为一种饭店保证客房出租率的手段，从实际情况看是可行的，也是可以理解的。因为饭店超额预订通常出现在饭店的住房旺季，此时是一家饭店盈利的最好时机，订房工作管理得好坏便直接影响到全年的利润。但饭店经营的原则又是一切以客人的满意为出发点，在这样的原则下，如何既保证预订客人的住房权利，又使饭店的利益最大化便成为预订管理中的一个重大而难以解决的问题，也是住客高峰期间前厅管理人员最为头疼的一个问题。正因为如此，有人认为超额预订的管理是预订管理水平的最高体现。因此，超额预订管理要解决这样两个问题：一是如何确定超订数量；二是一旦超额预订过度怎样补救。

2. 超额预订房数量的确定

确定超额预订房数量需根据订房资料统计下列客人数量和比率：预订不到者、临时取消者、提前离店者、延期住宿者、提前抵店者。它们之间存在如下关系式：

超额预订房数量＝预计临时取消预订房数＋预计预订不到客人房数＋预计提前离店房数－延期住宿房数＝饭店应接受当日预订房数×临时取消率＋饭店应接受当日预订房数×预订不到率＋延期住宿房数×提前离店率－预计离店房数×延期住宿率

假设：X 表示超额订房数；A 表示饭店可供出租客房总数；C 表示续住客房数；r_1 表示临时取消率；r_2 表示预订不到率；D 表示预期离店客房数；f_1 表示提前离店率；f_2 表示延期住宿率。则

$$X=(A-C+X)\cdot r_1+(A-C+X)\cdot r_2+C\cdot f_1-D\cdot f_2$$

$$X=\frac{C\cdot f_1-D\cdot f_2+(A-C)(r_1+r_2)}{1-(r_1+r_2)}$$

设超额预订率为 R，则

$$R=\frac{X}{A-C}\times 100\%=\frac{C\cdot f_1-D\cdot f_2+(A-C)(r_1+r_2)}{(A-C)[1-(r_1+r_2)]}\times 100\%$$

例如：裕隆大饭店有 500 间房间，管理系统显示 5 月 27 号续住客房为 180 间，预期离店客房为 80 间。该饭店以往的预订统计资料表明：预订取消率为 6%，预订未到率为 7%，提前退房率为 5%，延期离店率为 10%。请计算 5 月 27 日该饭店：

(1)理想的超额预订房应为多少间？

(2)超额预订率为多少？

(3)可以接受的订房总数为多少？

解：(1)该饭店应该接受的超额订房数为

$$\begin{aligned}X&=\frac{C\cdot f_1-D\cdot f_2+(A-C)(r_1+r_2)}{1-(r_1+r_2)}\\&=\frac{180\times 5\%-80\times 10\%+(500-180)(6\%+7\%)}{1-(6\%+7\%)}\\&=49(\text{间})\end{aligned}$$

(2)超额预订率为

$$R=\frac{X}{A-C}\times 100\%=\frac{49}{500-180}\times 100\%=15.3\%$$

(3)该饭店总共应该接受的客房预订数为

$$A-C+X=500-180+49=369(\text{间})$$

即该饭店5月27日可接受49间超额预订,超额预订率为15.3%。饭店总共应该接受的订房数为369间。这个计算结果仅供参考,因为它是依据饭店以往的经营统计数据计算的,未来状况会怎样,还要做具体分析,还要考虑其他各种影响因素,如团队订房和散客订房的比例、天气变化情况等。

3. 超额预订过度的补救措施

如果因超额预订过度而不能使客人入住,必然会引起客人的不满,这无疑将会给饭店带来很大麻烦。所以,饭店必须积极采取补救措施,妥善安排好客人住宿,以消除客人的不满,挽回不良影响。按照国际惯例,饭店采取以下补救措施:

(1)与本地区饭店同行加强协作,建立业务联系。一旦超额预订过度出现超员,可安排客人到有业务协作关系的同档次、同类型饭店暂住。

(2)客人到店时,由主管人员诚恳地向其解释原因,并赔礼道歉,如需要还应由总经理亲自出面致歉。

(3)派车免费将客人送到联系好的饭店暂住一夜,如房价超过本店,其差额部分由本饭店支付。

(4)免费提供一次或两次长途电话或电传,以便客人将住宿地址临时变更的情况通知其家属和有关方面。

(5)将客人姓名及有关情况记录在问询卡条上,以便向客人提供邮件及查询服务。

(6)对属连住又愿回本店的客人,应留下其大件行李,次日排房时,优先考虑此类客人的用房安排。次日一早将客人接回,大堂副理在大厅迎候并致歉,陪同办理入住手续。

(7)客人在店期间享受贵宾待遇。

二、总台接待

总台接待服务和管理是前厅部工作的核心内容,其服务质量和管理水平是反映饭店总体管理水平的窗口。客人入住登记过程是饭店对客服务全过程的一个关键阶段,这一阶段的工作效果直接影响前厅客房的销售、信息的提供、对客服务的协调、客账及客史的建立等功能的发挥。

(一)客房状态

总台接待处需要考虑的一个重要问题就是如何掌握好饭店每间客房的状态。典型的现时客房状态包括:

1. 可租房(Vacant Ready)

可租房是指客房已经打扫清理完毕,并经过管理人员检查,可以随时出租的房间。

2. 住客房(Occupied)

住客房是指目前已经有客人在住的房间。

3. 清扫房(On-Change)

清扫房是指原租用房间的客人已经退房,房间正在清扫过程中。

4. 故障房(Out-of-Order)

故障房是指客房有问题暂时不能出租。故障房又称待修房。

许多饭店管理系统把房态分得更细,不仅仅限于上述几种。这些系统的典型房态表述有:

(1)V/D——空房,待清扫。

(2)V/C——空房,已清扫,但尚未检查。

(3)O/D——出租房,尚未清扫

(4)O/C——出租房,已清扫完毕。

(5)B/R——保留房,为已经预订的客人或团体保留的房间。

总台接待处只有掌握并控制好全部房间的状态,才能准确、高效地进行接待和客房销售工作。

(二)入住登记的准备工作及程序

1. 入住登记的准备工作

入住登记的准备工作有助于缩短登记过程,可以利用预订阶段收集到的信息和客史来完成入住登记的准备,提高总台接待处的工作效率。

入住登记准备工作期间,总台接待员必须掌握相关接待工作所需要的信息。这些信息主要包括:房态和可供出租客房情况、预抵和预离客人名单、有特殊要求的预抵客人名单、重要预抵客人和常客名单、黑名单。

在客人抵店前,接待员除应获得以上信息资料外,还应做好以下工作:准备好入住登记所需的表格、用具,准备好钥匙,查看客人是否有提前发送的邮件等。

2. 入住登记的程序

入住登记是客人进入饭店大门后接受的第一项服务,入住过程中所获得的对饭店服务设施的第一印象对于建立热情友好的气氛和持续良好的宾客关系至为重要。受到热情款待的客人将会积极配合饭店的工作,并对从饭店其他部门的员工那里受到同样热情的服务持有乐观的态度。反之,如果客人收到的是一种不冷不热的接待,他对整个饭店的服务都将产生一种心理上的戒备,住店期间会不断地带着挑剔和不信任的眼光去看待其他部门的服务。客人希望得到的是尊重和关心,如果接待员工做不到这一点,就很难指望客人会再次光临。总台接待员工务必牢记自己肩负的使命,务必将饭店最佳的服务与产品特色在这一刻传递给客人,使其留下良好的第一印象。

(1)散客入住登记的程序

① 微笑地向客人问候。客人到达后,总台接待员应礼貌地向客人问好。一句热情的问候可以为接下来的一系列工作开了个好头

② 询问客人是否有预订。抵店的客人可以分成两类:有预订的客人和没做预订而直接抵店的客人。若有订房,应问清客人是用谁的名字订的房,然后根据姓名找出客人的订房资料。如客人没有订房,则应先查看房态表,看是否有可供出租的客房。若能提供客房,则向客人介绍房间情况,为客人选房。如没有空房,则应婉言谢绝客人,并耐心为客人介绍等级相同的饭店。

③ 填写住宿登记表。客人住宿登记表(样式)如表 9-1 所示。

表 9-1　　　客人住宿登记表(样式)

REGISTRATION CARD

<table>
<tr><td colspan="3">Room No.</td><td colspan="4">姓 Family Name　　名 First Name</td></tr>
<tr><td colspan="3">Change Rm</td><td>中文姓名
Chinese Name</td><td>抵达日期
Arrival Date</td><td colspan="2">离店日期
Departure Date</td></tr>
<tr><td colspan="3">RM Rate</td><td colspan="2">国籍
Nationality
出生年月
Date of Birth</td><td>男
M</td><td>女
F</td></tr>
<tr><td colspan="3">Discount
%</td><td colspan="4">住址
Home Address</td></tr>
<tr><td colspan="3">□ Cash
□ Credit Cart</td><td colspan="2">职业及工作单位
Occupation & Company</td><td colspan="2">停留事由
Object of Stay</td></tr>
<tr><td colspan="3">(　　)
□ Charge
□ Others</td><td colspan="2">证件名称及号码
Name & Number of Travel Document</td><td colspan="2">签证种类及有效期
Visa Type and Expiry Date</td></tr>
<tr><td>R</td><td>F</td><td>N</td><td colspan="2">接待单位
Host Organization</td><td colspan="2">客人签字
Guest Signature</td></tr>
</table>

备注 Remarks:

Clerk ________

④ 确认客人登记资料。客人填写完住宿登记表后，总台接待员应对照客人证件和预订单详细检查相关资料是否准确无误。

⑤ 排房和确定房价。确定客人相关登记资料准确无误后，总台接待员应核实客人对房间的要求有无变化，还要了解其对客房的具体要求，并最终确定房价。

⑥确定付款方式。客人的付款方式多种多样，一般散客常用的付款方式是信用卡和现金，无论客人打算采用何种方式付款，饭店都应该采取有效的措施以确保付款的最终实现。

⑦填写房卡、向客人发放钥匙。排房、定价、确定付款方式后，接待员应请客人在准备好的房卡上签名，即可将客房钥匙交给客人，并告知客人钥匙的使用方法。

⑧引导客人至客房。在客人办完所有住宿手续时，预祝客人住宿愉快，并安排行李员引领客人进房。

⑨计算机作业。将客人入住信息输入计算机并通知客房中心。

⑩善后工作。送别客人后，当事接待员应用打卡机在登记表的一端打上客人登记入住的日期和时间。

(2)团队入住登记的程序

①团队抵达时,向陪同询问该团的团号、人数、房数、是否有订餐、付款单位的名称,然后找出该团资料。

②根据团队资料重新检查房间钥匙是否正确,同时请陪同在团队入住登记表上签名。

③核实旅行社代用券、计划书、变更单的服务内容,包括人数、房数、订餐等是否相符,如有出入,则要与陪同和领队弄清楚,并取得一致意见后才予以开房。

④团体增减房间要严格按照合同办理,一般不允许任意增加房间。

⑤向陪同索要团体签证,否则只能分别逐一登记,这将大大降低接待效率。向陪同和领队指明房间朝向和类型。

⑥与陪同确认"团体入住登记表"中的内容,并严格按照每项要求准确填写,记下该团的登记时间。

⑦将房号提供给陪同或领队,请其分配房间给客人,同时记清陪同和领队的房号。

⑧将餐券交与领队或陪同,并在团体资料上签字,讲明用餐时间及地点。

⑨将房间钥匙交给陪同、领队或客人。

⑩按计划分配陪同房,将陪同的姓名、性别以及所属旅行社记录在分配表上,将陪同的房号注明在"团体入住登记表"和名单上。

完成以上工作后,在"开房职员"一栏上签名,并将团队资料输入电脑。

三、前厅系列服务

前厅部除了客房的预订和销售外,还有大量的日常服务工作,如店外接送服务、店门迎送服务、行李服务、委托代办服务、总机服务、商务中心服务等,这些服务都和客房的销售服务密不可分。这些服务是方便客人、提高饭店服务质量的重要内容,也关系饭店在客人和公众心目中的声誉和形象。

(一)礼宾服务

现代饭店大都设有礼宾部,礼宾部在饭店的对客服务中占有举足轻重的地位。除了在饭店住宿的客人外,来饭店用餐或者参加会议以及拜访亲友的客人,都有机会享受到礼宾部员工提供的服务。因此,得体的应对、亲切迅速的服务是每位礼宾部员工应具备的基本素质。

1. 客人迎送服务

客人迎送服务分为店外迎送和店内门厅迎送两种,店外迎送服务由饭店代表亦称机场代表负责,店内门厅迎送服务由门卫和行李员负责。

(1)饭店代表服务。店外迎送服务主要由饭店代表提供。饭店在机场、车站、码头等处设点,派出代表,接送抵、离店的客人,争取未预订客人入住本饭店。这既是饭店设立的一种配套服务,也是饭店根据自己的市场定位所做的一项促销工作。为了做好服务工作,饭店为客人提供接车服务,一方面在饭店与机场(车站)之间开设穿梭巴士,另一方面根据客人的要求指定专门的车辆服务。

饭店代表每天应掌握预抵店客人名单，从订房部获取"宾客接机通知单"，了解客人姓名、航班（车次）、到达时间、车辆要求及接待规格等情况，然后安排车辆、准备饭店标志牌，做好各项准备工作。饭店代表还要及时了解航班变更、取消或延迟的最新消息，并通知饭店前厅接待处。

在飞机、火车抵达时，要准备标明客人姓名的饭店提示牌，以引起客人注意。接到客人后，应代表饭店向客人表示欢迎，同时提供行李服务，安排客人上车。客人上车离开机场（车站）后，马上电话通知饭店接待处，以便做好准备工作，如果客人属贵宾，则应通知饭店大堂副理，并告知客人离开机场（车站）的时间，请有关部门做好迎接工作。

如果漏接客人，则应及时与饭店接待处联系，核查客人是否已经到达饭店，并向有关部门反映情况，以便采取弥补措施。

饭店代表除迎接客人和推销饭店产品外，还向本饭店已离店客人提供送行服务，为客人办理登机手续、提供行李服务等。

（2）门厅迎送服务。门厅迎送服务是对客人进入饭店正门时所进行的一项面对面的服务。这项工作主要是由门卫负责的。

门厅迎客服务的程序如下：

①客人抵店时，门卫将客人所乘车辆引领到适当的地方停车，以免饭店门前交通阻塞。

②趋前开启车门，用左手拉开车门成70°角左右，右手挡在车门上沿，为客人护顶，防止客人碰伤头部，并协助客人下车。原则上应优先为女宾、老年人、外宾开车门。若遇有行动不便的客人，则应扶助他们下车，并提醒其注意台阶；若遇有信仰佛教或信仰伊斯兰教的客人，则无需为其护顶；若遇有雨天，应为客人提供撑雨伞服务，并将客人随手携带的湿雨伞锁在伞架上，以方便客人办理业务。

③面带微笑，使用恰当的敬语欢迎前来的每一位客人。

④协助行李员卸行李，注意检查有无遗漏物品。

⑤招呼行李员引领客人进入饭店大堂。

⑥如果饭店正门是拉门，当客人进出时要为客人拉门，拉门时要注意不让门碰到或夹住客人，在无客人进出时，门要关好。

门厅送行服务的程序如下：

①安排客人的用车至便于客人上车而又不妨碍装行李的位置。

②协助行李员将行李装上汽车的后备箱，请客人确认无误后关上后背箱盖。

③请客人上车，为客人护顶，等客人坐稳后再关车门，切忌夹住客人的衣、裙等。

④向客人告别，目送客人。

2. 行李服务

行李服务是前厅服务的一项重要内容，由行李员负责提供，包括客人行李搬运服务和行李寄存服务。

（1）行李搬运服务。行李搬运服务包括散客与团队的到店和离店的行李搬运服务。以散客到店的行李搬运服务为例，其一般程序如下：

①散客抵店时，行李员帮助客人卸行李，并请客人清点过目，准确无误后，帮助客人

提拿行李，但对于易碎物品、贵重物品，可不必主动提拿，如客人要求帮助，行李员则应特别小心，轻拿、轻放，防止丢失和破损。

②行李员手提行李走在客人的左前方，引领客人到总台接待处办理入住登记手续，如为大宗行李，则需用行李车。

③客人到达接待处后，行李员站在客人身后，距客人2～3步远，行李放于面前，注意接待员及客人的任何要求，并随时准备提供帮助。

④从接待员手中接过客人的房卡和钥匙卡，引领客人进入客房。

⑤主动为客人叫电梯，并注意相关礼节：让客人先进电梯，行李员进电梯后，按好电梯楼层，站在电梯控制牌处，面朝客人，并主动与客人沟通；电梯到达后，让客人先出电梯，行李员随后提行李跟出。

⑥到达客房门口，行李员放下行李，按饭店既定程序敲门、开门，以免接待处卖重客房给客人造成不便。

⑦打开房门后，开灯，观察客房状态正常后退出客房，手势示意请客人先进。

⑧将行李放在客房行李架上，然后根据客人情况介绍房间设备、设施，介绍时手势不能过多，时间不能太长，以免给客人造成索取小费的误解。

⑨行李员离开客房前，应礼貌地向客人道别，并祝客人住店愉快。

⑩返回礼宾部填写“散客行李(入店/出店)登记表”。

(2)行李寄存服务。礼宾部为方便住店客人存取行李，保证行李安全，应有专门的行李房并建立相应的制度。行李存取服务的一般程序如下：

①客人前来寄存行李时，行李员应热情接待，礼貌服务。

②弄清客人行李是否属于饭店不予寄存的范围。

③问清行李件数、寄存时间、客人姓名及房号。

④填写“行李寄存单”，并请客人签名，上联附挂在行李上，下联交给客人留存，告知客人下联是领取行李的凭证。

⑤将半天、一天、短期存放的行李放置于方便搬运的地方；如一位客人有多种行李，要用绳系在一起，以免错拿。

⑥经办人须及时在“行李寄存记录本”上进行登记，并注明行李存放的件数、位置及存取日期等情况。如属非住客寄存、住客领取的寄存行李，应通知住客前来领取。

⑦客人提取行李时，先请客人出示行李寄存凭证，然后与系在行李上的寄存卡核对，如果两部分完全吻合，当面点清行李件数，然后把行李交给持寄存凭证的客人，并请客人在行李暂存记录上签名。

⑧如客人丢失寄存卡，一定要凭借足以证实客人身份的证件放行行李，并要求客人写出行李已取的证明。如不是客人本人来领取，一定要请他出示证件，并登记证件号码，否则不予放行。

⑨帮助客人运送行李至指定地方，向客人道别。

3. 委托代办服务

接受客人委托代办要求时，大堂值班人员应详细地了解客人的要求。接受下来的委托代办事项由领班指派专人完成。外出前，行李员应在工作任务记录表上签名并写明外出的事由、目的地、完成任务的时间。向客人移交物品时，应请客人在账单上签字(付现金的客人除外)，然后将账单交给收银处。要做好委托代办服务，还必须注意保持、发展与店外有关单位的良好合作关系。

以委托代办形式出现的“金钥匙”服务，是区别于一般的饭店服务的高附加值的服务。饭店“金钥匙”的服务理念是：只要不违反道德和法律，任何事情都尽力办到，而且要办好，以满足客人的需要。“金钥匙”服务具有鲜明的个性化和人性化特点，被饭店业的专家认为是饭店服务的极致。

(二)问询、留言和邮件服务

1. 问询服务

饭店的住宿客人中，绝大多数都来自异国他乡，客人要询问的问题很多，总台问询员要耐心，热情地解答客人的疑问。问询服务不仅仅是一项配套服务项目，而且对饭店产品的促销也起着非常重要的作用。客人问询内容包括饭店内部信息和饭店外部信息。

有关饭店内部信息的问询通常涉及：中西餐厅、酒吧、商场、商务中心所在的位置及营业时间；宴会、会议、展览会举办场所及时间；饭店提供的其他服务项目、服务特色、营业场所、营业时间及收费标准，如健身服务、娱乐服务、洗衣服务等。

问询员要做出使客人满意的答复，必须熟悉本饭店所有的服务设施、服务项目和经营特色，以及饭店的各项有关政策，并积极、热心地向客人宣传和推销饭店产品。

客人对饭店外部信息的问询涉及面非常广，这就要求问询员必须有较广的知识面，掌握大量的信息。因此，问询处必须准备大量的书面资料，并根据客人的需求和具体情况的变化，对资料不断地更新补充。许多饭店设立了问询手册，以方便查阅。

在回答客人询问时，问询员要热情、主动、耐心，做到百问不厌。答复要肯定而准确，语言流畅、简明扼要。不能做出模棱两可的回答，更不可推托、不理睬客人或简单回答“不行”“不知道”。对不能回答或超出业务范围的问题，应向客人表示歉意或迅速查阅有关资料、请示有关部门后回答。

2. 留言和邮件服务

来拜访住客的来访者未见到住客，或者住客外出前未见到约定的来访者，都可以通过问询处的留言服务，及时帮助他们传递信息，保证客人活动的正常安排。

留言具有很强的时效性，所以留言服务的基本要求就是：传递迅速、准确。为了对客人负责，对不能确认是否住在本店的客人，或是已退房离店的客人，不能接受访客留言，除非离店客人有委托。

问询处还设有邮件箱，存放客人的邮件。

(三)电话总机服务

总机服务在饭店对客服务中扮演着重要角色。每一位话务员的声音都代表着饭店的形象，是饭店的幕后服务大使。话务员必须以热情的态度、礼貌的语言、甜美的嗓音、娴熟的技能开展对客优质高效服务，让客人能够通过电话感觉到来自饭店的微笑、热情、礼貌和修养，甚至感受到饭店的档次和管理水平。电话总机服务程序如下：

1. 转接电话及留言服务

(1)首先认真聆听完客人讲话再转接,并说"请稍等",若客人需要其他咨询、留言等服务,应对客人说:"请稍等,我帮您接通××部门。"

(2)在等候转接时,按音乐键,播放悦耳的音乐。

(3)转接之后,如对方无人听电话,铃响 30 秒后,应向客人说明:"对不起,电话没有人接,您是否需要留言或过会儿再打来?"需给客人留言的电话一律转到前厅总台问询处;给饭店管理人员的留言,一律记录下来,并重复确认,并通过寻呼方式或其他有效方式尽快将留言转达给相关的管理者。

(4)为了能够高效地转接电话,话务员必须熟悉本饭店的组织机构、各部门职责范围及其服务项目,并掌握最新的、正确的客人资料。

2. 查询服务

(1)对常用电话号码,应对答如流,且准确快速。

(2)如遇查询非常用电话号码,话务员应请客人保留线路稍等,以最有效的方式为客人查询号码,确认后及时通知客人;如需较长时间,则请客人留下电话号码,待查清后,再主动与客人电话联系。

(3)如遇查询客人房间的电话,在总台电话均占线的情况下,话务员应通过计算机为客人查询,此时应注意为客人保密,不能泄露其房号,接通后让客人直接与其通话。

3."免电话打扰(DND)"服务

①将所有要求 DND 服务的客人姓名、房号、要求 DND 服务的时间记录在交接班本上或注明在记事牌上,并写明接受客人通知的时间。

②将电话号码通过话务台锁上,并将此信息准确通知所有其他当班人员。

③在免打扰期间,如发话人要求与客人讲话,话务员应将有关信息礼貌、准确地通知发话人,并建议其留言或待取消 DND 之后再来电话。

④客人要求取消 DND 后,话务员应立即通过话务台释放被锁的电话号码,同时,在交接班本上或记事牌上标明取消记号及时间。

4. 挂拨长途电话服务

为了方便客人,饭店在房间提供电话服务指南,供客人查阅使用,客人在客房内直拨长话,计算机自动计时计费,大大减轻了话务员的工作量。另外,话务员应注意及时为抵店入住客人开通电话以及为退房结账的客房关闭电话,在采用电脑管理系统的饭店,总台在办理入住和退房手续时即可开通这两项功能。若团队、会议客人需自理电话费用,则应将其打入相应的账单。

5. 提供叫醒服务

总机所提供的叫醒服务是全天 24 小时服务,可分为自动叫醒和人工叫醒两类。一般情况下,饭店都是采用自动叫醒服务。自动叫醒服务的程序如下:

(1)受理客人要求叫醒的预订(有的饭店客人可根据服务指南直接在客房内的电话机上自己确定叫醒时间)。

(2)问清叫醒的具体时间和房号。

(3)填写叫醒记录单,记录叫醒日期、房号、时间,并记录时间,话务员要签名。

(4)及时将叫醒要求输入计算机,并检查屏幕及打印记录是否准确。

(5)夜班话务员应将叫醒记录按时间顺序整理记录在交接班本上,整理、输入、核对并签字。

(6)话务员应在当日最早叫醒时间之前,检查叫醒机是否正常工作,打印机是否正常打印;若发现问题,应及时通知工程部。

(7)检查核对打印报告。

(8)注意查看叫醒无人应答的房间号码,及时通知客房中心或大堂副理,进行敲门叫醒,并在交接班本上作记录。

总机房所提供的服务项目视饭店而异,有些饭店的总机房还负责背景音乐、闭路电视、收费电影的播放,并监视火警报警装置和电梯运行等工作。

(四)商务中心服务

商务中心是饭店为客人进行商务活动提供相关服务的部门。许多商务客人在住店期间要安排许多商务活动,需要饭店提供相应的信息传递和秘书等服务。为方便客人,饭店一般在大堂附近设置商务中心,专门为客人提供商务服务。同饭店被称为客人的"家外之家"一样,商务中心又被称为"办公室外的办公室"。

随着新技术的发展和计算机、互联网的日益普及,客人对商务中心服务项目的使用越来越少,一般说来,商务中心的服务项目包括:打字、复印、传真、会议服务(包括会议室出租、会议记录等)、翻译、票务、委托代办、办公设备出租等业务。

第三节　客房部业务管理

客房是饭店的核心产品。客房部是饭店占用面积最大、客人停留时间最长的部门,客房服务也是项目多、内容杂、随机性强的服务工作。客房部业务运营水平的高低,直接影响住店客人对饭店服务水平的评价和满意程度,从而影响饭店客源的稳定性和持续性,影响饭店的经济效益和整体形象。

一、客房的清洁卫生作业

客房是饭店直接销售的产品,卫生则是客人对饭店客房的最基本要求。每家饭店的客房清洁可能各有差异,但为客人提供舒适、整洁和高雅的房间是所有饭店都要努力达到的目标,它直接关系客人对饭店服务品质及管理水准的评价,在很大程度上反映了整个饭店的服务质量。

客房的清洁卫生作业可以分为客房日常清洁作业和客房计划卫生作业两大类。

(一)客房日常清洁作业

就不同状态的客房的清洁顺序而言,一般说来,应先清洁走客房,除非客人或总台有特殊要求,其次再去清洁续住客房。不同状态的客房,其清洁程序、清洁程度也不尽相同。以清洁要求较高的走客房为例，其清洁内容和程序可以用九个字来概括：进、撤、铺、洗、抹、补、吸、查、记，具体内容如下：

1. 进

轻轻敲门三次，每次三下，报称“Housekeeping!”（“客房服务员！”）。进门后打开所有照明灯具，检查是否完好有效；检查和调节空调到适当温度。巡视门、窗、窗帘、墙面、天花板、地毯、电视、电话及各种家具是否完好，如有损伤，及时报告领班报修，并在“客房清洁报表”设备状况栏内做好记录；检查是否有遗留物品，若有，应立即上报并做好记录；发现已消费的酒水，应填写酒水单，在下班时递送前台收银处并报告领班；把小垫毯放在卫生间门口的地毯上，清洁篮（或清洁小桶）放在卫生间云石台面一侧；把窗帘、窗纱拉开，使室内光线充足，空气流通，便于清洁。

2. 撤

放水冲掉马桶内的污物，用清洁剂喷洒“三缸”（面盆、浴缸、马桶）；撤走客人用过的“四巾”（面巾、方巾、浴巾、地巾）；按次序检查衣柜、组合柜的抽屉，遗留物品应在第一时间交给房务中心，想方设法尽快交还给客人，并在卫生日报表上做好记录；用房间垃圾桶收垃圾，为避免引起火灾，工作车上应设专用的烟灰桶，收集烟灰缸中的烟头等垃圾；撤掉用过的杯具、加床或餐具；清理用过的布草，同时取出有客衣的洗衣袋。

换下床上的床单、被单、枕套，分类点清放入工作车的布品袋内，发现有破损的布品和毛巾，应分开存放，同时换上干净的布草。

3. 铺

做床是客房清洁的一项最关键的内容，无论是中式做床还是西式做床，均应保证做好后美观、齐整，客人入睡时方便，入睡后舒适。目前，越来越多的饭店采用中式做床的方法。一个完美的床铺应该是这样：床单中线不偏离床垫中线，床单正反面准确，床单表面平整光滑，包角紧密平整，式样统一。被套中心不偏离床垫中线，羽绒被在被套内四角到位，饱满、平展，被套口平整且要收口，羽绒被不外露。枕头四角到位，饱满挺括，枕头中线与床垫中线对齐，枕套沿无折皱，表面平整，自然下垂。

4. 洗

床铺好以后，应该先打扫卫生间，以便留一定的时间，等因铺床而扬起的灰尘落下后，再用抹布除尘。

卫生间是客人最容易挑剔的地方，必须严格按操作规程进行，使之达到规定的卫生标准。清洗前要打开抽风机，为安全起见，清洁卫生间时应戴上手套。清洁后的卫生间一定要做到整洁干净、干燥、无异味、无脏迹、无皂迹和水迹。

5. 抹

按顺（或逆）时针方向，从上到下，从里到外把房间的家具、物品抹一遍，并要注意家具、物品的底部及边角位均要抹到。

在此过程中，要注意区别干、湿抹布的使用，如镜子、灯具、电视机等设备物品应用干布擦拭；家具软面料上的灰尘要用专门的除尘器具；墙纸上的灰尘切忌用湿抹布擦拭。除干擦以外，房内设施、设备如有污迹或不光滑，还要借助于抛光剂、洗涤剂等物品对其进行抛光和洗涤等项工作。

在抹尘的过程中应注意检查房内电器设备如电视机、音响、电话、小冰箱、灯泡等电器设备是否有毛病，一经发现立即报修，并做好记录。

6. 补

房间物品的补充要根据饭店规定的品种、数量、规格及摆放要求补充、补足、放好，注意商标面向客人。补充卫生间内的用品，按统一要求整齐摆放；面巾纸、卷纸要折角，既美观又方便客人使用；"四巾"按规定位置摆放整齐。

7. 吸

先把吸尘器电线理顺，插上电源，把吸尘器拿进房间才开机。吸尘时先从窗口吸起（有阳台的房间从阳台吸起）；吸地毯时要按先逆纹、后顺纹的方向吸。吸边角位时，有家具阻挡的地方，先移动家具，吸尘后复位；吸卫生间地板时，要注意转换功能，使其适宜硬地板，地板有水的地方不能吸，防止漏电或发生意外。吸尘时要注意把藏在地板缝隙里的头发吸走。

8. 查

查就是自我检查。房间清洁完毕，客房服务员应回顾一下房间，看打扫得是否干净、物品是否齐全、摆放是否符合要求、清洁用品或工具是否有留下。最后，还需检查窗帘、窗纱是否拉上、空调开关是否拨到适当位置。

9. 记

将房内的灯全部熄灭；将房门轻轻关上；登记进、离房的时间和做房的内容。

（二）客房计划卫生作业

一个客房服务员每天清洁的客房数量往往达到 14 间以上，如此大的工作量决定了他/她不可能对房间的所有设施和部位每天都进行彻底的清洁保养。另外，客房中有些家具、设备，诸如天花、高处的灯管、门窗、玻璃、墙角等也不需要甚至不可能每天都做彻底的清洁保养。客房日常清扫过程中，这些地方的清扫服务一般通过计划卫生，即卫生作业计划，以定期循环方式来完成。

客房的计划卫生是指在日常客房清洁的基础上，拟订一个周期性清洁计划，针对客房中平时不易或不必进行清洁的项目，采取定期循环的方式，对清洁卫生的死角或容易忽视的部位，及家具设备进行彻底的清洁和维护保养，以进一步保证客房的清洁保养质量，维持客房设施、设备良好状态。

客房卫生计划从清洁周期角度看可分为周卫生计划、月卫生计划、季度卫生计划、半年卫生计划、全年卫生计划几种。各自包含的内容如下：

1. 周卫生计划

周卫生计划包括：马桶水箱清洁；电话消毒；冰箱除霜；家具上蜡；热水壶清洁除垢；

卫生间地面、地漏、马桶底座清洁；防滑垫清洁；电镀件、金属器件抛光等。

2. 月卫生计划

月卫生计划包括：卫生间排风扇、空调出风口及回风口清洁；窗槽、窗框、窗玻璃清洁；家具移位、床底地毯吸尘；筒灯、灯具的灯口、电器的电线清洁；家具后以及沙发边角地毯吸尘、地脚线抹尘；壁纸脏迹处理；浴帘更换等。

3. 季度卫生计划

季度卫生计划包括：床垫翻转；床裙拆洗；根据地毯的颜色深浅、污染程度进行地毯干洗；壁纸吸尘等。

4. 半年卫生计划

半年卫生计划包括：纱帘拆洗、护垫拆洗、沙发清洗等。

5. 年卫生计划

年卫生计划包括：厚窗帘清洗；地毯水洗等。

（三）客房清洁时的注意事项

（1）报明身份，同时要注意敲门的声音大小适中，不可过急，力度过大。

（2）整理房间时，要将房门开着。

（3）不得在客房内吸烟、吃东西、看报纸杂志（特别是客人的书刊）。

（4）不得使用客房内设施。

（5）清理卫生间时，应专备一条脚垫。

（6）清洁客房用的抹布应分开使用。

（7）注意做好房间检查工作。

（8）不能随便处理房内“垃圾”

（9）浴帘要通风透气。

（10）电镀部位要完全擦干。

（11）不得将撤换下来的脏布草当抹布使用。

（12）拖鞋摆放应以方便客人取用方便为原则，体现人文关怀。

（13）房内物品要注意将商标面对客人。

（14）对于悬挂“请勿打扰”（DO NOT DISTURB）标志的房间，下午 2:00 以前不要打电话进房，催促客人整理房间。

二、公共区域的清洁保养

公共区域（Public Area，简称 PA），是指公众共有共享的活动区域。饭店的公共区域可划分为店内和店外两个部分。店外公共区域是指饭店的外围区域，包括饭店的外墙、花园、前后大门的广场及停车场等。店内公共区域包括前台区域和后台区域两个部分，前台区域是专供客人活动的场所，比如：大厅、电梯、楼梯、休息室、康乐中心、游泳池、餐厅、舞厅、会议室、公共洗手间等。后台区域是指饭店员工生活和工作的区域。比如：员工电梯、员工通道、员工更衣室、员工餐厅、员工娱乐室、员工阅览室、员工公寓等。

（一）大厅的清洁

大厅是饭店内日夜使用的场所，它的状况好坏会给来宾留下深刻的印象，因此需要日夜不停地进行清洁保养。

1. 大厅的清洁

（1）日间清洁卫生项目主要包括以下方面：

①推尘。大厅若是硬质地面，在客人活动频繁的白天，必须不停地进行推尘工作，使地面保持光亮如镜，雨雪天时，应在大厅入口处铺上蹭鞋垫（踏垫）和小地毯，放上存伞架。

②清理烟缸和沙缸。按清洁卫生质量标准要求，公共区域的烟灰缸应及时替换，烟头不得多于三只。替换时，必须用托盘盛放干净的烟灰缸，先用干净烟灰缸置于脏烟灰缸之上，一起撤回，放到托盘里，然后将干净的烟灰缸换上。若此时有客人正在使用烟灰缸，则应把干净的烟灰缸放回原处，以方便客人。若发现沙缸内有烟头、纸屑等杂物亦应及时清理掉。

③整理座位。大厅休息处的沙发、茶几、台灯等，由于客人使用频繁，必须随时整理归位。地面、沙发、茶几上若有果皮、纸屑，应及时清理。对倚坐扶手靠背上的客人应劝其坐在沙发座上。不允许在沙发上睡觉。

④除尘。负责大厅清洁的服务员必须不断地巡视大厅各处，抹去浮尘，包括大厅内各种指示牌、公用电话机、总服务台、台面灯座、电梯厅、花盆（捡去烟头、火柴梗等）和大厅玻璃门等。

⑤其他工作。大厅休息处若铺有地毯，服务员应定时吸尘，定时用酒精清洁公用电话，还应清洁大厅公共洗手间，经常用抹布擦拭大厅区域绿色植物枝叶上的浮灰，清理过道地面等。

上述工作，一般在日间进行，服务员应根据客流情况，一般要求一至两小时循环一次，进行上述工作时应尽量不影响客人和其他员工。

（2）夜间清洁卫生项目主要包括以下方面：

大厅进一步的清洁保养工作一般在夜间进行，因为此时人流量减少，影响较小，夜间大厅服务员的工作内容主要有：吸尘、清洁地面；用拖把拖洗大门外的地面；洗刷地毯、家具除尘、倒净并擦净烟灰缸和污物筒；擦净墙上、木器上、金属面上、门上、把手上等处的指印或污点；用桐油或不锈钢清洁剂擦净擦亮所有铜器、不锈钢器具；洗净擦亮所有的玻璃门和镜面。

2. 电梯的清洁

饭店的电梯包括客用电梯、职工电梯、餐梯、货梯等几种，而客用电梯也和大厅一样，是客人使用频繁、需经常清理地方，现代饭店多使用自动电梯，其清洁保养难度更大。对饭店的其他电梯也应参照客用电梯的清洁方法进行清理保养，以保证饭店所用电梯的清洁卫生质量。

对客用电梯的清洁一般一至两小时应进行一次，必要时随时清理，清洁项目主要是天花板、灯、墙面、镜面、电话机除尘及地面吸尘，要特别注意对金属部分或镜面的除渍保养，对电梯按钮也要不时用干抹布擦拭，以保持清洁。同时，保洁员要对电梯进行经常性的检查，避免电梯轿箱内的卫生被破坏或墙面被行李撞坏，特别要尽量预防恶作剧者故意破坏轿箱内的地面、墙面和门面。

由于白天频繁使用，电梯不能得到彻底清洁，夜间清洁就显得尤为重要，以保证第二天以清洁的面貌为客人服务。

3. 公共洗手间的清洁

一般要求每隔一小时小清理一次；每日夜间及下午 15～16 时客人活动低峰时，各安排一次彻底清洁，使公共洗手间始终保持清洁、干净、无水迹、无污渍。其主要内容有：检查洗手间设备有无损坏；倒空所有垃圾桶，换上干净垃圾袋；放水冲净马桶、便池等，将座厕清洁剂倒入；戴上橡胶手套，用经消毒剂浸泡过的抹布擦拭马桶；用清水冲净漂清消毒剂残留液，再抹干，不要留水迹、污迹；用柔软的平纹抹布擦净擦亮镜面、金属器件；用马桶刷清洁马桶，用经消毒剂浸泡的抹布擦拭马桶座圈、外壁及水箱，再洗净、抹净，刷洗便池；配齐香皂、洗手液、卫生袋、擦手纸、卷纸、衣刷等物品；拖净或擦净地面，使其无水迹、无污渍。

(二)饭店门庭的清洁

饭店大门口庭院、停车场或地下停车场在夜间必须进行彻底清洁，门口的标牌、墙面、门窗及台阶同时要进行全面清洁、擦洗，使其始终以光洁明亮的面貌迎接客人。白天可对玻璃门窗的浮灰、指印和污渍进行抹擦，尤其是大门玻璃的清洁应经常进行。

(三)餐厅、酒吧、多功能厅、歌舞厅的清洁

餐厅、酒吧、多功能厅、歌舞厅的正常清洁工作一般由各营业点自行承担，而客房部的公共区域组则负责其彻底的清洁保养，但应根据其地面材料、营业时间等不同而分别进行。比如餐厅的全面清洁保养通常在夜晚停业之后至次日开餐之前进行，歌舞厅通常安排在上午清洁，而多功能厅的清洁工作往往在活动前后进行。

(四)其他区域的清洁

除了上述前台区域的清洁卫生工作以外，饭店后台区域的卫生工作，特别是员工食堂、员工通道、员工更衣室等区域的卫生也不容忽视。这些场所的卫生状况对员工的思想和精神状况，进而对饭店的服务质量有重要影响。

(五)绿化布置及清洁养护

绿化布置能给客人耳目一新、心旷神怡的美好感受。所以饭店在店外的绿化规划和店内的绿化布置上都应有所开拓。

1. 绿化布置的程序

(1)客人进出场所的花卉树木按要求造型、摆放；

(2)定期调换各种盆景，保持时鲜；

(3)接待贵宾或举行盛会时要根据饭店通知进行重点绿化布置；

(4)在绿化布置和鲜花摆放时要特别注意客人所忌讳的花卉。

2. 清洁养护的程序

(1)每天按顺序检查、清洁、养护全部花卉盆景；

(2)拣去花盆内的烟蒂杂物，擦净叶面枝杆上的浮灰，保持叶色翠绿；

(3)及时清除喷水池内的杂物，定期换水，对水池内的假山、花草进行清洁养护；

(4)及时修剪、整齐花草；

(5)定时给花卉盆景浇水，定期给花草树木喷药灭虫；

(6)养护和清洁绿化时，应注意操作时溅出的水滴不应弄脏地面，注意不可影响客人的正常活动。

三、客房服务运营管理

(一)客房服务运营模式

1. 楼层服务台模式

饭店在客房区域内靠近电梯口或楼梯口的位置，设置在各楼层为客人提供服务的服务台即为楼层服务台。楼层服务台一天 24 小时都会有服务员值班，为客人提供服务。这是我国客房传统的对客服务模式，运用这种模式，客人会感到服务更加快捷、方便，更有亲切感、安全感。从整个饭店的宏观管理上来看，楼层服务台成为了饭店其他部门与客房之间相互沟通的桥梁。

但是，楼层服务台模式也有其缺陷，诸如：投入的人力较多、管理点分散、客人隐私得不到有效保障等。

2. 客房服务中心模式

客房服务中心是现代饭店客房服务的主导模式。它将客房部各楼层的对客服务集中起来，由客房服务中心统一组织实施。它克服了楼层服务台模式的诸多弊端，节约了客房部人力资源的成本和费用，大大提高了饭店对客服务的效率。客人需要服务时，用电话与客房服务中心联系，联络员迅速通知有关楼层服务员，为客人提供服务。

一般情况下，客房服务中心应该具有同时接听两个以上电话的能力，大型饭店可以采用小型交换机来保证信息运量。在客房员工管理方面，一般饭店都会建立一个无线寻呼系统，以保证客房部员工信息沟通顺畅。

设置客房服务中心的饭店，一般在每个楼层都会设有工作间，工作间主要是楼层服务员工作和休整的区域，为保证楼层的安静和客人休息，它的设置一般较为隐蔽。

客房服务中心模式并非没有缺陷，其缺陷主要表现在对设施设备和人力资源的要求方面。首先，在设施设备方面，由于客房服务中心仅在饭店某个楼层开设，同时又要其运作能力较强，因此对客房服务中心的硬件设施提出了较高的要求。客房服务中心一般需要设置无线呼叫系统、电话系统，还需要在楼层安装监控设备，以保证饭店楼道的安全，这样一次性投入的成本是比较大的。其次，在人力资源的要求方面，客房服务中心的管理模式需要训练有素的员工队伍来支持，一旦配合得不好，会导致整体功能的发挥。客房服务中心不提供面对面的对客服务，使服务不具有直接性，缺乏人情味，致使客人对客房服务员的信赖度下降。而且通过电话进行沟通，会导致服务员往往不能够主动发现客人的需求并及时提供服务。

3. 综合模式

除了以上两种模式外，有些饭店采用既设立客房服务中心又设立楼层服务台的综合模式，以吸取前两种模式的优点而克服其部分缺点。白天，楼层服务台有专职服务员，因为白天楼层事物以及对客服务工作任务较多，楼层服务员的工作量较为饱和；而夜间大多数客人都已休息，对客服务的工作也较少，一般可不安排专人值台。如果客人需要服务，可由客房服务中心的夜班服务员提供。

基于以上分析，高星级饭店在客房服务模式的选择上可以重点考虑客房服务中心的模式，或者是客房服务中心加楼层服务台的综合服务模式。中低档次的星级饭店在客房服务模式的选择上可以重点考虑楼层服务台的服务模式，以提高对客服务效率，弥补硬件设施的不足。但无论如何，任何类型的饭店在选择客房服务模式时，都应该重点考虑饭店本身的客源结构和档次，同时也要考虑当地劳动力成本的高低以及当地社会治安环境的好坏等因素。

三种客房服务模式在具体执行的时候各有优劣，在实际的运营中，饭店客房管理中还是会出现某些问题。如何在节省人力成本、提高设施设备使用效率、保障饭店客房安全、提供高效的客房服务等方面找到一个平衡是饭店客房管理应该关注的一个重要话题。

(二)客房常规服务

客房是客人在饭店逗留时间最长的地方，为客人提供干净、整洁、舒适、方便、安全的客房是客房部最重要的服务工作。除此之外，也对住宿客人提供一些日常生活的服务项目，主要包括以下方面：

1. 洗衣服务

为了给住客提供方便，饭店为住店客人提供洗衣服务。客人洗熨的衣服，一般都由客房服务员取送，服务员应提醒客人填写洗衣单，并将所需洗的衣物一同装入洗衣袋。收取洗涤衣物时，服务员应点清件数，查看口袋里是否有物品、扣子有无脱落、有无严重污点或破损。如有问题，应向客人提出，并在洗衣单上注明，以免发生不必要的麻烦。

洗衣房将客衣洗熨好后，服务员应将洗熨好的衣服及时送进客房或通知客人，如客人急用，饭店可以提供“快洗服务”，当然这要加收加快费用。

2. 房内微型酒吧服务

提供客房微型酒吧服务是星级饭店标准(GB/T14308—2010)对四星级、五星级饭店规定的必备项目。房间里配备小冰箱，为客人提供适量的酒水、饮料和小零食，并备有饮用器具和价目单。此项服务需付费，若客人有取用，应在专用的饮料账单上签字，账单上记有食品、饮料的种类、数量和价格。客房服务员每天清扫客房时，注意检查客人的消费情况，并及时补充。

3. 托婴服务

托婴服务是高星级饭店向客人提供的一个服务项目。该项服务可为携带孩子的客人提供方便，使其可以不影响外出活动。饭店一般不设专职的人员负责托婴，此项服务大多由客房部服务员承担。服务员须接受照料孩子的专业培训，懂得照看孩子的专业知识和技能，有照看婴幼儿的经验并略懂外语。客人提出托婴服务的要求后，客房服务员应请客人填写婴儿看护申请单。看护者在接受任务时，必须向客人了解要求及婴幼儿的特点，以便提供针对性服务。服务员应严格遵照家长和饭店的要求看护，在照看期间，若婴幼儿突发疾病，应立即报告客房部经理，以便得到妥善处理。看护者应在饭店所规定的区域内照看婴幼儿，不随便给婴幼儿食物吃，不将尖利物品及其他危险物品充当玩具，不托他人看管。

4. 物品租借服务

物品租借已成为客房部的一项重要服务项目，饭店可供客用租借物品的种类，取决于饭店的服务标准以及该饭店客人的需求；其租借物品的数量取决于饭店的大小以及预计的需求量。客人对各种租借物品的需求量是不一样的，这主要决定于饭店的类型、出租率、进店和离店的时间规律、主要客源的类型，客房部经理需与市场营销部和总经理共同决定客用租借物品的品种及数量，而确保向客人提供充足的租借物品则是客房部经理的责任。接到客人要求租借物品的电话或通知后，楼层服务员在“客房服务工作日报”上注明物品名称、编号和租借时间，将客人需租借的物品送至客人房间，问清客人归还时间，根据情况向客人演示，并填写饭店专门设计的“租借物品记录表”。

5. 拾遗服务

饭店的住客或来店的其他客人，都有可能在饭店停留期间或离店时将其个人物品遗忘在客房或饭店的公共区域，饭店有责任为其妥善保管遗留物品。遗留物品的保管通常归属于客房部管理。

在饭店范围内发现遗留物品，应设法交还客人。如果是在客房内发现的一般物品，应直接通知客房中心。其他情况应先通知大堂经理，再通知客房中心。无法交还客人的遗留物品，交由客房中心保管。拾获人详细填写“遗留物品登记单”。客房中心服务员查对“遗留物品登记单”及遗留物品，并填写“遗留物品登记簿”。客人询问有关失物情况时，服务员应查对“遗留物品登记簿”记录，积极协助查询。客人认领遗留物品时，须请客人说明有关失物详细情况，请客人交验身份证件，在“遗留物品登记单”上签字。

6. 加床服务

加床服务是客房部提供的服务项目之一，在大多数饭店，这是一项收费服务（婴儿床例外），有时客人会直接向楼层服务人员提出加床服务要求，客房部服务员应礼貌地请客人到总台办理有关手续，不可随意答应客人的要求，更不得私自向客人提供加床服务。

客房服务员接到总台有关提供加床服务的通知后，应立即在工作单上做好记录，随后将所需物品送至客房，如客人在房内，主动询问客人要求，按客人要求摆放好加床。

7. 访客接待

对来访者应热情接待，问清被访客的姓名及房号，通过电话与该住客联系。如果住客不在房内，向来访者说明，并提示其可以去总台办理留言手续；如果住客不愿接见来访者，应先向来访者致歉，然后委婉地请其离开，不得擅自将住客情况告知来访者；如果住客同意会见，按住客的意思为来访者引路；如果住店客人事先要求服务人员为来访者开门，要请其去大堂经理处办理有关手续。若会客时间较长或人较多，应及时为客人添加座椅，补充茶水。

提供这项服务时，客房部服务员应特别注意要在先征得住店客人的同意后方可将来访者带到客房，在住客不在时，除非住客事先书面说明，否则不得将来访者带进住客房。

8. 擦鞋服务

楼层服务员在接到客人要求擦鞋的电话或通知后，应在饭店规定的时间内赶到客人房间收取皮鞋并到工作间擦拭；收取皮鞋时，应在小纸条上写明房号并放入皮鞋内，以防送还时出现差错；擦鞋时，先在鞋下垫上一张废报纸，将表面的尘土擦去，然后根据客人皮鞋的面料、颜色选择合适的鞋油或鞋粉，仔细擦拭、抛光；将擦净的鞋及时送至客人房间，如果客人不在，应放于壁橱内的鞋篓旁。若遇雨、雪天气，服务员应在客人外出归来时主动询问客人是否需要擦鞋。

（三）客房个性化服务

服务的标准化、规范化是保障客房服务的基础，而个性化服务则是服务质量的灵魂。要使客人高兴而来满意而归，必须为客人提供更加富有人情味、突破标准和规范的个性化服务，这是服务质量的最高境界，是21世纪饭店客房服务模式的发展趋势。

个性化服务是指在满足客人共性需求的基础上，针对客人的个性特点和特殊需求，提供具有附加价值的、有针对性的差异性服务。它有两层含义：一是指以客人需要为中心提供各种有针对性的差异化服务及超常规的特殊服务；二是指服务企业提供有自己个性和特色的服务项目。

个性化服务并不都是为某个客人提供专门服务。个性化还是一个群体市场，相同类型的客人会有许多需求是相同的。饭店要研究同类客人的相同需求，尤其是本饭店目标客人的相同或相似的需求，把它们逐步纳入规范服务范畴。

1. VIP 服务

饭店的 VIP(Very Important Person)即饭店非常重要的客人，是指有较高身份地位或因各种原因对饭店有较大影响力的客人，在接待中会得到较高礼遇。VIP 接待服务工作做得如何，对饭店树立良好的声誉、提高饭店的知名度和经济效益起着至关重要的作用。客房 VIP 服务的要求是：对 VIP 的接待，从客房的布置、礼品的提供，到客房服务的规格内容，都要高出普通客人，使其感到饭店对自己确实特别关照。

客房部接待 VIP 要提前做好以下准备：

(1)接到 VIP 接待通知书后，要选派经验丰富的服务员将房间彻底清扫，按规格配备好各种物品，并在客房内摆放有总经理签名的欢迎信、名片，摆放饭店的赠品，如鲜花、果篮、饮料等。

(2)房间要由客房部经理或主管严格检查,然后由大堂副理最后检查认可。

(3)VIP在饭店有关人员陪同下抵达楼面时,客房部主管、服务员要在楼梯口迎接问候。VIP享有在房间登记的特权,由总台负责办理。VIP住店期间,服务员应特别注意房间卫生,增加清扫次数。对特别重要的贵宾(VVIP),应提供专人服务,随叫随到,保持高标准的服务。

2. 商务客人服务

商务客人是一个高消费的群体,他们一般都有较高的文化修养,重视保持良好的个人形象,公务繁忙。商务客人的基本需求是:对客房设施设备和服务的要求都很高,生活上要舒适,工作上要方便,尤其是通信设施要齐全,保证客房安全;服务品位和服务效率要高,要得到更多的尊重。商务客人服务的基本要求有以下方面:

(1)选派素质高、业务精的服务人员为商务客人服务,以高质高效为第一要求。

(2)为客房增设办公设备,改善办公条件,要有互联网接口。

(3)延长洗衣服务时间,并满足特殊需要。

(4)清扫客房时不得翻看或挪动摊放在桌子上的文件和书籍,对无意看到的内容注意保密。

(5)尽量减少进房次数,以免打扰客人。

(6)及时告知店内夜间娱乐项目。

(7)尽快满足客人的需求,有邮件要立即送进房间。

许多高档饭店为商务客人开设了商务行政楼层,集中管理,提供有针对性的服务,很受商务客人的欢迎。

需要特别关注的是,随着女性商务客人的逐渐增加,国内一些饭店针对女性商务客人的特殊需求,专门开设女性楼层甚至女性商务饭店,通过制定并实施一系列特色化的服务与管理措施,向她们提供安全、清洁、温馨的服务。

3. 观光旅游客人服务

观光旅游客人以游览、参观为主要目的,早出晚归,要求住好、吃好、玩好,喜欢购买旅游纪念品,委托服务较多。观光旅游客人服务的基本要求有以下方面:

(1)早晨叫醒服务要准时。

(2)客人早上离店后按时整理好房间,客人晚上进店前备足开水和冷开水,调节好室温。

(3)接受客人各种委托服务,如洗熨衣服、擦皮鞋、冲洗胶卷等服务,要主动热情、及时周到、保证质量。

(4)主动介绍当地的自然风光、名胜古迹、风味餐馆、土特产品和旅游纪念品等。

4. 政府代表团服务

政府代表团一般由部长、总理或国家元首带领,常有领导接见、宴会等。该类宾客的身份地位高,年龄较大,态度严肃,生活要求高,重视礼仪规格，停留时间短，日程安排紧，店外活动多，对接待服务要求高。政府代表团服务的基本要求有：

(1)合理调配人力，由专人负责。

(2)认真做好客人抵、离店时的迎送。

(3)尊重客人的风俗习惯和宗教信仰。

(4)不在客人面前谈论国内外时事和政治。

(5)做好应有的保密工作。

(6)根据客人的活动规律，合理安排各项服务工作，讲究效率，保证质量。

5. 文艺团体服务

文艺团体的成员对服饰非常讲究，因此他们要求洗衣服务要多，而且质量要高、速度要快。他们的活动安排紧凑，常常晚间演出、白天休息，其生活习惯与其他客人不同，因此要求尽量避免他们与其他客人之间的相互干扰和影响。服务人员在与他们接触中，应适时地说些祝贺和赞扬的话。文艺团体服务的基本要求有以下方面：

(1)做好服务准备。因文艺团体的成员住宿时间较长，睡觉迟、活动多，早晨起得晚，演出回来需要饮料较多，饭店服务人员必须做好准备。

(2)时间观念强。出发时间和平时委托代办都要准时，以保证演出任务的完成，服务人员要针对这一特点认真配合。

(3)注意艺术装饰。客房布置应尽量注意艺术性。

6. 体育代表团服务

体育代表团的成员生活习惯和作息时间与他们所从事的运动项目有关。他们共同的特点是对休息和饮食的要求高。体育代表团服务的基本要求有以下方面：

(1)运动员的活动比较有规律，行动统一。饭店服务人员最好能掌握他们的时间，以便提供服务。

(2)勤洗澡、勤换衣。要加强卫生间的清扫，保证运动员所用开水和饮料供应充足。

(3)运动员思想情绪波动大，往往受比赛输赢的影响。服务人员应及时了解比赛情况，要善于察言观色，对赢队表示祝贺，对输队也要热情服务，不可流露出轻视嘲笑的情绪。

7. 长住客服务

许多公司、商社或常驻机构长期包租客房作为办事机构，派员长住办公，也有的是外国公司雇员携家属长期居住。这类客人对客房的要求是有家的感觉，期望得到亲切、方便、舒适的服务。长住客服务的基本要求有以下方面：

(1)长住客工作紧张，服务员要给予理解关照。

(2)清理房间要尽量安排在客人非办公时，清扫时对于客人文件物品要特别注意，开窗换气时不要被风吹散，不要翻看挪动。

(3)对茶具、饮料、擦手巾、记事便笺等用品要专门配备，按客人要求及时送上。

(4)对于长住客在房内安装办公设备和生活设施的要求尽量满足，但服务员在日常服务中要注意检查安全隐患，及时汇报领导和提醒客人。

(5)有的饭店会记住长住客的生日,到时送上鲜花或果篮。

(6)亲疏有度。

8. 常客服务

常客是经常光顾、多次住过本饭店的客人,这些客人大多都对饭店印象较好,对饭店的情况比较熟悉,对服务员也比较了解。

在为常客服务时,要特别讲究个性化服务;还要注意亲疏有度,不能因为彼此了解或很熟悉就忽略了角色关系。

9. 蜜月旅游客人服务

现在旅行度蜜月的人越来越多,这类客人常有"一辈子就这一次,得好好风光一回"的想法,所以花钱大方,图个舒服、顺心、吉利。蜜月旅游客人服务的基本要求有以下方面:

(1)安排安静、明亮的大床间,如有预订,应有所准备,如贴红喜字、摆放鲜花等。

(2)多介绍当地的旅游景点、风味餐馆和旅游商店,方便客人游玩和购物。

(3)这类客人白天多外出,客房清扫等服务要抓紧做好,客人回来后要少进房打扰。

蜜月客房可以提供新婚宴请一条龙服务、接待访客服务、代办旅游线路策划等服务项目。

10. 老弱病残客人服务

住客中常会有一些老弱病残者,他们是饭店的特殊客人。这些客人往往行动不便、生活自理能力差,需要得到特别的关爱和帮助。所以,客房服务员应接受专业训练,运用娴熟的服务技巧,确保服务的有效性。老弱病残客人服务的基本要求有以下方面:

(1)对年老体弱者,应根据其年岁大、视力听力弱、记忆力差、反应迟钝、行动不便等特点要多加关照,服务工作要细心周到,有耐心,要特别注意他们的安全。

(2)对病残客人要根据其病情、伤残部位、情绪状态提供必要的帮助。对他们的合理要求要尽力给予满足,要防止言行不当伤害他们的自尊心。饭店服务人员要尊重他们的隐私,不得打探、议论和传播关于客人残障的信息。

(3)要多为他们提供精神上的安慰和生活上的便利。

案例分析

小尹的成长

工科毕业的小尹大学毕业后到一家五星级饭店工作,成了前厅部的一名员工,四年过后,他为自己毕业时的选择感到欣慰和自豪。每当谈起自己的工作,他是抑制不住内心的兴奋:饭店豪华的装饰,优雅的环境,一尘不染的大堂,举止优雅、彬彬有礼的员工,繁忙的大厅里总是些社会名流、商界巨子、出席重大会议和招待会的成员、商人,还有来自世界各地的度假人士。四年的历练使他从一名刚踏入社会的大学生成长为一名精通业务、成熟自信的前厅部经理。原本外语并不熟练的他现在可以用一口流利的英语同来自世界各地的宾客熟练地交谈。回忆自己的经历,小尹不无感慨,他庆幸自己选择了饭店服务和管理作为自己的工作。谈起自己的体会,他说:"年轻人都想了解世界,饭店工作能让你学会如何与具有不同文化背景、不同风俗习惯、不同信仰的人相处,锻炼你的组织、协调能力。饭店是了解世界、开阔视野的一个难得的窗口,对自己将来的发展有着不可估量的意义。"尽管有许多单位都向他伸出了橄榄枝,许以优厚的条件,可小尹都不为所动,他愿意一生从事饭店管理工作,因为他愿意去感受、去品味与客人打交道的快乐和兴奋。并真诚地希望能有更多的年轻人能够加入到这个充满快乐和挑战的行列中来。

案例讨论题:

从小尹的成长经历看,你认为前厅部从业人员应具备什么样的素质?

思考题

1. 前厅部的业务有什么特点?
2. 前厅部的功能及各部门的职责是什么?
3. 简述前厅部预订和客人入住登记程序。
4. 饭店前厅礼宾服务包括哪些内容?
5. 饭店前厅部总机和商务中心的服务内容有哪些?
6. 简述客房清洁程序和要求。
7. 客房计划卫生的意义和主要内容是什么?
8. 各种客房服务运营模式的优缺点是什么?
9. 客房部常规服务项目有哪些?
10. 什么是个性化服务? 如何提供客房个性化服务?

第十章

饭店餐饮管理

学习目标

通过本章学习，要求学生了解餐饮部在饭店中的地位；掌握餐饮部经营管理的特点和工作任务；了解餐饮部的组织机构与功能；熟悉菜单种类、菜单设计原则和菜单设计方法；掌握菜单分析的基本方法；熟悉餐饮原料采购、验收、储藏和发放四大环节的控制活动；了解厨房与厨房组织、厨房生产计划书；熟悉厨房生产标准化，掌握厨房生产损耗控制和质量控制；了解饭店餐厅的类型；掌握餐厅服务方式；熟悉宴会服务与管理。

★重要概念★

餐饮部　菜单　ME分析法　采购规格表　定期采购法　经济订货批量法　厨房生产标准化　标准食谱　损耗率　美式服务　俄式服务　法式服务　自助式服务　共餐式服务　分餐式服务　宴会

第一节　饭店餐饮管理概述

一个优秀的全功能型饭店应当具有设备完善的建筑物，具有不同种类和规格的客房、餐饮及其他服务设施，并在餐饮产品方面有一定知名度。不同种类的饭店，其餐饮经营内容不同。餐饮部是现代饭店中的一个重要部门，它不仅满足了客人对餐饮产品和服务的需求，为饭店创造经济效益，而且还为饭店在社会上树立良好的企业形象提供了一个平台。

一、餐饮部的地位和工作任务

（一）餐饮部的地位

1. 餐饮服务是饭店服务的重要内容

我国民间自古流传“民以食为天”的谚语，以简单通俗的语言反映饮食是人类生存头等重要大事的道理。食、住、行、游、购、娱等消费活动是人们旅游的必要条件，其中食和住构成了饭店服务的主要内容。因此，餐饮部成为现代饭店中不可或缺的主要业务运营部门。

2. 餐饮部运营质量是饭店经营管理水平的客观标志

现代饭店承担着接待中外旅游者的任务，要为住店客人提供全面服务，诸如预订服务、接待服务、行李服务、委托代办服务、客房服务、洗衣服务、餐饮服务、康乐服务、商务服务、会议服务等。其中，提供餐饮服务的场所是旅游者聚集活动和交际活动的中心。所以，餐厅的装饰、布局、风格、环境和餐饮出品，以及服务人员的服务等给客人留下的印象最为深刻。这一切不仅反映餐饮部运营质量，也体现着饭店的经营管理水平。

3. 餐饮收入是饭店营业收入的重要来源之一

餐饮部是饭店获得经济收益的重要部门之一。餐饮部的收入在饭店总收入中所占的比重因地、因饭店状况而异。就目前国内而言，餐饮部的营业收入约占饭店总营业收入的三分之一左右，仅次于客房营业收入。

餐饮部还是平衡饭店经营季节性差异的部门。饭店的季节性比较明显，在淡季时，餐饮部门可运用一些特殊推销活动，吸引顾客光临饭店进行餐饮消费，扩大餐饮营业收入，提高饭店的经济效益。

4. 餐饮服务的特色能够提高饭店的知名度

我国的饮食文化历史悠久、源远流长、举世闻名。我国的菜肴具有选料考究、配料精巧、刀工精细、烹调多种、滋味丰富、品种繁多、精于火候和讲究器皿的特点。我国菜肴因地理环境、气候物产、文化传统以及民族习俗等因素的影响，经过漫长历史的演变而形成自成体系的地方菜系，如川菜、粤菜、鲁菜、苏菜、闽菜、浙菜、湘菜、徽菜、京菜和鄂菜等，构成我国或地方发展旅游业的重要资源之一。旅游者除了进行公务活动、观赏名胜古迹、领略大自然的美好风光、交流文化和友谊，也要品尝美味佳肴、品味异国异地的饮食文化。

对于饭店来说，餐饮服务的特色能够提高饭店的知名度，使更多的客人慕名而来。

（二）餐饮部的工作任务

1. 分析经营环境，设定管理目标

要满足客人对餐饮的需求，必须首先了解饭店餐饮目标市场的消费特点与餐饮要求，掌握不同年龄、不同性别、不同职业、不同民族和宗教信仰的客人的餐饮习惯和需求，同时掌握国家方针政策和对餐饮经营的有关法规和规定等，然后对这些调查资料进行认真分析，结合饭店自身条件，确定餐饮市场定位、经营方针、经营策略和经营特色，使饭店的等级规格及餐厅场所、设备、用餐环境与接待对象相适应。

设定管理目标是分析经营环境的继续和深入。常见的餐饮管理的目标设定有以下方面：

（1）按时间划分为长期目标、中期目标和短期目标；

（2）按内容划分为市场目标、销售目标、质量目标和效益目标；

（3）按层次划分为企业目标、部门目标和基层目标。

设定目标，要坚持以提高经济效益为中心，以饭店目标和部门目标为主，长短结合。因此要以调查资料为依据，通过预测分析，首先设定战略目标，然后形成市场、销售、质量、效益等具体目标，并通过目标的层层分解，转化成收入、成本、费用、利润等经济指标，落实到企业、部门、基层等各部人员。这样既能将各级管理人员至基层员工的注意力吸引到餐饮管理目标上来，向着共同的目标奋斗。

2. 发挥规划功能，合理配置资源

管理目标一经确定，就要根据其要求做好统一规划，以保证餐饮经营各部门、各环节的协调发展。重点是人力、服务项目和业务活动管理三方面的规划。

合理分配资源是发挥规划功能的自然结果。餐饮管理资源主要是人、财、物和信息四大资源，合理分配的目标是要达到人力到位，物资流、资金流和信息流畅通，为完善餐饮管理目标提供资源保证。其中，人力资源的开发与管理是最为重要的，要通过不断发掘人力资源的潜力，保证和提高企业的竞争力。

3. 广泛组织客源，扩大产品销售

客源是饭店生存与发展的基础与前提，只有广泛组织客源，才能扩大餐饮产品的销售，因此，餐饮部必须采取各种方法招徕并吸引客人前来就餐，从而提高饭店及餐厅的知名度、美誉度和经济效益。

4. 加强原料管理，保证生产需要

餐饮原料的质量直接影响餐饮产品的质量，而其价格又直接关系餐饮部门的经济效益，因此，加强对餐饮原料的采购、验收、储存管理，既可保证厨房的生产需要，又可降低餐饮成本。

5. 做好厨房生产管理，提高菜品质量

厨房是餐饮产品的生产场所，其管理水平的高低直接影响餐饮产品的质量和客人满意程度。餐饮部应做好厨房管理，根据客人需要，合理加工餐饮原材料，组织厨师及时烹制出适销对路，色、香、味、形俱佳的餐饮产品，并加强生产过程的控制，努力提高餐饮产品的质量。

客人的口味需求各异，应以适口为准。餐饮管理者必须了解市场需求和客人的消费习惯，努力使饭店供应的菜品酒水品种符合目标市场的需求，厨房制作必须照顾到客人不同口味的需求，原料的采购、厨房的制作和餐厅的服务等环节必须密切配合。

6. 抓好餐厅服务管理，满足客人需要

餐厅是餐饮出品的销售场所，又是为客人提供面对面服务的领域，它使餐饮产品的价值最终得以实现。适口的菜品酒水，只有配以优质的对客服务，才能真正满足客人的餐饮需求。所以，要为客人营造怡人的就餐环境，提供主动、热情、礼貌、周到的服务。优质的餐厅服务虽然不能掩盖或弥补因粗劣的菜品酒水带给客人的不满，但适口的菜品酒水亦肯定会因不良的服务变得难以下咽。由此可见，对客服务在某种程度上比美味佳肴更能满足客人的需要。因此，抓好餐厅管理，既可满足客人的物质和精神需要，提高客人的满意程度，又可体现并反映饭店的管理水平与服务质量。

7. 加强成本费用控制，提高经济效益

餐饮部应根据等级、客源市场的消费水平和经营目标等因素制定相应的成本标准，按规定的毛利率确定菜肴的售价，在满足客人需求的前提下，保证饭店的经济利益。因此，餐饮部应建立餐饮成本控制体系，加强对餐饮生产全过程，如采购、验收、库存、发放、厨房的粗加工、切配、烹制、餐厅销售等各环节的成本控制，并定期对餐饮成本进行比较分析，及时发现存在的问题及其原因，从而采取有效降低成本的措施，最终提高经济效益。

8. 注重食品安全卫生，确保客人生命健康

食品在人们的日常生活中一直占有主要的位置。近几年危害人们身体健康的食品安全事件屡有发生，引发了全社会对食品安全卫生的关注，公众性的安全意识大大增强，也给餐饮经营管理敲响了警钟。因此，餐饮部必须把保障食品安全卫生作为一项十分重要的管理任务常抓不懈。餐饮经营活动环节多，饮食安全涉及面大，是一项复杂的业务活动。餐饮部要增强社会责任感，强化食品安全意识，加强生产经营各环节的管理。要从系统管理角度进行综合考虑，建立完善的餐饮安全控制系统，确保食品安全万无一失。

二、餐饮部的组织结构与职能

（一）餐饮部的组织结构

饭店餐饮部的组织机构形式因饭店的类型、等级、规模和服务内容等的不同而不同。某中型饭店餐饮部的组织结构如图 10-1 所示。

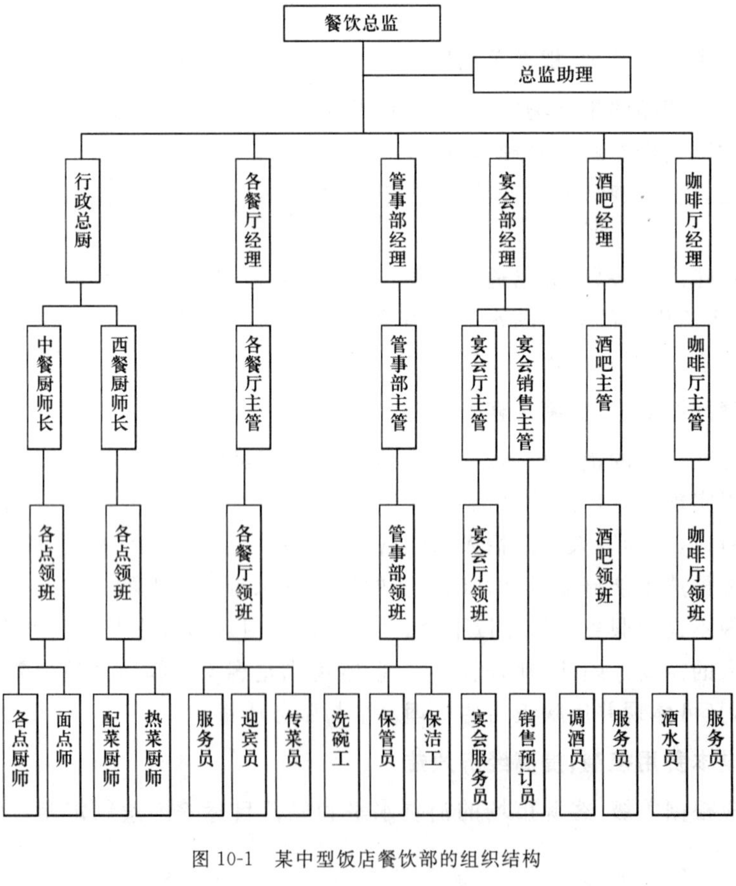

图 10-1　某中型饭店餐饮部的组织结构

（二）餐饮部各结构的职能

1. 餐厅部

餐厅部直接向宾客提供食品、饮料和良好服务，取得合理的经济收入。根据其所提供的食品、饮料和服务的不同，饭店餐厅可分为零点餐厅、团队餐厅、咖啡厅、酒吧、风味餐厅、自助餐厅、客房送餐和外卖部等。

2. 宴会部

宴会厅接受宾客的预订，承办各种类型的宴会、酒会、招待会等活动，并根据宾客的要求及宴会的规格，制定菜单，布置厅堂，备餐铺台，同时为宾客提供完整的宴会服务。

3. 厨房部

厨房部是饭店的主要生产部门，负责整个饭店所有中式、西式菜点的准备与烹饪，满足不同宾客的饮食需求，还负责厨师的培训、菜点的创新、食品原料采购计划的制订，以及餐饮部成本控制等工作。

4. 采供部

采供部是饭店餐饮部的物质供应部门，它根据实际需要以最有利的采购价格，按时、保质、保量地为餐饮部组织和采购所需的物品，特别是食品原料和酒类饮料等。采购后要分类入库储存、妥善保管、及时发放，保证餐饮部的正常运营。

5. 管事部

管事部负责打扫厨房、餐厅、酒吧等处的环境清洁卫生；承担所有餐具、器皿的洗涤、消毒、存放、保管和控制；及时将用过的各种布草送交洗涤部门进行洗涤。此外，还要支援餐饮部各部门的临时需求，并负责培训和提高保洁员的业务技术水平。

第二节　菜单管理

菜单是餐饮企业向客人提供的餐饮产品的品种和价格的一览表。饭店餐饮部门确定了目标市场后，就必须确定生产哪些产品、提供哪些服务来满足目标顾客群的需求，这就要求餐饮部门在进行生产以前首先要制定一份详细的菜单。菜单既是餐饮生产和服务的计划书，向生产部门和服务部门明确各自任务，又是向顾客传递信息的工具，因此它在现代餐饮管理中起着关键的作用。

一、菜单的种类

由于各饭店餐厅的经营类型、档次及经营项目各不相同，因而对菜单内容选择、项目编排以及外观设计均有不同要求，从而形成了千姿百态的餐厅菜单。综合考虑各类餐厅的经营类型、经营项目、就餐形式及服务对象等因素，可将菜单分为以下六大类型。

（一）零点菜单

零点菜单又称做“点菜菜单”或“散客菜单”，是餐厅中最基本、最常见也是使用最广泛的一种菜单。它适用于大多数经营类型的餐厅，如传统餐桌服务式餐厅、特色餐厅、风味餐厅、火锅餐厅及咖啡厅等。

零点菜单按餐别可分为中、西早餐零点菜单和中、西正餐零点菜单四种。中、西正餐零点菜单所列菜品种类较多，大多都图文并茂。随着餐饮业的迅猛发展，近年许多餐厅在正餐零点菜单上除保留一定比例的固定菜肴外，增加了大量应时新鲜菜品和一些特选品种，进一步扩大了菜单上的选择项目，使顾客有更充分的选择余地。即使是专营某类菜肴的特色餐馆或风味餐厅，其菜单上也列有一定数量的其他菜肴。

（二）套菜菜单

套菜也称"套餐"或"定菜"，就是在各类菜品中选配若干菜品组合在一起，以一个包价来销售的一套菜肴。

套菜菜单按照餐别划分，可分为中、西早餐套餐菜单和中、西正餐套餐菜单四种；按照服务人数来划分，可分为个人套餐菜单和多人套餐菜单。个人套餐菜单一般多见于中、西快餐厅，而多人套餐菜单常见于各类餐桌服务式餐厅。餐厅推出各种套菜菜单，其目的一是为了迎合不同顾客的需要，二是增加餐饮企业的收入，充分利用餐厅现有资源。

（三）宴席菜单

宴席菜单是为宴席而设计的、由具有一定规格质量的一整套菜品组成的菜单。严格说来，宴席菜单也属于套菜菜单，只是由于人们举行宴席的目的、档次、规模、季节、宴请对象及地点各不相同，要求宴席菜单在规格、内容、价格等方面同其他套菜菜单区别开来。因此，宴席菜单可以说是一种特殊的套菜菜单。

（四）特种菜单

特种菜单同零点菜单、套菜菜单、宴席菜单相比，在服务对象、计价方式、品种编排以及适用场所等方面都有较特殊之处，因此被列入特种菜单。常见的特种菜单有以下几种。

1. 自助餐菜单

自助餐菜单与套菜菜单相比，其主要区别是套菜菜单的计价无论是以人还是以桌为计价单位，总是以一定品种和数量的菜品进行包价销售，而自助餐菜单则是在一定的品种菜品中，任顾客随意选用，无论数量多少，都按每位顾客规定的价格收费。也就是说，顾客选择消费套餐，是以一定价格任意选择套菜菜单上的菜品，但不能打包带走。自助餐菜单主要运用于经营自助餐、自助餐宴席以及自助式火锅的餐厅中。

2. 客房送餐菜单

客房送餐菜单一般只在具有较高星级饭店才能见到。客房送餐是饭店为那些不能去餐厅用餐或在开餐时间以外的时间要求用餐的住店客人提供的特别餐饮服务。

3. 旅行菜单

旅行类菜单主要用在一些大型旅行交通工具上，为旅客提供餐饮服务时使用。人们乘坐大型交通工具旅行，由于旅行时间较长，因此运输企业为顾客专门开设就餐场所，为人们提供简便的餐饮服务。这些交通工具主要指火车和轮船，这类菜单也属于零点菜单，只是由于受到场地、设备、原料等限制，这类菜单上的品种相对较少，而且成本一般较高，因此菜品价格也较贵。

4. 特殊人群菜单

推出特殊人群菜单，主要是满足人们多种就餐方式与就餐口味的需要，以进一步提高餐厅的营业收入。餐厅针对特殊人群推出的菜单主要有四大类，即儿童菜单、病人菜单、特殊饮食菜单、营养保健菜单。

（五）酒水单

酒水单主要适用于以经营酒水饮料为主的酒吧、咖啡屋和茶馆等。酒水单上饮品的种类选择根据经营类别而有所不同。酒吧中的酒水单以含酒精饮料为主，而咖啡屋和茶馆的酒水饮料单则以咖啡、茶等非酒精饮料为主。酒水单上的饮品种类较多，一般有开胃酒、烈性酒、鸡尾酒、香槟酒、葡萄酒、啤酒、汽水、果汁等类别。酒水单上的每一种饮品应分别注明价格，但计价单位因各餐厅的经营方法和酒水种类而有所不同。

（六）混合式菜单

混合式菜单综合了零点菜单与套菜菜单的特点与长处，将二者有机地结合在一起。西餐厅使用混合式菜单较多。有些西餐厅的混合式菜单上以套菜形式为主，同时欢迎顾客随意点用其中任何主菜，并以零点形式单独付款；而另一些西餐厅的混合式菜单则以零点形式为主，但主菜均有两种价格，一为零点价格，一为套菜价格。顾客若要选用套菜方式，则在选定主菜之后，可以在其他种类菜品中选择数量和品种控制在一定范围内的菜点作为配套菜品，最后按所选主菜的套菜价格付款。

二、菜单的设计

（一）菜单设计的原则

菜单的设计与制作是餐饮经营的首要环节，对餐饮生产和经营的成功有着重大影响。菜单设计是一个复杂而细致的工作过程，不仅要求设计者充分重视和反复权衡各方面的有利条件和不利条件，更需把握设计的基本原则。

1. 树立市场形象，突出本餐厅风格特色

菜单是沟通生产与消费的桥梁。顾客进入餐厅在见到餐饮产品前，有关餐饮产品与服务的信息主要来自菜单与服务人员的介绍。因此饭店应充分利用菜单这一工具，设法在顾客心目中树立起有别于其他餐厅的鲜明独特的形象，突出饭店餐饮风格特色。如从菜品风味、著名品种、菜品价格、流行菜式、就餐类别、消费优惠等方面，确立饭店企业形象。另外，菜单要尽量选择反映餐饮风格特色和厨师最擅长的菜式品种进行推销，突出品牌菜和特色菜，同时注意品种搭配，时常推陈出新。

2. 及时把握市场需求，深入研究客人饮食习惯与偏好

由于目标市场的需求容易受到诸多因素的影响而发生变化和波动，因此餐饮管理人员在进行菜单策划时，要及时把握市场需求的变化状况，对菜单进行调整；即使是同一目标市场，人们在饮食习惯和偏好方面，受职业、年龄、教育程度、文化背景等因素影响，仍然存在许多细微差异。餐饮管理者应有意识地收集、整理、统计有关资料和数据，深入研究目标顾客的饮食习惯与偏好，为菜单策划提供依据和参考。

3. 充分掌握原料供应状况，正确核算成本利润

凡列入菜单的菜式品种，餐饮部门应无条件地保证供应，餐饮管理者应清楚地认识到这一基本餐饮管理原则的重要性。如果一家餐厅的菜单品种丰富多彩，但当顾客点菜时却常常得到“没有”的回答，在这种情况下，无论餐厅向顾客说出什么正当的理由，做出多么耐心的解释，都会让顾客感到失望和反感，进而引起顾客对餐厅诚实度和信誉度的怀疑，极大地损害饭店在顾客心目中的形象。因此，在进行菜单设计时，应充分掌握各种原料供应状况，如市场供求关系、采购及运输条件、季节、餐厅地理位置等，以确保原料供应充足。

由于菜单上各种菜品的成本不同，有的品种差异很大，因此餐饮管理人员在考虑菜单品种时，应首先正确核算菜品的成本与毛利，了解菜品的盈利能力；其次要考虑菜品的受欢迎度，即潜在的销售量；最后还要分析菜品之间的相互影响，即一种菜品的销售对其他菜品的销售是有利还是不利。

4. 注重营养搭配，满足多种需求

随着人们生活水平和认识水平的提高，人们进入餐厅的目的，已不仅仅是解决饥饿这一基本生理需求，而是品尝美味佳肴，进行社会交往和丰富人生经历，尤为重要的是人们已经认识到了酒足饭饱并不意味着营养平衡的科学饮食。尽管选择什么样的饮食是就餐者自己的事，但向广大消费者推荐并提供既丰富多彩，又符合营养原理的饮食是每个餐饮工作者义不容辞的责任。为此，菜单策划者在进行菜单设计时还必须认真分析人体营养需求这一因素，以满足顾客的多种需求。

5. 充分考虑现有生产能力，避免菜单盲目性

菜单上的品种都必须由厨房生产出来，因此厨房的生产能力限制了菜单菜品的种类和规格，而影响厨房生产能力的因素主要是厨房的设备条件和员工技术水平。如果不考虑现有生产能力，而盲目设计菜单，即使菜单设计得完美无缺，也是毫无意义的。同时，菜单上各类菜品的数量搭配要合理，以免使得某些设备过度使用，而另一些设备使用率过低甚至闲置；或是某些岗位厨师工作量过大，而另一些厨师却空闲无事。

（二）菜单内容设计

菜单内容千差万别、各具特色，但总的说来，菜单应向顾客传递以下几类信息：

1. 菜品与价格信息

（1）菜品一定要“名副其实”。要求品名真实、质量真实、价格真实，并保证菜品供应。

（2）菜品介绍。菜品文字介绍注意用词准确、语言精练、避免冗长、夸张的字句。对于高星级饭店餐厅，菜单应有相应的译文说明。

（3）图片。对于餐厅特别推荐菜品或餐厅品牌菜品可用图片配合文字进行介绍。

2. 机构信息

(1)餐厅名字、企业名称、标志或商标记号。

(2)餐厅地址、联系电话或预订电话。

(3)营业时间。营业时间一般列在菜单封面或封底。如果每餐之间有间隙,应注明每餐营业时间。有些餐厅因原料供应等原因,特别注明某些菜品只在某一特定时段供应。

(4)餐厅的发展历史、规模与特点。餐厅需要推销自己的特色,让顾客更多地了解餐厅,菜单是较好的推销途径。

3. 其他特殊信息

其他特殊信息包括特殊推销信息和财务信息。特殊推销信息主要向顾客介绍餐厅的销售优惠政策,如折扣、赠送礼品及其他销售优惠。财务信息主要是指付款方式等。

(三)菜单总体布局

总的说来,菜单的内容一般按就餐顺序排列布局,因为顾客一般也习惯于按就餐顺序进行点菜。中式菜单的排列顺序一般是冷菜、热炒、汤、主食、饮料、水果。而西式菜单的顺序一般是开胃品、汤、沙律、主菜、面包类、甜品、饮品、水果。

菜单形式一般分为单页菜单、双页菜单、三页菜单和多页菜单。菜单上不同部位对人们目光的吸引力不同,应将餐厅的特色菜、品牌菜、高档菜或餐厅最希望销售的菜品列在菜单上最引人注目的重点销售区。

(四)菜单艺术设计

菜单艺术设计对于餐厅经营来说非常重要。因为一份设计精美的菜单本身对顾客就有非常大的吸引力。菜单的大小、色彩、重量、纸张质感。清洁度等都能给顾客强烈的印象。因此要想制作一份精美的菜单应聘请专业设计师专门制作。在设计制作菜单时,餐饮部管理者应注意以下几方面的内容:

1. 菜单规格与篇幅

菜单规格和篇幅应符合顾客点菜所需的视觉效果,其开本和页数的选择要慎重,太大的菜单客人不便拿取,太小的菜单可能会使人不易看清。决定菜单大小的因素包括菜品数量、字号大小以及字间距、页眉、页脚大小等,文字所占篇幅一般不要超过50%。菜单规格与篇幅选择,既要让人容易阅读,又不要太冗长。

2. 菜单封面与封底

封面是菜单的门面,是菜单给顾客的第一印象,而封底是菜单留给客人的最后一个印象,独具匠心的封面和得体的封底往往会给顾客留下深刻而美好的记忆。菜单封面与封底的色彩、图案、字体等应与餐厅档次、特色、环境、色调相匹配和协调。封面与封底可用防油防水材料压腊覆盖,以防止水油的浸染,同时便于清洁。

3. 字体与图片选择

文字和图片是菜单上最基本、最主要的用来沟通餐厅与顾客的信息媒体。无论是汉字还是其他文字,字体一定要易于辨认,为普通人所接受,否则不仅会拖延顾客点菜时间，有时甚至还会引起顾客误读招致不必要的纠纷或令顾客尴尬。字体、字号、线条粗细等也应与餐厅风格相适应。图片传递的信息最直观，最能真实展现菜品的特色。彩色照片比文字具有更强的说服力，而且菜品的某些质量信息只有彩色照片才能形象地展示给顾客，如某些饮品的颜色、菜品的新鲜程度等。但印刷的成本显然比单色印刷高了许多，而且使用大量图片，会使菜单篇幅增大，因此图片的数量要控制在一定的范围内，而且最好选择餐厅的品牌菜、部分高档菜或最受欢迎的菜品配上图片。

4. 纸张选择

用于印制菜单的纸张有多种类型，其价格、质量各不相同。覆膜铜版纸、牙粉纸及一些特种纸张价格较高，而胶版纸、凸版纸等纸张价格相对较低，采用哪种纸张来印制菜单，应根据菜单使用方法、餐厅档次、纸张费用和印刷效果等因素来决定。

5. 印制商的选择

由于菜单印制质量的好坏直接影响菜单对顾客的吸引力，应选择那些信誉好、质量高的印制商，同时还要在印制价格上比较，在保证印制质量的前提下，进一步降低印制费用。

三、菜单分析与调整

菜单分析与调整就是要求餐饮部对菜单的执行情况以及菜单上各类型菜品的销售情况进行调查，分析顾客对菜单的接受程度以及菜品受欢迎程度，并据此对菜单品种、价格、顺序编排、生产工艺、服务程序等进行适当调整，以保证经营活动的顺利进行。菜单分析与调整是菜单管理中的一个十分重要的环节。

菜单分析的基本方法是 ME 分析法。ME 分析法也称菜单工程(Menu Engineering)，它是指通过对餐厅菜品的畅销程度和毛利率高低的分析，确定出哪些菜品既畅销、毛利又高，哪些菜品既不畅销、毛利又低，哪些菜品虽然畅销但毛利率很低，哪些菜品虽不畅销、但毛利率较高。从而对饭店的餐饮菜品实现总体评估和调整优化。

在进行 ME 分析时，不应将餐厅提供的所有菜品、饮料放在一起进行分析、比较，而应按类或按菜单程式分别进行。中餐的 ME 分析可分为冷盘、热菜、汤类和面点等 4 类；而西餐的 ME 分析可分为开胃品、汤类、色拉、主菜、甜食和饮料等 6 类。

菜单中的每一种菜点，其基本销售获利情况可归入以下 4 类构成中：

(1)畅销，毛利较高。

(2)畅销，毛利较低。

(3)不畅销，毛利较高。

(4)不畅销，毛利较低。

由此可见，第一类品种，能给饭店带来高额利润，应加大开发。第二类品种，可部分保留，作为刺激消费策略，并有效控制其销售量。第三类品种，应根据不同情况分别对待。如保留部分价格高但能体现餐厅档次的品种，以满足部分高消费者；对一些有开发潜力的品种可加大促销力度，使其成为畅销高利润菜品；但那些在较长时间内销售量都很小且呈下降趋势的菜品，会使菜单失去吸引力，因而应予以取消。第四类品种，原则上应予以淘汰，但有时对部分在营养平衡、风味平衡和价格平衡上有一定意义的品种在一定时期内也可予以保留。

在具体实施菜单品种销售分析时，一般是定期将一个时期内销售的全部菜点分类列表或混合列表分析，各品种菜点分析的详细内容为销售单位、单位标准成本、销售价、单位毛利、毛利指数及其总成本、销售量、销售量指数、消费者欢迎指数、销售额、毛利、毛利率等。

第三节　餐饮原料管理

餐饮原料是饭店餐饮生产、服务和经营的重要物质基础，同时也直接影响着餐饮经营的其他各个环节。只有餐饮原料符合使用标准，才能生产出高质量的餐饮产品；餐饮原料的价格又直接关系餐饮部的成本控制和经济效益。餐饮原料管理过程包括原料采购、验收、储藏和发放四大环节的控制活动。

一、原料采购管理

原料采购管理是餐饮原料管理的首要环节，是保质保量完成生产任务和控制餐饮原料成本的前提。原料采购管理的目的在于以合理的价格，在适当的时间，从安全可靠的渠道，按规格标准和预订数量采购厨房生产所需要的各种食品原料，保证饭店餐饮服务顺利进行。

（一）原料采购质量控制

要生产出质量稳定的产品，必须使用质量稳定、规格标准的原料。原料采购质量控制就是使原料的新鲜度、成熟度、纯度、质地、颜色等各种指标在满足生产需要的前提下达到质量的最优化。对原料进行质量和规格控制、保证原料达到理想标准的最常用手段就是利用采购规格表。

采购规格表是根据菜单或酒单的要求，以表格形式对要采购的餐饮原料的种类、等级、大小、重量、份额和包装等方面做出的详细明确的规定说明，采购规格表由餐饮部门和采购部门共同制定，一经形成标准将作为每次原料采购的依据。管理人员应对经常使用的尤其是单价比较高的贵重原料制定采购规格表。

采购规格表一般根据原材料的特性有选择地列出以下项目：原料的名称、用途、产地、等级、部位、色泽与外观、报价单位、容器及容器中的单位数或单位大小、重量范围、最小或最大切除量、加工类型和包装、成熟程度、交货时间要求、防止误解所需的其他信息。

（二）原料采购数量控制

原料采购数量会直接影响储存成本和生产的连续性，采购数量过多，储存成本会增加，采购数量过少，会导致生产中断，同时，原料采购数量关系采购价格的高低和资金周转的快慢，因此原料采购数量应避免出现过多积压和过少脱销的两个极端。

原料采购数量取决于日销量、储存条件、原料供应情况、采购距离远近和供应商的供应能力等多种因素。原料采购数量控制就是能根据不同的原料采用不同的采购方法。

1. 易腐性原料的采购数量

易腐性原料一般为新鲜原料如鲜肉类、鲜禽类、水产海鲜类、鲜菜类、鲜果类、鲜蛋类和奶制品类等，这类原料必须遵循先消耗再进货的原则，因此，要确定某种原材料的当次采购量，必须先掌握该原材料的现有库存量，并根据营业预测决定下一营业周期所需要的原材料数量，然后计算出应采购的数量。

2. 非易腐性原料的采购数量

非易腐性原料一般为干货原材料如粮食、香料、调味品和罐头食品等和可冷冻储存的原料如各种肉类、水产品原料。非易腐性原料不易迅速变质，为减少工作量可一次采购较大数量储存起来。

（三）原料采购价格控制

原料采购价格的高低直接影响餐饮成本。原料采购价格控制的原则是以最低的价格购进最能满足生产需要的原料。因为只有在满足生产需要的前提下选择最低价才是有意义的，否则低价劣质的原料会严重影响饭店的服务质量和声誉。原料采购价格控制途径主要有以下几个方面：

1. 批量采购

批量采购可使供货商降低价格，这是降低采购成本的一个行之有效的途径，当然，批量采购要考虑到产品的销量、流动资金和贮存条件。在不影响采购质量的情况下，调整采购规格，如变大包装为小包装或变一等货为统货等，也可降低食品原料的采购成本。批量采购一般应是针对一些不易变质的原料。

2. 限价采购

限价采购是指对某些需要采购的原料，在保证其品质、规格的前提下，限定其购进价格。限价采购主要是针对价格波动大且频繁的重要原料和价格较高的食品原料。限价采购要求管理人员准确掌握市场供求和价格信息，并采取指令性采购价格。限价品种一般是采购周期短的原料而且限价是有一定期限的。

3. 厂家采购

对日常使用量大的原材料，应绕开不必要的供应环节，最好直接到原材料的生产厂家进行采购。这样，虽然在人员、运输方面的花费会比较大，但价格优惠，且原材料的新鲜度可以得到充分保证。

4. 适时采购

市场上有些原料价格变动较大，通常应时原料刚上市时价格较高，随着上市量的增多，价格回落。当应时原料刚上市价格较高时，可按营业需要适量采购。当原料上市量增多价格回落时，如果能够确切掌握市场供求和价格信息，应根据经营需要和可能条件，适量批量采购，以备价格又升高时使用。

5. 长期采购

为了有效地控制采购的价格，保证原料的质量，餐饮企业可与供应商签订长期供货合同，以稳定供货渠道。这种定向采购一般在价格合理和保证质量的前提下进行。在定向采购时，供需双方要预先签订合约，以保障供货价格的稳定。

6. 集中采购

在采购某些不易变质的餐饮原料时，可以集团方式集中购买，然后再在内部实行分摊。这种方法适用于连锁经营的餐饮集团使用。

此外，还可以考虑竞价采购、现金采购和期货采购等多种方式。

二、原料验收管理

原料验收管理是指根据饭店或餐饮部制定的原料验收程序和原料质量标准，检验供应商发送的或由采购员购买的原料的质量、数量、单价和总额，将检验合格的各种原料送到仓库或厨房，并记录检验结果的过程。

（一）品种验收

对采购来的食品原料验收，首先要进行的是品种验收，确认采购的食品原料的品种。食品原料种类繁多，有些食品原料的品种验收人员也不可能准确加以识别，对有异议或辨认不清的应请有经验的厨师帮助识别验收。

（二）数量验收

食品原料若有大包装（运输包装），首先应大数点清，其办法是：一是逐件点数记总或用计算器记总；二是集中堆码点数。在大数点清的同时，还要对大包装进行仔细验看，检查是否有破损、渗漏等异状。大数点清后再根据包装标注的个数、重量、容量等对大包装内的数量进行计量，最后验清每个品种的总量。

（三）质量验收

1. 查验包装

包装是否完好，有时不仅影响数量的变化，甚至影响质量的变化，所以，查验包装是验收工作的重要环节。有些食品包装及包装材料异常，待入库后将可能对库存食品产生影响。验收时发现包装异常应予更换。

2. 查验包装标识

查验包装标识是质量验收的重要内容。食品标签内容应符合有关国家标准，其内容主要包括：食品名称、配料表或成分、净含量及固形物含量、制造者/经销者的名称和地址、日期标志和储藏指南、质量（品级）等级、产品标准号、特殊标注内容等。对于食品标签不符合规定要求的不予验收，尤其应注意保质期。

三、原料储藏管理

良好的储藏管理能有效地控制食品成本。如果储藏不当，就会造成原材料变质、腐败、账目混乱、库存积压，甚至还会导致贪污、盗窃等严重事故的发生。原料储藏管理的目的就是要求掌握原料贮存过程中的质量变化，选择适当的储藏方式，以及采取有效的库存控制的管理手段。

餐饮原料的易腐性是不同的，不同易腐性的原料需要不同的储藏条件。同时，对餐饮原料要求使用的时间也是不同的，因而应分别存放在不同的地点。

（一）食品原料的干藏

干货原料如米、面粉、调料、罐头、糖果、饼干等，应存放在干货库。由于干货原料类别比较复杂，为便于管理，原料要按其属性分类，每个类别、每种原料要有固定的存放位置。

干货库一般不需要供热和制冷设备，其最佳贮存温度为15℃～21℃。干货库的温度最高不能超过37℃。若温度低一些，食品的保存期可长一些，试验证明在温度20℃下贮存的食品比在温度37℃下的保存期长三倍。

干货库应保持相对干燥。湿度大，货物会迅速变质。仓库适宜的相对湿度为50％～60％。库房的墙壁、地面反潮，管道滴水，液体货物泄漏等都会引起仓库湿度增加。为保持库房干燥，库房要保持良好的通风。按标准每小时至少应保持交换空气四次。

干货库的面积应适当。管理人员根据企业的经营方式、货源地的远近、采购间隔天数、菜单的类别和营业量的大小来确定贮存面积的需要量。一般干货库应至少有贮备两周原料的储藏面积。以两周原料的需要量来计算仓库实际的储藏面积，再加上40％～60％的通道、货架等非储藏面积为干货库的面积。

（二）食品原料的冷藏

饭店一般多使用食品原料冷藏设备，以低温抑制鲜货类原料中微生物和细菌的生长繁殖，维持原料的质量，延长其保存期。饭店常用的冷藏设备包括各种厨房冰箱（冷藏箱、柜）以及常与冰库相连的冷藏室等。

1.冷藏库贮存的原料

适合在冷藏库贮存的原料有：新鲜的鱼、肉、禽类食品；新鲜的蔬菜和水果；蛋类、奶制品；加工后的成品、半成品，如糕点、冷菜、熟食品、剩菜等；需使用的饮料、啤酒等。

2.冷藏库温度和相对湿度控制

不同的食品需要不同的储藏温度和相对湿度，理想的是将冷藏库的温度控制在4℃以下。细菌一般在4℃以下不活动，15℃～49℃是最适宜细菌繁殖的危险区。湿度大有利于细菌生长，会加速食物变质；湿度小会引起食物干缩、失鲜。必要时可用保鲜膜和湿布遮盖食物，以防食物干缩。

冷藏库的温度计应安放在温度容易提高之处。如果制冷设备发生故障应立即修理。需要冷藏的原料，在验收后应尽快冷藏，温热的成品和半成品在冷藏前应先冷却再储藏。否则制冷设备容易损坏。

3.冷藏库卫生控制

储藏成品和半成品的冷藏库应保持清洁卫生。生食和熟食要分开储藏。在冷藏前要检查食物是否已变质，变质的食物以及脏的食物会污染空气和贮存设备，切忌放入冷藏库中储藏。鱼、肉、禽类原包装往往粘有污泥及细菌，要拆除包装盒后储存。有强烈和特殊气味的食物(鱼虾)应在密封的容器中冷藏以免影响其他食物。已加工的半成品和熟食应密封冷藏以免干缩和沾染其他气味。冰箱中如有污水沉积应立即擦掉，以免变质污染空气。

4. 冷藏库通风

如果在冷藏期间食物表面变得黏滑，说明冷藏温度过高、通风不良，这可能由于制冷导管凝冰太厚或挥发器堵塞造成的。在一般情况下，制冷管外凝冰达 0.5cm 时，应考虑解冻处理，使制冷系统工作正常。如果食物干缩过快，说明湿度过低或空气循环太快。

(三)食品原料的冷冻储藏

饭店已开始使用越来越多的冷冻食品原料，包括各种冷冻肉类、禽类、水产海鲜、蔬菜等原料，以及已加工的成品和半成品食品，因而食品原料的冷冻储藏也将显得越来越重要。通常控制冷冻库的温度在－18℃～－23℃，使食品原料处于完全冰冻状态，能够有效地控制微生物对原料的污染和原料的质量变化，从而保证较长时间的储藏。冷冻储藏要掌握好以下几点：

1. 掌握贮藏食品的性质

不同的食品需要不同的冷冻条件，只有掌握各种食品的贮存性能，才能使食品保持良好。

2. 冷冻速度要迅速

食品冷冻储藏可分三个步骤：降温－冷冻－储藏。为保持食品质量鲜美，要求食品降温和冷冻的速度十分迅速。食品在速冻的情况下，内部冻结晶的颗粒细小，不易损坏食品结构。

为使食品降温和冷冻迅速，要求冷冻设备中的温度十分低，要低于一般冷冻储藏的温度。为此有必要使用速冻设备，速冻设备能使温度迅速降至－30℃以下，强低温能使食品迅速降温。由于冷冻储藏的食品要求温度稳定，因此食品的速冻过程不要与冷冻储藏过程在同一设备中进行。

3. 冷冻储藏温度要低

许多食品在 0℃时已经冰冻，但是微生物并没有死亡。有资料证明，食品在－18℃～－1℃储藏时，温度每升高 5℃～10℃，质量下降的速率增加 5 倍。食物冷冻贮存的一般温度宜在－17℃～－18℃以下。食品冷冻可贮存时间较长，但这并不等于食品可无限制储存。一般食品的冰冻储藏不要超过三个月。

4. 冷冻食品的验收要迅速

不能让食品解冻后再储藏。冷冻食品一经解冻，特别是鱼、肉、禽类食品应尽快使用，不能再次贮存，否则复苏了的微生物将引起食物腐败变质。除此之外，再次速冻会破坏食物的组织结构，影响食物的外观、营养成分和食物香味。

5. 食品解冻处理应适当

鱼、肉、禽类食品宜解冻后再使用。解冻应尽量迅速，在解冻过程中不可受到污染。

各类食品应分别解冻，不可混合一起进行解冻。食品切忌在室温下过夜进行解冻，以免引起细菌微生物的急速增殖，一般应放在冷藏室里解冻，且温度分低于8℃。如果时间紧迫，可将食物用洁净的塑料袋盛装，放在冷水池中浸泡或用冷水冲洗以助解冻。

四、原料发放管理

原料发放是指仓库或验收处将原料发送给餐饮使用部门的过程。发放和申领是同一环节业务，从餐饮使用部门角度来讲称为申领。食品原料发放管理的目的有三个：一是保证厨房用料得到及时充分的供应；二是控制厨房用料数量；三是正确记录厨房用料成本。原料发放管理一般包括如下内容：

（一）定时发放

为使仓库保管员有充分的时间整理库房，检查各种原料的库存情况，不至于因忙于发放原料，耽误其他必要工作，饭店应规定每天的原料发放时间。具体发放时间是根据生产时间来确定的，一般为生产的空闲时间。同时，只要有可能，应该规定领料部门提前一天送交领料单。这样，保管员便有充分时间准备原料，免出差错，而且还能促使厨房制订周密的用料计划。仓库定时发料也有利于仓库保管，减少库存原料的丢失。

（二）领料单使用制度

为了记录每一次发放的原料数量及其价值，以正确计算食品成本，仓库原料发放必须坚持凭领料单发放的原则。领料单是仓库发出原料的原始凭证，是仓库管理和餐饮成本控制的重要工具。领料单应由厨房领料人员填写，由厨师长核准签字，然后送仓库领料。保管员凭单发料后应在领料单上签字。领料单须一式三份，一联随原料物资交回领料部门，一联转财务部，一联作为仓库留存。

（三）正确如实记录原料使用情况

饭店厨房经常需要提前准备数日以后所需的食物。例如，一次大型宴会的食物往往需要数天甚至一周的准备时间。因此，如果有的原料不在领取日使用，而在此后某天才使用，则必须在领料单上注明该原料消耗日期，以便把该原料的价值记入其使用日的食品成本。

（四）正确计价

原料发放完毕，保管员必须逐一为领料单计价。计价完毕，把所有领料单送交食品成本核算员，核算员即可以此计算当天的食品成本。

（五）原料调拨处理

原料调拨是指原料在餐饮生产部门之间的流动，大型饭店往往设有多处厨房、酒吧。有时厨房之间、酒吧和厨房之间会发生食品和饮料原料的互相调拨。为使各部门的成本核算尽可能准确，企业可以使用“食品饮料调拨单”记录所有的调拨往来。在统计各餐厅和酒吧的成本时，要减去各部门调出的原料金额，加上调入的原料金额。这样可使各部门的经营情况得到正确的反映。食品饮料调拨单应一式四份，除原料调入与调出部门各需留存一份外，一份及时送交财务部，一份由仓库记账，以使各部门的营业结果得到正确的反映。

第四节　厨房生产业务管理

一、厨房组织结构

厨房是从事菜点制作的生产场所，它应具备的要素主要包括一定数量的生产工作人员、生产所必需的设施设备、生产空间和场地、满足需要的烹饪原料和适用的能源等。

厨房组织结构就是根据企业的规模、等级、厨房条件、生产任务和经营要求等，设计其组织层次和岗位，明确职能和岗位职责，确定部门的生产任务和协调关系，形成一个有效的组织管理系统。通常根据饭店的规模不同，厨房有着不同的组织结构形式。大型厨房组织结构形式图如图 10-2 所示。

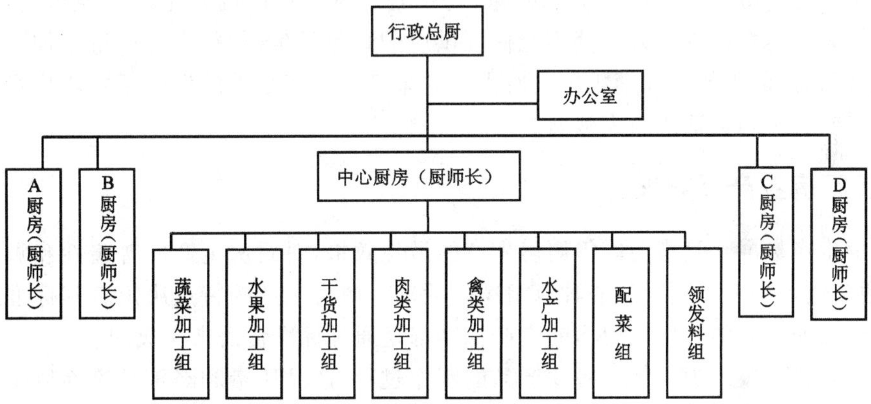

图 10-2　大型厨房组织的形式图

二、厨房生产计划书

制订生产计划书是厨房生产管理的首要环节。生产组织和运行的先决条件是需要安排每天生产品种和数量。由于客流量的变化和厨房生产的特点，这种安排存在着一定的困难。尽管生产计划难以确定，但是又必须尽可能准确地预测。安排适销对路的品种和数量，能够满足客人对餐饮食品的需求，提高餐饮服务质量；能够为食品原料采购、厨房、酒吧和餐厅员工劳动调配提供依据；能够提高饭店的竞争能力，实现餐饮经营目标。

生产计划书是餐饮生产的指令书，它规定了一定周期内（一般以周为单位）每日、每个产品计划生产的生产任务，是餐饮管理人员进行生产控制的重要手段，其主要指标是：

（一）预测销售量和预测调整后销售量

预测销售量是由成本控制员根据销售统计进行分析预测出来的，一般要在下达生产指令前 3～7 天完成销售预测，以便采购部采购和仓库备料。由餐饮部经理或行政总厨根据客房出租率、团队用餐和宴会预订等影响销售量的因素对预测销售量调整后，在前一天下达生产指令。

(二)生产量和库存量

生产量等于预测调整后销售量减去库存量,这是生产任务指标。库存量是上一餐或前一天销售剩下的成品和半成品的数量。为减少浪费,在保证产品质量的前提下,有的产品不易再用于销售,这部分不应列入库存量;有的产品可以用于销售,通常半成品可以再烹制用于销售,用于销售的成品、半成品可列入库存量。

(三)生产方法

生产方法是生产标准化管理的主要内容。同一种产品不同餐别,其份额量可能会有所不同,份额量规定了用料量标准。生产方法规定了生产的规程,这一指令规范了产品的生产过程,能够保证出品的质量。

(四)可供销售量和预计结存量

可供销售量等于生产量加上库存量,是供餐厅推销产品的数量。在经营实践中,预计结存量是为避免出现客人点菜不能保证供应的现象发生,往往在生产量中加上一定的保险系数后,产品不能全部销售出去所出现的余额。生产量中的保险系数应尽量力求准确,否则结存量多,会造成损失浪费。

三、厨房生产标准化

厨房生产标准化是指为取得厨房生产的最佳效果,对厨房生产的普遍性和重复性的事物,通过制定标准而进行的一种有组织的活动。厨房生产的特点决定着其标准的制定是一项艰巨而复杂的工作。厨房的生产标准都是通过标准食谱来完成的。

标准食谱是饭店为了规范餐饮产品的制作过程、产品质量和经济核算而制定的一种印有产品所用原料、辅料、调料的名称以及数量、规格、产品的生产操作程序、装盘要求、产品的制作成本、价格核算方法等内容的书面控制形式。标准食谱是餐饮生产制作人员赖以操作的依据和准则。

标准食谱由以下四项标准构成的:

(一)标准配料量

标准配料量是指生产某菜肴所需的各种主料、配料和调味品的数量。在确定标准生产规程以前,首先要确定生产一份标准份额的菜品需要哪些配料,每种配料需要多大用量,每种配料的成本单价是多少。

(二)标准制作程序

标准食谱上还应规定菜品的标准制作方法和操作程序。标准制作程序要详细、具体地规定食品烹调需要的炊具、工具,原料加工切配的方法、加料的数量和次序、烹调的方法、烹调的温度和时间,同时还要规定盛菜的餐具,菜品的布摆方法等。

(三)标准出品份数和分量

在厨房中,有的菜品只适宜一份一份地单独烹制,有的则可以或必须数份甚至数十份一起烹制,因此食谱对该菜品的烹制份数必须明确规定,才能正确计算标准配料量、标准出品份数和分量及每份菜的标准成本。

标准出品分量是指每份菜品以一定价格销售给客人的规定的数量。每份菜品每次出售给客人的数量必须一致。比如，一份小盘酱牛肉的分量是200克，那么每次向客人销售时，其分量应该保持一致，必须达到规定的标准份额。规定和保持标准出品分量具有两大作用：一是减少顾客不满；二是防止成本超额。

（四）标准单位成本

标准食谱上规定了每份菜的标准成本。确定每种菜肴的标准成本并不太容易，首先要通过试验，将各种菜肴的净料成本、用量以及烹调方法固定下来制定出标准。然后将各种配料的金额相加，汇总出菜品生产的总成本额，再除以烹制份数，得出每份菜品的标准单位成本。每份菜品的标准单位成本是控制成本的工具，也是菜品定价的基础。

四、厨房生产损耗控制

由于食品原料的种类不同，其加工切配和烹调后的损耗率也不同；同一种食品原料因品种、产地、规格、成熟度、饲养或栽培条件、质量等的不同，其损耗率也不同；同一种食品原料因加工切配要求和烹调方法不同，损耗率也有差异。在生产标准化控制中，制定了每种食品原料标准，应根据不同加工烹制要求，通过实践经验的总结，就可以制订食品原料的标准损耗率。

菜品配料的成本往往以净料的用量标准为基础而确定的。而进货的原料大多是毛料，一般要经过拣洗、涨发、宰杀、拆卸等加工处理才能得到净料，然后投入使用。一些熟菜在烹调过程中还会发生损耗，原料的净成本和价格要根据熟食成本而定。为了便于成本控制，合理利用原料，必须对食品生产过程中的加工切配和烹调损耗进行控制。

（一）加工切配生产损耗控制

原料在加工切配过程中的损耗量与毛料量的比例，称为损耗率，其计算公式如下：

$$损耗率=(1-\frac{净料重量}{毛料净重})\times 100\%$$

经过反复试验，可确定标准损耗率，使用标准损耗率，可以在计算原料的标准净料量时与实得净料量作比较。

如果活鲤鱼的标准损耗率是20%，餐馆进料30千克鲤鱼，应得鲤鱼净料量的标准是：

$$30\times(1-20\%)=24\ 千克$$

如果得到的实际重量低于24千克，则加工过程的损耗率超过了标准损耗率，应对加工过程予以规范。

一料一用和一料多用的加工切配损耗也需要通过试验来确定净料成本。在试验时，请加工切配员将购进的整块原料整切，将能使用的与不能使用的料分开，能使用的再切成烹调所需的形状和大小，然后分别加以称重，将不能使用部分的重量、加工切配损失的重量和能使用的重量分别记在加工切配试验卡上。有些下脚料可处理给其他企业；有些其他档次的原料可制作其他菜品，加以综合利用；次级原料也要确定价值。

为了提高净料成本计算的准确性，加工切配试验不能只做一次，即使原料按标准采购规格购买，进行一次试验也是不可靠的。最好多做几块原料的试验，从得到的数据中求得平均值，作为标准净料量成本。

（二）烹调损耗控制

加工切配试验能帮助计算许多原料的每千克净料量价格和每份菜品的净料量价格。但是餐厅中有许多菜在烹调后会损失重量，而菜肴的份额量是根据烹调后的量计算的，菜品成本和价格也是根据烹调后的原料计算的。例如，餐厅中的烤牛肉、盐水鸭、酱牛肉、白斩鸡等都必须计算烹调后的成本。在销售时也是按烹调后的成本定价的。对餐厅中的许多菜品必须确定原料的标准烹调损耗率，为此必须进行烹调损耗试验。另外，在烹调后的切割装盘过程中还必须除去一些骨头、筋、肥肉等，切割下来的骨头、肥膘往往无价值。这些重量也应除去后才能计算净料价格。在试验过程中，烹调前后的重量、切割前后的重量应该分别称重，将这些数据记录在烹调损耗试验卡上。

五、厨房生产质量控制

厨房生产质量控制就是根据餐饮生产流程，从原料粗加工、配份、烹调、成品放置及服务沟通各环节出发，对厨房生产过程中的质量所进行的控制管理工作。

（一）原料粗加工质量控制

大多数原料必须经过加工切配才能用于烹调。所谓粗加工，是指对原料进行初步加工处理，如鲜活原料的宰杀、冲洗、切割、整理；干货原料的涨发、漂洗；蔬菜的分拣、洗涤等。食品原料粗加工是厨房菜肴生产的第一道工序，其加工得好坏直接影响以后工序的生产、净料量和菜品的营养卫生等，因此，必须加强对食品原料粗加工的控制，主要抓好以下几方面工作：

（1）保持原料营养成分；

（2）合理布局和安排人力；

（3）掌握加工方法；

（4）保持原料形状完整美观。

（二）原料细加工质量控制

所谓细加工，是在粗加工之后，按照烹调的要求，运用刀工技法，将原料加工成具有一定规格形态的操作过程。细加工是一项专业技术性很强的工作，其刀工处理质量直接影响菜品的烹调制作和产品风味。要加强对原料的细加工控制，主要抓好以下几方面工作：

1. 分类加工

粗加工的出品大多是按分档取料的原则加工的，其出品适宜烹制不同档次、不同风味、不同花色品种的菜肴。因此，细加工岗位的厨师必须能够评定粗加工出品质量；根据菜肴的要求，从粗加工分档取料的出品中，选择能够满足菜肴要求的原料，分类加工，进行规范的刀工处理。盲目用料不仅影响烹制菜肴质量，也使原料成本难以控制。

2. 刀工要精细

同种风味、同一品种的食品原材料细加工要整齐划一，规格大小和形状一致。刀工处理要做到厚薄、大小和刀路均匀。需要断刀的不能有连刀，不需要断开的要保持切而不断，做到干净利落，便于烹调。

3. 易于入味、烹调和食用

大块原料在烹制时，调味品渗透到原料内部十分困难。通过细加工的刀工技法处理，使原料由大变小、均匀一致或在原料表面剞上花刀，不仅使原料成熟快，而且便于原料入味。

通过刀工处理，使原料形态变得整齐、规格均匀；性质、质地不同的原料通过加热均匀成熟；能够满足菜肴装盘造型要求。

（三）原料配份质量控制

配份是使菜肴具有一定质量、形态和营养成分而进行的各种原料搭配过程。配份是生产菜肴的主要工序，影响着菜肴的内在质量、感观质量、份额量和成本，为此，必须加强对配份的控制，主要抓好以下几方面工作：

1. 按标准配份

按标准配份就是根据标准食谱上规定的用料和用量配份。传统经验式配菜具有很大的随意性，难以保证菜肴质量及其一致性，难以控制菜肴原料成本。按标准配份是指按标准菜谱所规定的配料量进行配菜，并使用称量、计数和计量等控制工具。

2. 按顺序配份

配菜厨师只有接到餐厅客人的订菜账单副本或其他有关的正式通知单才能凭单配制，保证配制的每份菜品都有凭据，并按菜单先后顺序配菜，为炉灶厨师顺序出菜和为餐厅及时上菜提供保证。在配份过程中还要杜绝各种失误，如重复、遗漏、错配等。

（四）原料烹调质量控制

烹调是厨房生产的最重要工序，是保证餐饮产品色、香、味、形的关键环节。虽然餐饮产品烹调制作的过程较短，却十分重要和复杂。对烹调过程进行控制，主要抓好以下几个方面工作：

1. 按标准烹调

标准食谱中现定有标准制作程序，是指导厨师烹调操作的行为准则，必须认真贯彻执行，保证菜肴质量，坚决杜绝厨师烹调的随意性。当然，对于尚没列入标准食谱中的新产品或特殊风味的菜肴，厨师应该充分发挥个人的独特烹调技艺，为客人提供风味菜肴。烹调后的出品，由质检员按标准要求全面检查合格后，方可为客人提供食用。

2. 按顺序烹调

零点餐厅厨房配菜师是按客人点菜的先后顺序配菜；团队、会议用餐和宴会是依安排好的菜单顺序进行配菜。烹调厨师则应以配菜的先后以及凭单顺序出菜，保证餐厅及时上菜。

3. 建立质量监督体系

餐饮部门应建立质量监督体系，严格贯彻菜肴质量检验制度，上至行政总厨下至厨师领班，实行层层控制，严格把关。

（五）成品放置质量控制

为全面保证菜品质量，必须对成品放置进行控制。其控制主要是尽可能缩短成品放置时间，尽快要求餐厅走菜。对于不能及时走菜的成品，备餐间的微小气候条件，应能保持菜品的最佳品质；根据不同菜品采取保温、保湿措施，维持菜品的最佳品质。

（六）加强生产与服务沟通

信息是餐饮生产管理的重要内容，加强生产与服务沟通是餐饮生产质量控制的最后环节。目前，我国拥有大批大规模的提供点菜服务的餐饮企业，点菜服务是一种定制化或个性化的服务类型，如果厨房不了解客人信息或餐厅错误传递客人信息，会使厨房生产的菜品不符合客人要求，使客人对服务的满意度大打折扣，这就意味着餐厅个性化服务的失败。要解决这些问题，必须加强餐厅与厨房之间的信息沟通。

第五节　餐厅服务管理

餐厅是通过出售服务、菜肴来满足客人饮食需求的场所。餐厅服务是餐厅服务人员为就餐客人提供餐饮产品的一系列行为的总和。餐饮部的业务经营活动虽然很多，但就总体而言，主要表现在两个方面：一是向客人提供有形的餐饮产品，二是在提供有形产品的同时，为就餐客人提供直接的、面对面的餐厅服务。

餐厅服务与管理是餐饮运营管理体系的重要组成部分，餐厅服务效果反映着饭店的经营管理水平，影响餐饮产品销售。餐厅服务人员需要掌握业务技能，遵守服务中的各种礼仪和规程，才能做好餐厅服务工作，确保服务质量。

一、饭店餐厅的类型

总体上来说，餐厅是由中餐厅与西餐厅构成的。从服务方式上，饭店餐厅可以分为以下几类：

（一）散客餐厅

散客餐厅主要接待零散就餐的客人。这类客人数量较多，就餐时间交错，随到随点，比较分散，服务量较大。接待散客餐厅客人要有条不紊、忙而不乱，服务上要热情周到。

（二）宴会餐厅

宴会餐厅主要为饭店住店客人、本地社团、单位及个人的大型宴会服务。宴会餐厅较散客餐厅有更高更特殊的要求，表现在服务的规格、档次等方面。在就餐环境上，宴会餐厅要求突出热烈、隆重、豪华、气派的氛围；在食品上要求按既定的菜式、标准提供名菜佳肴美酒，对菜肴的外形、颜色、拼盘非常讲究，以此来突出整个宴会的喜庆气氛；在服务上更要求周到、上乘，对饭店餐厅的组织、反应、服务能力要有很高的要求。

（三）风味餐厅

风味餐厅是饭店餐厅根据客人的不同口味需求所设置的各类特色餐厅，可以满足客人在某一方面特殊的饮食需求。风味餐厅有着多种多样的分类，根据地方菜系的不同可以分为川菜、湘菜、客家菜、鲁菜等，根据菜肴品种的不同可以分为海鲜餐厅、野味餐厅等，根据民族的不同可以分为清真菜、朝鲜菜、维吾尔菜等，根据烹饪方法的不同又可以分为扒房、烤肉馆等。

（四）主题餐厅

主题餐厅概念源自国外，大约兴起于二十世纪五六十年代，而主题餐厅在中国兴起是在 20 世纪 90 年代后期，它是指通过一个或多个主题为吸引标志的饮食场所，在消费者身临其中的时候，经过观察和联想，进入期望的主题情境，就像“亲临”世界的另一端、重温某段历史、了解一种陌生的文化。与一般餐厅相比，主题餐厅往往针对特定的消费群体，不单提供饮食，还提供以某种特别的文化为主题的服务。

（五）自助餐厅

自助餐厅是当今较为流行的一种餐饮供应方式，其特点是选菜自由、经济实惠，不仅可以为散客提供服务，而且也受到群体用餐者的欢迎。自助餐厅事先将菜准备好，客人用餐非常方便快捷，用多用少随意而行。客人既可以先购票再到餐厅选用食品，也可以先食用菜肴、而后再结账。餐厅员工要做好自助餐厅的接引工作，当某一类菜点缺少时，要根据情况添上。

（六）咖啡厅

咖啡厅一般设在饭店一楼与大堂相连的地方，使用率较高，既可以作为住店客人招待来访客人的地方，又是高档次饭店中客人食用早餐的经常去处。咖啡厅所供应的一般是大众化的饮料点心，通常又被称为方便餐厅。

二、餐厅服务方式

餐厅服务方式是指餐厅使用招待客人的方式。不同类型的餐厅其服务方式各不相同。

（一）西餐常用服务方式

1. 美式服务

美式服务起源于美国的餐厅。这类餐厅不需要分菜服务，省时省力，服务效率高，主要适用于中低档次的西餐零点和宴会用餐。我国许多西餐厅都采用美式服务，其服务程序是：

(1)服务员接受客人的点菜后，将点菜单送至厨房。

(2)厨师依据点菜单将菜肴准备完毕，按每人一份的原则，将每道菜分置于餐盘中，由服务员端至客人身边，用左手从客人的左侧将餐盘放在客人面前的餐桌上。

美式服务也称盘式服务。服务时应遵循的原则是：菜从左面上，饮料从右面上，用过的餐盘从右面撤下。

这种服务方式快捷、方便、易于操作，但个性化服务程度较低，不利于烘托餐厅就餐气氛。

2. 俄式服务

俄式服务主要适用于高档的西餐宴会用餐。俄式服务起源于俄罗斯沙皇宫廷和贵族，后渐为欧洲其他国家所采用。当今欧美国家的豪华饭店大多采用这一服务形式。俄式服务是一种豪华的服务，使用大量的银质餐具，十分讲究礼节，风格典雅，能使客人享受到体贴入微的个人照顾。其服务程序是：

(1)所有的菜肴在厨房中加工，准备完毕后由厨师按一道菜配一个银质大浅盘的原则，由服务员端至餐厅；

(2)同时将客用空餐盘用托盘送到餐桌边上的服务台或边桌上；

(3)服务员用右手、按顺时针方向从客人的右侧将餐盘依次放在就餐者面前；

(4)空餐盘上完之后，服务员回到服务台或边桌；

(5)用左手托起放菜的大浅盘，右手拿餐具，用餐叉和餐勺配合，从客人的左边派菜；

(6)派菜前应向客人展示菜品，将客人所需的菜肴分量夹到客人的餐盘里；

(7)派菜时按逆时针方向绕台为客人分餐服务。

在俄式服务过程中应当注意的是：派菜之前，应先向客人报出菜名；展示银盘内的菜肴。这样，不仅使客人充分欣赏到厨师的手艺，也让装饰漂亮的菜肴给客人以赏心悦目的感觉，利于增进客人的食欲。送上空盘时应注意：冷菜上冷盘，热菜上热盘；空盘从客人右边按顺时针方向摆放；派菜从客人的左侧按逆时针方向进行。分派菜肴时，服务员应灵活掌握其数量，分派的数量要符合客人的需要，剩余的食物应退回厨房。

3. 法式服务

法式服务是一种十分讲究礼节的服务方式，流行于西方上层社会。让客人享受到精制的菜肴，尽善尽美的服务和优雅、浪漫的情调是法式服务的宗旨。

传统的法式服务相当繁琐。如客人用完一道菜后必须离开餐台，让服务员清扫完毕后再继续入席就餐，这样耗时很多。餐厅还必须准备许多用具，每餐的食品很多，浪费也很大。现在，这种服务方式已经见不到了。

当今流行的法式服务是将食品在厨房全部或部分烹制好，用银盘端到餐厅，服务人员在宾客面前做即兴加工表演，如戴安娜牛排、黑椒牛柳、甜品苏珊煎饼就是服务员在烹制车上进行最后的烹调加工后，切片装盘端给客人的。又如凯撒色拉，是服务员当着客人面制作，装入色拉木碗，然后端给客人。

法式服务一般有两名专业服务员协作完成，一名为主，一名为辅。为主的服务员负责接受点菜、烹饪加工、桌面服务、结账等工作；为辅的服务员负责传递单据、物品、摆台、撤台等工作。

与俄式服务类似，法式服务使用大量银质餐具，餐具种类较多，其服务程序是：

(1)菜肴大多要在客人面前的辅助边桌和手推烹制车上进行最后烹调。

(2)许多半成品用银质大盘从厨房端到餐厅,放在边桌或烹制车上,用电或燃料的保温炉为食品保温。

(3)菜肴经过客前的烹调、加工整理和装饰之后,放在不同的餐盘(冷菜用冷盘、热菜用热盘)中,端给客人。

需要注意的是,客前加工的菜肴必须在很短的时间内烹制、装盘、服务,所以只有适合于客前烹调的菜肴才能这样处理。上菜时,服务员用右手,在客人右侧服务。等所有客人都吃完后,才可收拾餐具。

4. 自助式服务

自助式服务适应了当代社会人们生活节奏加快的特点。宾客进入餐厅就能到自助餐台上自己动手选择菜肴,经济实惠,简单快捷。服务员餐前的主要任务是布置食品陈列台,餐中提供诸如撤收脏杯盘和补充食物等简单服务。

(二)中餐常用服务方式

中餐服务方式是指中餐在其长期的发展过程中博采众长、兼收并蓄,逐步形成的侍应客人的劳务方式。这种服务方式与中餐的餐饮习惯和菜肴特点相适应,并随着经济社会的发展和人们生活水平的提高而不断变革和进步。目前,中餐常用的服务方式有共餐式和分餐式两大类。

1. 共餐式服务

共餐式服务是中餐传统的和最为普遍的服务方式。依其就餐人数的多少和就餐形式的不同,共餐式服务通常可分为零点服务和包餐服务。

传统的共餐形式,由就餐者用自己的筷子到菜盆中夹食菜肴;而今天的共餐式服务已有较大改进,在每个菜盘中放上了公筷或公勺,客人用其将喜爱的菜肴夹取到自己的接盘中,然后用自己的筷、勺进食。

共餐式服务中的餐台转盘方式,适用于大圆台的多人用餐服务,既可用于旅游团队包餐,也可用于各种宴会的聚餐。转盘式服务是在大圆桌上,居中安放直径缩小 50～60 厘米左右的转盘,将菜肴放置在转盘上,供就餐者将需要的菜肴转到面前就近夹取。转盘式服务可以使每道菜点首先呈现到主宾面前,礼让主宾先用,再依次转向其他客人,或者转到主陪、副陪面前为客人派菜。餐台转盘方式迎合了中国人聚餐喜好恭敬礼让、重视感情融通的文化心理特点,有利于营造热烈的就餐气氛。

共餐式服务由客人各取所需,相互服务、方便自由,它比分餐式服务节省饭店人力成本,一名服务员可以同时为多桌客人服务。

2. 分餐式服务

随着人们生活水平和卫生意识的提升,传统的“和餐共食”开始 改变。分餐式服务正是吸收了西餐服务的优点,使之与中餐服务相结合的一种服务方法,故有“中餐西吃”的说法。分餐式服务主要有三种形式:厨师在厨房将制作的菜点成品按每客一例分配,由服务员送到每位客人面前,服务员分餐;餐厅服务员在餐桌或边桌上将菜点成品分配给每位就餐者,客人自行分餐;客人使用公筷、公勺分取菜点成品,各自食用。第三种形式在共餐式服务中，也有不同程度的使用。

分餐式服务是餐饮服务和餐饮消费双方的互动行为。对客人而言，分餐是一种就餐的方式；对餐饮管理来说，分餐是提供服务的方式。

三、宴会服务与管理

宴会是在普通用餐基础上发展而成的一种高级用餐形式，是指宾、主之间为了表示欢迎、祝贺、答谢、喜庆等目的而举行的一种隆重、正式的餐饮活动。

（一）宴会的种类

根据不同的分类方式，宴会可以分为不同种类。

1. 按内容和形式分类

宴会按内容和形式的不同可分为中餐宴会、西餐宴会、冷餐酒会、鸡尾酒会、茶话会等。

（1）中餐宴会。中餐宴会是按中国传统举办的一种宴会形式。中餐宴会根据中国的饮食习惯，吃中国菜点，喝中国酒水，用中国餐具。菜点品种和数量根据进餐标准高低而不同。

（2）西餐宴会。西餐宴会是按西方传统举办的一种宴会形式。西餐宴会根据西方的饮食习惯，吃西式菜点，喝外国酒水，根据菜点不同使用多套餐具，讲究菜点与酒水的搭配。

（3）冷餐酒会。冷餐酒会是按自助餐的进餐方式而举办的一种宴会形式。冷餐酒会的菜点以冷菜为主，也有部分热菜，既有西菜西点，又有中菜中点，客人可根据其饮食爱好自由取食。酒水通常放在吧台上由客人自取，或由酒水服务员托送。这种宴会形式因其灵活方便而常为政府部门、企业界、贸易界举办人数较多的欢迎会、庆祝会、开业或周年庆典、新闻发布会所采用。

（4）鸡尾酒会。鸡尾酒会是欧美社会传统的聚会交往的一种宴会形式。鸡尾酒会以供应酒水（特点是鸡尾酒和混合饮料）为主，配以适量的佐酒小吃，如三明治、果仁、肉卷等。鸡尾酒会可在一天中的任何时候单独举办，也可在正式宴会前举办（作为宴会的一部分）。

（5）茶话会。茶话会即饮茶谈话之会，是以清茶或茶点（包括水果、糕点等）招待客人的集会，有时也用于外交场合。

2. 其他分类

（1）按进餐标准和服务水平，宴会可分为高档宴会、中档宴会、一般（普通）宴会等。

（2）按进餐形式，宴会可分为立餐宴会、坐餐宴会、坐餐和立餐混合式宴会等。

（3）按礼仪形式，宴会可分为欢迎宴会、答谢宴会、告别宴会等。

（4）按主办人身份，宴会可分为国宴、正式宴会、非正式宴会（便宴）、家庭宴会等。

（5）按规模大小，宴会可分为大型宴会（200 人以上）、中型宴会（100～200 人）、小型宴会（100 人以下）等。

（6）按菜肴特点，宴会可分为海鲜宴、燕窝宴、野味宴、全羊席、满汉全席、火锅宴、饺子宴、素席等。

(二)宴会预订

宴会预订是一项具有较强专业性而又有较大灵活性的工作。宴会预订方式主要有直接预订(面谈)和电话预订两种。宴会预订的程序为：

1. 接受预订

客人通过面谈、电话、传真、互联网等方式进行宴会预订,预订员根据宴会厅使用情况接受客人的预订。

2. 填写宴会预订单

将客人预订洽谈的具体事项、细节要求等逐项填写在预订单上,以备宴会的组织实施。

3. 填写宴会安排日记簿

在宴会安排日记簿上填写清楚活动地点、时间、人数等事项。

4. 签订宴会合同书

宴会安排得到确认后,将经过双方认可的菜单、场地布置示意图等细节资料及一式两份的宴会合同书,迅速送交给客人,经双方签字后生效。

5. 收取订金

为确保宴会预订的成功率,可以要求客人预付订金。但饭店的重要客户及信誉良好的常客不必预付订金。

6. 跟踪查询

如果宴会预订提前的时间较长,应主动与客户保持联络,并进一步确认宴会举办的日期及有关细节。对暂定的预订,应进行密切跟踪查询和服务。

7. 确认和通知

在宴请活动前几天,与客人联系确认后,填写“宴会通知单”送往各有关部门,以备各部门配合协作。

8. 变更及取消预订

若确认的内容与原预订有异,应立即填写“宴会变更通知单”,送交有关部门,变更通知单应注明预订单的编号。如果客人因故取消宴会,预订员应填写“取消预订报告”送至各部门。

9. 督促检查

宴会预订员在活动举行的当日应督促检查大型宴会活动的准备工作,发现问题及时纠正,并随时了解、掌握宴会进展情况,保证宴会顺利进行。

10. 信息反馈并致谢

宴请活动结束,应主动向宴请主办单位或主办个人征求意见,表示感谢,以便今后加强联络。

11. 建立宴会客户档案

将客人的有关信息和活动资料整理归档，以便再次合作时提供针对性服务。

（三）宴会前的准备工作

1. 掌握情况

接到宴会通知单后，宴会厅管理人员和服务员应做到“八知”“三了解”。

“八知”是知道主办单位或个人的信息；邀请对象的身份、国籍；参加宴会的人数；宴会台数；宴会标准；开餐时间；菜式酒水品种及要求；结账方式。

“三了解”是了解宾客风俗、习惯；宾客的特殊需求；主、宾的特殊爱好等。

2. 宴会厅布置

根据宴会的性质和档次及餐厅的情况，调整好餐厅的布局，要体现出隆重、热烈、美观大方，又要突出中国传统特色。中餐宴会通常要求灯光明亮，一般在宴会周围摆放花草、盆景以增加宴会隆重、热烈的气氛。

按照“中心第一，先右后左，高近低远”的原则进行台型布置，要做到主桌突出，布局合理，整齐美观，并留有客人行走和服务通道。

3. 宴前会

由经理召开宴前会，让每一位员工了解宴会的情况，强调宴会的注意事项，检查员工的仪容仪表，对宴会工作进行具体分工，做好人力、物力的充分准备，并保证宴会善始善终。

4. 准备物品，进行摆台

按照宴会规格和摆台要求进行摆台，并根据菜单要求准备餐具、分菜用具以及其他服务用具；按要求摆好鲜花、酒水、香烟、水果等；根据菜肴特点，准备好菜式跟配的佐料。

5. 熟悉菜单

服务员应熟悉宴会菜单并能准确说出每道菜肴的名称和主要菜肴的风味特色、典故传说，能准确说出每道菜的配菜和配食佐料以及烹饪方法，以做好菜肴服务和回答客人对菜点提出的各种疑问。同时了解每道菜的上菜程序，确保正确地进行菜肴服务。

宴会菜单每桌至少两份，重要宴会则每人一份，要求制作精美、字体规范，可留做纪念，并可起到广告宣传的作用。

6. 摆放冷盘

大型宴会开始前 15 分钟，一般宴会开始前 10 分钟左右摆放冷盘。冷菜主盘或大拼盘摆放在席面中央，其他冷盘摆在主盘四周；注意色彩、荤素、口味的搭配，保持冷盘间距并保持冷盘的造型；然后根据情况可提前 5 分钟斟倒预备酒。

准备就绪后，管理人员要进行一次全面的检查，检查内容包括：摆台是否规范，餐具是否齐全完好，冷盘摆放是否统一合理，卫生是否达标；空调、灯具、音响、麦克风等设备设施是否正常运转等，做到有备无患，保证宴会顺利进行。所有工作人员各就各位，面带微笑，等待客人的光临。

案例分析

被忽视的孙先生

某天晚上，北京一家五星级宾馆的中餐厅正在接待外宾旅游团和会议团。孙先生是某公司负责接待外宾会议团的翻译，他把外宾安排好后就和同事一起到旁边的工作餐厅用餐。这一天，外宾团队订的都是“北京烤鸭”的餐宴，翻译、导游员和司机等也享受和外宾同等的用餐标准。孙先生入座后，服务员端上了茶水和凉菜，但等候良久仍不见其他菜上桌。他忍不住催问服务员，服务员告诉他，今天太忙，请他再等一下，马上上菜。孙先生又等了很长时间，仍不见上菜，此时其他桌的菜已经上得差不多了。孙先生和同事又去催问了两次，但就是他们这桌没有上菜，孙先生赌气不再催问。外宾用完餐，孙先生直接带他们上车。此时，服务员追到车门前请孙先生签单结账。

孙先生没好气地说：“我根本就没吃上饭，结什么账？”

“先生，实在对不起。今天的确太忙了，把您那一桌给疏忽了。要不然给您包上菜和鸭子带走。但是请您先把账结了。”服务员着急地说。

“我们虽然也是服务人员，但到你们饭店都应该是客人，待遇也是平等的。你们给外宾和其他桌都上了菜，就是不给我们上菜，催了几次还不行，以至于我们到现在都没吃上饭。要结账就找‘老外’吧。”孙先生说着就要上车。其他人见状忙劝解孙先生，车上的外宾也有人问及此事。最后，孙先生还是和服务员一同回到餐厅结账。他拒绝了餐厅给他包装好的“晚餐”，只是对服务员说：“请你们记住这次教训，以后不要忽视每一位客人。”

案例讨论题：

本案例反映了餐厅在服务和管理方面存在哪些问题？

思考题

1. 餐饮部在饭店中的地位作用是什么？
2. 餐饮经营管理有哪些特点？
3. 餐饮部的工作任务是什么？
4. 餐饮部各机构的职能是什么？
5. 什么是菜单？菜单有哪些类型？
6. 菜单设计的原则和内容是什么？
7. 简述 ME 分析法。
8. 原料采购管理的内容和方法有哪些？
9. 原料验收管理的内容和方法有哪些？

10. 如何进行原料储藏管理？

11. 食品原料发放管理的目的是什么？原料发放控制的内容有哪些？

12. 什么是生产计划书？其主要指标有哪些？

13. 什么是厨房生产标准化？标准食谱及其构成是什么？

14. 如何进行厨房生产损耗控制？

15. 饭店餐厅的类型有哪些？

16. 西餐常用服务方式有哪些？其服务程序是什么？

17. 中餐常用服务方式有哪些？其基本要求是什么？

18. 宴会服务与管理的基本内容是什么？

第十一章

饭店设备管理

学习目标

通过对本章的学习，要求学生了解饭店设备管理的重要性和意义；理解和认识饭店设备系统的构成；掌握饭店设备管理的基本原理、方法和过程。

★重要概念★

饭店设备　饭店设备管理　设备磨损　设备寿命　设备保养　设备维修　设备更新改造

第一节　饭店设备管理概述

自1988年我国开展对旅游涉外饭店的星级评定工作以来，设备维护保养、清洁卫生和服务质量一直是星级评定项目中的三大要素。设备维护保养是饭店质量的重要组成部分，也是饭店设备管理水平的具体体现。一家饭店特别是高星级饭店，如果设备管理跟不上，非但星级标准不能保持，设备的正常运转和饭店的整体形象也将受到严重影响。设备管理是饭店管理的重要内容之一。

一、饭店设备管理的概念

（一）饭店设备

饭店设备是饭店在对客人的服务提供过程中长期、多次使用的机器、机具、仪器、仪表等技术装备的总称。饭店设备具有长期、多次使用的特性，不是一次性消耗品；饭店设备的价值形态在会计科目中被列为固定资产。

（二）饭店设备管理

所谓饭店设备管理就是饭店全体员工在设备服务目标和效益目标指导下，运用科学的管理方法对各种设备系统从选购、安装、使用、维护保养、更新改造，直至报废的全过程管理活动。

二、饭店设备管理的意义和任务

(一)饭店设备管理的意义

饭店产品是高舒适性和享受性的产品,这种特性主要取决于饭店设备系统的先进性和有效性。自从出现照明、电梯、电话等设备以来,饭店就有了设备管理的职能。随着科技的进步,饭店的设备系统越来越复杂,对设备管理水平的要求也越来越高。

1. 饭店设备管理是饭店提供服务活动的基本条件

饭店是向客人提供住宿、餐饮、购物、交通、通信、娱乐、游览、健身、美容美发等综合服务的企业。然而饭店要提供上述服务项目并最终使之成为宾客可以享受的“商品”,还必须有服务“软件”和“硬件”的支持。服务软件是由服务人员来提供的,包括清洁卫生、服务规程、迎送语言、礼节礼貌、个性化服务等。服务硬件支持主要是由设备系统的正常运行来保证的。比如,炎热的夏天空调系统出了故障、电梯突然停运、发生停电停水事故等,都将直接影响饭店的正常经营。

同时,服务软件的提供也要有服务硬件的支持和配合。例如,安全保卫是服务软件中最基本和最重要的部分,但如果消防设施不灵,达不到自动感烟、自动喷淋和自动报警的目的,那么安全防火服务也难以有效开展。

2. 饭店设备管理是提高饭店服务质量的重要保证

饭店服务质量由设施设备质量、实体产品质量、人员服务质量和环境氛围质量四个方面构成的。其中设施设备质量和环境氛围质量都与设备管理水平的高低有关。饭店中如出现墙壁、天花板、吊顶等脏污、脱皮、裂缝、漏水,地毯油污,空调失灵,电视信号不好,电话有杂音,床头控制柜失灵,抽水马桶堵塞等方面的问题,都会严重降低服务质量,甚至导致客人投诉。因此,设备管理是饭店服务质量的重要保证,工程设备管理部门的基本职责就是努力保持并使整个饭店的各种设施设备处于良好的运行状态,以便使客人感到舒适、方便。

3. 饭店设备管理是提高饭店经济效益的重要手段

饭店设备管理水平越高,硬件服务质量就越稳定,因此而导致的投诉就越少,客人满意度也就越高,这大大增加了客人回头的几率,为提高饭店营业收入作出贡献。同时,一个现代化饭店的设施设备投资约占总造价的三分之一还多,高水平的设备管理水平还有助于延长设备的使用寿命,为饭店节约大笔的设施设备更新改造费用。另外,现代饭店能源消耗很大,费用极高,饭店设备管理得好,也可以降低能源消耗,为饭店减少能源支出,从而提高利润水平,减少污染排放,有利于保护环境。

(二)饭店设备管理的任务

饭店设备管理的主要任务是通过对设备进行综合管理,保持设备完好,不断改善和提高饭店技术装备素质,充分发挥设备效能,取得良好的投资效益。

1. 保证设备正常运行

饭店设备系统的正常运行既是服务提供的基本条件,同时也是服务质量的重要组成部分。因此，保证设备正常运行就成为饭店设备管理的主要任务。饭店设备管理的相关部门必须采取措施，提高设备精度、舒适度和可靠性；必须注重对设备的监测和诊断，以便对影响服务质量的状态变化及时加以控制；必须加强对关键设备的优先养护和检修。

2. 提高设备先进程度

随着社会经济、技术的不断发展，先进的饭店技术装备层出不穷。这些先进技术的采用将会不断提高饭店的舒适、便捷程度，也会降低饭店的能耗。因此，饭店必须不断地对其设备系统进行技术升级和换代。改善和提高技术装备的主要途径，一是采用技术先进的新设备替换技术陈旧的设备；二是应用新技术改造现有设备。后者通常具有投资少、时间短、见效快的优点。

3. 发挥设备的最大效能

设备效能是指设备的生产效率和功能。设备效能的含义不仅包含单位时间内生产能力的大小，也包括适应各种生产的能力。发挥设备效能就是要合理选用技术装备，在保证饭店服务质量的前提下，减少能源消耗、提高生产效率，通过技术改造，提高设备的可靠性和维修性，减少故障停机和修理停歇时间，提高生产效率。

4. 取得良好的投资效益

设备投资效益是指设备整个生命周期中的产出与投入之比。取得良好的设备投资效益，既是提高经济效益为中心的思想在设备管理上的体现，也是设备管理的出发点和落脚点。提高设备投资效益的根本途径在于推行设备的综合管理。

三、饭店设备管理的主体

饭店设备管理的主体是设备部，同时包括饭店高层管理者、各部门管理者以及设备使用人员。

（一）设备部是饭店设备管理的主导部门

设备部负责饭店电力、电梯、空调、厨房、制冷、给排水、电视音响、锅炉、BA 系统、通信等系统的运行管理，负责设备维修保养及饭店建筑装修设施的维护保养工作，是通过设施设备的完好状态直接给客人留下美好服务形象的部门，因此，设备部的责任和使命是很重要的。

现代饭店集中了当前科学技术提供的最新设备，这些设施设备成为使饭店豪华、气派、舒适，提供优质服务和环保节能的重要保障。设备部的使命是绝对确保这些设施设备能正常良性运行，使客人在享受舒适、温暖、关爱、方便、安全、宾至如归的服务基础上，最大限度地做好能源消耗和成本控制，使饭店经济效益和社会效益达到双赢。

具体而言，设备部在饭店设备管理方面承担以下任务：

(1)负责饭店电力、电梯、空调、给排水、锅炉、BA系统、通信等系统的运行管理及检修保养，保证其达到最佳运行状态。

(2)负责饭店厨房设备、洗涤设备、清洁设备的保养维修。

(3)负责饭店康体娱乐中心设施设备的保养维修。

(4)负责饭店内所有装修设施、家私家具的保养、维护、维修。

(5)负责饭店门禁安保监控、消防设施设备的检修、保养。

(6)负责饭店内部设施设备的更新、改造、迁移、报废等工程问题。

(二)饭店高层管理者是设备管理的实施者和决策者

现代饭店设备管理是一个系统化的全过程管理过程，要求分工明确、各司其职，设备管理工作是饭店高层管理者的职责之一。例如，世界十佳饭店之一的中国香港文华饭店对经理、值班经理都有这样的职责规定：总经理，执行饭店检查任务，保持或改进服务水准，每日掌握饭店前后台所有地方的清洁情况，批准预算外的维修合同；值班总经理，重点检查设备的有效保养，尽可能控制成本，并且和总工程师联系，保证其他部门的要求得到贯彻执行。

(三)饭店的各部门都有设备管理职责

饭店设备分布在各个部门，各个部门的负责人都负有管理好本部门所使用设备的职责。一方面要在本部门执行好饭店的设备管理制度，同时也要制定、执行好本部门相应的设备使用、管理制度。另外，部门之间的密切协作和配合对做好设备管理工作尤其重要。例如，采供部与使用部门若配合不好，所需要的用品和设备进不来，不合用的劣质用品都堆在仓库中用不完，都会影响服务质量和造成浪费。

(四)员工参与设备管理

设备部是饭店设备管理的主导部门，但具体操作的员工是饭店设备的实际使用者。因此，应采取措施促进饭店所有员工参与设备管理。具体地说，就是要使饭店的每位员工都认识到自己对所使用的设备负有责任，教会员工熟练使用设备，并能对所使用设备进行定期检查、维护保养。在饭店中，员工不会使用自己所管的设备而造成问题的案例屡见不鲜，例如，餐饮部员工为图方便，把各种残渣倒入下水道，造成堵塞，也有的服务员打扫卫生时，把掉下来的设备零件顺手扔掉，造成日后维修上的困难。

四、饭店设备系统的分类

(一)按设备在饭店运转中的重要程度分类

饭店设备种类繁多，数量庞大，在设备管理中应分清主次、抓住重点。按照设备在饭店运行中的重要程度可以分为以下三类：

1. 关键设备

饭店的关键设备是指在整个饭店经营过程中起着重要保障作用的设备，一旦该设备发生故障，将严重影响整个饭店的生产和经营；例如，变压器、锅炉、程控交换机和火灾报警控制器等。

2. 重要设备

饭店的重要设备是指在各个生产经营部门起重要作用的设备，如果这些设备损坏，将会影响部门或饭店某一部分的正常生产和经营，例如电梯、空调、冷库、电视系统的前端设备和电脑主机等。

3. 普通设备

饭店的普通设备是指可替代且维修更换比较方便，一旦损坏不会影响整个饭店经营的设备，饭店内大量的工作设备都是普通设备，例如冰箱、电视机、打印机等。

（二）按照功能分类

依据设备在饭店运转过程中的不同功能，可以将饭店设备分为以下十类：

1. 供配电系统

供配电系统包括变、配电设备，以及输电设备和用电设备。变、配电设备主要包括变压器、高低压配电柜等；输电设备主要包括输电线路和配电箱；用电设备主要包括机电设备、电子设备、照明设备等。

2. 空调系统

饭店一般都配备中央空调系统，对空气进行过滤、加温、加湿、降温、降湿处理后，送入饭店内部。空调系统包括冷热源提供设备、风机盘管、冷却塔、风道、电机等。

3. 锅炉供热系统

饭店正常的服务运转离不开热源供应，如客房热水，空调热源，厨房、洗衣房、桑拿浴的蒸气、热水供应等。饭店供热锅炉分为燃煤、燃油、燃气和电力四种类型。使用电力提供能量的锅炉费用较高，近年来随着城市环保要求的提高和石油价格的不断上涨，燃煤、燃油锅炉逐步淘汰，燃气锅炉的使用量大增。另外一些小型和档次不太高的饭店开始使用城市集中供热系统提供热源。

4. 给排水系统

饭店的给排水系统主要由输水管网、增压设备、计量表、储水池等组成，以保证客人用水、酒店服务场所工作生活用水和消防用水。

5. 消防、安全系统

消防、安全系统包括消防系统和安全监控系统。消防系统由两部分组成，一是火灾报警系统，由火灾探测器和火灾报警控制器构成；二是消防灭火系统，由消防栓设备和自动喷淋系统构成。安全监控系统主要是饭店为了掌握楼层、庭院、入口、大堂、宴会大厅等重要场所的动态而建立的闭路电视监视网络，也是案件发生后查找线索、保留证据的工具。安全监控系统由摄像头、监视器和录像机组成。

6. 电梯设备系统

饭店经营中每日的人流、货流量都很大，电梯设备必不可少。饭店的电梯包括垂直电梯和自动扶梯两种。电梯的主要构成是曳引机、钢丝绳、轿箱、对重砣及安全控制装置组成。

7. 厨房设备系统

厨房设备系统包括各种烹调制作设备和冰箱、冷库设备。

8. 电视与通信系统

现代饭店都配有卫星电视系统，为客人提供国内外各种语言的电视节目。通信系统是饭店运转和对客服务必不可少的，包括电话系统、对讲机系统、互联网设备、中央音响系统和消防紧急广播系统。

9. 健身娱乐设备系统

为了满足客人的健身娱乐需求，现代饭店一般都设有健身房及各种娱乐设施，内配跑步机等多种健身设备以及卡拉 OK、灯光音响等。

10. 饭店信息管理系统

饭店信息管理系统是饭店运营管理的重要保障，饭店信息管理系统包括客人账务及宾客关系管理系统、行政办公系统、人力资源管理系统三部分。

(三)按照固定资产类型分类

根据我国《旅游、饮食服务企业财务制度》，饭店设备都属于固定资产，共分七个大类：(1)房屋、建筑物；(2)机器设备；(3)交通工具；(4)家具设备；(5)电器、影视设备；(6)文体、娱乐设备；(7)其他设备。

第二节　饭店设备管理部门的组织管理

饭店设备不但种类繁多，而且数量巨大，饭店能源支出又是饭店经营成本中占比例最高的项目之一。这就使得设备部的工作繁复、庞杂，技术性强，责任重大。可以说，设备部管理工作的好坏可谓是牵一发而动全身，不仅直接影响饭店的正常运转，而且还影响饭店的经营成本高低。因此，饭店高层必须高度重视设备部的管理，设计出符合实际的组织架构，制定科学严格的设备部运行管理制度，并严格督导，加以执行。

一、饭店设备管理部门的组织机构设置

饭店设备部组织结构是设备部内部分工协作的基本框架。依据饭店类型、规模、经营目标等不同，设备部一般有三种可供选择的组织结构，即专业制、区域制和运营制。一般而言，小型饭店(300 间客房以下)或新开业的饭店多采用专业制组织结构(图 11-1)；单体大型饭店(600 间客房以上)或功能区较为分散的度假饭店多采用区域制组织结构(图11-2)；中型饭店(300～600 间客房之间)和连锁饭店更适合采用运营制组织结构(图 11-3)。

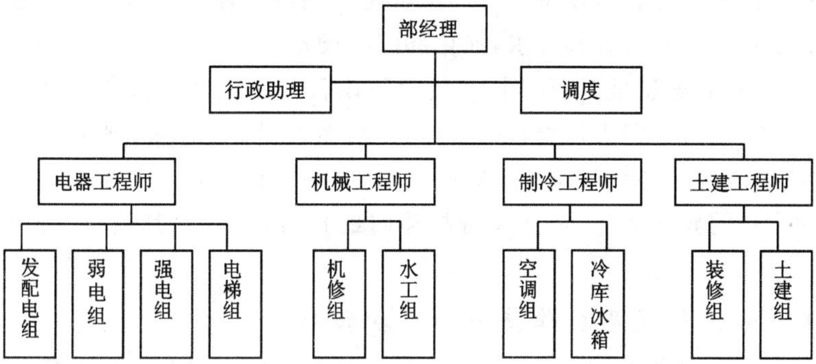

图 11-1 专业制组织结构

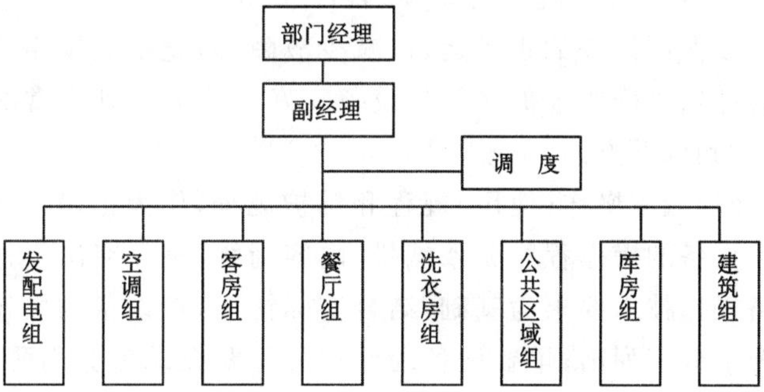

图 11-2 区域制组织结构

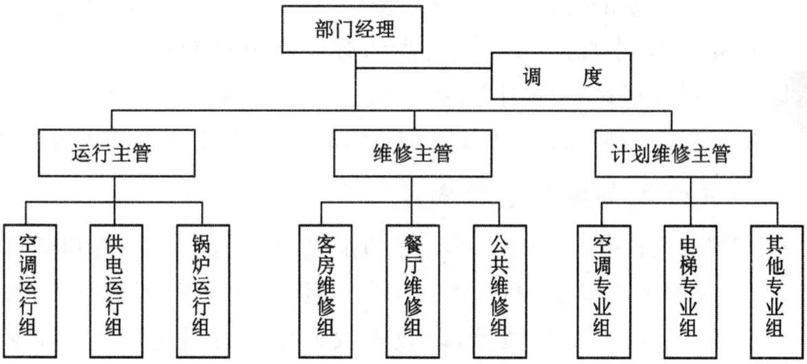

图 11-3 运营制组织结构

二、饭店设备管理制度

传统的设备管理观念是把注意力集中在设备本身,集中在“物”的层面,现代饭店管理强调的是以人为本。人是设备的使用者和维护者,做好设备维护管理必须首先着眼于对人的管理,必须做好设备管理的制度建设与实施。

(一)建立设备管理岗位责任

设备管理是饭店管理中的一个重要内容,所以每一个管理者都负有对设备的管理职责，并且不同岗位的管理者对设备管理的职责是不同的。饭店通过对设备管理岗位职责的制定，明确设备管理的内容和要求，强化部门的设备管理。

设备管理的核心思想是“谁使用，谁负责”，设备使用应实行岗位责任制。凡有固定人员操作的设备，该员工即为该设备的责任人，由多人操作的设备，则指定一人为设备的责任人。设备的责任人必须对设备的完好负责，必须掌握设备的正确的使用方法和维护方法，能发现设备的异常情况，负责设备故障时的报修，负责在其他员工使用该设备时，对他们进行培训。

（二）建立和遵循设备操作使用和维护程序

设备的操作使用和维护程序是设备操作人员正确掌握设备的操作技能与维护方法的技术规范。它根据设备的结构特点、运行规律及安全运行的要求，规定设备的操作人员在其全部的操作过程中必须遵守的事项、程序及动作。操作人员认真执行设备的操作、维护规程，就可以保证设备的正常运行，减少故障，防止事故发生。设备能被正确的使用，并且能得到及时、正确的维护保养是设备完好及能够达到正常的使用效果和寿命的前提，为此必须做到以下方面：

(1)每台设备必须编写操作(使用)规程和维护规程，作为正确使用维护的依据。设备的操作规程要按设备的操作程序分条编排，内容精练，重点突出，易懂易记会用；设备操作规程应以设备操作技术要求为基础，结合实际情况，将设备的操作规范、运行特点、注意事项和维护要求分别列出；重要设备的操作规程要在设备旁用醒目的标牌说明，并注上重点标记，要求操作者特别注意。

(2)每台设备的使用者都要经过专业培训。首先，在使用任何一台新设备或新员工独立操作以前，必须对设备的结构性能、安全操作、维护要求等方面的技术知识进行教育和实际操作培训；其次，人事部门要会同设备部有计划地对操作人员的设备使用情况进行技术培训，以不断提高对设备使用、维护的能力；第三，重要设备的操作人员经过技术培训后，要进行技术知识和使用维护知识的考试，合格者方能独立使用或操作设备。

（三）建立和健全设备运行管理制度

饭店的一些重要设备，特别是动力设备(如配电设备、锅炉、冷冻机组等)，其能否正常运行对饭店运转和服务质量影响极大，必须制定详细的运行管理制度，设备的操作人员要求严格执行运行制度，以减少故障，防止事故发生。各机房还要制定相应的机房管理制度以加强管理，规范机房值班人员的行为，提高设备的运行效率。这些制度主要包括以下方面：

(1)凭证操作制度；

(2)交接班制度；

(3)巡回检查制度；

(4)清洁卫生制度；

(5)安全保卫制度；

(6)机房值班制度；

(7)操作规程；

(8)维护规程；

(9)安全技术规程。

饭店的一些重要设备都要求有较高的操作技术。为了保证正确使用这些重要设备，就应建立凭证操作制度。目前国家规定电工、电焊工、锅炉工必须凭证操作。但饭店还有一些重要设备，可在内部实行凭证操作，例如冷冻机组的操作、电脑主机的维护等。

饭店主要动力设备和其他一些重要设备为多班制运行。多班制运行应执行设备交接班制度。交班者在下班之前除完成日常维护作业外，必须将本班组设备运行状况、运行中发生的问题、故障维修等详细情况记录在“设备运行记录表”上并要注意向接班者介绍，做好交班工作。接班人员如发现设备有异样现象，或记录不清、情况不明和设备未清洁时，必须在交接班时查明原因。如因交接不清、设备在接班后发生问题，由接班人员负责。

此外，饭店设备运行相关管理人员的巡回检查制度、卫生及安全管理制度、操作与维护管理制度也是饭店设备运行管理制度的重要内容。

第三节　饭店设备管理的内容

现代饭店设备管理的重要概念之一就是设备的全过程管理，也称设备全面管理。饭店设备的全过程管理是指以追求设备最高综合效益为目标，运用经济、技术措施，对各种设备系统从选购、安装开始，经过使用、维护保养、更新改造，直至报废为止的全过程管理活动。饭店设备管理的主要内容包括：设备的选择与购置、设备的使用与维修、设备的更新与改造、设备的资产管理等。

一、设备的选择与购置

饭店设备的选择与购置是设备全过程管理的重要组成部分。认真做好设备的选择与购置，可以为日后的运行、维修、更新改造等工作打下良好基础。

（一）设备的选择

一般认为，饭店寿命周期费用的90%取决于设备选购。饭店设备选择出了问题，将会导致使用和维修困难，故障率高，运行和维修费用大等问题。

1. 饭店设备选择的决策过程

正因为饭店设备选择对后期运行管理影响巨大，因而饭店设备选择应该慎而又慎，必须做好过程控制。设备选择决策过程如图11-4所示。

饭店设备投资大约占总投资的三分之一，在饭店筹备期，设备选型至为关键。饭店工程设备部门和使用部门首先要根据饭店的档次定位、建筑结构、使用要求提出对各类设备的技术要求。

第二步是采购部门根据上述要求结合资金状况，对设备制造厂家进行调研和筛选，对价格、运费、安装费、培训费等进行调研和评估，提出选型方案。

第三步是工程设备技术部门人员根据采购部门的选型建议，进行可行性论证，写出

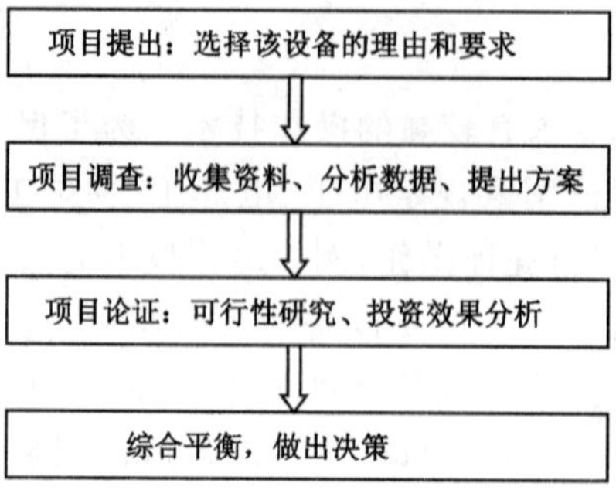

图 11-4　设备选择决策过程

可行性报告。报告内容涉及设备投资背景和条件，如该设备使用的能源、原材料价格与供给、设备的环境条件要求、施工、安装技术方案、环保方案、操作使用人员素质要求、设备投资经济性分析、可能存在的风险、结论等。

第四步是设备投资项目的决策和审批，也就是饭店管理方根据收集的各类信息、分析数据、可行性报告，结合本饭店的档次、结构、经营方针、资金状况、能源供应等综合平衡，最后做出决策。

2. 饭店设备选型及影响因素

饭店设备选型是从多种可以满足相同需要的不同型号、规格的设备中，经过技术经济的分析评价，选择最佳方案以做出购买决策，从而使所选设备达到运行上适用、技术上先进、经济上合理的目的。合理选择设备，可使有限的资金发挥最大的经济效益。

影响饭店设备选型的主要因素有以下几种：

(1)实用性。设备选型的重点是首先考虑其实用性，包括生产率、工艺先进程度以及舒适性、美观度、环保性和配套性。

设备的生产率一般用设备单位时间(分、时、班、年)的产品产量来表示。例如，锅炉以每小时蒸发蒸气吨数；空压机以每小时输出压缩空气的体积；制冷设备以每小时的制冷量；发动机的功率；流水线的生产节拍(先后两产品之间的生产间隔期)；水泵以扬程和流量。饭店设备的生产率一定要能够满足饭店正常运转所需要的生产率参数。

先进性是指饭店设备性能要先进，自动化程度高，控制简单，操作方便，客人和员工易于使用。舒适性有两种含义：对于客人直接操作使用的设备，例如，电梯，要有舒适感，要把这种舒适感列为设备选型的重要指标；对于客人享用但由技术人员操作、运行的设备，如空调机组，要求设备的输出能使客人感到环境舒适。饭店是高档消费场所，设备的色彩和造型也要强调美感。饭店设备选型也要从技术美学的角度评价其设计、摆放的美学效果，使客人得到美的享受。除此之外所选设备要符合国家、地方环保政策和标准，不产生噪声和危害公共健康。

(2)经济性。经济性主要是指两个方面：购置设备初始投资费用少，设备维持费用省。初始投资费用，包括购置费、运输费、安装费和辅助设施费等。设备维持费用包括能耗和原材料消耗，维修和管理费用、劳动力费用等。综合以上两方面，设备选型时要考虑的经济性影响因素主要有：①初期投资；②对产品的适应性；③生产效率；④耐久性；⑤能源与原材料消耗;⑥维护修理费用等。

(3)可靠性。饭店设备安全可靠与否直接关系宾客的人身安全,也关系饭店工作人员的人身安全。同时,设备运行可靠与否、故障率高低将决定维修的次数和时间,关系饭店服务的效率,从而影响宾客对服务的满意程度。因此,设备的安全可靠是饭店的声誉和效益的重要保障之一。

饭店投资购置设备都希望设备能无故障地工作,以期达到预期的目的,这就是设备可靠性的概念。可靠性在很大程度上源于设备的设计与制造。因此,在进行设备选型时必须考虑设备的设计制造质量。选择设备可靠性时要求使其主要零部件平均故障间隔期越长越好,可以从设备设计选择的安全系数、冗余性设计、环境设计、元器件稳定性设计、安全性设计和人一机因素等方面进行分析。

(4)可维修性。可维修性是保障饭店以最少的时间修复设备故障从而避免宾客反感抱怨的重要因素,是选择设备必须充分考虑的问题。

选择设备时,对设备的维修性可从以下几方面衡量:①设备的技术图纸、资料齐全,便于维修人员了解设备结构,易于拆装、检查。②结构设计合理。设备结构的总体布局应符合可达性原则,各零部件和结构应易于接近,便于检查与维修。③结构简单。在符合使用要求的前提下,设备的结构应力求简单,需维修的零部件数量越小越好,拆卸较容易,并能迅速更换易损件。④标准化、组合化原则。设备尽可能采用标准零部件和元器件,容易被拆成几个独立的部件、装置和组件,并且不需要特殊手段即可装配成整机。⑤结构先进。设备尽量采用参数自动调整、磨损自动补偿和预防措施自动化原理来设计。⑥状态监测与故障诊断能力。利用设备上的仪器、仪表、传感器和配套仪器来检测设备有关部位的温度、电压、电流、振动频率、消耗功率、效率、自动检测成品及设备输出参数动态等,以判断设备的技术状态和故障部位。

(二)设备的购置

设备选型完成后,接下来的任务就是订货、验收和安装调试。

首先,签订订货合同前,必须了解并掌握供货单位的信誉和售后服务情况,所签合同条款既要抓住主要内容,又要十分注重细节。为了降低采购费用、控制风险,大型设备订货一般要采用招标的办法。

设备到货后要及时验货,发现问题及时向供货单位提出质询或提出索赔。验货时要特别注意检查包装情况,慎重拆箱,严防开箱时损坏设备及附件。要根据装箱清单点货,查验货是否齐全、外观是否完好。随机的备品附件、工具、元件资料要造册登记、专人保管。验货时还要核对设备的基础图、电气线路图。

最后一个环节是安装调试,合格后办理验收手续。

二、设备的使用与维护

(一)设备使用管理

设备的正确使用在很大程度上决定了设备的完好程度和使用寿命长短。饭店各部门如果对设备管理不当,员工不按照正确的方法使用和维护设备,会造成设备故障频发、维修成本高的后果。因此，每一个员工都要正确使用和精心维护所使用的设备，减少设备的故障，减少设备的应急维修量，设备部则应着重做好重要设备的计划维修，使饭店的设备管理实现科学化管理。为了保证设备得到正确使用和精心维护，必须制定并严格执行有关的制度，强化员工的设备管理意识，对员工进行设备操作和使用的培训，加强对设备使用和维护的检查。

1. 设备使用管理的目标

设备使用管理的最主要目标就是要保持设备良好的技术状态，确保设备发挥正常的功能。设备的技术状态是指设备所具有的工作能力，包括性能、精度、效率、运行参数、安全、环保、能源消耗等所处的状态及变化情况。饭店的设备是为了满足各部门经营和客人使用需要而配备的。设备技术状态是否良好，直接关系饭店的服务质量和经济效益。设备使用管理的目标就是设备的技术状态完好。

设备技术状态完好的标准可以归纳为以下三个方面：

(1)性能良好。设备性能良好是指设备的各项功能都能达到原设计或规定的标准，性能稳定，可靠性高，能满足饭店经营和生产的需要。性能良好是饭店设备最重要的标准，体现了设备的质量，它不仅与正确使用和维护有关，更重要的是取决于投资的决策。饭店设备是直接为客人提供服务的物质基础，体现了饭店的服务档次和服务水平。因此，饭店设备特别是关键设备、重要设备和客用设备必须选购高质量的产品，这样才能确保设备的良好性能。

(2)运行正常。运行正常是指设备零部件齐全，安全防护装置良好；磨损、腐蚀程度不超过规定的技术标准；控制系统、计量仪器、仪表和润滑系统工作正常，安全可靠。性能良好、质量上乘的设备是运行正常的基本条件，但高质量的设备必须在规定的使用条件和环境条件下才能运行正常。因此，正确使用是确保设备正常运行的重要条件。

(3)耗能正常。耗能正常是指设备在运行过程中，无跑电、冒气、漏油、滴水等现象。要使设备耗能正常，就应认真做好日常的维护保养工作，及时更换磨损零部件，定时进行润滑，确保设备在良好的环境下运行。

凡不符合上述三项要求的设备，不能称为完好设备。设备完好的具体标准，应能对其做出定量分析和评价，由主管部门根据总的要求制定，并作为检查饭店设备完好的统一尺度。

2. 设备使用管理的要求

设备在负荷下运行并发挥其规定功能的过程，即为使用过程。设备在使用过程中，由于受到各种力的作用和环境条件、使用方法、工作规范、工作持续时间长短等影响，其技术状态会发生变化并逐渐降低工作能力。要控制这一时期的技术状态变化，延缓设备工作能力下降的进程，除应创造适合设备工作的环境条件外，还要用正确合理的使用方法、标准的工作规范，控制持续工作时间，精心维护设备，而这些措施都要由设备操作者来执行。设备操作者直接使用设备，采用工作规范，最先接触和感受设备工作能力的变化情况。因此、正确使用设备是控制技术状态变化和延缓工作能力下降的基本要求。

保证设备正确使用的主要措施是明确使用部门和使用人员的职责，并对其进行专业培训，督导其严格按规范进行操作。做到“三好”“四会”，遵守“五项纪律”，对大型设备要做到“四定”。

(1)“三好”。各个部门对设备的使用都要做到“三好”，即：管好设备、用好设备、保养好设备。

管好设备的原则是：谁使用，谁负责。每个部门都有责任管好本部门所使用的设备，做到设备台账清楚，设备账卡齐全。设备购买必须提出申请，使用前必须为设备建档设卡，制定设备使用规程和维护规程，不得违反规定随意使用设备。设备管理责任人要管好所负责的设备，设备发生借用等情况必须办理手续。

用好设备是指所有使用设备的员工都必须按照操作规程进行操作和维护，不得超负荷使用设备，禁止不文明操作。另外未经培训的员工不得单独操作设备。

保养好设备是指设备的使用人员在使用完设备或每班下班以前，必须对设备进行日常保养。对于一般设备，日常保养就是清洁、除灰、去污。设备保养还包括由设备部专业人员进行的定期保养。部门要配合设备部实施这一保养计划。

(2)“四会”。对设备操作人员来讲，应达到以下“四会”的要求，即会使用、会维护、会检查、会排除一般故障。

①会使用是指操作人员必须熟悉设备的用途和基本原理，熟悉设备的性能要求，熟练掌握设备的操作规程，正确使用设备；

②会维护是指操作人员要掌握设备的维护要求，正确实施对设备的维护。

③会检查是指设备管理责任人应了解所管理设备的结构、性能和特点，能检查设备的完好情况。饭店各机房运行值班员要掌握设备易损件的部位，熟悉日常点检设备完好率的检查项目、标准和方法，并能按规定要求进行点检；

④会排除一般故障是指设备使用者及设备的管理责任人，要掌握所用设备的特性，能鉴别设备的正常与异常，了解拆装的方法，会做一般的调整和简单的故障排除，不能解决的问题应及时报修，并协同维修人员进行检修。

(3)“五项纪律”。为确保饭店重要设备、高技术含量设备的正常运行，避免操作、维护不当造成设备损坏，其设备操作人员必须遵守以下五项纪律：

①实行定人定机、凭证操作制度，严格遵守安全技术操作规程；

②经常保持设备的清洁，按规定加油润滑，做到没完成润滑工作不开机，没完成清洁工作不下班；

③认真执行交接班制度，做好交接班记录；

④管理好工具、附件，不能遗失及损坏；

⑤不准在设备运行时离开岗位，发现异常的声音和故障应及时停车检查，不能处理的要及时通知维修工人检修。

(4)“四定”。对饭店的大型设备，要实行以下“四定”管理：

①定人操作运行；

②定人检查修理；

③定操作规程；

④定位保养细则。

（二）设备保养与维修

任何设施设备都有使用的时间性，对其保养与维修的好坏，决定着设施设备使用寿命的长短，也决定着饭店效益的好坏。因此，对设施设备的检查要及时，清洁要及时，保养要到位，小修要及时，大修要按时，哪怕是一盏损坏的电灯泡、一个该换的设备零件、一点污染的墙面、一块破损的装饰线条，都要反应敏捷、迅速处理。不能有“将就用几天”的想法，也许就是这种“将就”的思想，导致设施设备一旦出现问题，给饭店造成的经济损失是无法估量的，顾客对饭店的服务质量和形象也会大打折扣。

保养与维修是饭店设备管理的一项经常性工作，有计划的保养与维修相结合可以有效地预防设备的非正常老化，减少设备的意外故障，长期保持设备的功能，充分发挥设备的效能，延长设备的使用寿命。

1. 设备的保养管理

做好设备保养管理需要在保养制度建设和执行上狠下工夫，做到日常保养和定期保养相结合，专业人员保养和操作人员使用保养相结合。

(1)日常保养。日常保养是整个设备保养工作的基础，它的特点是经常化和制度化。日常保养包括班前保养、班中维护和班后保养三个阶段的内容。

①班前保养。班前保养的要求是：检查电源电气控制装置是否安全可靠；检查安全保护装置是否齐全有效；擦拭设备，检查转动、滑动设备润滑情况；检查设备是否存在松动及损伤现象；认真阅读上一班次交班记录，察看有无异常情况和注意事项。

②班中维护。班中维护的要求是：严格按照操作程序操作；注意观察设备运行状况和仪器仪表，通过声音、气味发现异常情况；确保设备不带病运行，发现故障及时停机检查并及时排除故障。

③班后保养。班后保养的要求是：保持设备清洁，工作场地整齐，地面无污迹无垃圾；设备上的全部仪器仪表、传动装置、油路系统、冷却系统和安全防护系统完好无损，灵敏可靠，指示准确，无滴水漏油现象；非连续班次运行设备在班后应回归到非工作状态，切断电源。

(2)定期保养。定期保养是在日常保养的基础上，定期(时间长短视不同设备而定)对设备进行更深层次、更为彻底的养护，以便消除事故隐患，减少设备磨损，保证长期正常使用和达到设计使用寿命。

定期保养的主要内容和要求包括以下方面：

①彻底清洁设备外表和内部，疏通管道、油路；

②对规定的保养部位拆卸检查；

③设备的电机、开关、继电器等要进行除灰清油，并确保接线完整无破损；

④彻底检查传动装置的润滑和紧固情况，调整机械间隙，必要时更换零件；

⑤做好记录，并把疑难和尚未解决的问题上报技术主管人员，以便及时采取措施

解决；

⑥定期保养的结果要经技术主管人员检查验收。

2. 设备的维修管理

设备维修是指设备出现性能下降或发生故障时，为恢复其功能和精度而采取的更换零部件、修复磨损、重新拆装、紧固润滑等工作。设备维修是使故障设备恢复性能和精度的重要技术手段。设备维修包括以下方面的工作：

(1)设备维修信息的获得。概括起来，设备维修信息的获得有四种方式：一是报修，也就是使用部门通过传递报修单、打电话等方式通知设备部门维修；二是管理人员、值班人员在巡视、检查中发现故障、问题而安排的维修；三是维修计划中已经确定的维修设备、项目；四是预知性维修信息，也就是维修计划中没有安排，但管理人员通过检查、运行监测、统计分析判断出设备性能出现劣化而安排的维修。

(2)设备维修的类别。根据设备维修内容、工作量大小以及时间安排，设备维修分为小修、项修、大修和计划外维修四类。

①小修。小修是工作量最小的一种计划修理，主要是更换或修复在期间内失效或即将失效的零部件，并进行调整，以保证设备的正常工作能力。

②项修。项修就是项目修理。根据饭店设备的实际情况，对状态劣化已经达不到生产要求的项目，按实际需要进行针对性的修理。项修时，一般要进行部分的拆卸、检查、更换或修复失效的零部件，从而恢复所修部分的性能和精度。

③大修。大修是对饭店设备进行维修工作量最大的一种计划修理。大修时要对设备全部解体，修整所有基准件，修复或更换磨损、腐蚀、老化及丧失精度的零部件，使之达到规定的技术要求。大修的费用较高，且性能难以达到出厂时的技术标准，所以，大修要事先进行可行性分析。

④计划外维修。任何维修保障系统都难以避免突发故障的出现，这就导致计划外维修的发生。因此，设备管理中维修计划要给突发状况留下余地。

三、设备的更新与改造

饭店设备是有寿命和磨损的，在使用一定时间、年限后，各项性能、参数难以达到设计和使用要求，这就需要进行更新改造。

(一)设备的寿命与磨损

1. 饭店设备的寿命

设备寿命是指从设备的投资决策采购开始，经购买、安装调试、正式投入运行、维护保养、修理改造，到报废更新为止的全部时间。

需要指出的是，饭店设备并非是到了无法使用、彻底报废才算寿命结束。根据管理的需要，可以从以下四种不同的角度确定设备的寿命是否到期。

(1)物理寿命。设备的物理寿命又称自然寿命或物质寿命，是指设备从全新状态开始，由于物质磨损而逐渐丧失工作性能，直到不能使用而报废为止的全部时间。

(2)技术寿命。设备的技术寿命是指设备从研制成功，到因技术落后而被淘汰的全部时间。

(3)经济寿命。设备的经济寿命又称价值寿命，是指设备从运行开始到由于磨损而需要维修在经济上已不合算为止的时间，也就是设备的最佳使用年限。

(4)折旧寿命。设备的折旧寿命是指设备根据规定的折旧率和折旧方法进行折旧，直到设备的净值为零的全部时间。

2. 饭店设备的磨损

饭店的设备在使用过程中，总会受到各种外力和环境的影响而发生磨损，逐渐使设备的性能降低。随着时间的推移，设备不但自身逐渐贬值，而且还会出现技术老化，这就需要不断地投入人力、物力和资金对设备的磨损进行补偿。

设备的磨损分为两种类型：有形磨损和无形磨损。

(1)有形磨损。有形磨损又称为物质磨损，这种磨损一般是可以测量出来或者感觉得到的实体磨损。有形磨损又可以分为机械磨损和自然磨损两类。受到外力作用(诸如摩擦、冲击、高温、高压等)而产生的实体形态上的磨损叫做机械磨损，受自然力作用产生的生锈、腐蚀、老化、变质而引起的设备精度及工作性能下降、丧失叫自然磨损。

(2)无形磨损。所谓无形磨损又称精神磨损，是设备在非使用和非自然力作用下所引起的设备价值上的损失。无形磨损又可以分为经济性磨损和技术性磨损两类。由于生产厂家技术进步、效率提高，生产的同类设备价格降低，饭店设备的原价与现价出现差额，造成设备贬值，这就是经济磨损。由于新技术、新材料的使用使得原有设备在技术、节能等方面变得陈旧落后，这就是设备的技术磨损。

(二)设备的更新与改造

饭店设备寿命到期或因磨损导致性能丧失、能耗偏高，这就涉及设备更新改造的问题。饭店设备的更新改造包括技术改造和设备更新。

1. 技术改造

饭店设备的技术改造就是应用新技术、新工艺改善原有设备的结构和性能，补偿设备的有形和无形磨损。设备经过技术改造，除了改善原有性能外，还能增加某些功能，甚至变得更为节能环保。例如，南京金陵饭店对全部客房的沐浴系统进行了升级改造，选用了一种最新的喷淋系统并加装了节水装置，使用这种新型进口节水装置的节水率达到18%，一年可节水近2万立方米，大大降低了水资源的浪费。

2. 设备更新

设备更新是指用更经济、更先进的设备替代寿命到期或磨损严重的设备。凡符合下列情况的设备都应进行更新：

(1)经多次大修，技术性能仍不达标，并且无法满足客人使用要求；

(2)技术上明显落后，效能很差，并且不符合国家未来政策指引方向；

(3)耗能大，污染严重，达不到节能环保要求。

饭店设备的更新和改造一般投资成本比较大，需要较长的时间才能回收投资资金，应该十分慎重地计划和讨论，对方案进行技术和经济效益比较。除此之外，重点考虑的因素就是节能和环保。

饭店经营无非是增加收入和控制成本，收入多少取决于客源量的多少，而成本则由饭店运营及管理中的所有支出构成的。其中，能源支出是饭店正常运营中的一项最大费用。

节能减排、保护环境是大势所趋，是国家产业政策的指引方向，也是企业的社会责任。因此，节能和环保是今后饭店设备选购、技术改造、设备更新的最大影响因素。

四、设备的资产管理

饭店设备资产是指在饭店基本建设竣工后投入使用的，或者是在更新改造时添置的设备。从会计制度的角度看，必须是使用年限一年以上，购置、安装和调试费用合计500元以上的设备，才能成为设备资产。

饭店设备资产管理是指对饭店设备财产的形态和状况进行管理。它通过了解饭店设备财产的分配、归属、运行状况，为固定资产的折旧和大修理计划的制订提供依据。饭店如果缺乏有效的设备资产管理，就会造成设备资产的流失和混乱，进而使饭店的服务质量和经济效益受到影响。

饭店设备资产管理工作主要有以下三个方面：

（一）设备分类编号、登记和保管

饭店设备种类十分繁多，要进行有效的管理首先必须进行科学的分类编号，然后从资产管理的角度建立设备台账，最后是建立设备档案。

（二）设备处理

设备处理主要包括设备的内部调动和调拨、设备对外出租、封存与保管、对外转让等项工作。

（三）设备报废

设备报废是饭店对下列情况的设备采取报废处理的工作。

(1)设备有形磨损严重，经过大修也无法达到使用要求；

(2)设备采用的技术陈旧落后，无形磨损严重，能效很差；

(3)能耗过大，污染严重，属于国家政策规定淘汰的设备；

(4)设备经常发生事故和故障，存在严重安全隐患且无法大修或改造。

案例分析

案例1　某饭店设备部要害部位安全管理制度

设备部负责饭店设备的安装、维修、检查工作，涉及的要害部位多，因此，保证安全对饭店业务工作的正常进行十分重要。

1. 各岗位员工对要害部位的设备要做到勤检查、勤维修，严格执行安全责任制，部门

负责人要定期巡视，加强督促检查，各班组、机房要成立治保小组，确定治安防范负责人，制定各班组、机房的安全制度及值班、巡视、交接班、设备安全等专项安全措施。

2. 所有机房的钥匙要指定专人保管，不得随意放置。

3. 机房不准外来人员与工作无关人员进入，机房内严禁吸烟。

4. 机房员工下班前要认真填写当班记录，做好交接班工作。

5. 加强对所有仓库管理，对备件、器材要建卡、编号。对各种工具要建档。严格出入物品手续，定期进行盘点、查账，对丢失配发工具的员工要实行经济赔偿。

6. 配钥匙机要有专人使用和保管，设专用钥匙工作间，任何人不得私自进入和使用配钥匙机。

7. 不得使用配钥匙机为私人配制钥匙或未经允许配制饭店内任何部位钥匙。

8. 不得配制万能钥匙。

案例思考题：

1. 设备运行制度的作用是什么？

2. 饭店关键设备、重点要害部位应如何管理？

案例2　北京KL饭店原生污水源热泵空调系统

KL饭店是北京市的一家老牌五星级饭店，总建筑面积为86 000m^2。为了做到节能环保，有效降低饭店的运行成本，建设资源节约型、环境友好型饭店，该饭店决定采用目前国内新型节能环保技术——污水源热泵空调系统来对原有的空调冷热源进行技术改造。

“污水源热泵空调系统”被国家权威机构评为最有效的建筑节能环保技术，国家给予最优惠的政策支持和政府资金，该系统可以达到以下效果：

1. 供暖方面，节能60%。

2. 制取生活热水，节能80%(夏季免费提供)。

3. 制冷方面，节能20%。

4. 夏季，节水4万吨。

5. 环保效果显著。零排放、零污染、零燃烧。取消冷却塔，无蒸发及飘水现象，去除细菌污染、降噪音、杜绝温室气体排放。

另外，污水源热泵及空调系统内含智能电脑系统，可以根据室内、室外温度的变化，自动调节供暖量，达到节约能源的目的。夜间，利用“低谷电价”，制取生活热水。

KL饭店改造前饭店供暖制冷空调、生活热水费每年约为542.8万元，改造后年费用约为354万元。由此可见，采用污水源热泵空调系统为饭店进行制冷供暖与提供生活热水在节能的同时大大降低了饭店的运行成本，经济效益十分明显。

案例思考题：

1. 设备部的能源管理作用是什么？

2. 简述节能减排——饭店设备更新改造的重要方向。

思考题

1. 饭店设备管理的概念、意义和任务。
2. 饭店设备管理中为什么要坚持专业管理和全员管理相结合的原则?
3. 饭店设备系统的分类方法。
4. 饭店设备部组织结构设置的类型及考虑因素。
5. 饭店设备管理制度都有哪些?
6. 饭店设备选型的影响因素都有哪些?
7. 饭店设备使用管理的标准和要求都有哪些?
8. 饭店设备保养的内容都有哪些?
9. 饭店设备更新改造时,为什么要侧重考虑节能和环保?

第十二章 饭店安全管理

学习目标

通过本章学习，要求学生掌握现代饭店安全管理的概念、特点和内容；了解饭店安全网络的组织管理架构及各部门岗位的安全职责；掌握饭店各类安全问题的防范策略及发生紧急事故的应急处理办法。

★重要概念★

饭店安全　饭店安全管理　消防安全　饭店安全网络

第一节　饭店安全管理概述

对于安全问题的重要性，在饭店业有这样的说法：安全是零，其他都是零。安全是饭店客人的第一需求，安全管理是饭店宾客满意和员工满意的重要保证。对饭店企业而言，安全管理又是饭店经营管理活动正常开展的基础条件，是树立饭店形象和建立好口碑的有效途径，也是拓展饭店客源市场的重要手段。饭店安全管理的对象是饭店所有的宾客以及饭店的全体从业人员。饭店安全管理的目标是保障饭店全体人员的生命免受危害、身体不受任何损害以及保障饭店所有人的财物不遭受任何意外的损失。

一、饭店安全管理的相关概念

饭店是为客人提供住宿、餐饮、娱乐、购物和其他服务的综合服务性企业，是宾客外出旅游、商务、会议等活动的生活基地。饭店员工数量多，流动性强，宾客构成复杂，潜在的不安全因素相对较多。因此，饭店安全是饭店一切工作的保障，也是饭店开展各项经营活动的基础。

（一）饭店安全

所谓“安全”，一是平安，无危险，没有事故；二是保全，保护。饭店安全是指在饭店所能控制的范围内的所有人、财、物的安全，它包括三层含义：一是指在饭店所控制的范围内的宾客、员工没有人身和财产安全方面的危险，并受到保护；二是饭店的财产安全没有危险隐患存在，并受到保护；三是饭店的工作服务程序和秩序无安全隐患存在，并不受干扰。

（二）饭店安全管理

饭店安全管理主要是指在饭店运行管理、服务提供过程中通过一系列制度与措施，对服务对象（宾客）、服务主体（饭店与员工）以及服务的环境、场所进行保护与防范，并使之不发生危险与事故。

二、饭店安全管理的特点

（一）广泛性

饭店安全管理涉及范围较广，几乎包括饭店的各个部门和每项工作，所以其管理内容极为广泛而复杂。

1. 保障宾客的安全

保障宾客的安全包括保护宾客的人身安全、财产安全，保障宾客的合法权益不受侵犯，使宾客在心理上获得安全感。

2. 保障员工的安全

保障员工的安全，其内容主要包括保障员工的人身安全、工作秩序和操作安全，保障员工的合法权益。

3. 保障饭店的安全

保障饭店的安全，首先表现在为了维护饭店的形象不受破坏而进行的一系列工作。如有的宾客在公共场所酗酒、大声吵闹，或衣冠不整、行为举止不雅等，就会影响饭店的格调，损害饭店的形象。其次表现为保障饭店的财产不受损失，如配合财务部、前厅经理讨偿欠款，防止和追查逃账，预防和打击内偷外盗的行为等。

（二）政策性

饭店接待工作的涉外性和安全工作的广泛性决定了饭店保卫工作有很强的政策性。

首先，随着国际贸易与旅游业的发展，饭店接待的国际客人日益增多，饭店安全管理会涉及外国人士，需要特别注意外事纪律及相关法律法规。

其次，饭店安全保卫部门并非执法机构，其安全管理工作是在公安机关的领导下进行，也会涉及消防、交通、边防、食品卫生，甚至国家安全机关、检察机关、海关等部门。饭店安全管理工作需在以上政府相关部门的指导下，在遵守我国相关法律法规的前提下进行。

（三）服务性

安全需求是宾客的第一需求，饭店的安全工作是饭店服务的重要一环。饭店安全工作是其他一切工作的前提，没有安全作保障，饭店其他工作就无法进行，安全工作是饭店第一位的工作。

首先，安全工作本身就是一种服务。比如客人车辆的指挥、停放及保管，客人贵重物品的寄存服务，饭店的各种安全设施设备也是服务设施的组成部分，如客房内的防盗链、保险柜、应急灯等。

其次，饭店安全工作既要保证客人的人身财产安全，又要顾及消费者的消费体验和感觉，做到外松内紧。外松是指安全工作在形式上要自然，气氛要和缓。内紧是指安全管理者要高度警觉，要做好严密的防范工作，要随时注意不安全因素和各种违法犯罪的苗头，一方面要使宾客感到舒适、方便、宁静、安逸，另一方面要有高度警惕，防止坏人和其他侵害因素的破坏，避免给宾客造成不安全感。因此，饭店安全工作具有服务性的特点。

（四）全员性

饭店的安全工作涉及饭店内的各个部门，涉及每个岗位和每个员工。只有群防群治，让每个员工都树立本职工作与饭店整体安全有关的观念，才能真正把安全工作落到实处，才能消除不安全因素。

（1）务必加强培训与督导检查，使每个员工都树立安全意识，做到对安全问题能关注、会处理。

（2）饭店安全保卫部门必须加强与各部门的联系，共同做好安保工作。比如，与客房部配合，做好楼层的巡逻工作，对防火系统、电视监控、楼面、通道、电梯的安全和客房内防火安全进行监督。又如，协助工程部建立施工安全、防火、报警及安全监视系统和外来施工人员的管理制度，做好安全防范工作，并督促检查其落实情况。

（五）预防性

饭店安全管理工作应体现以预防为主的方针。一是要加强防范，堵塞各种空隙漏洞；二是要定期进行安全检查，及时发现并消除各种不安全因素和事故苗头。饭店应建立健全安全保卫部门的职能，健全安全管理制度，制定和定期演练火灾预案及其他各种紧急安全防范预案。

三、饭店安全管理的内容

饭店安全管理点多面广，主要包括以下内容：

（1）建立和健全饭店的安全管理机构，配备必要的熟悉安全生产管理的人员并明确职权、责任，为安全管理提供组织保障。

（2）建立和健全以安全管理责任制为核心的安全管理规章制度并严格执行，用制度规范行为，使所有涉及安全的事项均有章可循，从而建立良好的安全工作服务秩序。安全管理规章制度是饭店安全管理的前提条件。

（3）经常开展饭店的安全意识、知识、技能教育，提高员工安全素质，建立良好的饭店安全文化，倡导安全第一的安全价值观念，使员工高度重视宾客、自身及饭店的安全。

（4）安全保卫部门要进行日常的和定期的安全检查，及时发现事故隐患，并及时采取整改措施消除隐患。

（5）制定消防安全、饭店名誉受损、恐怖活动等突发事件的应急处理预案，并经常进行演练，提高饭店安全管理水平。

（6）做好饭店安全保卫设施设备的维护保养工作。

（7）处理饭店火灾、诈骗、逃账、打架斗殴、食物中毒等突发事件。

第二节　饭店安全的组织管理

饭店安全管理的重要性决定了此项工作必须严密组织，建立健全饭店的专职、兼职安全组织网络。同时，饭店安全的组织管理工作必须建立在一系列安全管理制度的基础上，方能得到有效保障。饭店拟定各项安全管理制度时要遵守国家和政府部门的有关法律法规，针对饭店服务宾客的生理和心理的需求，并结合饭店的实际情况进行制定。饭店安全管理制度重在落实，因此饭店安全管理组织必须要充分调动饭店所有部门和人员的积极性，努力将饭店安全管理制度落到实处，以真正保证饭店的安全。

一、饭店安全管理组织

（一）饭店安全管理委员会

饭店安全管理委员会是由饭店高层领导、安全保卫部门及饭店其他部门经理组成，并对整个饭店安全管理工作负总责任的组织。安全管理委员会一般下设员工治安小组和员工义务消防队。

饭店设立安全管理委员会是因为单凭安保部的力量不能完全解决饭店的安全问题，饭店应树立“安全管理，人人有责”的观念，坚持“群防群治”。

饭店安全管理委员会的主要职能是制定和实施安全奖惩条例，检查评估饭店安全状况，监督安保部的工作，提出安全管理意见和建议等。

各部门员工治安小组和员工义务消防队在饭店安全管理委员会的领导下开展工作。

（二）饭店安全保卫部门

饭店安全保卫部门是饭店安全管理的专职机构，基本包括消防和治安两个小部门（班组）。一般饭店安全保卫部门组织结构如图 12-1 所示。

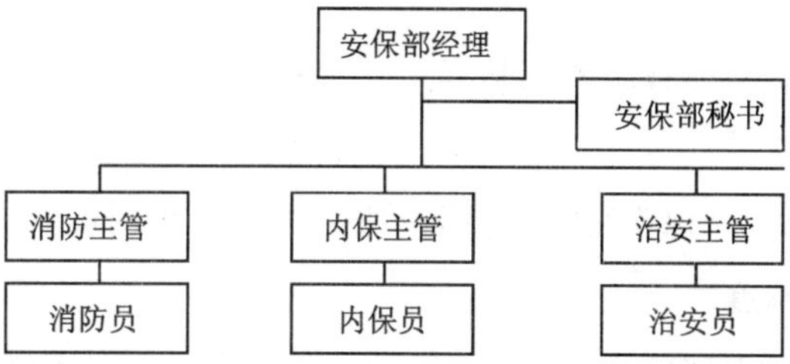

图 12-1　一般饭店安全保卫部门组织结构

饭店安全保卫部门的主要职责包括以下方面：

(1)在总经理领导下，负责饭店的安全工作，研究制定饭店治安、消防等安全管理制度、安全防范预案和措施，并负责组织贯彻实施。

(2)贯彻公安及政府各部门安全管理的方针、政策、法律、法规、并协助公安、安全机关查处违法犯罪案件与人员。

(3)研究制定饭店安全保卫部门各岗人员的岗位责任职责和工作规范，审定各部门安全管理制度，并加以督导、检查和实施，保证安全管理制度的贯彻落实。

(4)研究制定饭店消防工作管理办法与措施，组织义务消防队，做好消防培训工作，定期举办消防知识讲座，做好消防设备、器材、监控设备管理。对施工现场、明火作业部门，配合工程技术人员和外协施工单位做好防火安全检查、明火作业审批，签订安全合同，预防火灾事故的发生。

(5)做好饭店关键和要害部门的日常保卫工作，并结合饭店重大活动，做好重点客人、重点部位的安全管理与防范，防止意外事故的发生。

(6)建立健全安全规章制度和要害部位与人员的安全档案，广泛收集安全信息，不断提高安全管理水平。

(7)做好治安管理，查处打击赌博、贩毒、嫖娼和利用高科技作案等违法犯罪活动。

(8)对员工进行安全教育和法制教育。

二、饭店安全管理制度

安全管理制度是有效地做好饭店安全管理工作的基础。所谓正常运转、制度先行，饭店安全管理制度的建设本身也是安全管理的重要组成部分。为了确保饭店正常的工作、服务秩序，保障宾客、员工的人身财产安全，保护饭店的财产安全，饭店应在安全保卫部门的牵头下，制定一系列的安全管理制度和应急预案。

(一)饭店安全管理制度的制定依据

制定饭店安全管理制度应以下列要素为依据和前提：

(1)国家制定的各项相关法律、法规；

(2)饭店所在地的地方性法规、政策；

(3)本饭店的实际情况，如管理模式、建筑特点、客源结构、地理位置、规模大小等；

(4)治安消防工作的最新动态。

(二)饭店安全管理制度的内容

饭店安全管理制度的内容主要包括以下三类：

1. 安全管理职责

饭店安全管理委员会、保安部、各部门及所有员工均须明确规定其安全管理责任。

2. 各类安全管理制度

饭店安全管理制度内容广泛，包括饭店门卫制度、保安巡逻制度、消防安全制度、访客登记制度、住宿验证制度、钥匙管理制度、财产保管登记制度、重点要害部位人员审查制度、施工现场安全管理制度、事故报告制度以及长包房、出租承包场所安全管理制度等。

3. 各类应急处置预案

饭店各类应急处置预案是安全管理制度的重要组成部分，主要包括火灾事故预案，防爆炸及发现可疑物处置预案，抢劫、凶杀、枪击等暴力案件处置预案，卖淫嫖娼、赌博、贩毒、吸毒等防范打击预案，非法展览、集会的处置预案，发现被查控的犯罪嫌疑人、嫌疑车辆处置预案，涉外案件、事故处置预案，散发非法宣传品等事件的处置预案，客人丢失财物的处置预案，精神病人、滋事人员防范处置预案，食物中毒事故处置预案，意外灾害事故的处置预案，重要宾客、大型活动、大型会议警卫工作预案等。

第三节 饭店安全防范及事故处理

饭店各类人员密集，设施设备系统复杂。饭店安全管理可谓点多面广、内容庞杂，这给饭店安全防范带来了极大的困难。安全出于警惕，事故出于麻痹；巧干带来安全，蛮干招来祸端。饭店安全管理，应当本着预防为主的原则，每个操作人员都要掌握安全防范和事故处理的一般常识、技巧，熟悉各种应急预案的程序。

一、饭店消防安全防范

现代饭店功能越来越完善，集客房、公寓、餐饮、购物、夜总会、会议中心于一体，同时对建筑及附属设施的要求高，追求舒适、豪华以满足宾客需要，使火灾的潜在危险性增大。饭店火灾具有发生率高、火势蔓延快、扑救难度大、疏散困难、损失惨重等特点，一旦发生火灾，对饭店人员、财产安全的威胁极大。因此，制订科学合理的防火安全计划和进行有效的消防管理是饭店安全管理的重要内容。

饭店消防安全防范工作主要包括以下内容：

(1)做好消防专业教育和培训工作，制定火灾发生后的疏散程序及处置预案，并定期进行消防演练。

(2)消防器材、设施应按消防部门有关规定配备，高层建筑应配备救护工具，新建、改建、扩建的饭店应按《建筑设计防火规范》规定，安装自动报警、自动灭火等设施，建立健全相应的使用、维修、保养检查制度。安全保卫部门及其他部门应职责明确，定期检查和更换过期消防器材，确保消防器材完好和正常使用。

(3)建立健全消防档案，了解并熟悉饭店消防设施整体布局。饭店应根据各消防重点部位的不同情况，分别制定消防管理规定和消防操作程序，并严格执行。

(4)饭店新建、更新改造项目的图纸，需报经区、县以上公安消防部门审批，竣工后应通过检查验收，符合消防安全要求，方可投入经营运转。

(5)严格管理和控制火种、火源及易燃易爆物品，仓库、柜台等场所禁止吸烟，客房、商场、仓库等重点部位的施工动火，须履行安全保卫部的审批手续，并在现场设置灭火器材。施工现场易燃物应及时清理。未经工程部门批准，任何人不得乱拉乱接电源。饭店各部门使用易燃易爆物品，应指定人员负责并采用安全措施。

二、饭店治安防范

(一)营业场所的治安防范

1. 外环境的治安防范

饭店外环境的治安防范主要是对大门入口，员工通道，庭院的人员、车辆、进出物品进行有效的管理，以防止发生各类盗窃、伤害及产生其他安全隐患事件的发生。

(1)确保庭院、大门入口以及员工通道监控设备的正常运行，起到震慑犯罪以及保留线索、证据的作用；

(2)门卫要坚守岗位，对可疑人员应进行验证和盘问，对进出货物按规定进行查验，对施工人员进店作业，应要求其凭饭店发放的出入证在指定的区域作业和按指定线路行走；

(3)把好员工通道入口，查验员工携带物品，防止非饭店人员私自进入；

(4)加强车辆管理，特别是出租车管理，确保院内及停车场秩序，保证客人车辆安全；

(5)严格执行昼夜值班巡视制度，夜间巡视人员应配备通信、自卫和照明设备。

2. 前厅的治安防范

前厅是饭店的窗口和脸面，其服务氛围和秩序对饭店服务质量影响极大，前厅也是整个饭店安全防范的重要关口。前厅的治安防范应主要侧重以下几个方面：

(1)确保每位客人正确地进行登记，注意验明客人的身份；

(2)严格控制好客房的钥匙，按照规定的程序正确地发放及收回客房的钥匙；

(3)为住店客人保密；

(4)确保客人行李和贵重物品安全；

(5)话务员要为安全工作及时传递信息；

(6)维持好大厅秩序，严防不良分子趁机作案，发现可疑人员或情况立即报告；

(7)提高安全意识，做好收银部位的防盗抢、防诈骗和防逃账工作。

3. 客房的治安防范

近年来，饭店中针对客房的治安案件频发，客房的治安防范应主要采取以下措施：

(1)客房部工作人员应时刻注意客房走道及客房内的安全；

(2)发现可疑人员或情况立即询问并报告；

(3)服务员按照规定的程序进出客房；

(4)服务员不随意为陌生人开门；

(5)清扫客房遇客人归来要核对客人身份；

(6)其他部门人员进入客房要有客房部人员陪同并进行登记；

(7)及时检查客房内的财产及物品，以防客人带走；

(8)有条件的饭店设立楼层插卡门禁系统，防止无关人员随意进入楼层。

4. 餐厅的治安防范

餐厅是人流密集的场所，也是饭店治安案件的高发区域。餐厅的治安防范应着重做好以下工作：

(1)通过培训增强服务人员的安全防盗及反诈骗意识；

(2)及时提醒客人保管好自己的贵重物品；

(3)零点区域及时给客人套上椅套；

(4)制作安全提示标语贴；

(5)通过言谈举止辨认可疑人员；

(6)对于被饭店辞退的员工，由安全部在宣传栏内张贴照片，以起警示作用。对于在职员工，饭店在日常工作中加强管理；

(7)对于大型活动场所，监控中心要做好监控，保安做好巡视。

5. 娱乐场所的治安防范

饭店附设的歌舞厅、酒吧、洗浴等休闲娱乐场所也是治安案件频发的场所。饭店娱乐场所治安防范应主要从以下几方面入手：

(1)按照《娱乐场所管理条例》等法律法规，规范硬件设施，健全并落实管理制度，规范、完善、提高服务水平，坚持依法经营；

(2)制作安全提示标语贴；

(3)完善走廊、大厅的安全监控系统；

(4)提高员工的安全意识，发现治安隐患及时报告；

(5)保安加强对娱乐场所的巡逻；

(6)与外包单位签署安全管理防范协议；

(7)密切和公安机关的联系，依托执法机关打击震慑犯罪。

(二)饭店财产安全的治安防范

饭店拥有的大量财产物品为饭店的正常运行、服务及客人享受提供良好的物质基础。饭店应制定周密的政策、方法和措施来保证饭店的财产免遭损失。

1. 把好用人关

重点部位员工选配，要严格执行有关规定，先审后用，定期考核，并做好思想政治工作，防止内部员工的贪污偷盗行为。

2. 做好重点部位、环节、区域的防护工作

(1)收款点、外币兑换处应有可靠的防护措施和报警装置，存放现金不得超过核定的数额，财务部、商场珠宝首饰部、行李寄存处、机要档案室和贵重物品库房等部门或部位的防盗设施必须按规范和要求安装使用。

(2)现金、有价证券、珠宝首饰等贵重物品，必须存入保险柜过夜。分散收款点的周转金不得超过限额。外出送取巨款必须两人以上解送或由安全保卫部派人用车护送。空白有效票证要按规定保管使用，防止丢失或被盗。

(3)收到现金、支票及其他付款凭证应鉴别其真伪，严格履行有关制度。

(4)库房区的房顶、墙壁、地面应坚固，门窗有防护装置，闷顶及地下管道层不得与其他房间相通；库房钥匙由专人保管使用，离人必须落锁，领物人员不得在库房内办理领取手续；物品出入库房应有严格手续，发现短缺立即报告；库房内应张挂安全制度条款，严禁无关人员入内，不得寄存私人物品。

三、员工工作安全防范

饭店员工在操作、服务过程中会因为主观的操作不规范或客观上的工作环境不安全而带来对员工生命财产及饭店财产的危害。因此，员工工作安全防范必须认真加以对待。

（一）饭店员工工作安全问题的成因

导致饭店发生生产安全事故主要是因为经常存在的一些饭店安全生产隐患和不安全的操作环境条件。

1. 饭店安全生产隐患

饭店内导致员工人身伤害事故的安全隐患主要有以下方面：

(1)一些部门和员工不正确的安全观念与态度；

(2)缺乏知识、技术、经验的人员上岗操作，值班；

(3)有生理缺陷或生理条件不符合要求的人员上岗操作、值班；

(4)上岗操作准备不充分，与同伴联系、配合不当；

(5)操作姿势不正确，用力过猛，速度过快，工作位置不当；

(6)安全装备设置错误或失效；

(7)以身体代替工具，或以抛递代替手传等不安全动作；

(8)饮酒、服药、过饥或过饱时作业；

(9)带病、超负荷、超时、过度或作业环境恶劣；

(10)未使用或错误使用防护用品、工具或穿着不安全的服装；

(11)作业期间开玩笑、追逐打闹等。

2. 不安全的操作环境

饭店不安全的操作环境也容易使员工发生人身伤害等事故。这些不安全的操作环境包括以下方面：

(1)不适当的照明环境，光源炫目或不足；

(2)温度过高或过低，空气不流通，湿度过大；

(3)不安全的设施设备、作业程序及方法；

(4)工具粗糙、尖锐锋利、表面过滑、老化失效；

(5)设备、材料、工具或废料、物料没有堆放妥当或储存不善；

(6)出入口、通道狭窄或堵塞，地面不平、太滑或有临时及凌乱物品；

(7)缺乏护栏及围蔽，上方及周围有施工作业；

(8)设有高温、高压、转动、带电、易碎、易燃易爆、有毒、有放射腐蚀设备及物品的场所；

(9)人员流动大、有机动车进出、玻璃门、玻璃墙、双向门、转弯等场所。

（二）饭店员工工作安全问题的防范

1. 建立健全饭店安全生产管理制度

饭店安全管理委员会应组织、指导各部门按照国家的安全生产方针和有关政策、规定制定本部门的安全生产管理制度，审定各部门的操作服务流程中的安全性。

2. 强化安全生产管理

(1)饭店安全管理委员会要指导各部门管理人员遵章守法，带头做好安全生产工作；经常听取各部门安全生产方面的情况汇报，发现问题及时找有关人员研究解决办法；协调各部门安全生产工作，调查、布置、指导、检查安全生产情况，发现问题立即纠正；检查、通报各部门劳动安全管理的执行情况，对出现的各类不安全问题及职业伤害事故进行调查分析，并提出处理意见和整改措施。

(2)各部门负责人要在饭店安全管理委员会的指导下，对本部门执行安全生产规章制度的情况进行经常性的监督检查，对各岗位、设备的安全操作和安全运行进行监督。要及时向饭店安全管理委员会提交安全生产书面工作意见，主要包括：针对部门的安全生产隐患提出防范措施、隐患整改方案、安全技术措施和经费开支计划。参与制定饭店和部门防止伤亡和职业危害的措施及危险岗位、危险设备的安全操作规程，并负责督促实施。经常进行现场安全检查，及时发现、处理事故隐患。如有重大问题，应以书面形式及时向上级报告。一旦发生事故，负责组织拯救现场，参与事故的调查、处理和统计工作。对本部门员工进行安全生产的宣传、培训和教育工作。

(3)员工在服务操作过程中，要牢固树立“安全第一”的思想和自我保护意识，遵守劳动纪律，严格执行饭店和部门制定的安全规章和安全操作规程，听从指挥，杜绝一切违章操作现象的发生。在操作过程中按要求佩戴和使用劳动防护用品。要保证本岗位工作地点、设备、设施和工具的安全整洁，不随便拆除安全防护装置，学会正确使用防护用品。要认真学习安全知识，提高操作技术水平，关心安全生产情况，积极向饭店和部门提出合理化建议。发现事故隐患和不安全因素要及时向本部门和饭店有关部门汇报。发生工伤事故，要及时抢救伤员、保护现场和报告上级领导，并协助调查工作。此外，员工有权拒绝违章指挥和强令冒险作业，对个人安全生产负责。

四、饭店食品卫生安全防范

饭店食品安全事关客人和员工的身体健康，餐饮、食堂和采购仓储部门在食品采购、运输、库存和制售过程中，必须严格执行食品安全操作制度，抓好以上各个环节，避免食品安全事故的发生。

(一)抓好制度建设

食品安全相关部门要严格贯彻《食品卫生法》，并据此制定采购、运输、仓储、加工制作、成品半成品保管、餐具和个人卫生等方面的卫生管理制度。

(二)认真做好食品原料供应商的认证与索证制度

采购人员要认真学习有关法律规定，熟悉并掌握食品原料采购索证要求，采购食品(包括食品成品、原料及食品添加剂、食品容器和包装材料、食品用工具和设备)要按照国家有关规定向供方索取生产经营资质(许可证)和产品的检验合格证明，同时按照相关食品安全标准进行核查，尤其是乳制品、肉制品、水产制品、食用油、调味品、酒类饮料、冷食制品、食品添加剂以及食品药品监督管理部门规定应当索证的其他食品等，均应严格索证索票。生肉、禽类应索取兽医部门的检疫合格证，进口食品及其原料应索取口岸监督部门出具的建议合格证明。所索取的检验合格证明由单位食品安全管理人员妥善保存，以备查验。腐败变质、掺杂掺假、发霉生虫、有害有毒、质量不新鲜的食品及原料以及无产地、无厂名、无生产日期和保质期或标志不清、超过保质期限的食品一律不得采购。无食品卫生许可证或食品生产许可证、食品流通许可证的食品生产经营者供应的食品不得采购。验收员在验收食品时，要检查验收所购食品有无检验合格证明，并做好记录。

（三）严格执行食品库房管理制度

食品库房管理要严格按照制度执行，食品及其原料不能和非食品及有害物质共同存放。各类食品及其原料应分类、分开摆放整齐。各类食品及其原料要做到离地 10 厘米，离墙 15 厘米存放于货柜或货架上。散装食品应盛装于容器内，加盖密封并张贴标识。库房内应经常通风、防潮、防腐，保持室内干燥整洁。库房门、窗防鼠设施要经常检查，保证功能完好。设专人负责库房管理，并建立健全采购、验收、发放登记管理制度。库房内食品及其原料应经常进行检查，及时发现和清理过期、变质食品及其原料。

（四）保证从业人员的健康与个人卫生

食品生产经营人员每年必须进行健康检查。新参加工作和临时参加工作的食品生产经营人员必须进行健康检查，取得健康证明后方可参加工作。凡患有痢疾、伤寒、病毒性肝炎等消化道传染病（包括病原携带者），以及活动性肺结核、化脓性或者渗出性皮肤病等其他有碍食品卫生的疾病，不得从事接触直接入口食品的工作。凡检出患有以上疾病者，要立即调离原岗位。凡食品从业人员手部有开放性、感染性伤口，必须调离工作岗位。

从业人员的个人卫生对食品安全有很大影响，应保证从业人员必须进行健康检查和食品安全知识培训，合格后方可上岗。必须使其养成良好的卫生习惯，严格卫生操作。要确保在操作前和便后以及进行与食品无关的其他活动后用消毒液消毒洗手。另外，从业人员不得留长指甲、涂指甲油、戴戒指，不得在食品加工场所或销售场所内吸烟、吃东西、随地吐痰，不得穿工作服入厕，不得面对食品打喷嚏、咳嗽及有其他有碍食品卫生的行为，不得用手抓取直接入口食品，不得用勺直接尝味，使用后的操作工具不得随处乱放。

（五）严格执行餐饮具洗刷消毒管理制度

餐饮部要设立独立的餐饮具洗刷消毒室或专用区域，消毒间内配备消毒、洗刷保洁设备。洗刷消毒人员必须熟练掌握洗刷消毒程序和消毒方法，要严格按照“除残渣→碱水洗→清水冲→热力消→保洁”的顺序操作。每餐收回的餐饮具、用具，立即进行洗刷消毒，不隔餐隔夜。洗刷餐饮具、用具用的洗涤剂，消毒剂必须符合国家有关卫生标准和要求。餐饮具消毒前必须清洗干净，消毒后的餐饮具要表面光洁、无油渍、无水渍、无异味、无泡沫、无不溶性附着物，及时放入保洁柜密闭保存备用。盛放消毒餐饮具的保洁柜要有明显标记，要经常擦洗消毒，已消毒和未消毒的餐饮具要分开存放。洗刷餐饮具的水池要专用，不得在洗刷餐饮具的水池内清洗食品原料或冲洗拖布。洗刷消毒结束，清理地面、水池卫生，及时清理泔水桶，做到地面、水池清洁卫生，无油渍残渍，泔水桶内外清洁。定期清扫室内环境、设备卫生，不留卫生死角，保持清洁。

（六）抓好加工间、配餐间及餐厅卫生

餐饮部要负责好本部门的各项卫生检查制度的落实，每天在操作加工时段至少进行一次卫生检查，检查各岗位是否有违反制度的情况，发现问题，及时告知改进，并做好卫生检查记录备查。灶台、抹布随时清洗，保持清洁。不用抹布揩碗盘，滴在盘边的汤汁用消毒抹布揩擦。传递食品从能够开合的食品输送窗进行。配餐前要打开紫外线灯进行紫外线消毒30分钟，然后对配餐台进行消毒。工作结束后，清理配餐间卫生，配餐台无油渍、污渍、残渍，地面卫生清洁，紫外线消毒30分钟。配餐间按专用要求进行管理，要做到“五专”（专用房间、专人制作、专用工具容器、专用冷藏设施、专用洗手设施）。保持餐厅内外环境卫生，加强通风和消毒工作，做到每餐一打扫，每天一清洗。盛装垃圾的容器应密闭，及时处理垃圾。

（七）预防食品中毒制度

食物中毒事故一旦发生，不仅影响客人和员工的建康，还会给饭店造成名誉损失。预防食物中毒是食品安全防范工作的重中之重。例如，要注意四季豆等生食有毒菜果必须煮熟煮烂方能发售。马铃薯（土豆）发芽时，因芽内含有龙葵素，必须将芽彻底挖掉才可进行烹调食用。未煮红熟透的海产品不得食用，熟透的海虾、海蟹应一次或当天食用，如有剩余，放凉后立即妥善冷藏，再次食用前要加热煮透。夏秋季多发细菌性食物中毒，要注意食物加工消毒及炊具、餐具消毒。要严防发生投毒事件。外部人员不得随意进入食品加工出售间，同时要特别注意炊事人员的思想建设，及时化解矛盾，以免发生过激行为。食品仓库、加工间不得存放任何有毒、有害物质。食堂内不得设有员工住宿、午休房间。如怀疑有食物中毒事故发生时，应迅速上报食品药品监督管理部门、卫生行政部门和上级主管部门，采取及时有效的措施进行救治。要严格按照规定使用食品添加剂，以免因过量使用或错误使用造成中毒事故。每餐必须做好留样记录：留样时间、食品名称，以便于检查，留样食品必须保留48小时，48小时方可倒掉。

五、饭店重大安全事故的处理

饭店重大安全事故涉及客人死亡、客人违法、客人与饭店大额大宗财物被盗、自然灾害、爆炸、恐怖活动或恐怖威胁，食物中毒等，其性质、内容、原因不等，具体处理方法也不一样。但是，从整体性、全局性的角度来考察，饭店安全事故的处理方法大致包括以下几个工作步骤：

1. 掌握事故情况

饭店安保部门接到宾客或员工报案，要迅速赶到现场。凡是紧急事故，要迅速采取应急措施，保护现场，制止事态发展，同时了解事故情况，并报告总经理或主管经理。

2. 调查事故原因

在组织抢救、制止事态扩大或发展的基础上，要将当事人带到安保部门或办公地点，调查了解事故发生的原因、情节、事故责任等，做好记录，取得证据。

3. 配合公安部门破案

凡是发生重大事故，要及时报告当地派出所或有关法律主管部门，并配合公安、消防、食品卫生等专业主管部门做好侦察、破案工作。

4. 针对不同事故性质处理

在公安部门或上级领导下，坚持以事实为根据、以法律为准绳，根据情节轻重、责任大小，及时、有效、妥善处理。

5. 做好危机公关

及时澄清事态原因及进展，减少或避免饭店遭受名誉损失。

案例分析

案例 1　顺手牵羊作案

刘女士来到位于华联购物中心西侧的一家拉面馆坐下，随手把包放在旁边的一个位子上，要了一碗面和一个菜吃起来。过了一会儿，又进来了 3 名男性顾客，在刘女士临近的位子上坐下后，开始点菜。只有大概五六分钟的时间，刘女士吃完饭结账后一看，自己的包不见了。而那三名男子也已经不见了踪影，桌上仍然摆着酒和菜。刘女士急忙询问服务员，答复说对方有急事，已经结账走人。刘女士大惊失色，因为她刚办完一项业务，包里面不仅有 3 000 多元现金，还有户口本、身份证、钥匙、购物卡等重要物件。

案例思考题：

1. 案例中餐厅工作人员有无过错和责任？
2. 该餐厅安全管理中存在什么问题？

案例 2　离职员工盗窃

7 月 30 日上午 11 时许，东地派出所接到辖区一饭店经理马某报案：该饭店被盗了价值 8 000 余元的烟酒。经民警现场勘查，窃贼是从二楼窗户进入饭店的，吧台抽屉、酒水仓库、调料仓库被打开。民警们发现，两个仓库中的烟酒码放得整整齐齐，没有大肆翻动的痕迹，失窃烟酒都是靠边放置的。民警断定这是熟悉仓库情况的“内贼”所为，最终认定不久前被饭店辞退的职工张某有重大嫌疑。8 月 4 日中午 12 时许，民警将正在网吧上网的张某抓获。张某交代了自己伙同杨某盗窃烟酒的犯罪事实。原来张某被辞退后心生邪念：自己对饭店熟门熟路，何不偷点烟酒卖掉？7 月 30 凌晨，张某伙同杨某窜至该饭店，由二楼钻窗进入，先后将吧台抽屉、酒水仓库、调料仓库撬开。目前，张某已被刑事拘留。

案例思考题：

1. 简述饭店安全防范的全面性。
2. 在当前饭店人员流动率居高不下的情况下，饭店安全管理应注意什么问题？

思考题

1. 现代饭店安全管理涵盖几个层面的内容?
2. 如何根据饭店安全管理的特点开展饭店的安全管理工作?
3. 现代饭店安全网络由几个层面组成?
4. 如何进行饭店防火与消防管理?
5. 饭店营业场所的治安防范工作要点有哪些?
6. 员工职业安全管理要点有哪些?
7. 饭店重大安全事故的处理程序是什么?

第十三章

饭店服务质量管理

学习目标

通过本章学习，要求学生掌握饭店服务质量的含义和构成要素；了解饭店服务质量的特点；了解饭店质量管理体系的内容；熟悉饭店服务质量管理管理方法；掌握饭店服务质量的分析方法；理解饭店服务全面质量管理的含义和内容。

★重要概念★

质量　饭店服务质量　服务质量管理体系　ABC 分析法　因果分析图法　PDCA 管理法　全面质量管理

第一节　饭店服务质量概述

随着饭店业的发展，饭店之间的竞争越来越激烈，饭店经验与管理的方法日益更新，有的强调市场定位，有的注重员工参与，有的推崇饭店组织机构重组等。20 世纪 80 年代以来，没有任何一种管理方法比全面质量管理更为成功，推行面更广。质量是饭店企业的生命线，服务质量管理是饭店一切工作的主线。

一、饭店服务质量的含义

质量又称为“品质”，是现代质量管理学最基本的概念。在相当长的一段历史时期内，人们普遍认为质量就是符合性，即产品符合设计要求。达到设计要求就等于产品合格，质量过关，这似乎已成为一条定律。随着社会生产力的极大发展以及买方市场的形成，这种质量观念的局限性日益暴露，已越来越不能顺应当今社会经济生活的需要了。原因在于它较多地站在供方立场上考虑问题，而对用户的利益和感觉缺少关心。

在买方市场中，企业的生存与发展依赖于市场，要想赢得顾客，提高市场竞争力，就必须摆脱符合性质量观的束缚，正确认识和理解质量的内涵和特性。从顾客的角度出发，质量意味着产品或服务达到或超过其期望的程度。对顾客来说，质量就是“适用性”，而不是“符合规范”。

随着 ISO9000 质量管理体系认证在企业的广泛应用，ISO9000 关于质量的定义逐渐为越来越多的人所接受。在国际标准 ISO9000:2000 中，将质量定义为：质量是指“一组固有特性满足要求的程度”。这一定义既反映了要符合规范的要求，也反映了要满足顾客的要求，综合了符合性和适用性的含义。

定义中对质量的载体未做界定，而是泛指一切可以单独描述和研究的事物。它可以是产品和活动，也可以是过程、人员甚至组织。

定义中的“要求”，是指“明示的、通常隐含的或必须履行的需求或期望”。“明示的”可以理解为规定的要求；“通常隐含的”是指组织或顾客的惯例或一般做法，所考虑的需求或期望是不言而喻的；“必须履行的”是指法律法规规定必须履行的有关健康、安全、环境、能源、自然资源、社会保障等方面的要求。

由此，饭店服务质量的定义是：饭店服务质量是指以设施设备为依托所提供的服务在使用价值方面适合和满足客人物质和心理需要的程度。饭店的服务作为一种使用价值，是为使用者提供的。这种使用价值适合和满足客人需要的程度越高，服务质量就越好；反之，服务质量就越差。饭店服务质量实际是服务使用价值的质量，是饭店的生命线，是饭店日常管理的中心工作。

二、饭店服务质量的构成要素

饭店服务质量的构成要素可以从有形产品质量和无形产品质量两个方面来分析。

（一）有形产品质量

有形产品是饭店提供服务的载体，是影响饭店服务质量的重要因素，包括以下几个方面：

1. 设施设备质量

饭店的设施设备是饭店赖以存在的基础，也是饭店提供服务的依托，是饭店服务质量的重要内容。饭店是利用服务设施设备来为客人提供服务的。因此，设施设备质量是服务质量的基础和重要组成部分。它所包含的内容主要有以下几个方面：

（1）设施设备的齐全程度。设施设备的齐全程度是指饭店为满足客人住店期间的各种需求所需配备的各种功能性设施设备的完备程度。设施设备的配备要科学，结构合理、性能良好。饭店设施设备的齐全程度应考虑到建筑设施及饭店市场定位和经营思路。作为综合性服务企业，饭店一般需要较多的服务项目，才能为客人提供尽可能多的服务，提高饭店声誉和服务质量。饭店规模越大，市场定位越高，服务项目就要相应地增加。

（2）设施设备的舒适程度。饭店设施设备的舒适程度的高低，一方面取决于设施设备的配置，另一方面取决于设施设备的维修和保养。因此，必须加强管理，确保设施设备的舒适程度，才能为提高服务质量提供物质基础。

（3）设施设备的完好程度。设施设备的完好程度直接影响服务质量。如客房马桶堵塞、窗户不严、空调失灵、电器损坏、餐厅桌椅不平、杯盘残缺等，都会影响饭店的服务质量。所以，随时保持设施设备完好率，保证其正常运转，充分发挥其效能，也是提高饭店服务质量的重要组成部分。

2. 菜食产品质量

餐饮产品是饭店生产的供客人享用的唯一实物产品，也是服务质量的一个重要组成部分。在现代旅游中，食占有重要的位置。因为旅游者随着空间的转移，住的变化不会很大，但食的变化会很大，比较和竞争也很明显，菜食产品质量主要包括以下方面：

(1)菜食产品的烹饪制作。菜食产品是直接供给客人享用的，其质量高低取决于食品材料质量、烹饪制作水平和管理水平等多种要素，最终以色、香、味、形、器、意来体现。因此，只有加强菜食产品生产过程的组织和管理，尤其是提高烹饪水平，才能提高菜食产品的质量。

(2)菜食特色。特色就是与众不同，独树一帜，以自己之长而取胜。特色的要求是：原料有特色，烹饪方法制作有特色，营养有特色，口味有特色，还有形式特色、食用特色等。

(3)菜食要丰富多样。一是要有层次性，即菜食能满足不同消费层次、不同文化层次的需要，以及不同用餐形式的需要；二是同一层次要求菜式的花式品种丰富多样，制作混合菜单，饭店菜式可以以一系一派为主，兼备各路各派菜式，以形成挑选余地大、能满足不同需要的菜式。

(二)无形产品质量

无形产品质量是饭店服务质量的本质表现和主题内容。服务作为无形产品，涉及面广，机动性大，而且缺乏衡量的统一标准，其质量的好坏在很大程度上依赖于客人的主观感受，公认的主要内容包括以下几个方面：

1. 员工的职业素养

员工的职业素养是指良好的服务态度。服务态度是提高服务质量的基础，它取决于服务人员的主动性、积极性和创造精神，取决于服务人员的素质、职业道德和对本职工作的热爱程度。在饭店服务实践中，良好的服务态度表现为：热情细微、主动和周到。

2. 服务技巧

服务技巧是提高服务质量的技术保证。它取决于服务人员的知识和专业技术水平。饭店服务人员在为客人服务时要采用一定的操作方法和作业技能。服务技巧就是这种操作方法和作业技能在不同时间、不同场合对不同对象服务时，依据具体情况灵活恰当地使用以取得最佳的服务效果。服务技巧是服务质量的重要组成部分，其提高有赖于服务人员的专业技术培训，还有赖于个人的不断钻研和探索。服务技巧的基本要求是：掌握专业知识，加强实际操作训练，不断提高技术水平，充分发挥接待的艺术性(包括接待艺术、语言艺术、动作表情、应变处理艺术等方面)，以提高服务质量。

3. 服务方式

服务方式是指饭店采用什么形式和方法为客人提供服务，其核心是如何方便客人，如何使客人感到舒适、安全、方便。服务方式随饭店服务项目而变化。因此,饭店服务质量管理必须结合各个服务项目的特点,认真研究服务方式。各种服务方式都必须从客人的活动规律和心理特点出发,有针对性地予以采用。总之,每一个服务项目都要根据实际需要选择服务方式,以提高服务质量为根本出发点。

4. 服务效率

服务效率是服务工作的时间概念,是服务的节奏、速度,是提供某种服务的时限,也是顾客的一种特殊心理要求。等候对外出旅行的人来说是一件头痛的事情,由于不熟悉环境,往往会对饭店服务提出超出他们平时的要求,一旦这种要求得不到满足,往往会产生被冷遇、被轻视的心理。所以,饭店服务一定要尽量减少等候,讲究服务效率。效率把服务过程和时间联系起来成为服务质量的又一要素。服务效率在饭店服务中占有重要位置,饭店要尽可能地用规程和具体的时间来确定效率标准。它不仅是饭店服务质量的组成部分,还涉及店风和饭店的精神风貌,饭店对此应十分重视,对服务对象来说多来自对时间十分重视的发达国家和地区。

5. 礼节礼貌

礼节礼貌是提高服务质量的重要条件。饭店服务人员是面对面地为客人服务,因而礼节礼貌直接影响服务质量。通过信息传输向对方表示尊重、谦虚、欢迎、友好等的一种方式。礼节礼貌要求饭店员工衣着整洁、举止端庄、待客谦恭有礼;尊重不同客人的风俗习惯;坐、立、行、说要讲究姿势、动作优美、语言文雅规范;各种礼仪要运用得当,坚持微笑服务等。

6. 清洁卫生

饭店的清洁卫生体现了饭店的管理水平,也是服务质量的重要内容。饭店清洁卫生工作主要包括:饭店各部分、各项目的清洁卫生;食品饮料卫生;用品卫生;个人卫生。饭店的卫生工作要求必须认真对待。首先要制定严格的清洁卫生标准,部门不同,岗位不同,接待内容不同,清洁卫生标准也有所不同;其次要制定明确的清洁卫生规程,具体规定个人卫生的操作规程,并要健全检查保证制度。

7. 安全状况

安全状况是提高服务质量的一个重要环节,也是基本环节。旅游者外出,首先考虑的是安全问题,这也是客人对饭店的最基本要求之一。客人的安全要求体现在人身、财产安全不受损失,还体现在健康的安全上。为保证客人的人身、财产安全,饭店应有严格的防火、防盗措施和设施。为保证客人的健康安全,饭店应有严格的食品卫生措施和高质量、高标准的饮食卫生环境。

8. 环境气氛

环境气氛是指一定环境中给人某种强烈的感觉的精神表现或景象。对于饭店来说,这个“感觉”的主体就是存在于饭店内的客人,在这里我们可把“饭店气氛”理解为饭店能影响客人感官的总和。饭店的环境气氛是由建筑、装修、布置、色彩、设施、服务形象、文字装饰等构成的。这种视觉印象会对客人的精神、心理感受产生影响,进而对服务质量的评价产生影响。可见，饭店的环境气氛也是饭店服务质量的组成部分，应当重视。透过上面的分析可看到，饭店服务质量内容是十分广泛的，它涉及企业管理各个方面，贯穿于接待服务过程的始终。因此只有认真分析服务质量的具体表现形式及其相互关系，才能有针对性地加强服务质量管理，为客人提供高质量的服务。

三、饭店服务质量的特点

饭店服务质量的内涵和构成要素与其他类型的企业有很大不同，这些差异决定了饭店服务质量具有自己鲜明的特点。

（一）饭店服务质量构成的综合性

饭店服务质量是由设施设备、菜食产品、服务质量以及安全状况和环境气氛构成的。服务质量的构成因素又有不同的表现形式。从整体上讲，饭店服务是实物和服务的结合，也就是说，饭店服务是有形性和无形性的组合。饭店服务质量内容构成的综合性要求质量管理工作必须重视三个方面的问题：

1. 要有系统观念

在饭店服务质量中，质量的含义应是全面的，不应表现在某一个局部范围或个别指标上，这是由饭店服务内容综合性的特性决定的。饭店服务质量不仅仅是直接为客人提供服务的前台各部门的服务质量，还包括饭店后台各部门的工作质量。服务质量本身是一个系统工程，要从系统观念出发，研究影响质量的各种要素，进行多方面评价，全面研究服务质量管理问题。

2. 正确认识服务质量是有形性和无形性的组合

饭店服务产品是有形物质和无形服务的一种组合。这里的有形物质是指以实物形态为客人提供使用价值，饭店应保证其使用价值的有效性和广泛的实用性。无形服务是指以劳务形态为客人提供的使用价值，使用以后该服务形态便消失了，仅给客人留下一种感受。无形服务既要有广泛的适用性，又要有针对特殊对象的个别适用性，这就是个性化服务。

3. 要有心理学的观念

饭店服务质量最终取决于客人的心理反映及其留下的深刻印象。也就是说，客人对饭店服务质量的评价带有很强的主观感受性。因此，饭店服务质量管理必须研究客人的心理活动。饭店设施设备的配置、产品生产和销售以及接待服务过程的组织等，都要从客人的心理特点出发，以“客人至上”为宗旨，通过服务效用，使客人得到物质和心理满足。

（二）饭店服务质量评价的一次性

饭店服务作为一个整体，是由一次次具体的不同内容的服务过程所组成的。服务质量存在于这种具体活动之中，而且每一次服务过程的使用价值只有一次的使用性。如客人进店为其做入住登记服务；客人用餐，热情引座并介绍菜品及席间服务等，这种服务活动一结束服务质量便消失了，不能存储下来。而且，即使客人对某一次服务评价较好，也是就“这一次”服务而言，并不能保证同样的服务在下一次也能获得好评。因此，客人对服务质量的评价是一次性的，往往是一锤定音，事后难于修补。服务质量的这种特性要求饭店服务质量管理必须高度重视每一次具体的服务活动，不能像实物产品那样，做不好可以返工。因此，要争取把每次服务活动都变成优质产品，只有这样才能不断提高服务质量。

（三）饭店服务质量内容的关联性

前面我们讲了饭店服务质量评价的一次性，并且知道饭店服务质量是由一次次的具体服务活动体现的，但是，饭店的各种具体服务活动不是孤立的，而是一个密切关联的整体。现代饭店为客人提供全面的服务。客人对饭店服务质量的印象，是通过他进入饭店直到离开饭店的全部过程而形成的，在连锁式的服务过程中，客人只要对某一环节不满意，就会破坏客人对整个饭店的印象，从而影响他对整个饭店服务质量的评价。于是就有了这样一个著名的质量否定公式：100－1＝0。其含义是，如果我们有一项服务没有做好，或者设施设备出了一点问题，都会影响整个服务系统给客人留下的印象和客人的评价。从整个饭店来看，服务质量内容的关联性要求饭店注意以下两个方面的问题：

1. 要重视整体形象的树立

饭店的服务质量在各部门、各环节之间的连接主要是人与人的连接，各个具体服务活动共同构成饭店服务的整体形象。饭店各部门、各部门前后台的工作应密切配合，真正做到“客人至上”，使客人无论何时何地，在任何部门所得到的服务都是优良的，才能提高饭店声誉。

2. 要加强全方位管理

由于服务质量的关联性，要保证饭店的服务质量就必须使服务始终处于一种变动过程中来求得不断平衡和发展。如餐饮部门食品原料的质量和餐饮产品质量相关联，产品质量又和烹饪水平相关联；餐饮产品的销售又与餐厅环境、服务员态度和服务技巧相关联。因此，饭店服务质量管理必须实行全过程、全方位的管理，要根据客人的活动规律及各部门、各环节、各岗位的特点，分别指定接待服务程序和操作规程，保持各部门、各环节、各岗位的具体劳动之间互相衔接和协调，才能满足客人需要，切实提高服务质量。

（四）饭店服务质量对员工素质的依赖性

饭店所提供的服务从有形上看要以饭店的设施设备为依托，但从无形上看服务质量的高低主要取决于服务人员主观能动作用的大小和技术水平的高低。设施设备条件再好，不能调动人的主动性、积极性和首创精神，服务质量就无法提高，因为作为生产无形服务产品的企业，基本不存在机器对人的制约性，因此，饭店各部门、各环节、各岗位的劳动过程和服务内容除了要加强控制以外，尤其需要服务人员素质的提高。一般实物产品生产和销售是分离的，消费者只关心实物产品本身的质量，至于生产者的状态与消费者是无关的。但饭店产品的生产和销售过程是连在一起的，服务人员要面对面给宾客提供服务，其状态对服务质量产生直接影响，本身就构成了服务质量和饭店产品的一个部分。服务人员状态主要有两个方面：一是形象状态，包括外表形象、装饰形象、精神状态、礼貌礼节等；二是服务的技术和技巧，技术熟练程度、技术运用程度、技巧运用程度都会对服务质量产生直接影响。所以,服务质量对服务人员的素质具有极强的依赖性,这种特性决定了饭店加强服务质量关键是对员工进行素质培训,使员工真正具备行业素质、敬业乐业,而不只是作为简单的劳动者。因此,我们说饭店业虽然不是高科技的创造源地,但对人的综合素质要求是最高的。

(五)饭店服务质量取决于客主双方的感情融洽

饭店的服务对象是人,这是一类特殊的劳动对象,因为人是有思维、有感情的。对实物产品来说,消费者是对产品存在着心理倾向——喜爱或不喜爱或一般,而饭店服务就存在着客主双方的感情是否融洽的问题。当客人下榻饭店时,如果服务是优质的,客人在满意和舒服的气氛中逐步把自己的感情融入到饭店生活中去,从而产生一种亲切感、轻松感,对饭店留下美好的印象和记忆。这样,客人会对整个饭店的服务质量给予良好的评价。反之,如果服务质量是劣质的,客人在压抑的气氛中逐步对饭店抱有不相容的看法,就会对整个饭店的服务质量给予激烈的批评,所以饭店服务质量管理要十分注意客主感情的融洽程度。把饭店对客人的感情通过优质服务输出给客人,让客人和饭店在感情上融为一体。因此,饭店服务要强调主动热情、细致周到,视客人需要为自己的工作目标,强调"客人至上,服务第一",在日常服务过程中,让饭店和客人在潜移默化中进行感情的交流与融合。

第二节　饭店全面质量管理

现代意义上的质量管理活动是从 20 世纪初开始的。质量管理在经历了检验管理阶段、统计管理阶段之后,从 20 世纪 60 年代开始进入了全面质量管理阶段。全面质量管理的核心思想是在一个企业内各部门中做出质量发展、质量保持、质量改进计划,从而以最为经济的水平进行生产与服务,使用户或消费者获得最大满意。饭店企业作为服务性企业,其服务质量是企业的生命线,服务质量的高低直接决定了饭店企业的竞争力。因此,全面服务质量管理也就成为饭店管理的重要工具。

一、全面质量管理的含义

现代饭店的全面质量管理,是指饭店全体员工和各部门综合运用现代管理手段和管理方法,以提高饭店服务质量为目标,控制影响服务质量的全过程和各因素,全面满足宾客需求的系统管理活动。它要求饭店以宾客需求和宾客满意为服务质量标准,以全过程管理为核心,以专业技术和科学方法为手段,以全体员工参与为保证,以实际效果为最终评价点。饭店全面质量管理改变了传统的以事后检查为主的管理方式,把质量管理的重点放在"预防为主"上,从检查服务质量的结果转变为事先控制影响服务质量产生的因素,通过对质量的检查和管理,找出改进服务质量的方法和途径。

二、全面质量管理的特点

(一)全方位的质量管理

全方位的质量管理是指饭店内部的各个部门以及外部有关的行业,为宾客提供的各个方面服务的质量管理。全方位的质量管理既包括饭店前台接待部门的服务质量，也包括后台业务部门以及饭店外部有关的饭店和物资供应部门（如食品、酒水、能源、旅行社、交通等）的服务质量管理；既包括有形产品质量，又包括无形产品质量。它涵盖了饭店经营管理工作的各个方面。为保证饭店的服务质量，就要把饭店的质量管理与饭店的计划、组织、设备、物资等管理联系起来，使各部门的管理工作协调一致，形成一个不可分割的有机整体。

（二）全过程的质量管理

全过程的质量管理是指对饭店的各项服务从服务预备阶段到服务阶段、服务反馈阶段所采取的具有相关性和连续性的管理。

（1）饭店服务预备阶段的质量管理，主要指饭店在直接接待宾客前的各种准备服务工作的质量管理。它包括客房的预订，餐厅酒水、菜肴原料的采购、贮藏，商场商品的供应等方面的质量管理工作。既要多招徕顾客，又要创造条件接待顾客，这就是饭店服务预备阶段质量管理的关键所在。

（2）饭店服务阶段的质量管理，主要指在直接接待宾客过程中的各项工作的质量管理。它包括入住登记、房间分配、行李提送、房间清洁、洗衣服务、餐厅迎宾、上菜斟酒以及美容、购物等服务质量的管理。

（3）饭店服务反馈阶段的质量管理，主要是指通过顾客意见卡、留言簿、投诉信、座谈会以及其他各种方式所征集到的客人住店后的意见和反映，掌握客房服务、餐厅服务、康乐服务、购物服务等各项饭店服务的反映信息，提高饭店服务质量的方法与手段，以便在未来的服务质量计划中提高标准。

（三）全员参与的质量管理

全员参与的质量管理主要是指各级管理人员、决策人员、操作人员、服务人员等各层级人员的人才素质管理和质量管理，它贯穿于饭店各层级人员执行饭店质量计划、完成质量目标的过程之中。因此，要把饭店及各个部门的质量计划、目标落实到每个员工、每个岗位，使饭店上下各层级人员对质量计划、目标有统一的认识，并能认真执行。而饭店各部门的质量计划和质量目标，则是通过各部门的服务质量标准来衡量的。部门不同，岗位不同，所要求服务质量的标准也不同。

（四）全方法的质量管理

全方法的质量管理主要指采用多样性和全面性的管理方法，以达到服务高质量的目的。饭店服务质量管理的方法包括：行政方法、经济方法、法律方法、科学方法、思想教育方法以及定性定量分析方法、数理统计方法等。饭店服务的全方法质量管理是多种管理方法的有机结合，应在统一的前提下，根据服务质量问题产生的原因，有选择性、有针对性地进行质量管理。

三、实施全面质量管理的前提

全面质量管理是通过建立一套新的管理系统来实现的，饭店实施全面质量管理并取得成效需要具备以下三个方面的条件：

(一)具有支持进行全面质量管理的饭店文化

饭店文化是基于价值观、行为、管理风格、制度、规章和行为规范等所形成的“做事的方式”。运行成功的饭店都会致力于建立自己的饭店文化,使其员工具有共同的价值观,具有服务、诚信、创新、勤奋工作、团队协作等理念。要实施全面质量管理,饭店必须对本饭店文化进行评估,使其与要进行的变革相一致,形成支持饭店开展全面质量管理的环境氛围。只有饭店的价值观与员工的价值观达成一致,如创新、团队协作精神等,才能使员工与饭店实现契合,保证员工对服务工作的热爱和忠诚。

(二)各级员工的广泛参与和对员工授权

全面质量管理是一个自下而上的过程,高层的决策是基于一线员工和基层管理人员所提供的信息,因此,要求各级员工的广泛参与。授权是将职责和控制权由管理层向一线员工转移,将一些由管理层控制的权力有侧重、不同程度地交给一线员工,授予他们以最快的速度对客人要求做出反映的权力。在饭店服务工作中,同客人直接接触的是一线员工,对客人的需求和出现的不满能最迅速给予解决的也是一线员工。为改进服务质量,增加客人的满意度或挽回客人对饭店的不满,必须给予员工必要的权力。通过授权,员工有条件发挥最大的主动性,同时承担更大的责任,这在客观上会激励员工更大程度地发挥其创造性,使全面质量管理的全员参与性切实可行。

(三)以工作团队为基础的饭店结构

在竞争激烈、顾客期望值越来越高的市场环境中,饭店尤其需要以团队为基础进行变革。因为团队管理可以增强合作、沟通,可以使团队成员信息共享,有机会发现问题和解决问题。组建工作团队是饭店全面质量管理的一项重要内容。常见的团队有以下三种类型:

1. 职能团队

职能团队由一个部门内共同从事某项任务的成员组成,如某楼层的客房服务员、前厅的预订人员等。这种类型的团队在饭店质量管理中最为普遍。

2. 跨职能团队

跨职能团队由来自几个不同部门的员工组成,他们聚在一起解决某些具体问题、开发新产品或实施新方案,如饭店的安全小组。

3. 自我管理团队

这种团队的成员可以是职能的,也可以是跨职能的,团队成员承担通常是管理者承担的责任。自我管理团队需要接受多种工作职能的交叉培训,共同拥有领导权,并轮流担任领导职务,制定自己的工作目标和工作安排。这种团队是团队参与的最高形式,在提高服务质量、减少饭店运营成本方面更有成效。

团队集合了所有成员的技能与经验,其力量远远超过任何一个个人的能力。以工作团队为基础的饭店结构使饭店质量管理工作中的决策层、执行层和操作层的管理相互协调、相互渗透,使质量管理工作通过工作团队在全饭店展开。团队成员共同努力,发现问题共同解决,共同评估改进结果,从而不断改进服务质量。

第三节　饭店服务质量管理体系

现代饭店要提高服务质量，更好地满足顾客的需求，必须有完善的服务质量体系作保证。饭店的服务质量管理体系由质量保证体系、质量控制体系和质量评价体系三部分构成，要求以科学的管理方法为手段，以宾客满意为目标，在饭店的各部门、各班组、各工作环节之间建立和形成一种相互协作、职责分明的管理系统。本节主要讲述饭店服务管理质量保证体系和饭店服务质量控制体系。

一、饭店服务质量保证体系

饭店服务质量保证体系是指通过一定的机构、制度、规章、方法、程序等，将饭店的服务质量管理和保证活动系统化、标准化、制度化。饭店服务质量保证体系将饭店各部门、各环节、各阶段的服务质量管理职能纳入饭店统一的质量管理系统，运用科学的管理方法和手段，调动全体员工的积极性，满足宾客的需求。

饭店服务质量保证体系包括以下方面：

（一）组织领导系统

饭店要建立以总经理为核心的与服务质量保证体系相适应的组织机构，以保证实现服务质量形成过程中各阶段的职能。这些组织机构之间要以保证饭店整体利益为出发点，相互联系，协调配合。同时饭店还应设立专职的质量管理机构，对日常的质量活动进行监督、指导，确保服务质量保证体系能够正常运转。

（二）质量方针系统

饭店服务质量方针规定了饭店质量管理的指导思想、基本原则、发展方向和质量指标，并以此作为饭店质量管理的行动指南，保证饭店的各项质量管理活动都围绕着饭店质量方针和质量目标来开展。

（三）质量责任系统

做好饭店的质量管理工作关键在于领导。要明确总经理和各级管理人员的质量责任，明确赋予从事各项质量管理活动人员的职责权限，切实做到事事有人管，办事有程序，检查有标准，以保证各项质量工作协调进行；要制定服务质量方针和质量目标，采取必要的措施保证质量方针和目标能被全体员工掌握和贯彻执行。

（四）质量教育系统

饭店的服务质量是通过员工在为客人服务的过程中体现的，市场的竞争归根结底是质量的竞争，而质量竞争的关键在于人。饭店要通过质量教育工作不断增强全体员工的质量意识，使之掌握和运用质量管理的方法和技术。质量教育体系的建立能够使员工牢固树立质量第一的思想，认识到质量是饭店生存和发展的关键所在，从而在日常的服务过程中提高质量意识和自身的业务水平。

（五）信息反馈系统

建立高效、灵敏的质量信息系统，为质量管理活动提供准确、可靠的信息依据，是确保质量保证体系正常运作的不可或缺的条件。通过信息反馈系统,饭店管理人员可以掌握围绕饭店质量管理活动而产生的有关服务质量和工作质量的各种情况;国内外饭店同行在质量管理、发展动向等方面的情报;有关饭店服务对象方面的各种信息和资料,如饭店的各种原始记录(包括各部门、各班组的操作记录,质量检查考核记录,值班记录,投诉记录,设备运行与维修记录等);质量信息报表,质量调查表,上级有关文件,报纸,杂志等新闻媒体;直接和间接的访问和调查等。信息反馈系统是饭店制定质量管理目标、质量标准和质量控制措施的基本依据,也是饭店设计服务活动和服务人员提供服务的依据和参考。

二、饭店服务质量控制体系

饭店服务质量控制体系是指为保证饭店服务各个阶段、各个环节的工作能够达到各项质量标准,对服务进程和服务结果所实施的监督、检查活动的总和。服务质量控制体系是饭店服务质量管理体系的一个重要组成部分。如果说饭店服务规范规定了服务“做什么”“怎么做”,那么服务质量控制关注的则是“有没有做到”应提供的服务,是否达到了服务标准,通过实施服务质量控制,有效控制每一个服务过程,确保提供的服务能满足客人需要和饭店服务规范。

(一)饭店服务质量的层级控制

从服务质量监督、控制的主体看,饭店服务质量控制分为以下 5 个层级:

1. 服务人员自我控制

服务人员自我控制,是指饭店服务人员对所从事的服务活动过程和服务活动结果进行自查、自纠,并作为服务提供过程的一个组成部分。饭店要注意培养员工在工作中的主动意识,养成自我检查的习惯。这对于一线服务人员来说尤其重要,因为在面对面的服务过程中一旦出现失误,就会对客人产生直接负面影响。事后弥补往往需要花费很多精力,有时甚至无法弥补,使饭店蒙受损失。通过自我控制不仅可以保证和提高服务质量,还可以提高服务人员的责任心和质量意识。自我控制时应对服务质量的成绩和问题以适当的方式记录保存,以便有针对性地改进、提高服务质量。

2. 各级管理人员的日常巡检

饭店中各部门对所主管业务活动的巡检是对服务活动过程和服务活动结果的另一种监督和控制方式。饭店是一个公共场所,人员构成复杂,进出频繁,意外事件随时可能发生,所以各部门、各班组的管理人员在日常工作中要随时检查有关业务活动的运转情况,尽可能在客人之前发现问题并采取措施予以解决。

3. 专项检查

专项检查是由饭店质检部门组织的检查活动,也是对服务质量进行控制的一个重要组成部分。质检部门通过对自检、巡检结果的分析,组织客人意见调查、专项评价等,以便对服务过程和服务结果实施测量、监督和控制。

4. 政府与行业组织的监控

饭店服务是一项涉及行业服务和社会服务在内的综合服务,涉及面广,内容复杂,因此其服务质量的不稳定性强，政府与行业组织参与饭店服务质量的监控，有助于提高饭店加强服务质量管理的自觉性，保证饭店服务质量达到一定的水平。

5. 客人的最终检查

饭店建立服务质量管理控制机制的目的就是为了使客人满意，饭店服务质量的好坏，最终还是由客人来评判。客人一般不会主动告诉饭店他对饭店服务质量的看法，而客人反馈是饭店服务质量改进的重要依据，因此饭店应通过客人意见表、拜访、邀请、暗访等方法主动征求客人意见，真实地了解客人对饭店服务质量的意见。

（二）饭店服务质量的过程控制

从饭店服务提供的过程看，饭店服务质量控制分为以3个阶段：

1. 预先控制

预先控制是指为使服务效果达到希望的目标，在对客服务前所做的一切管理上的努力，其目的是防止接待服务中所使用的各种资源在数量和质量上产生偏差。

预先控制的主要内容包括以下几点：

(1)人力资源的预先控制。饭店各部门应根据自身业务的特点，灵活安排人员班次，保证接待服务中有足够的人力资源。

(2)物质资源的预先控制。按接待要求和规格做好接待客人的各种物质准备。例如，餐厅应摆好餐台，准备好餐车、托盘、预订单、菜单、点菜单、开瓶工具和备用品等各种物品；客房应整理好房间，按接待标准准备充足的布草、饮料、杯具、卫生间物件等物品，为客人的到来做好充足准备。

(3)卫生质量的预先控制。对饭店的环境从地面、墙面、柱面、天花板、灯具、通风口到家具、布草等都要仔细检查一遍，发现有不符合要求的地方，要迅速安排整改。

(4)事故的预先控制。客人抵店前，饭店各有关部门管理人员应仔细对照客情预报或通知单核对相关准备工作是否与接待要求相符合，以免因信息的传递失误而引起事故。

2. 现场控制

现场控制是指监督现场正在进行的各项服务，保证各项服务程序化、规范化，并迅速妥善地处理各种意外事件。

现场控制的主要内容包括以下几点：

(1)服务程序的控制。服务期间，饭店各部门主管应始终处于第一线，通过亲身观察、判断、监督、指挥服务员按标准程序服务，发现偏差，及时纠正。

(2)服务时机的控制。要根据客人的需要，掌握好服务时机，适时提供服务，既不让客人等候太久，又要做到恰到好处。

(3)意外事件的控制。饭店服务是与客人面对面直接交往，极容易引起客人的投诉，一旦引发投诉，要迅速采取弥补措施，以防止事态扩大。

(4)服务期间的人力控制。应根据客情变化，对服务员进行合理分工。

3. 反馈控制

反馈控制是通过质量信息的反馈，找出服务工作在准备阶段和执行阶段的不足，采取相应措施加强预先和现场控制，保证和提高服务质量，使客人更加满意。质量信息反馈由内部系统和外部系统构成，因此各部门、班组在服务结束后，应召开总结会，以不断改进服务水平，提高服务质量。为了及时获取客人对服务的意见，饭店可以设置客人意见表，主动征求客人对饭店服务质量的意见。

第四节　饭店服务质量评价体系

一、饭店服务质量评价的对象

（一）饭店服务质量的内容

饭店服务质量的内容是饭店服务质量评价的核心内容。虽然服务质量的硬件组成部分因饭店实际情况和客人需求有所差异，但毕竟有客观的衡量标准。而服务质量的软件组成部分因依赖于服务提供者的个体差异和接受方的主观体验，很难有客观量化的衡量。因此，饭店服务质量的内容关键在于考察饭店服务是否遵循了标准程序。对于饭店各项服务而言，其服务质量标准是早已制定好的，并希望每一位服务人员都能遵守这些既定的规则。服务质量标准作为饭店质量管理体系的前提，为饭店服务质量评价提供了依据，并将通过评价来确保其执行。

（二）饭店服务过程的评价

饭店服务过程的评价即考查饭店服务中的各环节顺序是否科学、合理，目的在于保持服务活动的逻辑顺序和对服务资源的协调利用。以服务员打扫房间为例，服务员应该先做走客房还是住客房？饭店服务工作的各项作业流程如何？通过对饭店服务过程、作业流程的规定与评价，可以发现和改正服务工作中的协调性与行动顺序上的问题，并不断改善服务质量。

（三）饭店组织结构和服务结构

对饭店服务而言，有形设施只是结构的一部分，人员资格和组成设计也是重要的质量因素。以餐饮部各班组为服务的活动单位为例，卫生、清洁、高档的餐具可以提高餐饮服务的质量，更重要的是，在各班组中开展评比和竞争，将激励机制引入其中，使每一位服务人员都产生工作的压力，才有利于保证与提高餐饮的服务质量。

（四）服务结果

服务结果是饭店服务质量评价的重要内容之一。服务结果不仅是客人评价饭店服务质量的重要方面，也是饭店进行服务质量管理的主要内容。饭店服务结果评价包括“饭店服务会导致哪些状况的改变”“顾客是否满意”等涉及饭店服务最终结果的问题。例如，餐桌上那些要求顾客评价服务质量的卡片，顾客投诉是反映质量结果的有效指标之一。通过跟踪这些指标（如投诉率），可以监督服务结果质量的变化。

（五）服务质量的影响

饭店服务质量的影响是饭店服务结果的后续，换言之，是饭店服务结果的延伸，也是饭店服务质量评价的重要内容。饭店服务质量评价从两个方面考察服务质量的影响：一是饭店服务对客人的影响，这是饭店服务最直接、最重要的影响，如客人的回头率可衡量饭店服务质量的优劣；二是对饭店服务及其对饭店社区公众的影响，一家提供优质服务的饭店必然在本社区中形成良好的公众形象，积极参与社区活动，能得到社区的认可与好评，并通过社区的宣传与口碑，吸引更多的顾客。

二、饭店服务质量评价的主体

饭店服务质量的评价主体包括顾客方、饭店方和第三方三个方面。

（一）顾客方

1. 顾客作为评价主体的依据

(1)顾客是饭店服务的接受者。顾客是饭店全体员工服务的对象，满足顾客的需求是饭店的天职，饭店内的各种设施设备、装潢、典雅氛围以及训练有素的员工，都是为了宾客设置的。因此，服务的接受者理所当然可以来评价服务提供者的工作与质量。

(2)顾客是饭店服务的购买者。作为饭店服务的购买者，顾客在饭店进行各种消费的同时，为饭店带来了经济效益。从这一角度看，顾客是饭店服务产品的最关键的评判者。

(3)顾客对饭店服务质量的评价是饭店管理决策的重要依据和参考。饭店的经营管理是紧紧围绕如何满足客人需求而进行的，对客人服务质量评价的分析与解剖使管理者发现问题，找到客人期望的服务与客人感知的服务之间的差距。因此，顾客对饭店服务质量的评价在饭店管理中起着十分重要的作用，是饭店管理决策的重要依据之一。

(4)顾客是饭店发展的推动力。顾客对饭店服务质量的评价是建立饭店良好口碑的关键。当饭店的服务达到或超过顾客的期望时，饭店就会获得顾客的良好评价，同时就会形成良好的口碑，有利于在公众面前树立良好的饭店形象，并建立饭店独特的品牌，提高饭店的竞争力。

2. 顾客评价的影响因素

饭店服务质量最终是由顾客的满意程度来体现，影响顾客满意程度的因素包括顾客预期的服务质量、顾客经历的服务质量和顾客的感知价值三个方面。

(1)顾客预期的服务质量。顾客预期的服务质量是指顾客根据以往饭店消费的经验，加上各种渠道的宣传(服务品牌、广告、口碑)以及自身的心理偏好所形成的对未来饭店服务的预期。顾客预期的服务质量受饭店的市场营销、饭店的品牌形象、其他顾客的口碑宣传、顾客自身的状况等四个方面的影响。

(2)顾客经历的服务质量。顾客经历的服务质量是由其实际经历的消费过程决定的，评价自身所经历的服务质量往往较主观。一般而言，顾客经历的服务质量受饭店服务标准化及个性化程度的影响。

(3)顾客的感知价值。顾客的感知价值是指顾客感受到的价值相对于自己所付出的货币价格的服务质量。自从价格概念引入整个框架，不同价位、不同饭店的服务质量之间便具有了可比性。在一定条件下，顾客的感知价值越高则其满意度越高。饭店有必要深入研究饭店自身的价值链以及顾客的价值链，用服务创新来提升顾客的满意度，同时为培育饭店的核心竞争力奠定基础。

3. 顾客评价的形式

(1)顾客意见调查表。顾客意见调查表是被饭店广泛采用的一种顾客评价的方式。具体做法是将设计好的有关饭店服务质量具体问题的意见征求表格放置于客房内或其他易于被客人取到的营业场所。此种调查方式的好处在于：评价完全由顾客自愿进行，评价范围广泛，几乎所有的客人皆可参与评价。这种评价方式是在没有任何饭店工作人员在场干预的情况下进行的，因此评价的客观性比较强。

(2)电话访问。电话访问可以单独使用，也可以结合销售电话同时使用。电话访问可以根据设计好的问题而进行，也可以没有固定时间，因此自由度与随意性较大，如饭店总经理或公关部经理给老顾客的拜访电话。

(3)现场访问。现场访问又称为突击访问，其做法是抓住与顾客会面的短暂机会，尽可能多地获取顾客对本饭店服务的看法与评价。一名成熟的饭店管理者应善于抓住并创造机会展开对顾客的现场访问调查。饭店在这方面可以利用的机会很多，如对特殊VIP顾客在迎来送往中的现场访问，对消费大户的现场访问，对偶然遇到的熟客的现场访问等。

(4)小组座谈。小组座谈是指饭店邀请一定数量的有代表性的顾客，采用一种聚会的形式，就有关饭店服务质量方面的问题进行意见征询、探讨和座谈。饭店利用小组座谈的方式开展顾客评价时，一般宜结合其他公关活动同时进行，如饭店贵宾俱乐部会员的定期聚会、节日聚餐等形式。参与聚会的店方人员应尽可能与被邀请的顾客相互熟悉，同时也不要忘记向被邀请的顾客赠送礼物和纪念品。

(5)常客拜访。研究表明，对于饭店来说，20%的常客可以产生150%的利润；可见，常客的购买频率高、购买数量大，因而其顾客价值和对饭店的利润贡献率也最大。因此，饭店管理者也应把常客作为主要目标顾客和重点服务对象，对常客进行专程拜访以显示饭店对常客的重视与关心，而对饭店富有忠诚感的常客往往也能对饭店服务提出有益的宝贵意见。

4. 顾客方评价的特点

(1)多元性。由于顾客消费需求的多样性以及顾客的素质的差异性，顾客对饭店服务质量的评价必然呈多元性。个别带有偏见的客人，其评价也会欠公平。因此，对任何饭店服务质量的评价都应该是综合的。获得美国最高质量奖的里兹·卡尔顿店联号的客人满意率是97%，其总经理坦言，100%是不可能的，因为需要、满意、评价的本身就有合理与不合理之别。

(2)被动性。客人一般不主动评价，只有在特别满意或特别不满意的情况下，才会主动提出表扬、批评或投诉，在大多数情况下，并无外在的表示。对此，饭店除应采取必需的措施诱导与刺激客人积极参与评价外，还可从投诉率、回头客率等角度进行综合分析与评估。北京一家获得五星钻石奖的高档饭店，投诉量与年接待量的比例是 1∶10000，香港半岛饭店的年回头客率为 40%。这些经验数据也可作为顾客对饭店服务质量的评价依据之一。

(3)模糊性。顾客对所提供的服务的评价通常以主观评定为主，也就是说，大多数顾客缺乏检验服务质量的有效工具与手段，难以评测服务效率、产品构成。同时，一般顾客也不了解饭店服务的规范、程序和评价的尺度。这一切决定了顾客的评价具有模糊性。

(4)关注点的差异性。饭店顾客有不同的文化背景、消费习俗、消费习惯、心理特质、个人经历，因此，影响他们满意度的服务要素不尽相同，顾客在选择一家饭店时，有的可能注重地理位置，有的可能注重价格，也有的可能更注重安全、卫生、舒适、员工表现等因素。也就是说，顾客对各类服务要素产生不同的权重，即具有相同满意度的顾客会关注的服务要素未必相同。

(二)饭店方

1. 饭店作为评价主体的依据

(1)饭店是服务的提供者。饭店作为服务产品的提供者，有义务对所提供的服务进行考察与评判，尽量减少和避免提供不合格服务。饭店服务的生产与消费的同一性要求饭店应注重服务的事前、事中与事后评价，对服务进行事前考评与事中控制能有效提高服务水平，事后评价则能吸取经验教训，以防止不合格的服务再次出现。

(2)饭店是服务产品的相关受益者。饭店靠出售饭店产品即饭店服务来获取经济效益，饭店员工通过自己的工作付出获得相应的工资报酬，从而实现自身价值。因此，饭店通过对自身服务产品的考评，清楚明白地知道所提供产品的品质优劣、市场适应性以及产品的盈利水平，从而做出调整服务产品、开发新的服务产品等一系列管理决策，以获得更大的经济效益。

(3)服务质量评价是饭店质量管理的环节之一。饭店对自身提供的服务水平进行评价是饭店质量管理中的重要环节。服务质量是饭店内各个部门和全体员工共同努力的结果，是饭店整体工作和管理水平的综合体现，是饭店管理工作的重点和中心。饭店在制定和实施服务质量方针之后，对服务质量进行评价是考核服务质量方针落实与最终贯彻的情况。通过饭店组织的自我评价，可以在了解服务水平的实际提供情况的基础上，不断修正与完善服务质量标准，避免出现顾客不满意或不合顾客需要的情况。

2. 饭店评价的组织形式

做好饭店的服务质量评价工作，需要建立相应的评价机构。在具体实施自我服务质量评价的过程中，各个饭店采取了不同的形式：有些饭店成立了专职的部门——服务质量检查部，简称质检部；有些饭店在培训部或总经理办公室内设立相应的检查评价机构；有些饭店采取服务质量管理委员会来执行服务质量的评价工作。

3. 饭店方评价的形式

饭店自我评价服务质量的形式大体上可以归纳为以下几种：

(1)饭店统一评价。这种评价形式由饭店服务质量管理的最高机构组织定期或不定期实施。由于它是饭店服务质量评价的最高形式,因此具有较高的权威性,容易引起各部门的重视。在这种形式的评价中,要注意对不同部门的重点考核,即使是在一家服务质量管理水平较高的饭店,部门与部门之间的最终表现也是会有较大差异的;二线部门应重视服务质量评价的严肃性,对于不达标、有问题的当事人和责任人必须依照饭店有关管理条例处理。此外,对影响饭店服务质量的员工素质及出勤状况的考评也往往由饭店统一开展。

(2)部门自评。部门自评是按照饭店服务质量的统一标准,各个部门、各个班组对自己的服务工作进行考核与评价。饭店自我评价应该是多层次的,大致可分成三个层次,第一层是店一级的,第二层是部门一级的,第三层是班组、岗位一级的。店一级的考评不可能每日进行,但又必须保证服务质量的稳定性,因此部门和班组的自评就显得尤为重要。

部门自评一定要按照饭店统一的服务质量标准进行,而不能自立标准、各行其是,否则,饭店的服务质量系统势必出现混乱。同时,饭店的服务质量管理机构要加强对部门考评结果的监督,随时抽查部门服务质量考评的记录,并与考评记录中的当事人进行核对,以防止可能出现的糊弄行为,若存在部门考评结果与饭店考评结果存在较大差异的情况,应引起足够的重视,并找出原因。

(3)饭店外请专家进行考评。饭店内部的各层次考评固然十分重要,但检查人员长久地处于一个固定的环境之中,难免会因身在此山中,而"不识庐山真面目"。因此,外请专家进行考评,会帮助饭店发现一些被内部考评人员"麻痹"掉的问题。同时这些专家还会带来其他饭店在服务质量管理方面的经验,能使质量评价表现出较高的专业性,有利于饭店质量管理的改进。

(4)随时随地"暗评 "。随时随地"暗评 "是由饭店中高层管理者来实现的,即将服务质量考评工作融入饭店管理人员每一次的基层考察中。饭店管理者的每一次走动都应作为对饭店服务质量的一次考评,对这一过程中发现的每一个问题都应及时纠正。

(5)专向质评。专向质评是指饭店针对特定的服务内容、服务规范进行检查与评估。饭店通常对自己的优势服务项目在特定的时间内开展专向质评,并以服务承诺或保证的方式向顾客显示质评后的服务效果。

4. 饭店方评价的特点

(1)全方位性。饭店服务质量的高低取决于各部门每一位员工的工作结果,对服务质量的评价不仅是对被服务者的需求质量进行评价,还要对全饭店的各种工作的质量进行评价。饭店质量管理是全方位的,因为优质服务的提供不仅仅是饭店前台人员努力的结果,同时也需要后台人员提供保障,而饭店评价的多层次、全方位性正好可以做到这点。

(2)全过程性。服务质量的控制在多数情况下只能由控制提供服务的过程来达到。因此,过程的评价与测量对达到和维持所要求的服务质量是不可缺少的。而从饭店或部门角度可以做到对饭店服务工作的全部过程的考评,包括服务前、服务中和服务后的三个阶段。这样的考评,不仅仅是针对面对客人所进行的服务,还包括了这之前所做的准备工作和之后的善后工作,更有利于服务质量考评后的总结与完善工作。

(3)片面性。由于考评人员长期处于一个固定的环境之中,难免会出现自我评价的片面性。同时,还会因为走过场、搞形式等原因,使内部考评人员"麻痹"、"忽视"掉本饭店服务质量中的一些重要问题。

(4)"完美"性。饭店自我评价往往是事先通知的,即了解到的是被考评者在较为充分的准备之后的服务质量状况。因此,可能会因经过过多的"装饰"而缺乏真实性。同时,也存在各部门、各班组之间相互包庇的现象,所以饭店自我评价反映出的是饭店服务质量临近最高水平的一个基本状态。

(三)第三方

第三方是指除消费者和饭店以外的组织和团体。目前我国饭店服务质量评价的第三方主要是国家及省、市、县的旅游行政部门和行业协会组织。

1. 第三方作为评价主体的依据

(1)独立于利益相关者。第三方既不代表接受服务的顾客利益,也不代表服务提供者的饭店利益,是独立于饭店服务供应方和需求方的评价主体。由于没有利益关系,第三方的评价在客观性方面将胜于其他两方主体的评价。正因为第三方能够客观地对饭店服务做出评价,其评价的结果也就较能让大众信服。

(2)实行行业管理。我国对饭店的行业管理主要通过相关的行业标准来评价和控制。已实施的涉及饭店的国家标准有《旅游饭店星级的划分与评定》《旅游饭店服务质量等级标准》等。这些标准由国家旅游局制定,并由第三方——国家及省、市、县的旅游行政部门来执行。旅游行政部门通过对全国旅游饭店的考核、评价,规范了全国旅游饭店行业的市场秩序。除此之外,通过实行星级评定等制度,使饭店企业能够按照统一的标准、统一的规则进行管理,在使饭店市场的总体秩序得到一定程度规范的同时,提高了饭店服务质量水平,带动了旅游业整体的发展。

(3)推行标准化。第三方评价的重要作用还在于推行标准化。标准化是指为了在一定的范围内获得最佳秩序,对实际的或潜在的问题制定共同的和重复使用的规则的活动。要对整个饭店行业制定、实施统一的活动规则,这一任务无论是饭店的消费者还是单个饭店、集团都无法做到,而必须由第三方来完成。

2. 第三方评价的形式

第三方对饭店服务质量的评价形式主要有:资格认定、等级认定、质量认证、行业组织、媒体及社团组织的评比等形式。

3. 第三方评价的特点

(1)客观性和权威性。第三方评价一般不会受偏好和利益的影响，其评价所遵循的标准是统一的，因此评价结果比较客观和权威。

(2)重结果。以星级评定为例，“星级评定标准”只是一个对结果进行评价的标准，反映的是质量要求方面的预定的差异，并不表示比较意义上的质量优良程度。因此，高星级饭店可能具有不满意的服务质量，反之，低等级的饭店也有可能提供满意的服务质量。

(3)局限性。第三方评价更多的是局限于产品和服务的主要功能、基本特征和通用要素，无法规定出顾客对服务质量的全面、特定、期望和日益提高的、不断变化的需求。同时，因为要考虑到整个饭店行业的现有水平，评价标准不可能定得太高，所以评价标准一般是普遍适合而带有一定的局限性。

(4)滞后性。第三方评价所遵循的标准是统一的尺度和规范，但标准也需要不断丰富与补充。而标准的更新往往是滞后的，因为制定出的标准有一个贯彻执行期，在此期间内，标准是相对稳定的。标准的更新周期与不断变化的市场需求之间客观上存在着不协调，从而导致饭店所提供的服务与市场需求部分脱节的情况产生。

第五节　饭店服务质量管理方法

饭店服务是一个复杂的过程，不断改进和提高饭店的服务质量离不开科学的方法。饭店服务质量管理的方法很多，本节着重介绍饭店服务质量的分析方法和改进方法。

一、饭店服务质量分析方法

对饭店服务质量的分析能够找出饭店存在的主要质量问题和导致这些问题的原因，管理人员才能够有针对性地对质量问题采取有效的方法加以控制和解决。常用的质量分析方法有 ABC 分析法和因果分析图法。

(一)ABC 分析法

ABC 分析法又称帕累托图法和主次因素排列法，最早是由意大利经济学家帕累托提出的，用于分析社会人口和财富的占有关系，运用 ABC 分析法，可以找出饭店存在的主要质量问题。

1. ABC 分析法的含义

ABC 分析法的基本原理是“关键的是少数，次要的是多数”。通过对影响饭店服务质量各方面问题的分析，以质量问题的个数和质量问题发生的频率为两个相关指标，进行定量分析，先计算出每个质量问题在问题总体中所占的比重，然后按照一定的标准把质量问题分成 A、B、C 三类，以便找出对饭店服务质量影响较大的少数关键性的质量问题，并把它们纳入饭店服务质量的 PDCA 循环法中去，从而实现有效的服务质量管理。这样既保证解决重点服务质量问题，又照顾一般服务质量问题。

2. ABC 分析法的步骤

(1)确定饭店服务质量问题的收集方式。具体方式有:服务质量调查表、客人投诉、批评意见书和各部门的检查记录等。

(2)对收集到的有关质量问题的信息进行分类。根据服务质量构成因素,将有关这些方面的问题分成几类。分类标准可参照服务内容的构成,如服务态度、技巧、方式、效率、礼节、卫生、设备设施、菜食、安全、环境等,然后统计出每类质量问题出现的次数,并计算出每类质量问题在问题总体中的百分比。

(3)制作帕累托曲线图。帕累托曲线图如图 13-1 所示,它是有两条纵轴坐标的直角坐标图,横坐标轴上标以分类后的服务质量问题,按从左到右出现次数多少的顺序进行排列,左边的纵轴是质量问题出现的次数。右边的纵坐标轴是质量问题出现的频率(用百分数表示),以每类质量问题出现的次数为纵坐标做直方图,并按累计频率分成 A、B、C 三类:

A 类:关键问题,一般累计频率百分数为 0～70%。

B 类:一般性的问题,一般累计频率百分数为 70%～90%。

C 类:次要的问题,一般累计频率百分数为 90%～100%。

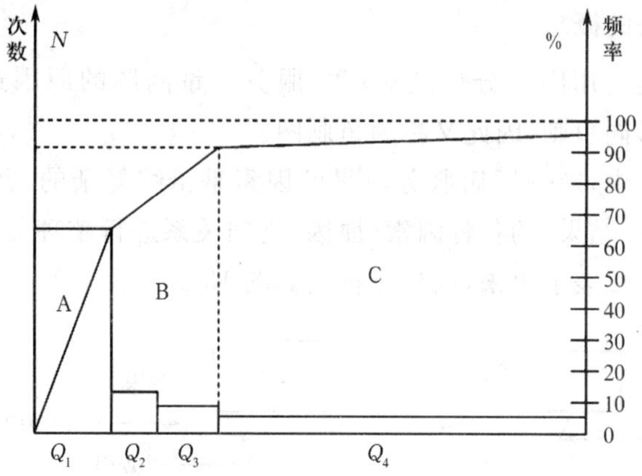

图 13-1　帕累托曲线图

以上分类标准不是绝对的,ABC 类划分的范围可以根据实际情况进行一定幅度的升降。

(4)进行分析,找出主要质量问题。根据帕累托曲线图的划分可知,在服务质量问题中,主要有以下问题:

A 类服务质量问题属于关键问题,这类问题在饭店服务质量问题总体中占了 60%,由上图也可以看出,A 类问题的个数虽然很少,只有 Q_1 一个问题,但这一问题却在饭店服务质量总体中占了 60%,说明是关键的少数问题。如果这个问题得以解决,则饭店的服务质量将有较大幅度的提高。因此,饭店管理人员对 A 类问题必须给予充分的重视,把它作为当前的服务质量管理的对象。

B类服务质量问题属于一般性的问题，这类问题占饭店服务质量问题总数的20%左右，尽管没有列为当前服务质量管理的对象，但管理人员也应给予足够的重视，以防止其上升的趋势。

C类服务质量问题属于次要的问题。虽然这类问题的个数很多，但它只占饭店服务质量问题的5%～15%。这类问题往往带有较大的偶然性，管理人员只要提供一些防范或改进措施就可以了。

3. 运用ABC分析法进行质量分析时应注意的问题

(1)在划分A类问题时，具体的问题项目不宜太多，以1～2项为好，否则无法突出重点。

(2)划分问题的类别亦不宜太多，对不重要的问题或出现频率很少的问题可以归为一类。

(二)因果分析图法

用ABC分析法主要寻找饭店的主要服务质量问题。可是这些主要的质量问题是怎样产生的呢？原因是什么？因果分析图法是分析质量问题产生原因的简单而有效的方法。

1. 因果分析图法的概念

因果分析图法是利用因果分析图对产生服务质量问题的原因进行分析的图解法。因为因果分析图法形同鱼刺，因此又称为鱼刺图。

在饭店经营过程中，影响饭店服务质量的因素是错综复杂的，并且是多方面的。因果分析图对影响质量(结果)的各种因素(原因)之间关系进行整理分析，并且把原因与结果之间的关系用箭头线表示出来，因果分析图如图13-2所示。

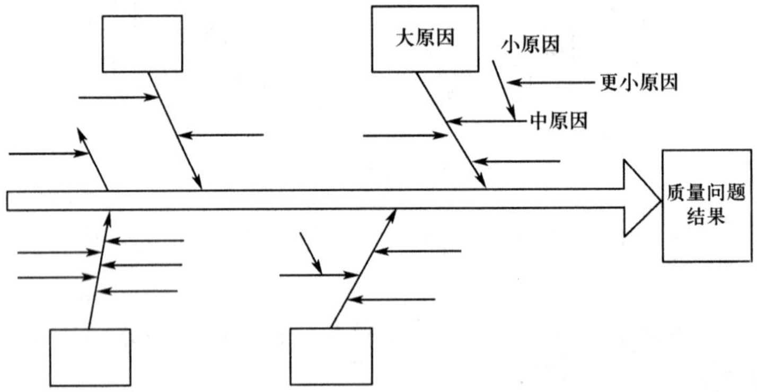

图13-2　因果分析图

2. 因果分析图法的步骤

(1)确定要分析的质量问题，即通过ABC分析法找出A类质量问题。

(2)分析A类质量问题产生的原因。找出质量问题产生的各种原因是用好这个方法的关键，同时查明这些原因是如何形成的。

(3)将找出的原因进行整理，按结果与原因之间的关系画出因果分析图。

二、饭店服务质量改进方法

在饭店服务质量管理中，最为常用的是PDCA工作循环方法。它是把饭店的质量管理活动按照计划(Plan)、实施(Do)、检查(Check)和处理(Action)四个阶段来开展。计划一实施一检查一处理这四个阶段组成一个循环，称为PDCA循环。

1. PDCA循环各阶段的内容

(1)计划阶段(Plan)。具体内容包括明确质量管理的目标和计划，设立质量管理的标准和时间要求，设计质量问题检查、分析和处理的程序等内容。

(2)实施阶段(Do)。具体内容包括完成上述计划制定的各项质量管理任务，主要是实施质量标准，按照质量标准进行作业。

(3)检查阶段(Check)。对实施后产生的效果进行检查，并和实施前进行对比，以确定所做的工作是否有效果，还存在哪些问题。

(4)处理阶段(Action)。在这个阶段中，要把成功的经验形成标准，将其固定下来。对现存的质量问题立即进行纠正，同时，对未来质量的改进方案不断提出建议，并将未解决的问题转入下一轮PDCA循环。

2. 运用PDCA循环的具体步骤

运用PDCA循环来解决饭店服务质量问题，可分成八个步骤，PDCA循环的步骤如图13-3所示。

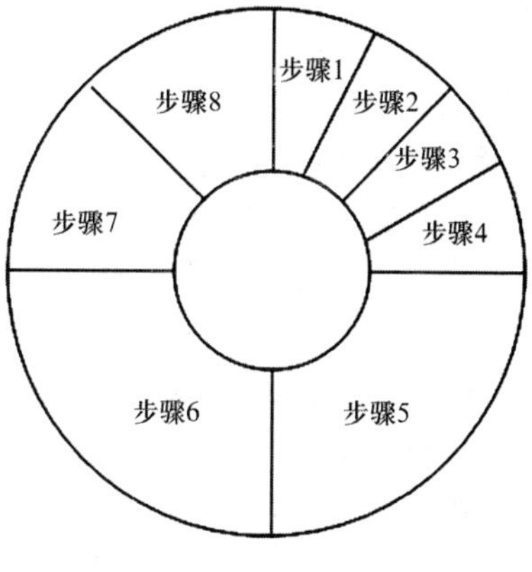

图13-3　PDCA循环的步骤

(1)计划阶段

步骤1：对饭店服务质量的现状进行分析，运用ABC分析图法找出主要的质量问题。

步骤2：运用因果分析法分析产生的问题的原因。

步骤3：从分析出的原因找到关键的原因。

步骤4：制定解决质量问题要达到的目标和计划；提出解决质量问题的具体措施和方

法以及责任者。

(2)实施阶段

步骤5:按已定的目标、计划和措施执行。

(3)检查阶段

步骤6:在步骤5执行以后,现,再运用ABC分析法对饭店的服务质量情况进行分析,并将分析结果与步骤1所发现的质量问题进行对比,以检查在步骤4中提出的各种措施和方法的效果,同时检查在完成步骤6的过程中是否还存在其他问题。

(4)处理阶段

步骤7:对已解决的质量问题提出巩固措施,以防止同一问题在下次循环中再出现。对已解决的质量问题给予肯定,并使之标准化,即制定或修改服务操作标准,制定或修改检查和考核标准以及各种相关的规程与规范。对已完成步骤5但未取得成效的质量问题,也要总结经验教训,提出防止这类问题再发生的意见。

步骤8:提出步骤1所发现而尚未解决的其他质量问题,并将这些问题转入下一个循环中去求得解决,从而与下一循环的步骤1衔接起来。

案例分析

一起饭店电梯事故

晚饭时分,日本客人山本次郎乘车回到下榻的上海某饭店,这是他在上海旅行的最后一天。美丽的上海给他留下了深刻的印象,然而几天的旅行也使他感到有几分疲惫。在回饭店的路上,他就想好回房后痛痛快快地洗个澡,再美美地品尝一顿中国佳肴,为他在上海的旅行画上一个圆满的句号。

山本次郎兴冲冲地乘上饭店的3号客梯回房。同往常一样,他按了标有30层的键,电梯迅速上升。当电梯运行到一半时,意外发生了,电梯停在15楼处不动了。山本次郎一愣,他再按30键,没反应,山本次郎被"关"在电梯里了。无奈,山本次郎只得按警铃求援。1分钟、2分钟……10分钟过去了,电梯仍然一动不动。山本次郎有点不耐烦了,再按警铃,仍没得到任何回答。无助的山本次郎显得十分紧张,先前的兴致全没了,疲劳感和饥饿感一阵阵袭来,继而又都转化为怒气。大概又过了10多分钟,电梯动了一下,门在15楼打开了,山本次郎走了出来。这时的山本次郎心中十分不满,在被"关"的20多分钟里,他没有得到店方的任何解释和安慰,出了电梯又无人应接,山本次郎此时愤愤然再乘电梯下楼直奔大堂,在大堂副经理处投诉……

其实,当电梯发生故障后,饭店很快就采取了抢修措施,一刻也没怠慢。电梯值班工小恽得知客人被"关"后,放下刚刚端起的饭碗,马上赶到楼顶电梯机房排除故障,但电梯控制闸失灵,无法操作。小恽赶紧将电梯控制闸由"自动状态"转换到"手动状态",自己就赶到15楼。拉开外门一看,发现电梯却停在15楼和16楼之间,内门无法打开。为了使客人尽快出来,小恽带上工具,爬到电梯轿厢顶上,手动操作将故障电梯迫降到位,终于将门打开。

从发生故障到客人走出电梯共23分钟。23分钟对维修工来说,可能已经是竭尽全力,以最快的速度排除故障所能达到的最短时间,而对客人来说,这 23 分钟则是难熬而漫长的。

案例讨论题:

从全面质量管理的角度看,饭店在处理上述案例时存在什么问题? 如果你是饭店的管理者,遇到这种情况应该如何处理?

思考题

1. 如何理解饭店服务和饭店服务质量的概念?
2. 饭店服务质量有什么特点?
3. 饭店质量管理体系包括哪些内容?
4. 如何理解 PDCA 循环?
5. 顾客作为饭店服务质量的评价主体有什么方式和特点?
6. 结合自己对饭店的了解,讨论饭店如何才能有效地实施全面质量管理。

参考文献

1.张广瑞.世界旅馆·旅馆世界.北京:中国经济出版社,1991

2.魏小安,沈彦蓉.中国旅游饭店业的竞争与发展.广州:广东旅游出版社,1999

3.余炳炎,朱承强.现代饭店管理(第二版).上海:上海人民出版社,2002

4.吕建中.现代旅游饭店管理.北京:中国旅游出版社,2004

5.孟庆杰,陈学清,谢中田.饭店业导论.北京:中国旅游出版社,2009

6.戴斌.现代饭店集团研究.北京:中国致公出版社.1998

7.溪晏平.世界著名酒店集团比较研究.北京:中国旅游出版社,2004

8.郑向敏.现代饭店管理.大连:东北财经大学出版社,2008

9.季建华.运营管理.上海:上海交通大学出版社,2004

10.孟庆杰,唐飞.前厅客房服务与管理(第四版).大连:东北财经大学出版社,2010

11.刘伟.前厅与客房管理.北京:高等教育出版社,2007

12.孟庆杰,李正喜,刘颖.餐饮服务与管理.北京:首都经济贸易大学出版社,2011

13.沈桂林 陈淑冰.现代饭店设备管理.广州:广东旅游出版社,1996

14.袁富山.饭店设备管理.天津:南开大学出版社,2001

15.黄惠伯.饭店安全管理.长沙:湖南科学技术出版社,2001

16.刘筱晓.现代饭店安全管理要点及案例评析.北京:化学工业出版社,2008

17.陈志学.饭店服务质量管理与案例分析.北京:中国旅游出版社,2006

18.郑向敏.饭店质量控制与管理.北京:科学出版社,2008

19.胡铭.质量管理学.武汉:武汉大学出版社,2004

20.杨永华.服务业质量管理.深圳:海天出版社,2000